上海史

{ 走向现代之路 }

【法】 白吉尔 著
王 菊 赵念国 译

上海社会科学院出版社

序
FOREWORD

张仲礼

　　记得第一次与白吉尔教授见面是在1979年。当时法国国家科学研究院等单位组织代表团来华访问，旨在促进中法两国的科研合作交流。出于对上海史研究的执著，作为代表团成员的白吉尔教授毅然脱团一天来我院访问。黄逸峰院长即时组织了接待性的座谈会，我参加了这次座谈会。由于找不到合适的法语翻译，我还临时充当了英语翻译。座谈结束后，我和白吉尔教授在一个小型院长办公室专门交谈了半小时，就双方当时研究的课题作了交流。我告诉她，我正在根据现存的公司档案资料主编一套英美烟公司在华企业资料汇编。我指出，中国近代史上的关税税率的确定是中外双方协商、根据外方的要求而定，故被称为"协定关税"。就烟税而言，实际上从清政府到北洋政府直至国民政府时期，中国烟税是中方根据英美烟公司的要求而定，故应称为"协定烟税"。当时白吉尔教授还很年轻，她对能够得到73岁高龄的黄逸峰院长兼洋务运动研究专家的接见，以及年近花甲的《中国绅士》作者和企业史专家（1990年代转入专门研究城市史）的我相识，表示非常荣幸。从这次座谈会开始，白吉尔教授就成了上海社会科学院的常客。我从1984年开始任我院主持工作的常务副院长，1987年转任院长，1999年始任顾问。在此期间，我一直有幸代表上海社会科学院接待白吉尔教授。我们因此成了好朋友，白吉尔教授也逐渐被西方同仁尊封为"上海人"。现在，体现这位"上海人"多年研究成果的《上海史：走向现代之路》的中译本即将出版了，我感到非常高兴。

　　正如白吉尔教授在前言中所叙，自1957年首次访华后，上海就给她留下了难以磨灭的印象。这座城市丰富多彩的历史深深吸引了她。此后，她访问中国至少达15次之多，基本上以上海为目的地。多年来，围绕上海史研究所牵涉到的一系列问题，她对中国资产阶级、辛亥革命等专题都作了深入研究，并陆续出版了《中国资产阶级的黄金时代》《孙中山》等在国际汉学界和中国学界具有学术影响力的专著和数十篇相关论文。孜孜不倦,锲而不舍,白吉尔教授饱读世界汉学家和中国学家有关上海史研究的论著和各类资料,包括各级研究生的论文,精心钻研法、英两国外交部保存的历史档案,终于把常年积累的心得和观点付诸《上海史》一书的字里行间,以飨读者。

  关于《上海史》的主题思想和各章的内容结构,该书的前言中已有精辟的归纳和言简意赅的描述,我无需多费笔墨了。在此,我想谈谈阅读该书后的感想。

  近年来,由于上海经济的飞速发展,这座日新月异的城市重新吸引了世界各国的特别关注,上海史研究也成为国内外汉学界和中国学界的研究主题之一,出版的专著和论文日益增多。然而,近50年前就起步研究上海史的白吉尔教授,在她的专著中显示出别具一格的鲜明特点:

  第一,强调了促进上海开埠后迅速发展的原因是上海具有现代性,而不是单纯的现代化。从语言结构来看,中文的"现代性"和"现代化"只是一字之差,外文也只是后缀不同而已,但这两个词的实际意义相差甚远。现代化只是表面上能看到的东西,比比皆是的高楼大厦、高科技产品等都是现代化的表现,但这并不表示拥有这些实物的城市和个人都具有现代性。现代性是现代化在思维和行为上的体现,具有与时俱进的时代精神。联想到今天的中国,在同样的政治经济背景下,上海自20世纪二三十年代起就是全国金融、经济和工业的龙头。最明显的是20世纪70年代末80年代初上海改革开放以来的成绩,尤其是1992年邓小平南方讲话后,她在最短的时间内就远远超越了比她早开放的南方经济特区。有人说是上海的基础好。好在什么地方?白吉尔教授画龙点睛般地指出,好就好在上海和她的居民具有现代性。

  上海居民的构成决定了这个城市的特点。除了老城厢居民圈外,上海称得上是个移民城市。为了生存和发展,上海人富有适应环境的能力。也正是这种能力,使他们能够接受西方人带来的思维和形式,把它们吸收消化,并转化成具有中国特色的现代化。犹如橘过了淮河便成枳,外国经验到上海后也走了味。这座城市虽然存在着外国租界,华洋杂处,但并没有像世界上其他殖民地城市那样丧失自我。她向全中国做出示范:何为洋为中用。在这里,古老的中华文明和西方的现代文化的相撞是以实用主义的方式来达到平衡的。因为这里涉及到的主要对象是中外双方的商人和冒险家,他们希望的只是尽快地把各自的谋利手段合法化。不可忽视的是,在这些接连不断的撞击中,上海的本质也发生了变化,现代性逐渐融入了她的肌体。纵观上海史,上海人以其从西方人那里学来的经验来对抗西方以经济现代化和社会进步为主体的挑战,即以现代性来迎击西方。这座全中国最洋化的城市——"东方的巴黎",也是民族意识最早觉醒、革命动员最为广泛的地方。她搭建了东西方思想交流的平台,汇集和包容了各种新生事物,中国共产党就在这里诞生。

第二,在肯定租界的殖民地性质的同时,强调了公共租界和法租界在近代上海城市发展中所起的不同作用。尽管租界是近代帝国主义侵华的产物,但它们对现代化上海的形成和发展起到了不可否认的作用。由于上海公共租界的档案已经整理开放,我们对该租界的认识正在深入;而法租界的主要档案仍未公开,给我们的研究带来了困扰,因此白吉尔教授对法租界的研究为我们提供了重要的线索。当时各租界的管理方式截然不同,工部局的事务由公共租界当局自行处理,公董局的行政则直接受制于远在巴黎的法国当局;英美推行的是自由资本主义,而法国崇尚的是1789年大革命以来共和政治的文化价值观,在实行中央集权制的同时坚持整体利益原则。以具体史实为例,当英商上海自来水公司开始运作时,工部局决定向那些交得起费用的人供应自来水,交不出的免谈;而法租界是由公董局出面向英商购水,然后通过公共水龙头向租界内居民免费提供用水,包括中国居民在内。

如果说公共租界给上海带来了市场观念、资本运作、现代科技和企业管理等全新的资本主义发展模式,法租界则提供了市政管理、城市建设、宗教保护和公共利益等典型的官僚主义统治样本。因此公共租界能够在外滩建立远东最大的金融贸易中心和创设了诸多现代工厂企业,而法租界这个在商场上不算合格的学生却能造就更为优越的人文思想环境和海纳百川的文化性格。就上海某些现象而言,比如海派文化,是否曾受到法租界思想环境的影响?

第三,作为西方汉学家,白吉尔教授研究上海史的着眼点和中国学者不同,她从租界史切入,以点成面,逐步了解整部上海史。她肯定了上海人在这座城市发展中杰出的贡献,同时也提醒不要疏忽那些曾经把上海当成家园来建设的外国移民。尽管这些外国人成分复杂,出发点各异,但他们的确为城市尽过力。白吉尔教授的专著显示:与公共租界相比,法租界公董局的所作所为似乎更加"无私"些。他们把上海的租界当成法国的属地来管辖,完全套用法国式官僚主义制度,连租界的行政年度预算都由巴黎规划制定,由外交部直接派发。为了改善生活环境,租界内进行了一系列相关的市政建设。这些费用也由公董局负责筹措,不足之处可向国内申请支援。至今依旧存在的原法租界内的道路和公用事业设施,多少能反映出那些外国移民所作的努力。

我认为，在近代上海城市发展史的研究中，过于强调帝国主义侵略、忽视租界对上海发展所起的作用的观点是不恰当的；而个别过分肯定租界作用的现象也是值得推敲的。最科学的方式还是像白吉尔教授那样，注重史实，不偏不倚。

白吉尔教授非常乐意地接受了"上海人"的尊称，在某种程度上她也把自己当成了上海人，真切地关注着正在上海发生的一切。衷心希望她的新著能够进一步促进上海史的研究，与我们携手共进，为上海史研究的未来作出更大的贡献。

中文版序:从远方遥望上海

向中国的民众尤其是上海的读者叙述描绘上海的今昔,对一个法国历史学家来说似乎有些过于大胆,甚至有些可笑。谁还能比那些从父辈、祖父辈起就和这块土地存亡与共的市民更熟悉和理解这个美丽的大都会呢?我在远方由衷地热爱着她,曾利用各种机会多次进行短促的参观访问;我在繁冗的档案中寻觅她的足迹,探讨她所经历的重大事件。所有这些都只能得到间接的经验和感受:一个研究员的结论,而不是目击者的见证。相比那些缔造这个城市和分享她的居民的共同命运的参与者的体验,一切来自于外部的关注点都可能显得不太恰当。由此,投向一个中国都市发展过程的所有的非中国人的目光,也同样可能被视为看不到问题的关键,即演变中巨大的文化活力和适应力。因此,我必须接受一些读者的批评,因为在本书中找不到与他们的经验相应的共鸣,也找不到与他们心目深处保存的上海的印象相符的重影。

然而,所有的过错都有权申辩。在这里,我试图说明的是,排除了感情色彩的目光,可以对生活和工作在上海的人们有直觉认识;把一个法国历史学家和她的研究目标隔开的地理、历史和文化距离,允许她对上海的现实和真实性有另外一种视觉,即与具体事实给予的即时感知有所相异的看法。当然,不是说更好,仅仅是不同而已。

本书最初的写作对象是那些不太了解上海史的西方读者,所以对于部分熟知上海的中国读者来说,有些章节可能显得平淡无奇。但是,不寻常的视角还是可以充实或改变他们的观点,使他们看到一些没有提出过质疑的部分。

以帝国主义为例。在19世纪和20世纪的上海历史上,条约制度和外国租界的存在烙下了深深的痕迹。除了对帝国主义应负的责任所作的历史和道德的判断外,上海人和外国人对这事实本身的认识似乎彼此分歧。

对上海人来说，外国租界是受制于非中国人的权力机构管理和影响的居住区，它们被排斥在中国人的城市社团之外，或者被摈弃在城市和社会的边缘。这些地区从这种社会遗弃中汲取了他们的特异性和统一性。尽管租界在城市的政治经济生活中起了重要的作用，尽管当地的中外精英在那里接触和联系，然而对于全体居民来说，租界就像是大陆上的一块未知空间，其特征类同。对租界的认同是否定的：它们不是中国人的居住区。它们的作用是帝国主义的服务工具和帝国主义的象征。

正是在租界这种表面的相似下，反差无所不在，例如在公共租界的商人寡头势力和法租界雅各宾派的官僚主义之间。前者与他们企业的繁荣休戚相关，后者注重宣布他们的重大原则，并时而付诸实施。至于外国人社团内部的不协调，表现在天主教徒对抗耶稣教徒，深谋远虑的领事反对急功近利的商人，谨慎强制的外交官抑制时刻准备要求宗主国军事干预的侨民。

所有这一切，当时的中国人很少关心。在他们看来，这无疑是"蛮夷"之间的争端和纠纷，与他们的社会无关。而当代的历史学家则不能不在意。因为这些争论对决定城市的命运具有关键性的作用。1854年，海关外国税务司在上海的开设使英国领事的意图得到了实现，因为一些英商和别国领事都想利用太平天国起义来取消海关税的缴付。同样，1927年4月，与英国领事借助武力的立场背道而驰，法国领事采用了极为灵活的外交手段，为蒋介石对共产党的突然袭击提供了便利。

请不要误解。我丝毫不想把上海史纳入租界史，犹如西方历史文献长期以来所做的那样。我的目的不是要把这些半殖民飞地的历史归并到它们宗主国的历史中，恰恰相反，我想使它们重新融入当地的历史。目前，上海利用她继承的丰富遗产，从当年在她土地上风行的形形色色的外国影响中吸取精华。今天上海的现代性赋予她许多特征，她的效率和魅力——科学技术发明的志趣、经营管理的能力、优美精致的建筑和服装设计意识——在前租界提供的范例上得到了充分的发展，仍然是"非中国"模式，但已经面目全非，与原型截然不同。

我们可以引用另一个例子，比如精神和道德的西方化。19世纪和20世纪的许多民族主义者为此感到如此的痛苦，它和作为他们的根源甚至他们的身份认同的传统文化的防卫联系在一起。这场争论仍保留在议事日程中，但在现代化的背景下，它渴望一种新的衡量尺度。相互作用的文化观念逐渐趋于取代文化适应。这意味着基于文化原型上的相互影响和设置新的形式。从这个角度考虑，1920年代到1930年代的上海文化，海派，没有成为纯商业文化。为了成为独特的组合和中西文化的革新者,她被同时代人所蔑视,认为她既不忠实于她的中国起源又低劣于她的西方典范。

　　本书还试图采取另一种观察角度,即着眼于漫长的时间跨度中的变化。本书的记叙涉及到一个半世纪的历史。它力图在短短几百页中,汇集概括上海社会科学院和其他中外大专院校持续20多年的研究成果。因此,与作为研究基础资料的专著相比,书中的分析难免不够全面,不够深入。但是我的目的是要强调在城市演变过程中,导致这种持续性和统一性的重要因素。沉浸在当地的生活中,日复一日,多方面研究的综合目标集中于这个或那个领域——经济、社会、文化或政治——上海史显得极其复杂。它经历了激烈的和对立的历史插曲和片断:被迫开埠、太平天国起义、资本主义的突飞猛进,以及革命运动、国民党独裁、日本占领,最后过渡到社会主义、"文化大革命"。然而,从远处观察,在异地遥望,这部剧烈动荡的历史似乎由一种定式操纵着,一种超越一切的寻觅,即追求现代性。

　　现代性与现代化不同。现代化是指变革的过程,是动态的过程,结果不能预料;而现代性是指由现代化及其成果所唤起的相应的精神状况和思想面貌。自一个半世纪以来,中国投入了现代化进程,而上海的先进使她很早就走向现代性。从19世纪末起,上海的精英认识到了改革的必要,产生了进行适当的变革的观念。随着这种改革的逐步实现,城市居民中的大量民众被所获得的成果和开阔的前景所吸引,集聚到它的周围。上海没有等待现代化的强行降临,她从一开始就被其中的现代性所吸引。随后,她在革命运动和内外战争中,以及从外国人那里继续学习。虽然她对外国各种影响开放,然而并没有抛弃置身于其中的传统,相反,利用传统为新的目标服务,使之与改革中的新事物取得和谐。自19世纪以来,上海的现代性得到了充分发展,这往往与国家机器无关,偶尔与它对抗,难得与它和解。她位于长江出口处的优越的地理位置,或者说她在南方的"原始"资本主义和北方的政治文化传统之间充当的中间人和协调者的角色,是当今上海的优势;而上海优势的奠定,应归功于她创造的中国式现代性。

(玛丽·格莱尔·白吉尔)
2005年5月于法国巴黎

中文版再版序言：十年之后

自本书法文版问世以来，转眼十年多过去了。在此期间，上海从未停止前进的步伐，获得的成就远非一篇简短的序言所能概括。因此我们只能自问，上海的发展仅仅是遵循了最初设计的官方参与引导的复兴轨道，还是展现了新的雄心和宏图，开发了新的道路。

最明显的事实是：在这新的十年中上海保持着经济的持续增长率，直至2008年世界经济危机导致以外销和投资为基础的模式失去活力，并且抑制地方甚至全国的国民生产总值。这种快速增长的节奏在江泽民主席和朱镕基总理换届后仍旧维持着。此两位在出任中央首脑之前都曾担任过上海市政府领导，他们在北京继续支持上海的发展，坚信中国的现代化始于沿海地区的先行和飞跃。然而接任的胡锦涛主席和温家宝总理则期待各省市的进步和谐一致，授予内地优先的特权。在这种情况下，上海的持久增长可能会导致意识形态决定的政治定向（重振农村和贫穷中国的愿望）所产生的影响和上海的奔放所带来的经济变化之间的某些分歧；更有可能，她的持续增长说明了尽管她的支持者不再出任最高国家领导，但其影响力仍然如旧。

新世纪唤起了上海的新抱负。1990年代期间，在复兴的迹象中追回了改革过程中某些迟缓的上海继续突飞猛进，借鉴昔日资本主义和国际大都会的经历重新崛起。21世纪边缘的上海不再渴望重振以往的雄风，而是决心成为全球城市（global city）。

荷兰社会学家丝奇雅·沙森（Saskia Sassen）于1991年采用了"全球城市"这个概念[1]，此后即被大量引用和普及，在失去其精确性的同时融合了各种定义。该概念最初涉及的是某些城市，她们的交通和通讯基础设施配备齐全、充当全球化的领军人物、筹划组织商品、资金和信息的流通，聚集决策者主宰国际分工。渐渐地，其他标准加入其中，如文化的威望和影响以及城市面貌的现代性和吸引力，旨在烘托该城市在全球范围内的能见度。参照标准中的这条或那条，上海被分别列入全球城市排行榜的第八位或第二十一位②。因此，竞争尚未完全获胜。大多数全球城市出自发达国家，长期居高临下处于优势地位，比如纽约、伦敦、东京和巴黎。发展中国家的大城市很难符合这些要求，但是上海则发挥了极大的正能量，获得了巨大的进步。在此我们凭借对人口、交通和文化设施等方面的分析阐述，见证这些惊人可观的创造和成就。

上海继续不断地吸引着新移民。2010年人口普查显示，上海居民总人数达2 302万，成为世界上人口最多的城市③。这个突破并非源于自然增长，独生子女政策的执行已经降低了出生率，这是临近几省民工大量涌入的结果。目前这批长期居留的民工人数约达900万，是十年前民工总数的三倍。另外，上海接纳越来越多的来自美国、欧洲和东南亚的外国人。根据官方统计，2009年按规定合法登记的共有15.2万人。毫无疑问，更多外国人没有统计在内。在因公到沪出差的海外公司的雇员中，一部分人倾向于长期居住上海，供职于地方雇主：犹如20世纪初的"上海滩人"，前来利用城市提供的致富机会。他们正在成为上海人，分享因经济奇迹暴富的部分上层社会中国人的生活方式。在几十万台湾企业家和商人之外，又增添了他们的存在。观察中国各省、亚洲地区或者全世界来沪定居的人数，今天上海的居民比以往任何时候都更具国际化。

为了适应人口暴涨和经济增长，上海实行飞速城市化的政策，配备了极为出色的城市和周边地区的交通网络，致力于便利市中心与新区之间、城郊居民点与邻省边缘区之间以及与大陆腹地之间的联系。

单位分房的终止促进了房地产市场的快速发展。该市场于2004年向国外投资者开放，并且成为上海经济增长的主要动力之一，尽管投机的泡沫反复出现。市中心的重建伴随着城市外围新住宅的铺展：住房政策似乎也是迁徙政策。仅仅在1991至2000年十年间，市中心360万平方米的住宅被夷为平地，市府预测在未来的十年间还将推倒1 000万平方米的楼房。随着该政策的执行，大量居民的迁移也相应而生，改变了城市的人口结构。被净空的市中心将由气派十足的大厦所占据，用作宾馆、办公楼和豪华住宅，社会最底层的百姓移居到至今尚未完全城市化的城郊边缘地区。为了把新建社区融入城市范围，方便市民日常交通和协调整体布局，地铁、轻轨、桥梁和高速公路日益增多。

大都市的轨道交通线从2000年的3条增加到14条，长达538公里的铁轨沿线设置了329个车站，并且轨道还在继续延长，2020年将增至20条地铁线。每天有700至800万乘客推推搡搡、相互拥挤在地铁车厢内。上海还部署了12条快速道（穿越浦西旧城区路段常常采用高架形式）和4条环城大道，最外围的绕城高速公路包囊以前的村庄和地区乡镇，如奉贤、松江、青浦、嘉定，把她们带入了城市的怀抱。轨道交通和公路网络离不开众多的技术工艺作品：隧道和桥梁。1990年代3座跨越黄浦江连接浦西和浦东的大桥又增添了新伙伴，例如卢浦和闵浦。2011年，位于长江入海口的崇启大桥竣工，连接了崇明岛和江苏省。大桥的外形宏伟壮观，桥拱跨度400至600米不等，固定大桥的支柱高达150米或200米，强化了上海的新景观。远处，两座跨海桥梁为科技壮举提供了范例。2005年，长达32.5公里的东海大桥通车，直达上海新建的洋山港。此后修建的横跨杭州湾的大桥比前者更长，大大缩短了上海与浙江主要经济中心之一的宁波以及与东海岸之间的距离。

　　虹桥综合交通枢纽的创立加速了各种交通网络的一体化。地处市区西部，置身追赶都市化进程的近郊，虹桥机场自1999年大部分国际航班迁至浦东新机场后，主要接待国内航班，但她并没有因此停止发展。2010年设置新航站后，她每年能够迎接4 000万旅客。临近机场的是上海南站，专供动车和高铁使用，通往北京、南京、杭州等全国各地。地铁2号线连接虹桥机场和南站，并直通浦东新机场。

　　向大陆内地最大限度敞开大门的同时，上海也成为更加容易接待外国游客和货物流通的港口。自1999年起，浦东机场持续扩展，现在每年能够迎送旅客6 000万人次，处理货物能力超过400万吨。运行十年来，磁悬浮堪称为壮观的创举，只是它没有实现所有的允诺，机场和市中心之间的连接还得依靠地铁2号线来确保。总之，上海近来已经成为全球第一大港。惊人的吞吐量达2 900 TEU（国际标准20英尺集装箱计算单位），她的活力超过了新加坡、香港或鹿特丹。新建立的洋山深水港坐落在上海东南的杭州湾，2001年开始动工。她弥补了外高桥港区的不足，后者位于长江口，航道不够深，无法容纳大型集装箱货轮。面对茫茫大海，洋山港是上海向全球开放的象征和工具。

　　我们可以继续追踪和枚举上海经济领域内取得的成果，各部门日益增强的功能带来了不仅是数量上而且也是质量上的进步，2012年产值占地方国民生产总值的60%；或者叙述教育研究事业的飞跃；或者描绘该城市和世界政治舞台之间越来越多的相互作用、相互影响，外国领事馆和各类机构的倍增以及国际性会议的频繁召开就是见证。然而，一个城市在世界排行榜上的升级需要她善于展示其成就，需要改造现实，需要懂得为自己塑造众人接受的形象，需要以其注目的先锋派发展风格震惊世人。关于这些，上海正在全力以赴。

城市前景的变革从3座塔楼的建立找到了完美的概括,它们跻身于世界最高建筑排名榜,俯视着陆家嘴金融中心的摩天大楼。金茂大厦于1998年落成,邻近又增添了上海环球金融中心和即将竣工的上海中心。上海中心高达632米,嵌套了9个圆柱形部分,由双层玻璃墙团团围住。这栋塔楼具有象征性意义,她代表着一个面向未来、随时准备适应世界文明变化的大都市的活力。

上海致力于开发和整理历史建筑遗产。自1990年代起,重振外滩和复兴前法租界地区的工作持续不断。这些建筑属于当年现代主义繁荣的一部分,坐落于为在国际文化市场占一席之地而努力的大都市,授予该城市独特性标记,以其先驱建筑区别于其他,重点在于和现代艺术、生活方式、时尚、运动及旅游相一致。为了创建城市的新面貌,上海召唤全球著名的建筑师前来比武,各大洲英才济济满堂,诸如歌剧院和世纪大道的设计者让-马里·沙龙提耶(Jean-Marie Charpentier),名字和上海东方艺术中心连在一起的保罗·安德鲁(Paul Andreu),兴建上海环球金融中心的美国KPF建筑事务所,承建外滩金融中心的福斯特(Foster)及其合作者,设计上海东方体育中心的德国GMP建筑事务所,等等。50多个国际公司在上海设立办事处,与新一代的中国建筑师、工程师携手合作。

博物馆系统并不属于中国传统,历朝历代都由皇上和富官们悉心保存艺术作品。但是,一个全球城市不会放弃作用重大的博物馆。上海已经拥有一座于1997年开幕的漂亮的博物馆,向公众展示国家收藏的青铜器和古代艺术作品。在新的十年中,应现代特色之需求上海又开设了好几个当代艺术博物馆。2012年,设立在世博会中国馆内的中华艺术宫和上海当代艺术博物馆对外开放。跟随西方国家促进改造工业废址为展览场所的时尚,上海当代艺术博物馆建筑在浦西19世纪末的南市发电厂遗址上④。

受惠于这些类似名片的成就,上海致力于增加其知名度,融入世界文化事件。因为这里涉及到的不仅仅是水泥、玻璃和钢筋,新建大楼与大规模的商业文化运作联系在一起,中外演员常常自愿亮相或者应邀出席这类活动,诸如大旅馆的落成典礼,音乐会和戏剧、演出,两年一度的当代艺术展,一级方程式赛车,2011年世界游泳竞标赛等等。每一参与都利于促进上海成为国际文化中心。

2010年组织世博会是这些形象活动中最重要的一次。昔日位于外滩以南黄浦江沿岸的工厂和仓库所在地的人口被彻底清空,重新调整设置了76个国家馆,其中最主要的是中国馆。世博会的召开是投入、加速和调整上述大型工程的机会,目的在于呈现城市的最佳形象,让全世界赞美上海的技艺才能和礼仪教养。世博会成功了,打破了所有的历史记录:她聚集了192个参与国,数十位外国首脑和政要出席开幕式，吸引游客7 300万人次，获得投资480亿美金。这是一次上海主持的全球大聚会。

上海是否因此成为"全球城市"？为数众多的成绩并没能避免她的欠缺。为了使人信服中国和上海在长期持久的城市规划中的先驱理念，崇明东滩生态城预定在世博会期间建成，可惜并未如期现身。还有那些城郊周边涌现的"新城"，近似精确地仿造了欧洲的模式：松江的英国城、高桥的荷兰城、法国城、瑞典城等等。这些住宅区普遍存在着缺乏居民的现象，以致人们不时自问空城的意义何在。此外，2013年元月1.2万多头死猪漂浮在黄浦江面，或者是雾霾的反复入侵，虽然没有北京那么令人窒息但仍然导致呼吸困难。还有，2010年一栋30层大楼发生的难以抑制的火灾（造成58人死亡），或者2011年新建的地铁10号线追尾事故（造成260人受伤）。

除了意外事故、火灾、失责或者错误这些现代化尤其是快速现代化过程中固有的现象，上海经营现代化的方式的本身有可能使她在获得全球城市身份时遇到问题，至少是在原创者沙森提出的概念的原意上。沙森认为，全球城市的出现事实上与市场、物流和国际金融紧密联系在一起，由新兴信息和通信技术的发展支撑着。自1980~1990年代以来，经济调整和私有化的进程与新兴信息和通信技术的发展同时搅乱了生产和交换组织。这些组织越来越少依赖公共权力的参与，越来越多取决于成为世界经济增长策略中心的大都市网络的影响，同时充当了世界市场与各类地区经济或国家经济的接口和界面⑤。

但是在上海，经济活动和城市发展在很大的程度上依然和以往一样受到国家和市府公共权力的控制。的确，决策的过程公开化了，中外公司企业均被吸收参与制定计划和更新城市面貌的大型工程，不过市府仍旧保持主导地位。我们可以注意到如果承担资金筹划和实现多项计划的上述公私合作伙伴诚请外国私营企业参与，中方介入的公司一般都是国营企业。公共权力掌握了工程的控制权，即便他们不是主承包者。尽管某个预定规划的突然改变显示了政府根据具体情况采取更加灵活的政策和措施⑥，尽管开放某些与市民社会的公开对话（反对声也许是重审磁悬浮延伸计划的原因），最后的话语权还是留给了紧跟中央政权的市政府。

在上海，犹如在中国其他地区，经过各种行政机构长时间和不透明的审核程序后获准的外国投资和金融活动受到许多限制，束缚了对兑换、利率和资金运转的掌握。对上海而言，这些限制代表了融入全球城市网络存在着同样多的障碍。

意识到这些不足，市府和中央试图寻找补救方法，于2013年9月创立中国（上海)自由贸易试验区,范围包括已经存在的经济特区外高桥保税区、洋山港和浦东机场保税区。该规划的草图自2012年11月中国共产党第十八次全国代表大会后就开始拟制,一直由市长和市委书记承担责任,得到了中央的坚决支持。2013年新任国家领导人作出全面深化改革的决定,促进了自贸区的成立[7]。由此改革开放进入了升级试验的新阶段,上海应招出任类似1980年代广东和福建经济特区的角色。习近平主席和李克强总理重新接手邓小平曾经高举的火炬,这关系到要让市场发挥更重要的作用:在自贸区内,中国私人企业家和外国企业家允许在以往不能进入或者基本不能进入的领域内自由投资,如银行业、保险业、航运业、旅游业。人民币能够完全自由兑换,利率将放开,网络通信将不再查禁。

上海自贸区正式成立典礼上的公告只是部分回应了这些期待。首批措施之一是市政府宣布了禁止在自贸区进行的活动名单:网咖、新闻媒体或者社会调查等等。相反,置于该名单所列经营范围之外的企业无需申请或者等待(有时得花费很长时间)行政部门的开业允许,只需通知当局即可。但是,没有任何金融自由措施和取消网络查禁的宣告,潜在的投资者表示失望。

给予自贸区精确的定义?很难判断。如果观察1980年代的前经济特区,它们都是在数年内以渐进的分批的方式来实施承担的规划。上海市前市长、现任市委书记韩正认为,至少需要3年时间才能使自贸区正常运转。如果这些预计的改革得以实现,上海完全能够和香港或者东京竞争,进入全球城市的行列,打开中国与世界市场更加紧密结合的通道。

然而,众多障碍仍旧可能对如此迅速的进展提出疑问。在中国国内,政界和社会对改革存在着可能的强烈的反对声;在世界各地,对国际经济体系运行越来越多的担心和质疑,使得某些制度执行者、政策负责人和新闻媒体经常表示希望重返由国家和其他决策机构适当调节的经济和金融运作中。

在期待中,上海20年来不懈的努力和发挥的才干已经赋予其前所未有的可见度,使她成为不是严格的概念意义上的、而是更具广泛实际意义上的全球城市。

注释

[1] 丝奇雅·沙森(Saskia Sassen):*The Global City: New York, London, Tokyo*,普林斯顿,普林斯顿大学出版社,1991年。
[2] 参见英国拉夫堡大学《Globalization and world cities research network》,2008年上海排名第八位;参见《The Global cities index 2010》,载*Foreign Policy*,Rebecca Frankel特别报告,2010年4月15日,上海排名第二十一位。

③ 这是上海市镇人口总数,行政范围包括周边农村。市区实际居住人口约2 060万,占上海总人口约89%。
④ 参见建立在火车站旧址的奥赛博物馆,或者由泰晤士河边前发电厂改建的泰特现代艺术馆。
⑤ 参见丝奇雅·沙森:《The Formation of Intercity Geographies of Centrality》,载Seng Kuan, Peter G.Rowe主编, *Shanghai. Architecture and Urbanism for Modern China*, 慕尼黑, Prestel出版社,2004年,第8~35页。
⑥ 参见Nicolas Douay,《Shanghai: l'évolution des styles de la planification urbaine》,载《神州展望》*Perspectives chinoises*,2008年第4期,第16~27页。
⑦ 参见对上海市长韩正的采访,载 *The Economist*,2013年11月14日。

(玛丽·格莱尔·白吉尔)
2014年1月于法国巴黎

前言：上海与中国现代化

对上海，我说不上是一见钟情。1957年10月，在雄伟的天安门城楼上出席国庆观礼后，我第一次踏上了上海这片土地。与首都北京相比，上海在我的脑海中只是个外省城市。初来乍到，我用疑惑的目光打量着这座旧时的帝国主义堡垒。那些已成为革命胜利前工人阶级苦难见证的棚户区滚地龙难免激起了我的愤怒，而上海近郊陆续修建的工人新村的灰色水泥楼房则让我感到钦佩。当我参观人们热切地向我展示的一切时，却丝毫没有意识到一场大规模的"反右"运动正在中华大地进行。我完全沉浸在旅行的兴奋中①。

在下榻的大饭店中，我第一次感到不自在。这是家豪华的旅馆，仍保留着舒适的套房和陈旧的银质餐具，还有训练有素的服务员。我是那一层楼唯一的房客。身着白色制服的楼面侍应生说话低声细语，走路鸦雀无声，犹如游魂。更让人有幽灵之感的是，一天晚上我在楼梯间遇到一对年长的英国夫妇，他们的装束和共产党领导下的城市的清贫生活完全不协调，男的西装革履，女的金发盘头。透过他们的身影，那座消失了的大都会的幻影似乎隐约再现。当时的上海已经进入共产主义革命将近十年了，而先前的西方侨民和旅行家们却还生活在色彩斑斓的回忆中。我虽然与上海的过去毫无关系，但强烈的好奇心却悠然而至。对这座被历史的风暴吞没了的城市，我已经产生一丝迷恋之情。

在上海短暂的停留期间，我参观了新中国的工地、学校和幼儿园。回到法国后，我就一头扎入了上海史研究之中，当时的研究还仅限于租界史范围，包括曾经使上海进入国际大都市行列的公共租界，它的商号、银行、造船厂和工厂企业；曾经使上海冠以"东方巴黎"的后起之秀法租界，那些绿荫蔽日的街道和时尚的商店，以及色彩斑斓的文化，还有革命的激进分子。

随着研究的深入，我清楚地认识到，不管上海怎么异化，她还是一座中国城市。是中国人填满了前租界的空间，没有他们的认同与合作，任何规划都不可能实现。上海社会接受了西方人带来的形式，把它吸收、消化并转化成中国式的现代特色。这座城市所具有的独特性和吸引力是其他任何殖民地都没有的，亚洲、非洲别的殖民地区完全是另一种模式。

  在1960年代和1970年代，现代性这一观念引起了人们的质疑。因为它和西方化的关系过于密切了，人们认为这只能为帝国主义提供蹩脚的扩张借口。一些从事上海史研究的学者为上海的殖民地现象定了基调：上海只是外国在华的一块飞地，中国国土上的一个毒瘤②。如今，对存在于上海本质中的现代性已毫无异议了，但是人们试图给上海本身增添更多的可敬之处，指出早在西方人到达之前该地区已经历了数世纪的自我发展，是这种演变带来了上海本质上的现代化③。这种新的阐述也符合中国的民族主义和文化主义历史观的论点。但是，外国人确实曾经和中国人一样在上海的起飞中起过作用，要抹煞这一历史事实绝非易事。正是由于中外双方的相撞、合作和竞争，才使上海成为富有国际性和创造性的城市④。在这个乡村传统和官僚统治根深蒂固的中华古国，上海是接受西方文明并使之与民族文化互相兼容的现代化样板。

  与西方人长期以来的想象所不同的是，19世纪中叶的上海已不是一个贫穷渔村，她并不期待外国的介入能使她奇迹般地成为经济金融重镇。当时的上海人口已达20万左右，是相对重要的行政管理中心，一个活跃的地区性市场和生气勃勃的海港，接待来往于中国沿海以至日本的船只。然而在富饶的长江三角洲地区，相比别的更为富裕、更加活跃、文化传统更深的城市，上海就显得黯然失色了。

  1842年，根据《南京条约》规定，上海成为向西方开放的五个通商口岸之一，上海的命运也从此发生了根本性转折。在此之前，清王朝始终拒绝和西方国家进行任何政治、经济上的往来，直到鸦片战争（1839~1942）后被迫让步为止。清廷抵抗英军旨在阻止非法的鸦片交易，虽然清政府一再禁止毒品贸易，而外国商人则继续不断地向中国输入鸦片，把非法贸易所得作为在中国收购茶叶和丝绸的主要资金来源。普遍地说，欧洲人发动战争的目的是迫使中国和他们建立正式的关系。在"开放"的口岸中，尽管上海的内河港口设在狭窄的长江支流黄浦江上，但其优越的地理位置还是很快就显示出来了，因为她地处中国中部，位于长江和长江三角洲地区的出海口。几十年间，上海就成为外国企业家最喜欢居住的地方。在当地商人的协助下，外国人建起了各自的企业。辛亥革命期间，在中国最后一个王朝走向没落和共和制度艰难产生之际，因为租界受中外条约的特权保护，享有自治，她就成了外国侨民和众多的中国人重新找到的一处避难所。

作为国际贸易的重心和动荡不安的中国领土上相对安全的小岛,上海吸引了前来寻求利益的各国商人,并为他们提供了多种文化接触的机会。当17世纪初耶稣会传教士抵达北京清廷时,他们的活动主要限于文化交流,并被允许与朝廷高官接触;而三个世纪之后身居上海的欧美企业家的主要交流则是在商业贸易、金融技巧和生产过程领域中。上海从来就不是一座闪光的文化重镇。在这里,中华文明与西方现代性的相撞是以实用主义的方式来达到平衡的。当地社会对外来事物的接受和外国人在适应新的工作和生活环境时,并没有像人们想象中的那样困难,因为就中外双方来说,这里涉及到的主要对象不是文化人,而是商人和冒险家,他们的目的是要尽快地使各自的谋利手段合法化,他们毫无约束的灵活性把异常的活力传递给上海社会。远离朝廷权力中心和西方世界,这个社会是开拓者的社会。商人与流氓、中国人与外国人,以及北京清廷的介入和外国列强的干涉等等,这些群体不同程度的参与或多或少地减轻了社会的混乱。

和西方列强相比,清廷在实力上处于劣势,所以双方对上海的介入或干涉也没有同等的力度。这种失衡造成了外商与华商之间竞争的不平等。外商依仗着各自的领事馆和船坚炮利,而华商从衰败的清朝那里得到的盘剥多于支持,甚至连1911年辛亥革命后刚刚建立的共和制度也抛弃了他们。然而在上海,这种使用外交和军事压力夺来的特权并不能在经济利益上自然地反映出来。正如一部中国的历史文献所断言,中外群体间的关系远不是那种卵石相击的关系,而西方人则仍陷于老牌帝国主义的错误意识中。

上海和周围的长江三角洲富庶地区有着悠久的商业文化传统,这些地区依照稠密纵横的水网分布实行区域建设、物资交换和资金流通,所有的活动都在组织有序的行会公所的控制中。由于在很长一段时期内外国人被禁止涉足内地市场,所以外国人为了发展与内地之间的关系,必须和当地的行会组织合作,并时常要忍受行会提出的各种条件。面对欧美商人手中的王牌,比如免税、技术先进等等,中国商人就利用他们和地方上各种机构的亲密关系和行业组织间的高度融合来抗争。如果说外国人把握了上海与西方市场间的纽带,中国人则继续控制着开放口岸和内地省份的物流管道。上海经济的运转依赖于这种中外商人的相互合作,这种讨价还价的合作使得利益的分享多少还算公平,而人们经常疏忽了这点。相反,这种中外合作在文化交流上就显得极不平衡。在中国人学习生产技术和建立政治、社会、经济制度时,外国人曾起过样板作用。不过这种借鉴并不等于简单的摹仿。西方经验进入中国传统的体系后,虽然改变了该体系的运作,但是在这移植过程中它们也走了味。即便如此,由于外国人的傲慢和享有的特权,还是使得伴随这种借鉴而来的文化适应成为中国人的耻辱。不过在上海,普遍的仇外情绪是以现代民族主义的形式体现出来的,目的在于接受和对抗西方以经济现代化、物质丰富和社会进步为主的挑战。上海,这座中国最"洋化"的城市,也是民族意识觉醒和群众革命动员最早的城市。

上海的神话中存在着娼妓、毒品和黑社会,但更主要的是她在中国现代化过程中所起的作用。在题为"开埠"的第一部分,我们看到上海变成了近代化活动中心。以这种演变为起点,越来越多的外国人陆续来沪安顿(第一章),利用动摇清王朝根基的社会动荡,在租界内创立基本自治的华洋杂处的社会(第二章)。从19世纪下半叶到20世纪上半叶,在上海资本主义发展的初期,买办起了很大的作用,他们是中外商人合作中的关键性人物(第三章)。促进上海发展的人员来自中国各个省份,来自欧洲主要国家,美国、日本以及西方在亚洲的其他殖民地国家。在不同的时代中,这些多元化群体的人口多寡随之变化。由于语言习俗和利益的差异把他们隔绝了,并不停地为当地社会的变化创造条件(第四章)。外国社团间的这种分裂也把中国人与非中国人之间的根本性差异明显地反映出来了。在某种意义上,当时能够超越这种族群分裂,并使之竞争合作的有效方法,就是建立各自的租界(第五章)。1911年辛亥革命后,尽管困难重重,上海仍自以为是中国其他地区的榜样,试图走共和的道路(第六章)。

第二部分"大都会",集中阐述了两次世界大战之间上海发展的历史。在此期间,上海的发展达到了高峰,并以她的现代性影响了其他沿海地区,对内地的作用也越来越大。此时,中国的资本主义迎来了它的黄金时代(第七章)。同时,在国民党和共产党等政治党派的领导下,群众运动风起云涌,这些组织中有来自西方的领导人(第八章)。自1927年起,为了巩固中央政权,蒋介石在南京成立了国民政府,把上海和国家的政治生活更紧密地联在一起。上海成了一个并非现代化的政权的现代化橱窗(第九章)。这一时期的繁荣和相对的稳定孕育了海派文化,她在很大程度上受到外来文化和商业文化的影响(第十章)。

1937年抗日战争爆发,"一个时代的结束"就作为第三部分的主题。被日本侵略军占领的上海失去了她的国际性地位,租界也被汪伪政权"收回"。汪伪政权完全是法国维希伪政权在中国的翻版。忍受着杀戮、屈辱和饥饿折磨的上海进入了最黑暗的历史时期(第十一章)。日本战败和1945年世界大战的结束,给上海赢得了短暂的复苏期。随着毛泽东领导的工农武装在全国范围内不断取得胜利,陷入通货膨胀、贪污腐化和国民党专制中的上海在消极中迎来了共产主义革命的胜利(第十二章)。

"共产党领导下的上海"的历史,是本书的最后部分。在毛泽东时代,上海摈弃了她在一百年中始终持有的以市场经济和个体精神为基础的现代性(第十三章)。但从1980年代起,中国的改革开放政策使上海重获振兴(第十四章)。中国政府已经计划要将上海重建成经济和金融的重要中心,未来上海的命运又会如何?

如同所有的通史著作一样,本书的基础是建立在众多专家学者的研究业绩上的。首先是中国历史学家所作的研究,特别是上海社会科学院、复旦大学和上海其他学术机构的研究成果。如果说本书对这些研究成果很少提及,其原因在于本书的主要对象是西方读者。在这里,我特别感谢张仲礼教授和丁日初教授对我的热情接待,以及对我在上海期间的工作所给予的大力支持和帮助。他们都对上海史的研究作出了重大的贡献,他们的专著和他们所领导的研究队伍的成果展示了这些成就。

我还要感谢我的一些法国同事,多年来他们和我一起致力于上海史的研究:鲁林(Alain Roux)、兰德(Françoise Ged)、安克强(Christian Henriot)、萧小红、王菊。

我曾得益于许多美国学者的研究成果,在此我无法向他们一一致谢,因为人数太多了。二十多年来,上海成为大西洋彼岸汉学家的主要研究课题之一。历史学家、社会学家、人类学家做了大量的史料发掘和实地调查工作,出版了不少具有深度的专著。本书采用了这些研究人员大量的研究成果作为参考资料,由此可见我对他们的谢意应有多深。

我衷心感谢毕仰高教授(Lucien Bianco),他仔细耐心的校阅对本书的早期编纂帮助甚大;感谢法国外交部档案馆部门负责人伊莎贝尔·娜当夫人(Isabelle Nathan),她指引和帮助我发掘法国外交部档案馆馆藏画集和肖像资料;感谢本书责任编辑阿涅斯·方丹夫人(Agnès Fontaine),没有她的坚持和编辑能力,我几乎不敢相信这部书能够最终得以完成。

注释

① 参见毕仰高(Lucien Bianco):《Voyage dans un bocal》,Esprit,1975年3月。
② 参见罗兹·墨菲(Rhoads Murphey):*The Outsiders. The Western Experience in India and China*,安娜堡,密西根大学出版社1977年版。
③ Lynda Johnson: *Shanghai. From Market Town to Treaty Port, 1074–1858*,斯坦福,斯坦福大学出版社1995年版。
④ 白吉尔(Marie-Claire Bergère):《Shanghai ou "L'autre Chine", 1919–1949》,Annales, Economie, Sociétés, Civilisations,第5期,第1039~1068页。

目 录
CONTENTS

序 …………………………………………………………… 张仲礼　1
中文版序：从远方遥望上海 ………………… 玛丽·格莱尔·白吉尔　5
中文版再版序言：十年之后 ………………… 玛丽·格莱尔·白吉尔　9
前言：上海与中国现代化 ……………………………………………… 1

第一部分　开埠（1842~1911）

第一章　上海城里的外国人（1843~1853） ………………… 3
"蛮夷"的到来 ……………………………………………… 3
从纳贡制到条约制 ………………………………………… 6
双重误解 …………………………………………………… 8
为什么是上海？ …………………………………………… 10
外国人特定居住区 ………………………………………… 16
双重面貌的城市 …………………………………………… 18

第二章　地方外交和国家政治（1853~1864） ……………… 24
小刀会占领中国城（1853~1855） ……………………… 24
太平军的进攻（1860~1862） …………………………… 27
中国人定居租界 …………………………………………… 29
上海模式与条约制度 ……………………………………… 32

1

第三章　上海资本主义的诞生（1860~1911） ········· 34
　　对外贸易,增长的动力 ········· 34
　　世界主要的港口之一 ········· 36
　　银行和投机 ········· 38
　　早期工业化（1860~1895） ········· 42
　　工业的新崛起（1895~1911） ········· 45
　　洋行与会馆公所 ········· 47
　　买办 ········· 50
　　中外资本主义 ········· 53
　　外国领事——经济舞台上摇摆不定的角色 ········· 54
　　没有结果的官方现代化运动 ········· 56

第四章　上海社会万花筒 ········· 61
　　早期上海滩的居民 ········· 61
　　租界里的日常生活 ········· 67
　　中国人社会 ········· 72

第五章　租界模式 ········· 82
　　公共租界 ········· 82
　　例外的法国人 ········· 87
　　中国士绅缓慢的动员 ········· 92
　　城市现代化与思想转变 ········· 95

第六章　1911年革命 ········· 98
　　"杀呀！杀呀！万众直前……" ········· 98
　　没有未来的资产阶级革命 ········· 102
　　对未来失望 ········· 105

第二部分　大都会（1912~1937）

第七章　上海资本主义的黄金时期（1912~1937） ········· 111
　　1920年代的经济奇迹 ········· 111

上海的新企业家 ·· 115
　　　商业资产阶级的初创时期 ······································ 120
　　　国民党与经济制度现代化（1927~1937）····················· 122
　　　国家资本主义与官僚资本主义 ·································· 125

第八章　革命的熔炉 (1919~1937) ·································· 130
　　　革命力量的高涨 ·· 130
　　　上海的革命政党 ·· 132
　　　1925年五卅运动 ··· 135
　　　国民党镇压共产党 ··· 136
　　　外国人的恐慌 ··· 139
　　　蒋介石与1927年"四一二"事变 ································· 141
　　　从起义罢工到城市恐怖：共产党影响在上海的衰弱 ········· 143
　　　救亡运动和群众运动的新高潮 ································· 147

第九章　秩序与犯罪 (1927~1937) ·································· 154
　　　大上海市政府 ··· 154
　　　道德秩序与社会控制：新生活运动 ···························· 157
　　　国家与社会的相互交织 ··· 159
　　　不相称的结果 ··· 160
　　　犯罪盛行 ·· 162
　　　鸦片与"犯罪肆虐" ·· 164
　　　青帮与"法国亲戚"（1927~1932）····························· 166
　　　掌控华界 ·· 168

第十章　海派文化与现代性理念 ···································· 173
　　　城市新貌 ·· 174
　　　消费的狂热 ··· 181
　　　对外国影响的开放 ··· 183
　　　时空转换 ·· 188
　　　崇尚体魄和外表 ·· 189
　　　"摩登女郎" ·· 190

新式娱乐活动 ·· 192
　　上海的文学与文学在上海 ···························· 195
　　上海和新艺术 ·· 200
　　早期中国电影的黄金时代 ····························· 202

第三部分　一个时代的结束（1937~1952）

第十一章　战争，沦陷和国际地位的终止 ············ 209
　　淞沪之战和中国城被占领（1937年）··············· 210
　　孤岛（1938~1941）··································· 213
　　慕尼黑和维希对租界的影响 ·························· 215
　　上海精神到哪去了？ ·································· 216
　　黑暗世界（1941~1945）······························ 218
　　沦陷的上海 ··· 221
　　抵抗 ··· 223
　　合作分子 ·· 225
　　生存 ··· 229

第十二章　返回革命潮流中（1945~1952）············ 238
　　从梦想到幻灭（1945~1949）························ 238
　　上海资产阶级的最后一把火 ·························· 241
　　中国自由主义的尾声 ·································· 244
　　共产党攻克上海前夕 ·································· 249
　　1949~1952年的上海 ································· 251
　　统一战线的战略 ······································· 256
　　社会进入新秩序 ······································· 259

第四部分　共产党领导下的上海

第十三章　上海地位的变化 ···························· 269
　　计划经济的支柱 ······································· 269
　　规模宏大的工业基地 ·································· 272

城市建设被迫停止 …………………………………………… 277
　　严格控制下的社会 …………………………………………… 282
　　新的不平等 …………………………………………………… 288
　　"文化大革命"和上海"激进主义思潮" ……………………… 293

第十四章　重振雄姿(1990~2000) …………………………… 306
　　改革列车的尾灯 ……………………………………………… 306
　　龙头 …………………………………………………………… 314
　　浦东与再现辉煌的城市 ……………………………………… 319
　　新上海人 ……………………………………………………… 323
　　娱乐、金钱与自由 …………………………………………… 327
　　海派的幽灵 …………………………………………………… 329

尾声：迈向21世纪的上海 ………………………………………… 335
大事记 ……………………………………………………………… 340
参考书目 …………………………………………………………… 345
译后记 ……………………………………………………………… 363

第一部分
(1842~1911)
开　　埠

第一章 上海城里的外国人

(1843~1853)

1842年《南京条约》的签订,结束了第一次鸦片战争。根据条约规定,上海成为中国对外开放口岸之一。然而这开埠之举则缓慢持续了二十多年。随着形势的变化和一些重要人物的影响,西方人在上海的存在形式被限于特定的模式中,并由此制定了相应的制度法规。不久,这些法规又迅速地推广到中国的其他开放口岸。在其后的一个世纪中,上海成了"条约制"的实验室,主导着中国和西方的关系。

"蛮夷"的到来

1843年11月8日晚,一艘小型英国轮船在上海城墙下的黄浦江边下锚。随船而到的是英军驻印炮兵上尉巴富尔(George Balfour, 1809~1894),他被任命为英国驻上海领事,根据15个月前签订的《南京条约》来打开上海对外通商的大门。这位英国军官很年轻,对中国没有任何经验可言。有限的随行人员中有一位医生,一名秘书,以及作为翻译的传教士麦华陀(Walter H. Medhurst)。

岸上没有任何人迎接这些英国人,他们只得在船上过夜。晚餐时,他们为"口岸的强盛和辉煌的远景"干杯。次日清早,最高地方官上海道台宫慕久获悉英国人已临城下,遂下令派了几顶陈旧的轿子前往相迎。在人山人海的民众围观下,英国新任领事和他的随从一行进入城市。在上海道衙门里,他们受到地方官员礼貌而冷淡的接待。当炮兵上尉巴富尔提出要租赁一幢房屋以供居住和办公使用时,遭到了拒绝:城中没有任何空房。军人出身的巴富尔断然声称要在庙宇的庭院中搭建帐篷,然而在座官员丝毫不为所动。会晤结束后,英国人离开了衙门。街上爆竹震天,人群拥挤在外国人周围。此时一位衣冠楚楚的有钱人靠近英

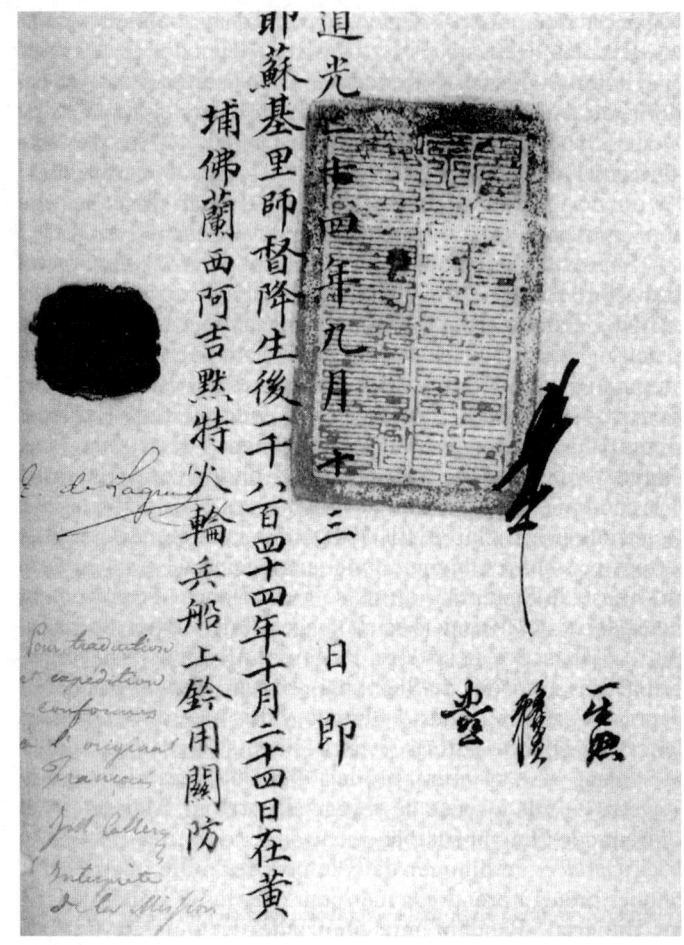

1844年的《中法黄埔条约》规定：对法国商人开放上海口岸（法国外交部档案）

国领事，建议英国人租赁他的住宅，一幢拥有大小52个房间的房子。这位陌生人姓顾，原籍广东，是上海城里最有钱的商人之一。顾氏在香港经营买卖，他希望能够充分利用上海的开放来发展他的生意。

住房问题就这么解决了，英国领事和他的随从们很快就安顿下来。尽管这幢豪宅很宽敞，但并不舒适，尤其是从早到晚都有许多好奇者涌入其间，观看洋人工作、吃饭甚至梳洗。而房主顾氏则以此景观为荣。晚餐时，仆人们鱼贯地穿梭于餐厅，跟随音乐的节奏走路，他们"平托餐盘碗碟，犹如手持丝棉包袱"①。不过巴富尔毕竟属于英国殖民地创建者的一员。他不顾地方官员的迟疑和保留，在抑制商人过分积极的同时，开始适应新的特殊环境。11月17日，他正式宣布上海为开放通商口岸，并着手谈判安置英国侨民的租界领地。12月底，英籍侨民的总数为25人，其中大部分是商人。

四年后的1847年11月,敏体尼(Charles de Montigny,1805~1868)承担了在上海设立法国领事馆的任务。这位下不列塔尼省的后裔、移民的儿子和前希腊独立事业的斗士,以他独特的气质和所持的政策,在上海永久地留下了法国的影响和痕迹②。一到上海,这位新领事就把法国领事馆设在上海老城和英租界之间的一座天主教教会的房子里。"房屋很小……但我置身其中,就如人在法国。"③敏体尼迫不及待升起的国旗,在一幢"破房子"、一座"不舒适的住宅"、一个"潮湿且有损健康的地方"*的上方飘扬。房子的地面经常被夏季的雨水淹没,四周布满了动物的尸体④。这里没有好奇的参观者,只有盗贼在附近窥视游荡,以致为了应付他们,晚上还需要武装警卫。除此以外,连个仆人也没有。领馆内负责文书工作的是领事的太太和孩子们,还有原籍波兰的翻译哥士耆伯爵(Kleczkowski)。哥士耆是一位杰出的语言学家,但性格令人厌烦。面对英国人社区的兴旺和英领馆的排场,敏体尼所能依靠的只有他自己,依靠他好斗的性格和丰富的政治想象力。

既然上海还没有法国的商人或侨民需要保护,敏体尼就承担起保护已安顿在上海郊区和邻近省份江苏、浙江的天主教传教团以及教徒们的责任。他的做法被看成是一个"波拿巴主义共和者"的离奇的虔诚⑤,而敏体尼则认为,保护传教团是为了扩大法国在当地的影响。"我向您重申,部长先生,这里所有的传教士都是未来法国取得优势和胜利的工具……我为他们说话做事并非出于我的宗教感情……这是国家利益"⑥。

在发生饥荒或抢劫案件时,法国领事馆从不袖手旁观。一旦事发,领事立即坐着轿子或小船启程前往,唯一的随从就是哥士耆。他组织保护忠于职守的神父,训斥掠夺抢劫行为,告诫当地行政官员,"一半靠讲理,一半靠恐吓"⑦,基本上每次都能达到目的。他令无数民众敬畏,"人挤他,他挤人","用步枪的枪托开路,这里拨开一只手,那里拨开一只脚"⑧。这支步枪的外观往往就足以使盗匪们害怕了。但在一次出征宁波的归途中,领事在海上遭到了海盗的袭击,他当场开枪击毙了八个攻击者⑨。1851年春季,在获知一艘法国捕鲸船在朝鲜外海遇难后,他毫不迟疑地登上一艘葡萄牙籍的小船,出发寻找遇难船员。最终,他战胜了暴风雨的狂澜和朝鲜当局的敌视,把水手们解救了出来⑩。

敏体尼在外交活动中表现出同样的果断坚定。1848年6月,第一个期望在上海安家的法国人来到他的面前。这位年轻人名叫多米尼克·雷米(Dominique

---

* 这是当时有机会光顾法国第一座领事馆的来客们使用的措辞。

Rémi),出生在法国贝藏松地区,经营钟表业。敏体尼利用这个机会,立即向中国当局提出租界领地的要求,理由是以便安置几十个大批发商。他的长官对其行为颇有微词,指责他不受束缚的性格和经常出现的随机性举措。敏体尼则不断地为自己辩解:"距离把我们隔绝了,通讯和联络也不正常……任何细小问题的解决都需要很长的时间,在处理紧急公务时,这些客观困难总是妨碍上海和公使团之间的整体行动(遗憾的是这里所有的事务几乎都如此)⑪。"他终于在争执中获胜了。

从19世纪下半叶至20世纪初,许多在上海担任公职的中国人和外国人都可以为自己做这样的辩护。上海,这座设有租界分界线的城市,地处清朝统治的边缘,和欧洲地区又相距遥远,所有的冒险家,无论是高贵的还是卑贱的,都可以在这里充分发挥他们的聪明才智。正是他们注定了这座城市的未来。上海的命运,这属于地缘政治新秩序历史中的一部分,当时正在逐渐变为现实。

1843年后出现的外国人并不是首批到沪者。1832年,广东的英国人为了向北方扩展贸易,曾派遣胡夏米(Hugh H. Lindsay)乘坐"阿美士德号"船(Lord Amberst)前往上海,同行的除了货物外还有传教士。其他的传教士也跟随而来。其后,英国商船和军队陆续到达:在鸦片战争期间,1842年6月19日,上海在毫无抵抗的情况下被四千名英国士兵占领。英军大肆掠夺了四天后,才继续北上。但从1843年起,来上海的外国人不再是为了贸易勘探或军事入侵,而是为了长久居住。他们的出现标志着一个新时代的开始,是中国对外开放的象征和结果。

从纳贡制到条约制

直到19世纪中叶,中国与欧洲间的交流还十分有限。这并非仅仅由于引起商人、外交官和传教士强烈不满的中国的"闭关锁国"政策。中国和周边的亚洲国家保持着密切的关系。这种关系是根据纳贡制来运行的,而西方人则无法在其中找到合适的位置⑫。

多少世纪以来,支配决定中国和外部世界关系的观念建立在儒家学说上。宇宙被视为清一色的整体,其间万事万物都按照精确的强制性的等级顺序排列。天子乃上天之子,施行必要的礼仪以维护天下之和睦。凌驾于文明社会顶峰的帝国君主,对其他国家也承担着家长的角色。在中国的传统上,对内和对外政策没有区别。同样的礼仪确定了家庭成员间的关系,也决定了国家内部或国际社会间的关系。

既然皇帝统治整个世界,他的权力也就遍及文明社会和"蛮夷"地区。然而,

"蛮族"的定义与其说是依据其种族或宗教的从属而确立,不如说更取决于其文化教养程度。不懂文明,尤其是不懂中国文明的就是"蛮夷"。只有采用中国的礼仪礼乐和习俗惯例,蛮族才能够融入中华世界之中。在此过程中,中华帝国和邻邦民族的关系由纳贡制支配。

这些纳贡国家对优越的中华文明的承认,体现在他们定期向北京朝廷派遣使节,赠送礼品。而中国皇帝表示对纳贡国的仁慈关爱和维持各民族和平的方式,就是赐予礼物。就纳贡制的实质而言,这是和逐渐进化的异族蛮人之间礼节性、象征性的交往方式。在具体实践中,这种制度有可能打开征服和控制的道路,同时也有利于贸易、文化等范围内的多种和平交流。它始终含有对"蛮族"的高度警惕,限制他们与中国百姓直接交往,以免中华文明美德受到污染的危险,以便维护和平和天朝至高无上的权力。

但是西方的"蛮夷"遵循的是资本主义对外扩张的逻辑,来华的大多数人都聚集在中国南部沿海地区。他们对世界和国际关系持有与中国人不同的观念,这种观念的基础是承认各国之间的平等,以法律和条约主导国家间关系,以及确信通过相互间密切的接触能够避免可能出现的冲突。这些西方"蛮族"并不准备接受汉化,所以中华帝国也和他们保持着距离。

然而,自18世纪末起中英贸易还是有所发展的,不过这和两国政府间的接触无关,而且根据当时的法定制度,英国商人被限制在广州这唯一对外开放的口岸内。各种商品交易在英国的东印度公司和中国的公行之间进行。公行的商人持有清政府赋予的特权,处理所有入港的外国船只的有关事务。把外国人隔离和限制在国家领土的边缘地区,实行监督管制和集体责任制:从这些措施中可以看到纳贡制结构的痕迹。

19世纪最初的几十年间,以中华传统为主体的秩序还能在欧洲资本主义在华前哨阵地上维持,尽管"广州模式"已经逐渐受到日益扩张的欧洲资本主义的侵蚀,受到港脚贸易(country trade)代理商和走私者的挑战,同时也因中国官员的贪污腐败而削弱。1833年,英国东印度公司在华贸易垄断权的取消引发了危机,因为英国方面为商人设置的在华贸易"通行证"需要中方也取消其对贸易的垄断。在航运、武器和工业生产等领域取得了巨大科技进步的西方人认为他们有能力逼迫清王朝开放中国市场。1839年,第一次鸦片战争爆发了,其主要目的就是迫使中国承认和接受世界资本主义的新秩序。

英国独自对华发动了这场战争。不久,当1856年第二次鸦片战争爆发时,法国也加入了英国的行列。但是欧洲其他主要列强以及美国,都是1840和1850年代接连签订的中外协议和条约的受益者。虽然这些都是双边协议,但由于条约的增加,尤其是在任何一个租界实施最惠国待遇条款都会牵涉到所有的列强,实际上是设立了一种多边条约制。

在近一个世纪中,这种条约制度一直左右着中国和西方的关系。从1842年起,所有重要的条约都在南京签订。因此,包括上海在内的五个口岸都对英国商人开放,他们可以居住在任何一个口岸,"贸易通商无碍"。根据条约,经商贸易自由必须受到尊重。英商不必再与清朝政府部门和指定的代理人打交道,不再受到不公强办,但一律要按规定缴纳适量的货物税,大量有关这项税款的信息资料由此而生。英国侨民享有治外法权,而且只受英国领事的司法管辖。奇怪的是,《南京条约》中没有提到鸦片走私问题,尽管这是引发1839年至1842年鸦片战争的直接原因。表面上,中国当局已经通过非正式的协议解决这问题,但鸦片走私仍旧猖獗。在开放口岸外的海面上,外国商船总是出现在那里:他们在离海岸不远的地方抛锚,筑起了"浮动码头",以确保向当地的中间商交付毒品。与其他外国列强签订的条约都重复着同样的条款。1844年签订的中法条约中还特别加入了有关传教士的条款,即清政府从此要接受来华的传教士。清廷因此取消了驱逐传教士的法令,同时还开始归还上个世纪没收的教堂财产。

双 重 误 解

《南京条约》达成的协议是建立在双重误解的基础上的。对于西方人来说,这是建立更为广泛的外交经贸关系的开端,犹如欧洲国家间的关系或与海外其他国家的交往。而对于中国人,这涉及到以租让零星土地来平息新到"蛮夷"的喧嚣和欲望:牺牲局部以保全局。

当中国对西方开放时,中西双方仍互不了解。由于18世纪初清廷的法令,传教士被驱逐离华,因而中止了其文化传播者的角色。19世纪之交,伦敦皇家曾向北京派遣使团,也遭到拒绝接见的待遇。因此英国人只得从他们在广东的经验,从一些商业和宗教勘察结果以及最新的军事远征中获取情报。而清朝则不仅对西方主要列强的政治制度和经济活动一无所知,而且连这些国家的地理位置也不清楚,甚至经常连国名都不知道。

在相互接触中,中英双方官员依据各自积累的经验和政治观念,选择他们认为比较容易处理未知事务的方法,同时试图把陌生的局势重新纳入熟悉的程序中。对于英国人来说,最辉煌的成功标志就是他们在印度建立的垄断地位[13]。大部分派往中国的英国外交官员和军事人员都在印度逗留过,在那里他们磨炼各自的性格和思想,培养充满自信的精英素质,即要把权威建立在个人的威望上,要具有杰出的军事能力和荣誉,并在必要时能够迅速发挥这种能力。

在上海,英国领事阿礼国(John Rutherford Alcock)的行为就充分体现了这种策略。1846年,阿礼国接替了巴富尔。与前任不同的是,他不是驻印英军的军官,而是由军医改行成为职业外交官。阿礼国依赖的是对条约的似是而非的解释,同时把黄浦江上停泊的英国军舰作为自己的后盾。首次发生的由传教士引起一系列冲突的青浦事件,使他的"大炮外交政策"享有盛誉,以致在此后的数十年间,它成为外国列强在华的外交方式。1848年,三名英国传教士前往距离上海西南40公里的青浦传教,遭到了一群失业水手和民众的攻击和痛打。青浦知县闻讯后,及时派员前去制止相救。英国领事阿礼国要求善后处理和赔偿,上海当局则给予拒绝,并指出外国教士无权前往位于外侨居住地以外的青浦县城,而且不应该到超出一日往返距离之外的地方去冒险。但是阿礼国坚持青浦县城就是在约定的距离之内,他下令英国军舰"奇尔德"号(Childers)阻止准备出海运送皇粮的1 400艘船只离港。此后两周内,上海港在英军十门大炮的威胁下瘫痪了,一小撮英国士兵和数千名中国水手相互对峙着。英国领事的举措确实不乏勇气。他最终到南京两江总督处寻求辩解和仲裁,两江总督断然置中国地方当局于不顾,满足了阿礼国所提的一切要求。

英国领事借助的军事力量具有其象征性的一面。如此令人生畏的"奇尔德"号水兵的背后,显示的是大英帝国的国力,由此也解释了英国外交部对阿礼国的行为的某些保留意见:他被指责犯有超越权限的行为,只有在他成功后才得到上级的嘉奖。这里可以看到:一种冲突开始形成,它使得赞同"大炮政策"的移居国外人员多次反对本国行政当局处理问题时经常出现的迟疑不决。

迫于武力威胁下让步的中国当局,试图在领土谈判和操纵方面重新掌握优势。在和中亚各国的长期交往中,清政府认为,当"蛮夷"在军事上占优势时,平息冲突的方式是租让部分土地,以善待安抚他们,挑动他们相互争斗以耗其能量,或者干脆把他们收编纳入清朝行政机构中。这项在中国的政治术语中被称为"羁縻"的怀柔政策,正是开放条约的谈判主持者所遵循的。从国际法观点来看,条约中的某些条款显然侵害了中国的主权,尤其是治外法权,它剥夺了一个主权国家对其领土上一部分居民的司法管辖权,还有一贯执行的最惠国待遇条款,也剥夺了中国根据其自身利益调节外交的所有可能性。

如今看来是出格的特权,当年的中国官僚却并不如此认为。在缔结条约时,授予外国人治外法权被认为是习惯做法的延续。在中国,各行其事的概念超越了领土管辖权,所有居民或边境蛮族从来有权根据各自的习俗处理其内部事务。在执行"羁縻"政策的同时,清王朝竭力避免介入与它的直接利益无关的冲突。授权英、法领事让他们负责对各自侨民行使司法管辖的做法,使人联想到在中国当局面前对其社团成员的举止负责的部落首领。开放五口通商,可以理解为是限制中外经贸发展的策略。至于最惠国待遇条款,则是对所有的"蛮夷"展示皇恩浩荡和平等相待,同时也是分化这些民族的手段,以便更有效地控制他们。这些被外国人看作是"特权的宪章",中国人却当成是"一系列限制性的措施"⑭。

直到1860年英法联军攻占北京为止,清政府对西方人在中国南部沿海地区的定居没有过度的忧虑,只把它看成是维护海疆权益的小问题。在武力无法解决时,就把洋人放到地方领导精英中以挫其锐气。根据这种通行的政策,开放口岸内有关西洋人的管理事宜都由地方官员处理,并由他们负责和外国领事谈判协议,寻求和解。不过中西双方对此的政策观点截然不同:中国人认为这关系到如何治理那些惹是生非的外国人的隔离居住区,而欧洲人想的却是如何建立一个正在成为征服者的帝国主义的据点。正是在这种误解中,开放口岸开始发展。

为什么是上海?

乍一看,上海是五个开放口岸中最微不足道最不起眼的地方。为什么宁愿选择上海,而不是广州、福州、厦门和宁波?为什么这个被第一批西方移民描绘成积满污垢的城镇会成为条约制度的试验地?上海仅仅是县府所在地,而不是广州那样的省会。上海港也不是厦门和宁波那样位于海湾深处、有诸多岛屿保护的港口,她位于黄浦江左岸,距黄浦江和长江汇合口约有18公里。上海四周的土地仅仅高出海平面,遍布纵横交错的河流和水道,水流随着潮汐变化而涨落,经常酿成水患。除了农业资源外,这片三角洲呈现出一片平淡无奇的景象,使得法国船长格拉维埃尔(Julien de la Gravière)产生了忧郁的情感和奇怪的政治联想:"我们丝毫不能想象还有比这块巨大的冲积平原更平坦更乏味的地方,在这里,河流(黄浦江)的水经常涌出曲折的河道。和这片半淹的一望无际的空间相比,卡马尔格(法国南部罗纳河三角洲的一个地区——译者注)和夏朗德省地区(法国中西部海边——译者注)算得上是风景优美了……这是一种恰如其分的民主(格拉维埃尔船长持有当时的一种观点,把民主理解为绝对平等,没有突出点——译者注):农作物丰茂却没有树木,田野肥沃却毫无起伏,在农夫眼中这是最可靠的收获保证,而对诗人的灵魂却不能激发任何灵感⑮。"

这座城市其貌不扬,然而也不是历来传说中的"渔村"⑯。位于黄浦江边的上海拥有20~30万居民,城市和周边地区商贾活跃,环城修筑的城墙濒临坍塌,已有300年历史了。城中街巷纵横,最主要的街道有三四米宽,砖石铺成,破损累累。道路和水沟的网络相互交错,上涨的河水周期性地清洗这些积有泥浆和垃圾的污水沟。几处有棱有角的庙宇的屋顶高高耸立,俯视着四周用茅草、芦苇和瓦片搭

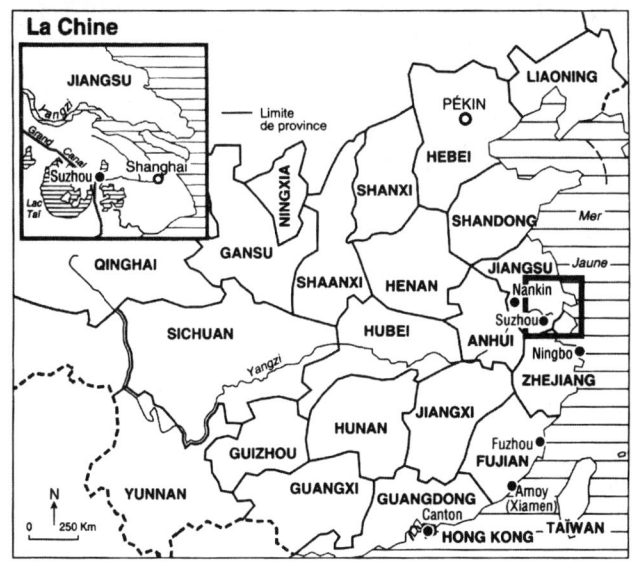

上海在中国的中部、东部地区所处的地理位置

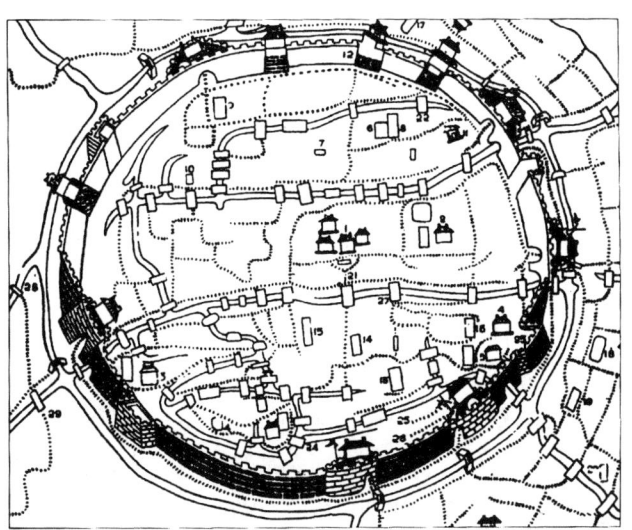

上海老城地图(Elissé Reclus, Nouvelle géographie universelle, 1882)

上海老城的城墙（法国国家图书馆）

建的低矮民居。这里和中国北方城市排列有序的四方布局截然不同，找不到丝毫体现政治意愿的城市规划的影子，也没有象征传统礼仪或意识形态的痕迹。

　　直到19世纪初，上海并没有引起外国人的注意，不论是利玛窦时代的天主教传教士，还是后来的东印度公司的经纪人。一直要等到1832年胡夏米乘坐"阿美士德号"货船远征考察后，有关上海的信息才开始在西方商人和传教士间传开。胡夏米吹嘘他的观察结果道，一周内从北方驶入上海港的装载豆类和面粉的漕运船就有400多艘[17]。15年后，首任英国领事巴富尔上尉也称赞这座城市的战略地理位置，她扼守着辽阔的长江流域的出海口，是连接内地各省市场的通道。

　　在选择上海作为通商口岸上起决定性作用的是英国人查顿（William Jardine）。这位在1841年成为伦敦国会议员的鸦片批发商的所作所为，提示人们必须对当时的上海港为国际贸易发展提供的前景进行更深入的研究。作为致力于港脚贸易和鸦片贩卖的洋行老板，查顿早就在清朝官僚懵然不知的情况下，与一些商人和私人企业主达成了贸易上的默契，而这都是些经常被定罪为海盗和走私犯的人。查顿充分评定了社会的能动性，这种活力就是利用清朝官员在控制整体经济机构上的无能而造成的失控点，而上海的命运将被这些失控的自治领域的发展所左右。

　　上海商贸的发展和她所属的江南地区的整体经济情况密切相关。自15世纪起，上海就已成为一座市场城市。她的兴起得益于长江下游各省的经济发展，这些省份专门从事棉花种植，农产品丰富，手工业发达，有利于当地和地区间的物资交流。上海很早就开始向其他省份输出原棉、棉纱、棉布和丝绸，输入大米、茶叶和豆渣饼(做肥料用)。当1684年清朝皇帝下诏解除已实行了两世纪之久的禁海令后,上海的城市功能中又加入了主要的沿海港口这一项。当时广州垄断着与西方的贸易,而上海则开始了和日本、南洋(东南亚国家)的商贸往来。不过,上海生产的部分产品,如丝绸和南京紫花布(染成蓝色的厚棉布)仍然要经过广州口岸输往欧美市场。

上海贸易的扩展经历了整个18世纪,直至19世纪初叶。那时,大运河航行的困难使得漕运船只改变航道,由海路北上,上海因此成为新的运输网络的龙头,沙船业主和船商也开始建造大型航海船只。上海的发展需要庞大的资金,银钱业就竭尽全力满足这种需求。18世纪末,上海已经拥有125家钱庄。根据在宁波商人中运行了几十年的信贷体系,钱庄发行的票据已经成为一种名副其实的信用货币。在中国开埠之前,许多钱庄已经接受鸦片作为抵押品,在很大程度上参与了这种非法贸易。

在某种程度上,上海行政当局的地位随着城市经济的发展得到了加强。1725年,江苏巡抚上奏,请委苏松道监收上海的海关税。1730年,苏松道迁上海,上海由原先的县府升格为道台所在地。道台直属江苏巡抚管辖,控制二十来个县,此外还承担管理江海关的重任,负责征收对外贸易的关税。从苏松道移驻上海,到事理漕运的海运总局的设立,这些措施显示了上海港在国内外贸易上的作用,并

19世纪中叶中国的海关办事处(Hachette照片档案室)

清代上海商人——李鸿章之子李经芳

且促使其进一步发挥作用。实际上，清朝官僚更加关心的似乎是征收随城市经济增长而产生的利润税，他们的贡献可能就是在整个18世纪中执行了和平政策和维持了公共秩序。

经济增长的主要动力来自私营企业，其业主成分复杂，有手工业者、流动商贩、小业主、市场勘查员、制造商、中间商、出口商、船主和银行家等等。他们中的许多人是利用上海提供的致富的可能性，从或远或近的外省前来淘金的。这些外地人都集聚在会馆这类地缘性商人社团组织的周围，1830年上海已经建立了21家会馆，由此可见上海在经济上的重要性和凝聚力。最初的同乡会馆接纳社会各阶层成员，只要是来自同省或同地区的人均可加入。到了18世纪，会馆被商人控制了，并试图和行业公所结合并行，以体现各地区经营者的经营特色。比如，来自东北和山东的商人结伙从事蔬菜豆类和豆渣饼的批发买卖，宁波商人控制着银钱业生意，福建商人专门经营糖类和建筑木材贸易，而广东汕头的商人则走私鸦片。

这些会馆公所确保了各自经营范围内贸易的正常进行，在协调上海经济以及各地区间的经济发展中起到了重要的作用。会馆公所还承担社会责任，开展慈善赈济活动,有时在会员内部进行,有时则扩展到城市居民社区中。它们的能量和财富到处可见:这些团体购置了大片土地用以建造寺庙、会馆、殡仪馆、墓园和宿舍等来满足会员们的需要,一般来说这些设施都建立在上海老城外。

依靠严密的组织结构和活动能力,上海的商人社会享有相对的自主性,但是面对清朝的官僚体系,他们并没有形成一种势力。政治上的弱势和经济上的活跃形成了反比,他们的财富并没能够改善他们的社会身份,其地位一直处于清朝官员和上等人阶层之下。他们不参与高雅的文化活动,尽管江南文化在清王朝内部具有独特的地位和政治影响。他们与居住在省府苏州、主要的市镇或乡村的文人精英之间存在着鸿沟。然而这道鸿沟也并非不可逾越,因为有些富商就成功地跻身于上流社会,成为清朝的正式高级官员,不过他们的官位一般都是用金钱买来的,或者是向公库大量捐款的报酬。这种异化了的机制继续遵循着儒家准则,并始终受到清朝当局的监控,以确保其政权的正统性。

因此,以清朝官员为代表的政治势力和由各大会馆公所控制的社会经济势力之间的关系错综复杂。尽管商人团体通常力求合作,但构成公众权力一部分的会馆公所也常常随机成为棘手的压力集团,而清廷官吏则不得不表示谅解或者灵活

一群身着官服的清朝官员。在右侧的公案前就坐的是上海道台

处理。到上海来的西方人很难了解这个社会和这种官僚体制的运行方式，他们试图与商人们结盟（如1843年11月英国领事巴富尔与顾姓商人达成的协议就非常具有代表性），同时也从来没有放弃过寻求官方的支持。

外国人特定居住区

开埠通商条约给了外国人居住权，但对他们的定居形式却没有明确规定。外国租界产生于一些地方性协议，这些协议的最初目的是为了确定不动产的转让程序。此后，这些专用协定却被用来作为扩展名副其实的殖民飞地的依据。

在上海城墙外开辟洋人隔离居住区的主意出自上海道台宫慕久⑱。事实上，随着口岸的开放，在道台*承担的行政和税务职权中又增加了掌管"夷务"的责任，即处理与外国人有关的事宜。宫道台是位具有传统文化修养的儒家文人，也是位称职的主管官员。如果他必须公正地执行条约规定和满足福建、广东商人与英商做生意的愿望，其最大的忧虑是要避免发生任何中外冲突，因为这是清政府最不愿意听到的事。在他看来，最佳方案就是采取隔离外国人的政策，因为与商人不同的是，上海百姓憎恨这些"大鼻子"洋鬼子的出现，他们曾在1842年洗劫了这座城市，并轻率地使用可怕的洋枪**。

因此，上海道台宫慕久于1845年拟定了《上海租地章程》（Land Regulations），允许英国人在一片面积为832亩（约合56公顷）的地区居住，到了1848年，这块土地的面积扩大了三倍，达2 820亩（合188公顷）。该地区位于上海城以北和郊区之间，沿着停泊着军舰和商船的黄浦江边，北面和南面以苏州河和洋泾浜为界。至于最初以界石为限的西面，在1848年则延伸至另一条河流边——周泾浜（护城河）。

《上海租地章程》对征用土地和不动产有十分详尽的规定，主要针对农田和沼泽泥塘，以及散布的农舍、窝棚和坟墓。在付给中国业主赔偿金后，外国人可以认为是得到了永久性的租约，然而土地所有权归大清帝国所有，所以租地者必须每年支付年度租金。这些交易都是以个人名义进行的。但是，英国商人很快就被

---

* 道是属于省级政府下的朝廷中介行政区。每个省一般设有四至五个道。道台的权力在府、县官员之上，主要职责是主管司法、财政、教育和军事。宫慕久于1843年至1846年任上海道台。

** 1843年11月20日，一名英国水手在上海附近打猎时，开枪误杀了两名男童，这一事件被称为"打猎事件"。

租地的繁杂手续和语言障碍搞得泄了气，他们宁愿请英国领事重新代表他们直接和以农民产业主的名义出面的中国行政机构交涉，同时通过领事作为中介人，向清政府交纳年度土地租金和货物关税。这样一来，英国领事在其同胞眼中就成了中国政府的办事员了。

在处理对外事务中，上海道台宫慕久采取了一系列控制"蛮夷"的传统策略：隔离、集体责任制、接纳个别人进入中国行政机构等。就社会地位而言，安置在城外的英商和来自外省的商人没有什么区别，尽管后者不是"蛮夷"，但对上海人来说都是外来者。犹如福建、浙江、安徽和广东等地的商人，英国人聚集在获准居住的区域内建住宅造仓库，经营管理买卖，举行宗教仪式，说自己的方言土话，吃异国的食物，组织表演活动（如跑马），服从他们自己的法律。英国会馆，当时上海人对英商社团的习惯称呼，"在中国现存的商业组织的范畴内找到了适合她的位置"[19]。

《上海租地章程》中明确规定，华人不得在租界（Settlement）内购地置产，但没有具体说明非英籍的西方买主应该遵循的程序。英国领事巴富尔认为，租界应不折不扣地置于大英帝国的管制下，任何外国人要在那里居住，都必须经过她的介入，并服从其司法管辖。对于这些说辞，法国人和美国人则不能苟同。触及这一主题的争辩很快就促成了新租界的建立。

1848年春，法国领事敏体尼一到上海就让法国国旗在屋顶上飘扬的那幢房屋，其产权属于天主教传教士。它坐落在中国政府管辖区内一个建筑稀少的区域，南面是上海老城，北面是英租界。敏体尼看中了这块地皮，因为它靠近当时的商业中心老城厢和东部城郊。当唯一的法国商人多米尼克·雷米表示有意购买土地时，敏体尼马上向上海道台提出设立法租界的正式要求。但谈判迟迟没有结果。为了分化外国人，行政机构建议敏体尼在英租界内置地，条件是要得到英国领事阿礼国认可。敏体尼气愤地回绝了这种解决方式："这是非常不符合礼仪的事，道台，您向我，伟大的法兰西民族的代表，建议购买一块属于英国的土地[20]。"这件事最终还是得到了解决。1849年4月6日，一项公告确定了法租界的界址：南至老城护城河，北至洋泾浜，东至黄浦江，西部长度与英租界基本持平。法租界面积为986亩（约合66公顷），比英租界小很多。英租界拥有宽阔的江岸，而法租界只拥有一处相对狭窄的黄浦江入口。

根据1845年《上海租地章程》的规定，法国领事像英国领事一样，享有向本国和其他西方侨民租售界内土地的专属特权，并对界内所有外国侨民行使司法裁判权。开放条约中赋予外国列强领事裁判权的行使条例，甚至成为敏体尼建立法租界的主要依据之一。开放口岸吸引了各国冒险家,包括水手、逃兵、赃物主各色人等,要在他们中维持秩序需要各国领事越来越频繁的介入,也增加了司法权限冲突的风险。敏体尼的做法和几年前英国领事巴富尔一样,主张"各方必须留在自己的领地内,在中国当局面前为自己的行为负责[21]。"

但是,美国领事祁理蕴(John N. Alsop Griswold)强烈反对法租界的建立和其专属特权的存在。"设想上海有50来个外国领事,每位领事……都拥有一块和英国领事获得的一样大的地皮……谁能满足这些要求[22]?"在坚持"利益均沾"这一重要原则的同时,美国人没有就设立单独的居住区进行谈判。他们中的许多人住在苏州河以北的虹口地区,形成了事实上的美国租界。直到1863年,在与英租界合并前几个月,这个"租界灰姑娘"[23]的存在和其居住地界才正式得到承认。

双重面貌的城市

18世纪商贸的发展已超出了上海老城墙的范围,东部城郊人口逐渐增长。到了19世纪,口岸的开放和租界的设立又使城市用地向北扩张。新居住区的形式和其间东西、南北走向的有规律的道路结构,与老城内纵横交错的小巷形成对比。向西扩展的这片四方形网状结构地带并非出自城建规划。因为遵照个人承租土地的规定方法,农村的土地被分割成小块出租,于是租借地就沿着连接田野和小

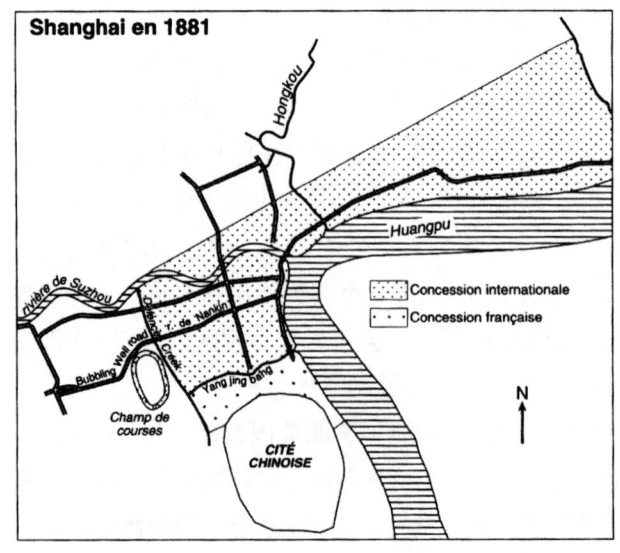

1881年的上海

村的陈旧水道、小路的痕迹依次向西延伸㉔。

这些新区的发展速度并不一致。当时的虹口还没有任何跨越苏州河的桥梁，美国商人因此而不满，他们更愿意住在英租界内。于是，他们把这片偏僻而泥泞的区域留给了那些身无分文的传教士。

法租界设立四年之后，还只是一个空壳。敏体尼的眼光似乎太远了：除了多米尼克·雷米外，没有任何商人提出新的安置要求。中国农夫依然住在那里，干柴泥巴搭建的茅房散布在空地、公墓和低矮的树丛中。西边有几处耶稣教传教士住地，他们早于租界建立之前就安顿在那里了。法国人的使用区域仅限于江南耶稣会的产权范围内，面积约有7公顷，其中包括敏体尼租用并改建为领事馆的那座房子。雷米买的土地就在旁边。周围是蔓延过来的贫穷手工匠和商人居住区。在洋泾浜边上，赌场、烟馆和妓院吸引了整个闽粤移民社群中的下层社会，使法租界成为"一处危险的巢穴"㉕。1840年至1850年间，上海仅有的法国建筑就是巴洛克式的"带有中国塔顶的希腊庙宇"㉖圣沙勿略天主教主教座堂（Cathédrale Saint-François-Xavier），和圣依纳爵天主堂（église Saint-Ignace）。不过这两座教堂分别位于法租界外的董家渡和徐家汇，建立在清政府归还或者卖给传教士的地产上。

穿过洋泾浜上那座中间隆起的桥梁，就进入了英租界。这里住着英国大商行的老板和代理人，其中一些人已经在东亚地区经营了几十年，都是些中国人称为大班（Taipan 粤音）的"商业王子"。富有而奢华，他们给上海欧美殖民地的"传奇性时代"增添了光彩㉗，"这些经商的日子留有浪漫的色彩和东方式显赫的烙印"㉘。他们是第一批在英租界租地并安置在黄浦江边的英商：怡和洋行（Jardine et Matheson）得到了第一块地，而它的竞争对手颠地洋行（Dent）得到了南边不远处的第八、第九块地。几年之间，外国洋行㉙成排的楼群就勾画出了黄浦江的曲线。

这批最早的建筑既简洁又不失庄严，从加尔各答到澳门到处可见的英印建筑风格，到了上海就被改变成"买办"风格。由于缺乏建筑师，设计图纸都是由那些不愁钱不缺地的商人自己制定的。主楼一般为两层楼，耸立在正方形或长方形的大片土地上。围绕着楼房的是面向花园的宽敞的连拱游廊，园中英国玫瑰和中国玉兰、美国鹅掌楸共聚一堂。楼房背后设有一些附属建筑，如厨房、仆人房、马厩和仓库。建筑物正面对着黄浦江，与江边保持着适当的距离。因为1845年的《上海租地章程》明文规定，在黄浦江和沿江建筑之间必须保留一条通道。这是条宽十来米的纤道，如此的泥泞不堪，以致不穿长筒靴无法前往冒险。各洋行和黄浦

1849年的外滩

江的连接都靠桩基码头。后来,沿江通道被改造成外滩大道,成为上海城市规划的高雅和壮观的象征。

外滩的最北端是英国领事馆,自1852年起她就占据了这块面积达15公顷的绝好的地盘,似乎在那里看守着英商和大英帝国的利益。其他的公共建筑就只有一座英国圣公会教堂和一个跑马场。租界的城建工程还只是从设法满足英商的需要出发,并没有整体的殖民地建设规划。1846年成立的道路码头委员会(Committee on Road and Jetties)负责加固黄浦江堤岸,奠定未来外滩的基础,整修道路,同时填平一些残存的弯弯曲曲的水道(许多道路就是依照这些河流的故道修的),把"主要"干道的宽度扩大到三米。这些工程的目的是为了便于往来于码头的货物的运输。但该委员会尽量避免增加开支,当时的经费来自微薄的码头税和土地税。

20世纪初法租界的码头(Hachette照片档案室)

在开埠十来年后，上海的面貌变了。她的面积扩大了，因为增加了在理论上是保留给外国人的北部新区。尽管城市扩大很快，但外国居民并不多：1846年只有百来个人，1854年的人数增加了三倍。这个小小的社群占据着650公顷土地，已经使用的面积极为有限，而在上海老城的城墙内却拥挤着20多万人。建立在鲜花锦簇的花园中的欧式宽敞住宅，租界内规则有序的道路网，这些和中国城内拥挤的房屋及纵横交错的巷道形成了对比。

此时的上海存在着两座城市，她们被商贸利益联系在一起，但各自过着自己的生活。是否应该思考和研究西方列强在亚洲建立的殖民城市中首批欧洲人定居的历史情况呢㉚？从德里到西贡，人们都可以看到这类具有双重形态的城市，那里的当地人和欧洲人的居住区并存着。在上海，中国当局可能比外国领事及商人更希望把中外社团隔离开。对前者来说，目的是为了避免文化上的污染和外交上的纠纷；而后者则是出于保持他们舒适的生活设施和卫生习惯考虑。然而这种隔离不能抵制日后骚扰上海城的社会动荡，不能改进老城和租界的关系，从更广泛的意义上来说，也不能改变清王朝和列强之间的关系。

注释

① Ernest O. Hausser: *Shanghai, A City for Sale*，纽约，Harcourt, Brace 出版社1940年版，第10页。
② 格拉维埃尔（Jurien de la Gravière），Jean-Pierre Edouard: *Voyage en Chine et dans les mers et archipels de cet empire pendant les années 1847-1848-1849-1850*，2卷，巴黎，Charpentier，1854年版，第1卷第252~254页。
③ Jean Fredet: *Quand la Chine s'ouvrait ... Charles de Montigny, consul de France*, Paris, Sté de l'histoire des colonies françaises, 1953年，第41页。
④ Jean Fredet: *Quand la Chine s'ouvrait ... Charles de Montigny, consul de France*，第42~44、124页。
⑤ Jean Fredet: *Quand la Chine s'ouvrait ... Charles de Montigny, consul de France*，第X页。
⑥ 敏体尼致福斯-鲁昂（Forth-Rouen）男爵信，参见 Henri Cordier: *Les Origines de deux établissements français dans l'Extrême-Orient, Chang-hai-Ning-po*，巴黎，1896年版，第61页。
⑦ Moges (marquis de): *Souvenirs d'une ambassade en Chine et au Japon en 1857 et 1858*，巴黎，Hachette，1860年版，第185页。
⑧ 敏体尼的报告，参见 Jean Fredet: *Quand la Chine s'ouvrait ... Charles de Montigny, consul de France*，第101~102页。
⑨ Jean Fredet: *Quand la Chine s'ouvrait ... Charles de Montigny, consul de France*，第106~108页。
⑩ Moges: *Souvenirs d'une ambassade en Chine et au Japon en 1857 et 1858*，第185页；FREDET, Jean, *Quand la Chine s'ouvrait ... Charles de Montigny, consul de France*, Paris, Sté de l'histoire des colonies françaises, 1953年，第112~120页。

⑪ 敏体尼领事致福斯-鲁昂（Forth-Rouen）男爵信，1849年5月23日。参见Henri Cordier: *Les Origines de deux établissements français dans l'Extrême-Orient, Chang-hai-Ning-po*，第9页。

⑫ 费正清（John K. Fairbank）描述了西方人如何用条约制替代了他们既不能也不想进入的纳贡制。尤其是日本史学家滨下武志（Takeshi Hamashita），他在指出纳贡制持久了千余年的活力时重新强调了这种介入。比对西方开放的撞击更甚的是，这种替代将导致中国制度内部和霸权结构的演变，以及支配东亚现代化的相关机构的发展。（参见滨下武志：《Intra-regional System in East Asia in Modern Times》，载Peter J. Katzenstein, Takashi Shiraishi主编：*Network Power. Japan and Asia*，伊萨卡和伦敦，康乃尔大学出版社1997年版，第113~135页。

⑬ 费正清：《The creation of treaty system》，载Denis Twitchett，费正清主编，*The Cambridge History of China*，第10卷，*Late Ch'ing China 1800–1911*，剑桥，剑桥大学出版社1978年版，第216~217页。

⑭ 参见费正清主编：*The Chinese World Order*，剑桥，马萨诸塞，哈佛大学出版社1968年版，第261页。

⑮ 格拉维埃尔：*Voyage en Chine et dans les mers et archipels de cet empire pendant les années 1847–1848–1849–1850*，第255页。格拉维埃尔少校由法国政府派遣指挥轻巡洋舰"巴荣奈斯"号（*La Bayonnaise*）。

⑯ Linda C. Johnson: *Shanghai: From Market Town to Treaty Port, 1074–1858*，斯坦福，斯坦福大学出版社1995年版，第8~10页；《Shanghai: An Emerging Jiangnan Port, 1683—1840》，载Linda C. Johnson主编：*Cities of Jiangnan in Late Imperial China*，纽约，纽约州立大学出版社1993年版，第151~181页。

⑰ Hugh Hamilton Lindsay, Karl Guztlaff:《Amberst Expedition》，*Chinese Repository*，第2卷，第12期（1834），第549~552页。

⑱ 梁元生（Leung Yuen-sang）: *The Shanghai Taotai: Linkage Man in a Changing Society 1843–1890*，新加坡，新加坡大学出版社1990年版。

⑲ Linda C. Johnson: *Shanghai: From Market Town to Treaty Port, 1074–1858*，第206页。

⑳ 参见Charles B. Maybon, Jean Fredet: *Histoire de la concession française*，巴黎，Plon，1929年版，第30页。

㉑ 敏体尼的信，上海，1849年4月25日；参见Maybon, Fredet: *Histoire de la concession française*，第37页。

㉒《French Consular Ground at Shanghai》，*Chinese Repository*，t. XVIII，1849年，第332页，参见Cordiet: *Les Origines de deux établissements français dans l'Extrême-Orient, Chang-hai-Ning-po*，第XXXIII页。

㉓ Hawks F. L. Port: *A Short History of Shanghai: Being an Account of the Growth and Decelopment of the International Settlement*，上海，Kelly and Wash，1928年版，第63页。

㉔ François Ged: *Shanghai. Habitat et structure urbaine, 1842–1995*，法国社会科学高等研究院博士论文，巴黎，1997年，3册，第2章《Le mode de cession des terrains》，第59~63页。

㉕ 领事爱棠的信，上海，1853年8月2日，参见Maybon, Fredet: *Histoire de la concession française*，第63页。

㉖ Joseph de La Servière: *Histoire de la Mission du Jiangnan, Jésuites de la province de France (1840–1899)*，徐家汇，土山湾育婴堂印刷所，1914，共2卷，第1卷，第203~212页；Nathalie Delande:《Une enterprise d'exception: l'architecture jésuite de Shanghai pendant la période

moderne》,手稿,1997,28页。
㉗ La Servière: *Histoire de la Mission du Jiangnan, Jésuites de la province de France (1840–1899)*,第1卷,第206页。
㉘ Montalto de jesus: *Historic Shanghai*,上海,The Mercury 出版社1909年版,第58页。
㉙ 参见C. Dyce: *Personal Reminiscences of Thirty Year's Residence in the Model settlement, Shanghai 1870–1900*,上海,Chapman and Hall,1906年版,第32~33页。
㉚ Linda C. Johnson: *Shanghai: From Market Town to Treaty Port, 1074–1858*,第320~321页。

第二章　地方外交和国家政治
(1853~1864)

1851年中国南部爆发的太平军起义很快就蔓延到长江流域，开始了一个动荡时期。清王朝因此而衰败，中国的政治状况和意识形态也发生了变化。由于传统起义的特色和基督教、西方科技以及某些乌托邦社会主义的传播结合在一起，这次造反为中国现代性的开端奠定了基础。在这场长达十来年的内战中（1851~1864），上海经受的几乎只有逐渐恶化的暴力、动荡、屠杀、抢劫和镇压。1853年，秘密社团小刀会占领了上海城区。1860年和1862年，上海受到太平军的猛烈攻击。

十余年间，上海处于暴力之中。清王朝的权力机构在这里几乎不再运转。地方行政和社会都由清军管辖，以便组织抵抗或应付妥协。但是外国人的存在使得叛乱和镇压的习惯做法变得非常复杂。最初，外国人仅仅是这场冲突的观众，对于起义不乏同情，后来外国人为了维护自己的利益而逐渐介入和干预。到了1862年至1863年，外国人最终完全站在清王朝一边，并协助清军取得了胜利。在和上海道台及中国地方衙门达成协议后，外国人采取了一系列措施，旨在保障开放条款的实施以及有效地管理租界和确保治安。

小刀会占领中国城 (1853~1855)

1853年9月至1855年2月，小刀会占领中国城的起义基于当时普遍的混乱状况，同时也反映了开埠以后上海社会的动荡。这些起义和中国南方的秘密帮派有关联，在这些组织中，太平天国的意识形态也正在产生和发展。从太平天国的启示中，起义者汲取了其基督教的平均主义和普天下和睦的儒家乌托邦，尤其是主张推翻清朝政权。

第二章

地方外交和国家政治

随着太平天国大军挥师直捣南京并于1853年3月在南京建都,小刀会占领了上海县城。小刀会起义也有其特殊的背景。自上海成为中西关系的链接城市后,吸引了南方省份的大量移民。已经因西方国家的领事、商人的压力而衰弱的上海地方行政部门,还必须面对外省社团扩张的欲望。在这些移民中,最有钱有势的是广东人①。早在鸦片战争之前,广州就是中国唯一与西方通商的口岸,广东人有丰富的国际交往经验,在竞争中比宁波人和江苏人更具优势。他们组织了势力强大的同乡会馆,聚集了一批经营鸦片、茶叶和丝绸的专业商人和随公司从广东前往上海的英国公司的买办,以及担任开放口岸"洋务"的官员。除了这部分精英外,上海还吸引了其他广东人和紧跟而来的福建人:包括内河航运水手、失业工人和汇集在各种帮会、会党中的流浪者、冒险家、无赖。在名人显贵和流浪汉之间,同乡会建立起互助的关系,增加了这些移民走私鸦片的冒险,也增加了共同分享的利益。

主持广东会馆的显贵们都是两面派人物,眼观六路,耳听八方。由于这个社会还不太开放,他们随时准备协助当地行政部门在各种冲突中充当调停人角色,但在必要时,他们也会毫不迟疑地改变立场,依靠秘密社会来保护自身的利益。1853年发生的事件证实了这点。当时的上海道台叫吴健彰,这位广东暴发户花钱买了顶戴花翎,并利用官方职权帮助同乡做生意。为了强化行政部门和下属对他的忠诚,他招募了许多同省人甚至同村人,但这种上海的广东化没有达到预期的效果。9月7日,这些来自广东、福建的起义者轻而易举地占领了上海县城。吴道台也只能在美国商人的协助下,藏在一只箩筐里从上海城墙上放下去逃生。

上海起义的成功主要取决于会馆提供的支持和会馆的组织结构。在一个行政管理不完善、鸦片走私猖獗和行贿之风盛行的城市中,会馆起着重要的有双重意义的作用。它们为了加强公众权力而安置的机构,例如卫队,可以在瞬间调转枪头反对权力机关本身。地域性的和团体内部的共同利益必定会损害到对清王朝和行政机构的忠诚。从这些会馆主要领导人的性格和生涯来看,他们很少具有捍卫公众利益的观念,甚至连愿望也没有。刚刚出头的显贵,迅速暴富的财主,这些都是过去很少能够公开承认的新贵,他们是商人社团的保护人,更是敲诈者。缺乏意识形态的上海起义者,和在神学、社会和政治方面充满憧憬和活力的太平军形成了对比,太平军因此在攻克上海城后拒绝接受小刀会的效忠。

1853年9月末,清廷派军驱逐起义军。这些就地招募的平庸无能的民兵驻扎在上海城城墙下,经常入侵外国租界进行骚扰。对外国人来说,清军和起义军一样令人生畏。各国领事和停泊在黄浦江上的外国船舰司令官们都主张保持中立,但却无法让下属遵守这项决定。这些西方雇佣军分别投入了两个不同的阵营。至于商人们,他们向被包围的起义军提供军火,协助他们继续抵抗。"这场人们如此渲染的东西方冲突导致了道德观念的丧失,无论是哪一方都一样。那里的情况是肮脏卑劣甚于传奇浪漫。在1853年至1855年间,公务员官员成了商人,清军士兵救援叛乱分子,各国领事玩忽职守,中立者靠军火走私发财②。"

外国人前后两次进行了武装干涉。第一次是在1854年4月4日,英美海军陆战队在就地招募的志愿者协助下(共380人),攻打驻扎在跑马厅附近的清军,目的是阻止清军进入租界。西方雇佣军利用被围的起义军打开的一条通道,迫使一万名清军向上海县城南部撤退,与租界保持相当的距离。这场受到租界侨民们赞美的小规模武装冲突,在历史上被称作"泥城之战"。当时法国人在黄浦江上没有任何战舰,因而没能加入战斗,但在道义上表示支持合作。法国领事爱棠(Benoit Edan)在写给同僚英国领事阿礼国的信中说:"请允许我,先生,在赞同您完成的这场正义而谨慎的紧急行动的同时……祝贺您③。"

几天之后,法国战舰"高尔拜号"(Colbert)抵达上海,另一艘法国战舰"贞德号"(Jeanne d'Arc)也随后到达,爱棠从此有了加强法租界安全防卫的能力。由于法租界紧挨上海县城,起义军经常光顾,欧美雇佣军不时穿越,成群的清军也常常入侵。这里成了杂乱无章的地方,抢劫掠夺、行凶谋杀、火灾骚乱无所不有。但法租界很快就找到了一位保卫者,辣厄尔海军准将(contre-amiral Laguerre)。出于对起义军在英国人、美国人中寻找各种同谋关系的愤怒,这位海军司令决定站在清军一边。他禁止(任何人)与被围困的上海县城取得联系,并于1855年1月6日率领250名海军陆战队士兵向上海城发起进攻。辣厄尔和法军攻占了县城的城墙,但没能攻入城内。这次攻击虽然失败了,但它宣告了起义已临近末日。由于包围日益趋紧,1855年2月17日起义者撤出县城,上海城落入清军手中,任其杀戮抢掠。

虽然外国人宣布了中立,他们在起义中还是扮演了重要的角色。英国人、美国人和红头巾小刀会之间的合作使得起义延续了17个月之久,直到法国人和清军联手镇压为止。纵观这场悲剧的全过程,可以看出西方帝国主义列强之间的各种裂痕。商人、领事、海军军官、天主教徒、耶稣教徒、英国人、美国人、法国人等等,各说各的。在这些事件结束后的很长一段时间里,相互间的指责仍然在喷射。一方揭露"耶稣会的敌意的阴谋……法国领事和法国海军将领……两个都是卖身神甫的笃信宗教的人……④"另一方则指责那些"幻想","唯利是图和毫无道德的算计"⑤和"这种致命的……不干涉政策"⑥。辣厄尔海军司令失宠了,但他鼓吹和实行的干预政策,在数年后太平天国大军威胁上海时,却被西方列强一致同意采用。

太平军的进攻 (1860~1862)

小刀会被逐出上海后,太平天国起义军也遇到了严重的挫折。1855年太平军的北进在天津受阻,不久又因内讧导致军事上的一系列失败。1860年,起义军重整旗鼓,在太平军新领袖洪仁玕的指挥下,起义军改变路线向东挺进,其目标是长江下游地区丰富的资源,并与西方人结盟。曾在香港和传教士有长期接触的洪仁玕,熟知欧洲的文化和技术,他想获得战船、武器,以此充实力量。

1860年6月太平军攻占了苏州后,打通了进军上海的道路。这次西方人面对的不再是地方性的起义,而是一场全国性的运动。太平军组织完备,是清廷的对头,而自1856年第二次鸦片战争以来西方人也一直在与清王朝抗争。尽管对具有基督教意识形态色彩的太平军怀有同情,尽管和太平军合作可能更加有利可图,英法两国的外交官们还是抛弃了"敌人的敌人就是朋友"的古训,他们正式保持中立立场。这种中立也是出于保护他们的租界和经济利益的必要。在以后的几个月中,英国外交官把太平军视为事实上的政权,试图与之谈判,以保障英国在长江下游地区的经商活动。继而,自1862年起,在两位朝廷高官曾国藩和李鸿章的指挥下,重组了清军,扭转了局势,加上主和派在北京占了优势,打开了清廷和外国人真正联合一致镇压太平军的道路。

1860年夏,太平军兵临上海城下,在徐家汇设置大本营,并要求神甫们迁出该地区,此时外国人已经准备好用自己的力量来保卫租界和上海县城。附近两支准备北上攻打北京清军的英、法远征军,正好给予他们援助。"这在欧洲简直是不可思议的事,如此地把君主的利益和他们自己的意愿分开,各省互不相干,在这里不会遇到任何困难",当时上海的一位修道士如此写道⑦。

在中国商人方面,他们也动员起来,征集民兵。在遵循他们的自卫传统的同时,在地方官员的支持下他们甚至决定招募外国雇佣兵,并把征兵工作托付给华尔(Frederick T.Ward)。这位梦想在亚洲建立一个帝国的美国冒险家勇敢胆大,善于周旋。作为浙江大银行买办杨坊的女婿,在长江下游中国社会精英的期望和资助下,他成了地方防卫政策的工具。华尔招募了几百个雇佣兵,包括菲律宾人,澳门人和华人,军官由英美船舰上的逃兵担任。华尔带领这支军队在上海四周展开了战斗,解除了上海县城的外来威胁。此时,华尔的这支号称"常胜军"的小部队正式加入到清军行列中。

1862年,当太平军发动新的进攻时,威胁重新产生,而且比以往任何时候更大,上海马上组织防卫。英法联军联合了华尔和他的雇佣兵,以及从法国和印度赶来的增援部队。他们的目的是保卫城市,包括所有的租界和上海城,同时绥靖上海周边30英里(45公里)范围内的地区,以便摧毁太平军发动进攻的军事基地和恢复贸易运输线的畅通。对于法国人和英国人来说,这场战争是难以忍受的⑧。他们遭受着湿热气候的煎熬和痢疾霍乱的侵袭,在稻田里艰难地拖着大炮行军;他们依靠耶稣会信徒为他们提供情报,并且经常利用绳梯发动攻城战斗。法军头领,海军准将卜罗德(Protet)在5月17日攻打一个小镇的战斗中被击毙。上海为他举办了隆重的葬礼,各国领事都出席了。6月,清廷上谕:"赏法海军司令卜罗德家属库存貂皮百张,新绒四端⑨。"

但受委托把守占领地区的清军却不能胜任他们的任务。整个夏季,太平军的压力不断加强。9月,华尔也战死了。接替美国冒险家担任"常胜军"头目的是英国军官戈登上尉(capitaine Charles G. Gordon),他获得本国政府的许可,在中国人的指挥下作战。于是,戈登着手重新收回上海周边"三十英里地区"。与华尔不同的是,戈登是为保卫中华帝国而战,新任江苏巡抚李鸿章正在充分开动帝国防卫机器并使之富有效率。1863年12月,太平军撤出长江下游地区,六个月后,他们在南京被彻底击溃。

由清朝地方大员,比如李鸿章等重掌清军指挥大权对战争的胜利起到了主要的作用。但是他们手中的王牌之一是在上海建立了和西方人之间的军事合作。依仗着欧美雇佣军的配合,凭借着装备军队的枪支大炮,清军才能够战胜起义军。

1864年太平军与清军在南京大战
(Roger-Viollet)

由此开始的军事技术的现代化,很快就导向一项更为宏伟的经济现代化的政策。

连年的战乱使大批的中国难民涌进了上海的外国租界:1854年一年中已达两万人⑩。无论是穷人还是富人,都在寻找避难所。原先保留给西方人居住的租界逐渐变成了华洋杂处的城市。大量移民的涌入,冲击了居民的生活和租界的组织结构。

中国人定居租界

最初,租界当局和清朝地方政府曾试图驱赶进入租界的移民。他们以规章制度为依据,有时还采取强制手段:1855年1月,一片擅自占据的地区被铲平,居民全被驱散。但是,中国人为自身安全起见而坚决抵制,外国人从追求利益出发也不肯罢休,因此当局很快就放弃了这种措施。

事实上,租界内的投机倒把活动早已大行其道。在1840年代,一公顷土地的价格约为一两银子,20年后暴涨到30两(沿外滩的地价甚至高达60两)⑪。在暴利的诱惑下,没人听取英国领事的警告。阿礼国指出,华洋共处对租界的未来是十分危险的。"我又能怎么办呢,对于我和其他那些像我一样的地产主、投机者来说",有头面的居民之一回答领事道:"我的问题是要尽可能快地收敛财富,而向中国人出租土地和为他们造房子,可以获得30%到40%的利润……两三年后或更晚一些,我希望能离开这里。至于上海将来是否毁于水火,与我无关⑫!"

玫瑰园兰花园和高雅的大别墅就此永别了,租界里布满了供中国房客居住的里弄。这些用廉价材料匆忙建造的小区,由"相毗连的两层或三层楼房组成,成行排列,行距相同,有规则地由交错的小巷相互连接,临街的外墙连成整体,有几个大门或过道作为通往弄堂内的进口⑬。"到了1860年间,拥有269幢欧式建筑的英美租界内已经建造了8 740个里弄。

上海公共租界工部局使用的印章

尽管中国居民人数暴增，租界仍然在清廷的司法管辖之外。所有的地方官僚机构都停止了运行，为了暂时缓解清朝行政虚弱带来的问题，满足新的华洋杂处社会的需要，创立新机构的任务就由英、法、美各国领事来承担。为此，外国领事们得到了被小刀会赶出中国城后在租界避难的吴健彰的协助。上海也将转变为商人社会，受外国领事的司法管辖。

由于租界行政系统产生于这些背景下，它采取了紧急接管市政的措施。首先是创设上海工部局，从1854年起，工部局负责保障受到起义威胁的租界的安全，改善因大量移民的涌入而造成的功效减弱的行政管理。事实上，中国难民并不是唯一挤入租界的群体。造反起义和租界提供的所有的发财机会，从走私到抢劫，都在吸引新移民。在外交官、商人和传教士的后面，跟着外国雇佣兵、叛徒变节者、船舰上开小差的水手和违反规定的罪犯。在人口过密造成的流行病和火灾的危险之外，还有违法和犯罪。

1854年7月，英、法、美三国领事共同签署了修订过的《上海租地章程》（即《上海英法美租地章程》）。该章程在三个租界内都生效，所有的外国居民不管持什么国籍都要执行。章程的条款赋予由租地人为代表的外侨社团自治管理土地事宜的权力。由租地人大会选举通过的上海工部局（没有中国人）有权向所有常驻居民征收捐税，包括华人居民在内，以作为市政基础工程投资和维持巡捕实力。这些地方性的创举，是与各国领事、吴健彰及居民们共同协商的结果，这部小型城市法规是在没有和任何外交团体，包括北京政府的磋商下完成的。

上海工部局的创立及其所有的特权，赋予它对各种条约和汇报文件的处理权，直到20年后，英国政府才承认它的合法性。至于法国政府，尽管其驻沪领事签署了章程，还是拒绝认可。在领事的权力机关和法国外交部的直接管辖下，法租界保留了不同的行政体制。1863年，英、美租界合并成公共租界后，充分发展了根据1854年《租地章程》规定建立的有关机构。自此，清政府丧失了对租界内中国居民的实际管辖权，唯一保留的有限的司法权力是会审公廨。这个创立于1864年的中外混合法庭负责审理涉及到中国居民的各类案件，由一名清廷官员主持，一名外国领事的陪审官助理。

利用清廷权力的衰落，外国领事和租界居民们主动把租界从单纯的居住地改造成为逃避清朝最高权力的飞地。除了外国侨民享有的极大的自治自主权外，1854年的市政章程也被纳入条约的范围内，公共租界的行政管理服从于领事的司法权力机构。这里暴露了现实中存在的某些偏差，即一方面是外国领事和居民们根据地方利益就地制定的政策，另一方面是西方列强推行的外交活动，两

第二章

地方外交和国家政治

者间有差距。这种上海"差异"在促使设立海关（外国）税务司的交易中表现得更加明显。

1854年，在小刀会捣毁了江海关，并把当时兼管海关事务的上海道台吴健彰驱除出城后，进口货物税的征收便无法正常进行。许多外商认为，既然清朝政府已经衰弱不堪，那就不必遵循有关的条约规定，不必缴纳任何税款。这些观点得到了外国领事们的认同，包括法国领事在内："当我没有看到上海建有可以正式承认的正常机构，能够保证遵守条约规定，保护我国侨民的贸易、财产和生命时，我认为我有权准许我国船只自由进出本港而免缴关税⑭。"

有些人甚至走得更远，认为这是起义军提供的把上海变成自由港的极好的机会。这项建议由代表英国在华利益的喉舌《北华捷报》（*The North-China Herald*）正式提出，并让华商自己设法"与他们的腐败政府安排抽取税务的事宜⑮"！这一设想和道台吴健彰的主张正好相反，因为他需要海关税收来应付各衙门和工作人员所需的开支。英政府授权、负责监督执行依据条约而建立的司法规定的英国领事，也反对上述言论。事实上，中国当局的各种税则屏障把内地省份和上海隔离了，这个自由港将会变成怎样呢？

1854年7月，一项妥协终于达成：由外国人负责为中国政府征收海关税。三名由外国领事指定的官员管理上海海关，确定相关税款，所征的税收直接交纳到中国银库。吴道台和省级政权在未向北京请示的情况下就支持这些协议。在英

19世纪后期位于外滩的江海关

国人保全分崩离析的条约制度的同时，清朝政府也就地重新获得了珍贵的收入来源，一个比被起义军消散殆尽的其他大部分税收更重要的税源。此后，海关总税务司署成了海关税收系统的顶梁柱，它的职能和管辖权很快就扩展到其他的开放口岸。以其专业和廉政而著名，海关总署为中国的公共服务事业树立了一个新的典型，坚持了同等对待帝国的各种各样贸易伙伴的原则。

当贸易商想利用清政府的衰败攫取巨额既得利益时，英国的外交官在美国同僚的协助下，成功地加强了保障自由和正常的商业交易的司法规定。这种制度有利于上海在此后几十年中的繁荣和发展。但清王朝为挽救税收权付出了代价：日后海关税收将由外国人掌控，这也会变成一种令人生畏的政治压力。

上海模式与条约制度

为了确保上海的经济利益，西方的外交官们曾和清朝官员联手合作。对西方人而言，这是为了实行自由贸易的普及化，但对中国人则不然。1854年，北京政府指责道台吴健彰为卖国贼，以后的历史学家也持同样的看法。今天看来，吴健彰充其量是个机会主义者而已。面对清廷把这些问题简单地看作是边远地区的事务而表现出的冷淡，他在最大程度上使用了专门处理"夷"务的地方官员所享有的自主权，并没有引起严重的政治后果。

如果说北京不了解外国人，广东坚持排斥外国人，那么上海则与他们达成了和解。上海也不认为他们与1856年广东爆发的导致英法联军进攻北京的第二次鸦片战争有关。道台（薛焕）认为，上海和外国人的关系和谐，介入广东人和"蛮夷"之间的战争是不明智的。任何公开的冲突都肯定会破坏上海经济的稳定，朝廷的海关税收也会大幅度减少。粤事应归粤办⑯。

然而，从1850年代发展起来的中西方关系模式很快就在全国范围内被仿效。在1858年签订的暂时结束了第二次鸦片战争的《天津条约》中，贸易条款部分就是受上海以前缔结的协议的启发：在所有的开放口岸实行由外国税务司监管海关税收的制度。而1860年的《北京条约》进一步确认了《天津条约》的各项条款，也结束了长达20年的迫使中国开放的战争。这时条约制度也有了很大的变化：在最初外交协商签订的条约中加入了借鉴上海的实践经验而定的其他条款，诸如外国人对租界的行政监督，分割中国实际上的主权，让作为公共资金主要来源的海关部门落入外国官员的手中。在太平天国起义结束后，上海经验对处理"夷"务的影响就烟消云散了。从1862年起，所有的对外政策完全由北京政府来制定，由相关的机构负责执行,因此,上海只是在社会经济领域中扮演了先驱者的角色。

注释

① 参见顾德曼(Bryna Goodman): *Notice Place, City and Nation. Regional Networks and Identity in Shanghai, 1853—1937*,伯克莱,加利福尼亚大学出版社1995年版,尤其是第2章。
② 费正清: *Trade and Diplomacy on the China Coat*,第428页。
③ Maybon, Fredet: *Histoire de la concession française de Shanghai*,第97页。
④ Taiping revolution,伦敦,1866,参见La Servière: *Histoire de la Mission de Jiangnan*,第1卷,第202页。
⑤ 参见La Servière: *Histoire de la Mission de Jiangnan*,第1卷,第293页。
⑥ Montalto de Jesus: *Historic Shanghai*,第84页。
⑦ Launay,1860年7月24日。根据La Servière, *Histoire de la Mission de Jiangnan*,第2卷,第20页。
⑧ 参见commandant de Marolles:《Souvenirs de la révolte des Tai P'ing(1862—1863)》,《通报》,第2系列,第3、4卷。
⑨ Marolles:《Souvenirs de la révolte des Tai P'ing(1862—1863)》,第2系列,第4卷,第3页。
⑩ Richard Feetham: *Report to the Shanghai Municipal Council*,《字林西报》1931年版,2卷,第1卷,第32页。
⑪ 参见Ged: *Shanghai Habitat et structure urbaine, 1842—1995*,第139页。
⑫ 参见Montalto de Jesus: *Historic Shanghai*,第102页。
⑬ 参见Ged: *Shanghai Habitat et structure urbaine, 1842—1995*,第138页。
⑭ 1853年10月19日领事爱棠致道台吴健彰的信。参见Maybon, Fredet: *Histoire de la concession française de Shanghai*,第140页。
⑮《北华捷报》,1853年9月17日。参见费正清: *Trade and Diplomacy on the China Coat*,第525页,注释30。
⑯ 道台薛焕的回忆。参见梁元生: *The Shanghai Taotai*,第58页。

◀ 第三章　上海资本主义的诞生 ▶

(1860~1911)

从镇压太平军起义到1911年辛亥革命胜利的半个世纪中,上海变成了现代城市,一座以对外贸易和引进外国资本技术为基础的新型经济活动的首府。没有任何政治规划主导这场演变,起决定作用的只有实际物质利益。无论中国当局还是外国政府,都不是这种变革的策划者,也不是主要受益者:这是越来越多的各种相对独立的社会因素导致的综合性结果。现代化城区在上海的发展经常被描绘成是帝国主义侵略的体现,是西方对中国资源和廉价劳动力的掠夺,而事实上这种发展是得益于上海与大陆腹地以及海外市场的联系,得益于中国经济部门和企业的活力,以及西方新事物的影响。在上海,传统(商人的、放款人的、制造商的)不是现代化的敌人。除了意识形态结构,传统和现代化相辅并行相互适应。

对外贸易,增长的动力

长期以来,上海经济一直以贸易、金融和地产投机为主。自1861年起,长江中下游地区对外国船只和外商的开放进一步扩大了原有的交易渠道,同时也加强了市场的供需规模。同一时期内,北方和东北口岸的开放使上海的地位更加重要,而对广东和香港则很不利。30年间,上海对外贸易总值增长了一倍,从1861年的7 400万海关两增加到1894年的1.55亿海关两;并在1895年到1911年间又增长了一倍,达到3.78亿海关两[①]。然而,上海在中国对外贸易总值中所占的比重却呈缓慢下降趋势,从1860年到1870年间曾超过总数的60%,下降到世纪之交的55%,并继续下滑到十年后的45%[②]。

最初,上海的主要出口商品是茶叶与丝绸。但中国茶叶常因烘制不佳,很难和日本、印度的茶叶竞争，丝绸也同样受到日本产品的挑战。从19世纪末起，农产物开始成为出口商品，主要有大豆、皮革、猪鬃、禽蛋和其他产品③。至于进口货物，直到1880年代，鸦片始终占重要地位，尽管清政府在很长时期内禁止这种贸易。事实上，禁运的鸦片一直是英美商人用来支付购买的茶叶和丝绸的唯一交换货币。尤其是1850年代，各色人等都明目张胆地利用走私鸦片牟取暴利，包括清朝地方官员在内。

上海因此成为当时清朝进口毒品的第一大港，鸦片贸易发展的迅速和中外大鸦片商财富的增长同步，都源自这种非法买卖。英国人和美国人停泊在黄浦江入口处的吴淞口，用趸船（receiving ships）装载从货船上卸下的鸦片箱，再把货物沿江而上运送到各城市。负责贩卖鸦片的中国走私团伙还直接到吴淞口的趸船上取货。鸦片贸易是在外国海军的大炮保护下进行的，因为海盗经常试图打劫这种贵重商品。1854年，非法进口鸦片的价值已达到全部商品进口值的72%④。1858年的《天津条约》和1860年的《北京条约》，使鸦片贸易合法化了（并为了中央政府的利益对其征税），鸦片进口达到了新规模：不管年头好坏，平均约占运入中国的鸦片总数的60%至70%⑤。但从1880年代起，进口鸦片开始面临国产鸦片的激烈竞争，原因是在鸦片贸易合法化的同时，鸦片种植也获准许，而国产鸦片的价格要比进口的低得多。此外，中国的社会舆论强烈谴责走私和吸用鸦片，英国舆论也越来越经常地指责这种买卖和消费。因此从1908年起，为了配合北京政府的禁烟努力，英国决定降低在中国市场上的印度鸦片销售量，每年减少10%，并预计在1917年全部取消对华鸦片输出。然而，鸦片并没有因此而在上海绝迹，恰恰相反，只不过它从此不再作为中西贸易的主要交换货币了。

19世纪最后的几十年中，上海的进口商品呈多样化趋势。这是西方逐步渗入和地方经济状况越来越复杂的反应，也是上海及内地出现新的需求和新的市场的结果：1893年"其他"类的进口货物占到进口总值的30%，这些商品中有许多是消费品，如香烟、火柴、杂货等等，还有煤油、煤炭、工业设备⑥，尤其是棉制品。长久以来，中国人以自产的棉纱和棉布来满足所需，这曾给他们带来了手工业的繁荣，但是随着英属印度的机器棉纺织业的发展，情况发生了变化，价廉物美的机制品和中国的传统棉纺织业发生了激烈竞争。印度棉纱以及19世纪末的日本棉纱在中国手工织造行业内赢得了大量的客源。作为长江三角洲商品供应地的上海，棉纱进口量呈跳跃式增长趋势：20世纪初，已经占到进口总额的40%⑦。

35

世界主要的港口之一

现代运输和通信技术的发展,使各大洲之间的距离大大缩短了,也促进了上海商贸活动的发展。在19世纪下半叶,帆船时代告终。不过,敏捷的快速帆船在很长一段时间里仍是蒸汽轮船的竞争对手。这类船只从1841年起在美国生产,后来转产英国,全部采用上等木材制造,外形灵巧,装有金属船壳和配置白色篷帆。坚固的船体可以抵御台风,航速能够超过海盗船,但从伦敦到上海的航程仍需要148天。它们的载货吨位有限,最初用于运输鸦片,后来也载运茶叶。1870年代初,人们还能看到这类船只停泊在黄浦江边。不过同一时期,最早的轮船也已在上海港内出现二十多年了。

苏伊士运河开通后,帆船不能进入运河,因此确保了轮船的最终胜利。蒸汽船不仅航速快,而且运载量也远远超过各类帆船,降低了运输和保险的成本。在帆船开始消失的同时,仍有一些大型的中国沙船远航至日本、马尼拉和新加坡。上海成了由外国轮船公司控制的巨大的海运枢纽中心,航线四射,伸展至韩国、日

1912年的黄浦江码头(Hachette照片档案室)

本、南中国海、香港、欧洲和美洲。

沿海航运和部分内河航运现代化的早熟也和外国企业相关，这些外国公司依仗1858年至1898年间签订的向外国轮船开放大清内河航道⑧的种种国际条约条款，在侵犯中国主权的同时继续发展业务。最初，在中国水域从事航运的公司都是由上海的英美大洋行设立的，从1873年起，它们受到了来自直隶总督李鸿章支持创办的官督商办轮船招商局的竞争。随着长江流域的开放和沿海航运的发展，上海的市场一直扩展至辽阔的内地。

上海港的自然条件对开展贸易并不十分有利。该港口呈喇叭形，常有被淤泥堵塞之虞。此外，吴淞口的沙洲位于黄浦江通往长江的出口处，限制了大型船只的入港。从1906年到1910年，中国行政部门在外国工程师的协助下，投资整修河

大北电报公司

道，使上海最终成为世界最大的港口之一⑨。相比之下，铁路所起的作用则迟缓且有限。最初，英商试图投资兴建一条通往吴淞的地方铁路，把外港和上海连接起来，以便大量货物的转运。但在1875年这项工程完工之际，该计划流产了，因为曾经拒绝批准修建这条铁路的清朝当局把这条铁路线买了下来，并且把它拆除了。要等到1908年，上海才开始使用通往南京的铁路，与北方铁路的汇合，从而把这座经济都市和政治首都连接起来。

1870年4月，在上海和香港、伦敦之间架设的电报线路，使进出口贸易活动完全改观，它加快了订货速度，减少了货物囤积，并降低了买方风险。起初，这种外国新式创举也遭到中国行政机构的反对，但清廷很快就从战略角度出发，意识到了这些通讯方式所具的协调作用，于是她在1881年亲自修建上海至天津的电报线路，于1882年开始架设沪粤陆路电线。相对广大内地而言，沿海地带各开放口岸加强了其统一性和独创性。

银 行 和 投 机

对外贸易的发展也带动了信贷业的发展。由于货易的大幅度增长，引发了对货币需求的增加，仅仅依靠外国白银的进口或者中国铜的生产已经无法满足所需，地方私人钱庄因而发行大量银票，它们比流通的银铜复本位货币制灵活的多。当时，上海和西方市场间交易的资金交割，以及货币兑换和相应的保险，均由外国人独揽。最初，这类业务是由各大洋行所设立的专业部门负责处理的。1848年，第一家英国银行在上海开业。随后，依靠从1858年开始营运的麦加利银行（Chartered Bank of India, Australia and China），尤其是1865年在上海设立分行的汇丰银行（Hong Kong and Shanghai Banking Corporation，一般称为Hong Kong and Shanghai Bank），英国人一直保持着主导地位。在其后数十年间，上海陆续开设了六家金融机构，大多为欧洲银行，都没有因英国人的优势而产生任何问题。

这些外国银行并没有起到商业银行的作用，至少在中国人眼里，繁杂的手续和必须提供的抵押担保令人不敢靠近。但这些银行在垄断对外贸易上具有很大的影响，它们扮演国际仲裁的角色，确定以银为本位的中国银两和中国的西方贸易伙伴使用的金本位货币之间的兑换率。此外，由于外国银行享有治外法权，吸引了不少中国财主把资产存到它们的银柜中，以便逃避清朝行政机构的敲诈勒索。治外法权还允许外国银行发行纸币，无须经过中国政府批准就可以在上海大规模流通，甚至其他的开放口岸也接受这类纸币。这些银行还直接向西方人提供

第三章
上海资本主义的诞生

早期外国银行（汇丰）

沪北钱业公所

贷款，尤其是在世纪之交，当时西方人对中国矿产和铁路的投资日益增加。外国工厂也对中国批发商控制的商业流通投入大量贷款；这些交易一般都采取间接的方式，通过钱庄作为中介，而钱庄则是中国私人企业获取资金的重要来源。

从19世纪初开始，随着开埠后对外贸易的发展，上海的钱庄呈现出繁荣景象。筹集资金收购出口产品，分散进口产品，尤其是介入鸦片的集散，使得钱庄借机成功地快速发展。起初这些钱庄设在上海老城之内，后来几乎和最早的外国银行同时在公共租界开业。钱庄对货币和贸易行情的变化非常敏感，受陆续出现的危机影响而出没，但它们的数量一直呈增加的趋势，从1880年代的50来家，增加到20世纪初的100来家，但在1910年的投机风潮中又再次降为50来家[⑩]。钱庄在中国商人中吸收客户，向他们提供"信誉"贷款，即借款者无须提供任何担

39

保，只要信誉好就行了。钱庄或者独立经营，或者充当外国银行的中间人转发贷款。实际上，外国金融机构也向有声誉的钱庄提供短期信誉贷款，即先实行拆票（chop-loans），再由后者转贷给那些难以验证和估算资产的个体批发商。

传统钱庄的灵活性，有效地适应了当时经济和金融环境的迅速演变，并对这种变化做出了贡献，这也解释了为何中国现代银行的发展姗姗来迟以致要到20世纪初才起作用的部分原因。中国的第一家现代银行是官商盛宣怀于1897年在上海创办的中国通商银行，其英文名称则更具盛名（Imperial Bank of China）。盛宣怀的目的是利用这家银行就像洋人使用他们的银行一样，为经济发展提供资金，尤其是投资铁路建设[11]。但是盛宣怀很快就意识到，中国商人不愿承担风险把他们的资金放在那些周期长和不确定的项目上。中国通商银行只能惨淡经营，上海的金融市场仍旧被外国银行和钱庄所控制。

上海信贷业的发展也有赖于地产市场的兴起，银行和钱庄都是积极的参与者。这个市场的源头可以追溯到1853年至1854年小刀会占领上海老城，以及1860年至1862年太平军大举进攻时期。大批难民涌入租界，导致住房需求的激增，使得原先规定的华洋分居成为乌有。外国业主纷纷购置土地以便建造大批出租房。在大商人的豪宅旁，或者往往就在他们的土地上，很快就耸立起一排排两层楼房。成行排列的楼房由巷道等距隔开，住宅区外设有围墙，成为里弄。

直到1880年代，租界的房地产买卖一直是外国人的特权，只有合法居住的外国人能够购置土地。所有的人都想趁地价暴涨之际发财：侨民、批发商、宗教团体、冒险家和开发商。法国领事无需再做广告了，因为前来申请买地的人越来越

中国通商银行

第三章
上海资本主义的诞生

1930年代上海的里弄（版权保留）

多。"法租界那些长期不受青睐的土地突然间有了价值……一寸地皮都不剩了；利益所驱，投机猖獗；一千银两一亩的土地几经转手就可以卖到两千五百两……我们法国人因界内领地而致富⑫。"房租也随着地价水涨船高。中国人自然被如此获利的投机行为所吸引，最早投入此行的有曾任英商宝顺洋行买办的徐润。1883年，他在公共租界内购买了2 900余亩土地，价值占其个人总资产330万两白银的三分之二⑬。

20世纪初，房地产市场始终如此繁荣：在公共租界的中心地带，每亩价格从1903年的1.35万两暴涨到1907年的3.47万两⑭，而房地产公司支付的年终股息在7%到14%之间浮动。人口压力，经济成就，投机泛滥，所有这一切都有助于地价和房租上涨。房地产成为个人财富结构中的重要部分，就像银行和企业资产一样。地皮市场是上海繁荣的渊源之一，但其交易的投机性也使这种繁荣变得十分脆弱。

早期工业化 (1860~1895)

1895年签订的《马关条约》结束了中日甲午战争,并允许外国人在开放口岸兴建工业。它标志着上海这座城市的经济现代化进入了关键性转折期。在以后不到二十年的时间里,上海就成了工业重镇。这种成功,在很大程度上应归功于对技术革新和资本主义管理的认识和熟悉,以及在1860年至1895年期间的探索过程中所获得的具体经验。

早期工业化的起步是外国人、中国官员和商人共同努力的结果。在那个时代,外国企业的创办并不在条约允许的范围内,但地方当局通常采取容忍的态度。此外,上海是洋务运动的主要实验场所之一,这是战胜太平军的清廷高官在1860年代付诸实施的决策。从实地经验以及与外国人的军事合作中,曾国藩(1811~1872)、左宗棠(1812~1885)和李鸿章(1823~1901)都明确地认识到经济现代化对于王朝的继续生存是必不可少的。从1870年代起,一些中国商人,大都是洋行买办,终于创办了自己的企业。

1894年,上海拥有108家现代企业,总资本额达3 000万元。其中外国企业在数量上占大多数,而洋务运动投入的经费则在资本总额中占重要比例。中国私营部门的资产看来似乎很薄弱⑮,但是统计数据并没有把那些同时在外国企业和官办企业中投资的大量商人资本计算在私人资产内。

最初的现代企业是外国人创办的修船厂,它们对外贸和海洋运输的重要性可以解释这些早期投资的原因。直到20世纪,祥生船厂(Boyd)和耶松船厂(Farnham)一直在造船业占主要地位:1890年代初,这两家企业各自所雇佣的员工均超过千人。造船业的复杂工艺限制了中国企业的竞争,尽管江南机器制造总

耶松船厂

第三章
上海资本主义的诞生

20世纪初的江南机器制造局正门

局的规模很大,但它在民用海运船只的建造领域内并没有对外国人构成竞争威胁。该局是在李鸿章支持下于1865年创办的,设有造船和修船的部门,但在30年中仅造了八艘船只,全部是海军用的小吨位舰艇[16]。

机器缫丝业代表了上海主要的现代工业,它拥有16家工厂,1894年的资本总额达到800万元[17]。这也是外国人投资最多的部门:8个厂拥有550万元的资产。但是生丝生产历来是长江三角洲传统经济的支柱之一,外国人遭到了众多既得利益者的抵制,蚕农、批发商、官员和地方士绅联合起来阻止他们在产蚕的县境内收购或晾晒蚕茧。新鲜的蚕茧(茧内蚕蛹仍然活着)是中国蚕农和手工业者使用的唯一原料,必须在收茧后的十天内进行处理。一旦超过这个期限,蚕蛹就会穿破蚕茧。而将蚕茧运到上海需要一定的时间,所以机器缫丝厂就不得不使用蚕蛹已死的干蚕茧做原料。中国业者不懂烘干技术,还要依靠外国企业的协助。到了20世纪初,蚕茧货源的持续困难使得外国投资商们几乎全部从缫丝厂撤出[18],把这行业留给中国企业家去经营。

1880年代间,为适应中国市场的需求,棉纺厂在上海诞生了。这些厂的创办晚于缫丝厂,它们的出现反映了清廷官员和商人们都意识到了棉布棉纱对当地和区域市场的重要性。上海棉织品进口的大幅增长也显示了这种重要性:1870年进口量为1 900担,1886年激增到10万担。当时最著名的棉纺厂是上海机器织布局,由李鸿章和其他洋务运动的鼓吹者创办,北京清廷准许该企业在十年内垄断生产并免交厘金。用了整整十年时间建成工厂后,上海机器织布局于1890年开始生产。由于清政府的保护,上海机器织布局的垄断阻碍了其他棉织厂的创办,直

上海近代工业的催生者李鸿章（版权保留）

到1895年《马关条约》签订后，才打开了外商进入这个工业领域的道路。

除了对造船厂、缫丝厂和棉纺厂的一些大规模投资以外，上海的工业化局限在创办小规模的工场，其现代化体现在使用机器从事部分生产。这类企业和出口贸易密切相关，一般都是由外国人创办，作为进出口大贸易行的附属企业。最常见的是商品包装业，例如分装进口煤油。出口农产品的加工也出现了一些工业化程序，如扎花、鞣革等。

用于满足中外居民生活所需的轻工业却很难立足，因为它们面对着进口商品和手工业产品的双重竞争。不过，在1840年代出现了第一批与传教活动有关的外国印刷厂，它们很成功，而且越来越多。火柴制造业以其低廉的价格，也同样赢得了市场。而日后成为上海主要工业之一的卷烟业的引进则比较晚些，1892年美国茂生洋行（American Trading Compagny）在上海设立了第一家卷烟厂。

最后值得一提的还有公用事业。在1882年至1883年间，英商上海自来水公司（Shanghai Waterworks）开始在公共租界供应自来水。1865年，两个租界都安置了公共煤气照明系统[19]，并从1883年起又逐步由电力照明所取代。上海比中国

英商上海自来水公司

其他开放口岸要领先十到二十年。作为科技发展导致物质进步的体现,这些市政设施的建成起了重要的示范和带动作用。

工业的新崛起(1895~1911)

尽管早期工业化成效有限,但它为20世纪之交的发展奠定了基础。年轻的上海工业得益于相对丰富的资金,训练有素的技术劳工,以及当地商人旺盛的企业精神。同样,它也受到有利的国际环境和1904~1905年日俄战争所带来的大量订单的推动。不过,《马关条约》在为日本和西方资本打开通往中国之路的同时,宣告了提倡设立官办和半官办企业的洋务运动的失败。一个垄断专营和保护主义的时代结束了。

从此,私人资本主义成为工业发展的动力。外国投资呈现出多元化:英国优势衰退了,日资进入中国并日益增加。从1895年起,外资每年约增长10%左右,1913年已达到6 300万元[20]。1894年以前非法创办的大企业,如祥生和耶松船厂、上海自来水公司、公共租界的电力公司都大力扩充资本和增加产量。华资私营部门因此受到鼓励,先是利用清朝官员掌控的官办或半官办企业的私有化转型从中谋利;随后,自1901年起,又从清廷推动的新政改革中获得好处。1895年到1911年间,66家华资企业在沪创办,资本额约达到2 000万元[21]。

世纪之交诞生的工业已不再紧连着对外贸易了,它旨在满足当地和跨地区市场的需求。轻工业生产的消费品不仅仅供给那一小部分外国侨民,同时也面向生

阜丰面粉厂

活相对宽裕的中国客户。对某些产业的需求已经出现了，例如机制棉纱已经在内地织布厂中广泛使用。《马关条约》签订后，西方人的投资增加了：1895年上海有四家外资纱厂；到1910年，已达13家，拥有32万枚纱锭㉒。而中国纱厂的数量及其拥有的纱锭则少了一半㉓，这些纱厂的倡办者中有清廷高官，如盛宣怀、聂缉椝（前上海道台，后任浙江巡抚），有绅商张謇，有买办朱志尧、祝大椿等。但与此同时，人们也目睹了外商放弃的机器缫丝业的迅速汉化。到了20世纪初，上海的27家缫丝厂中，24家为华资厂㉔。

食品工业中，榨油厂和面粉厂的发展也是为了满足地方性需要。但在日俄战争期间，交战双方都要求它们提供补给，这些厂的市场迅速扩大，利润剧增。1895年后，消费品的生产中增加了新的外贸需求，主要是纺织品和食品。

机械设备的供应还是十分有限，只有为外国船厂和江南制造局代加工的小型机器厂得到了发展。第一次世界大战前夕，上海有91家工场，其中大部分规模很小，专门从事修船或工业设备维修。求新机器制造厂是个例外：这家由买办朱志尧于1904年创办的企业投入了大胆的工业冒险，仅用几年时间，就从设备维修过渡到制造发动机甚至货车、客车和电车车厢㉕。不过从长远来看，当时存在的十来家小工场无疑将在以后的技术转让和上海工业组织的结构中受到更多的限制。

清朝末年，上海的现代经济领域还相当薄弱，在国民经济中的作用也微不足道。但上海已经成为现代化的先锋，她确保了全国将近一半的对外贸易，主要的外国银行和大企业都在上海设立（中国或远东）总部，而在其他开放口岸只有简单的办事处。从1895年到1911年间，在所有的开放口岸创立的华资现代工厂中，约有三分之一设在上海,投资总额大约达1 400万到2 000万元[26]。

这个小规模的现代领域的发展提出了一系列问题,涉及到经济体制、公共权力的作用、与内地市场的关系,以及企业主和民众的关系等等。通常人们特别注重的是矛盾与冲突,比如现代性反对传统、外国人反对中国人,并认为帝国主义借助于其实际影响和负面结果,成为这种局面的主要造就者。然而,令人惊奇的是,正是各种机构和不同组织的并存主导了资本的聚集和最初的技术转让。在这个拥挤的舞台上,人们肯定可以看到西方资本主义的身影和它傲慢的步态。但它真的就是调度所有的对峙力量的总指挥吗?答案并不确定。总指挥,似乎从来就没有过,甚至连市场法则也没有。因为在各种相互配合或者彼此争斗的势力中,对利益的追求往往不得不取决于外交特权、官僚主义制约和既得利益的维护等因素。这是就地形成的中外资本主义。

洋行与会馆公所

在上海从事经营的第一批外商,一般都隶属于大贸易公司,即洋行。1852年间,上海已有40来家洋行[27],半数以上为英国人所有。在洋行内部,招聘遵循的原则是根据其原籍而定:查顿(Jardine)家族就在苏格兰同胞中选择合作伙伴,如马地臣家族(Matheson)和盖西克(Keswick)家族;太古洋行(Butterfield & Swire)也同样,都是苏格兰人。中东的犹太人如沙逊家族(Sassoon),和孟买的祆教徒控制着他们那方面的八家商行。其他公司是美国人的:旗昌洋行(Russell)是其中最主要的一家。德国人在1850年代也来到了上海。上海的外国企业变得越来越具国际性。如果说英国人丧失了其近似垄断的地位,他们仍拥有相当的优势。

上海最早的洋行都是设立在香港的公司的分支机构,其母公司都具有长期在中国海地区贸易的丰富经验。它们的组织等级森严,建立在家族共同利益的基础上。合伙人和管理人常常混为一体,同属于某些联姻家族,一代接着一代,只是改名不改姓而已。某些大家族的历史可以追溯到19世纪初,如怡和洋行的创办人威廉(William),他的职业生涯从在东印度公司的商船上做外科医生开始。这些大公司的老板都定居伦敦或者波士顿。负责管理中国业务的合伙人一般住在香港,而上海分支机构的经理则对他们负责。事实上,这些分支机构的经理享有很大的自主权,拥有企业大老板的权威,为此被人们称为大班。直至1870年,由于和欧美之间的通信联络速度缓慢,增强了他们的权力。就像在本土需要监视市场一样,监督当地市场变化的责任就由他们承担。在通常的进出口贸易中,大班的职能和

1880年上海外滩的洋行（上海市档案馆提供）

收取佣金的代理商一样，所有的决策都由驻扎英国或美国的大老板决定，风险也由大老板来承担。洋行的佣金根据各种业务的差异在0.5%至5%之间浮动，洋行经常从事其他为自己谋利的业务来增加收入。

  大班手下的年轻合作者称为马仔（griffins）。这种命名来源于对蒙古进口的野生小种马的称呼。就像小种马一样，马仔们需要习惯新的环境。他们一般都在母公司初步学会了对华贸易，在洋行担任账房或管事等职务，满怀升为大班的欲望。级别最低的是抄写，他们中有下层白种人，而更多的是来自澳门的欧亚混血儿，负责抄写和其他一般性事务。由于没有家室，集体生活把马仔们聚集在洋行内，加强了企业的团结。在各洋行之间，必须面对的艰难环境迫使他们进行合作，但这并不能阻止他们因民族特性、宗教信仰或者单纯的竞争原因而产生对抗。

  1870年代初，轮船航运和电报通讯的普及扰乱了上海外国企业的组织结构。大洋行失去了其垄断地位，而面对着那些靠当地外国银行贷款来补足资本的名不见经传的个体批发商，大班们也风光不再。这批经纪人（Brokers）对自己经营的生意承担全部的风险，而且也都是某一领域的专家。大班们辛酸地承认这批后起者享有的极大优势："他们没有什么可失去的，有的是大笔赚钱㉘。"资金自给自足和具有经济与道德责任感的大班的黄金时期，终于被个体经营者时代所取代，后者的开拓意愿常常不受人格的限制。老牌洋行试图扩大业务以求自保。他们把原有的附属机构，即那些专业从事航运、银行和保险事业等各部门，分别重组为公司。除此之外，自1870年以后，西方公司把先前设在香港的、那些赋予大班过度权力和威望的亚洲营运总部迁到上海。这些地区总部的北迁承认了上海的贸易已超过广州这一事实:从此,外国的利益就定位在中国的心脏地带,而不再是边缘地区了。

中国生意人自然最多,但来自不同地区。上海籍的商人只占很小一部分。早在鸦片战争之前,上海设有的26家会馆中已经聚集了很多从外省来的商人,充分显示出上海在当地和跨区域贸易中的作用。随着对外贸易的发展和潜在的发财机会的增多,大批移民涌入了上海:1840年代以广东人为主;十年后是被太平军战火驱逐的浙江商人;最后到了1860年代前后,轮到同样为了躲避战乱的江苏人。

新来的移民都加入了地方性组织,使这些团体的人数暴涨。对外开放的上海产生或激发了许多新的行业,尤其是鸦片贸易,与传统产业相比它们没有什么规章可言。在新到的商业移民中,有许多依靠同乡关系来保护自身利益的走私犯和冒险家,必要时他们不惜使用武力。从广东人在小刀会起义中所起的作用可以看到这现象*。太平天国运动被镇压以后,同乡会馆稳定下来了。从1860年起,鸦片贸易的合法化把走私犯转变成批发商。以前的冒险家变成了名人显贵,把会馆作为他们的势力范围,来对付中外竞争者、清朝官府以及西方列强的领事。会馆在其商人控制的经济活动范围内经常与公所混同一体:广东省东部的潮州商人从事糖和鸦片买卖;广东省中部和广州的商人经营茶叶贸易,浙江商人控制丝业,宁波人则掌管银行。1852年广东会馆的人数最多(8万名会员);到了1860年代,宁波会馆的规模超过了广东会馆。直到20世纪中叶,这两家会馆在上海的经济发展中一直起着重要的作用。

在这些地方性协会内部,商人只占少数。但这一小部分人中有二三十个独揽大权的负责人,他们是通过一致同意选出来的,必要时也可以"暗地里强派"。这些会馆公所在他们各自经营的领域内负有多种经济管理功能:确定物价和薪资,监督偿还债务、破产谈判、仲裁纠纷,有时还扮演商业法庭的角色。从1860年代起,为了打击走私和逃税,地方官员决定委托商人自己征收厘金,这项对输往内地的货物所征收的主要捐税。这个体系很快就变成了名副其实的包税制,加强了会馆公所的权力和对其各自经济活动领域内的垄断性控制[29]。

依仗着严密的组织结构和官business式特权,会馆公所控制了上海和内地之间的商业流通。然而掌控上海与海外市场交易网络的是外国人,因此所有的进出口贸易

---

* 历史学家对此种合作的性质有不同评价:马克·艾尔文(Mark Elvin)认为是具有民主意义的胚胎;而顾德曼认为是主导者寡头政治权力的一种传统伪装。

由别的管道分开运行。即使外国人因军事胜利和外交条约得以在上海立足，他们在渗入中国内地时还是遇到了结构严密的传统经济组织的抵制，其阻力超过了清朝官僚的敌对行为。从1860年到1890年，各大洋行力图绕过会馆公所的垄断权，这种尝试引发了多次冲突。最激烈的冲突之一是1877年英国怡和洋行和控制上海丝业的会馆的对抗，因为后者阻止外商到浙江产蚕的县份直接收购蚕茧。

物流渠道同样受到严密的监控和保护。1870年代到1880年代，英商企图把鸦片直接运往位于扬子江边的镇江，为此潮州会馆和英商曾多次发生冲突。1887年，潮州商人最终失去了鸦片贸易的垄断地位[30]。由地域、家族和行业的共同利益结成的网络一直是外商渗透内地的障碍，只有到了19世纪末，在日本和德国的压力下，会馆公所的抵制才见减弱。然而，即便进入了20世纪，每当外国企业计划在上海以外或其他开放口岸拓展市场时，仍然会遭到众多抵制。

中国社会的自主性和组织结构，解释了存在于条约文字和日常实践之间的裂痕的原因。可以这样说，国际法规对一个依靠人际关系管理的社会的压力并不很大，中国商人保持的控制内地贸易渠道的能力，无疑是上海经济腾飞的主要原因之一。1875年，对华贸易资深观察家、海关总税务司赫德（Robert Hart）也很难预测口岸的未来。他认为，在1860年长江流域对外开放以后，因为有利可图和已经投入的资本，进出口商品仍会继续经上海中转。但他预测长江中游的汉口不久将会成为与欧洲贸易的终点，并宣布了在今后的十至二十年间"上海贸易的死亡"[31]。然而和以往一样，历史的发展并没有证实专家的预言。作为中国人掌控的内地商业网络和外国人控制的海外网络的交汇点，上海成为进出口商品集散地的重要中心。

在上海和内地之间的物流控制引起的冲突中，会馆公所最厌恶的对手不是外国人，而是其他的中国商人。这些局外人（outsider）力图通过与外国人的联手，绕过会馆公所的垄断，避开规章制度。人们甚至可以置疑，是否外国商人只是被中国社会内部的一部分人利用了，这些人反对现存的贸易体制，试图利用开放获得好处，既不服从会馆公所及其同盟者地方官员的权威，也不接受他们的敲诈。

买　办

中外商人之间有冲突的一面，也有密切合作的一面。这种合作建立在一种制度上，直到第一次世界大战，它一直是合作的基础，这就是买办制度。买办原本是负责向广州的外国仓库和轮船供货的单纯的仆役或者总管，在南京条约促使贸易自由化后,他们成为外商真正的合作者和经济伙伴。他们的存在对克服语言障碍、对付复杂的货币体系和渗入当地贸易社团是必不可少的。

以其对外贸易的经验和鉴定茶叶的能力,广东人被选为上海第一批买办。自1840至年1860年间,他们跟随外商来到了上海。当时在上海有多少家洋行,就有多少买办。这是一个相互交往遵守信誉的时代。旗昌洋行的欧德(Augustine Heard)不无留恋地回忆道:"那些生意都是以适宜于正派人之间的那种诚实来处理的。说出的话就是承诺,我们能够以此为荣㉜。"

一般来说,买办是洋行资金交易的负责人。他要对管辖下的中方人员的正直诚实作担保,要保证当地的贸易伙伴、中间商或者钱庄的支付能力;他要管理公司的流动资金,审核入库货币和金条的价值,计算统计单位银两和流通货币银元之间的兑换值。虽然日后买办被民族主义者斥为帝国主义"走狗"而声誉扫地,但是不应该忘记他们所起过的重要作用,以及在中外商界中令人注重的地位。在那个时代,买办就是担保人,这就是洋行在著名的正派商人中招聘买办的原因。此外,买办还继续以个人名义从事商业活动。他们的身份非常模糊:既是外国洋行的工薪人员,又是收取佣金的中介商,有时还是为自己生意奔波的独立经纪人。

第一代的广东买办在历史上留下了他们的痕迹。如效力于怡和洋行的买办雅记(Yakee, 1850年代末)、林钦(1860年代)、唐景星(1863年至1873年)都很有名,受到了英国大班的敬重。但买办制度也年复一年地发生变化。伴随着贸易趋势的多元化,地区性招聘的方式改变了,买办所负的责任也日益增加并日趋专业化,使得精于经营丝业和钱庄的浙江、江苏买办成了广东人的竞争者。买办

外商与买办共进西餐(版权保留)

所承担的管理职责越来越重要,包括对新兴工业企业的管理。但与此同时,资金交易的加紧,经济角色的强化和周期性的金融危机,损害了买办与外国老板之间以往的信任关系。洋行开始要求他们的买办提交保证金和额外担保㉝。而就买办这方面来说,由于1870年后来沪的大批外国独立经营者大都缺乏资金,因此买办也常常成为外国合伙人欺骗行为的受害者,公共租界会审公廨的诉讼也越来越多。

在世纪之交,中外商人间的关系变得更为亲近。英文开始普及,西方和日本的企业也鼓励学习中文,买办不再显得那么必要了。1899年日商三井公司成为第一家没有聘用买办的外国公司。西方在华企业也纷纷仿效。尽管中方合伙人和合作人依旧存在,但他们继续承担的中间人角色已不再含有与当地商家进行交易的担保人的意义了,他们所领导的部门也不再能代表公司中的一个企业了。

只有在那些能够建立可贵的人际关系和获取巨额利润的岁月中,买办才能普遍地行使他们的职能。是否真的就如许多当代人所想象的:与买办分享外贸利润对外商有利呢?的确,聘用买办的费用很高,而根据英美的观察*,这笔支出与为外国资本家带来的利润率是等值的。因此,在1874年至1914年国际资本扩张时期,那些在今天被称为发展中的国家没有受到西方投资的特别青睐也就不足为奇了。在上海的现代化和早期工业化的过程中,外来直接投资只占一部分而已。主要的投资者都是将利润就地再投资的大班和中国商人,尤其是买办。与传统商人不同的是,后者会毫不迟疑地投资一些长期的项目并在生产性投资中扩大他们的财富。

根据现存的历史文献,这些中国人投资管理的现代企业是树立在帝国主义面前的一道障碍,不过中国企业家参股于外国洋行也同样重要。1862年,美国旗昌洋行创办旗昌轮船公司(Shanghai Steam Navigation Co.)时,资本额100万两,其中超过三分之一的股份被该洋行的买办认购。怡和洋行为了创办华海轮船公司(China Coast Steam Navigation Co.),也招募华人资本。其后,中外合资企业很快扩展到其他的领域:保险业、现代银行业、公用事业和船舶修造业和制造业等㉞。尽管在公共租界内注册使这些企业具有外商身份,但实际上都是中外合资企业。这些企业不受中国或外国政府任何控制,成为转让生产和管理技术的优先地带。它们构成了经济现代化的熔炉,买办是外方的主要代理人。

---

* 1872年至1932年,外国企业在华的利润率一直在5%到20%之间浮动。见侯继明:《外国投资和中国经济发展,1840~1937》,麻省,剑桥,哈佛大学出版社1965年版,第115页。

中外资本主义

西方企业家是在一个他们很难了解并且经常充满敌意的经济文化背景下从事经营的。条约赐予的特权并不足以排除一切障碍。在现实中,与当地华商的合作是必不可少的。为了把最精明最富有的华商吸引过来,外国人毫不迟疑地让华人分享他们拥有的免税特权,以及为调整外商经营活动所设置的法律性制度性的机构。因此,一部分或多或少可以称为是他们的合作者或合伙人的华人业主摆脱了垄断的同乡会馆和腐败的官僚机构,成为基本独立自主的经营者,和外国人一样服从最低限度的明文法规准则,而这些规章为经济活动不受控制提供了可能性。他们在当时那种司法行政范畴内得益的客观事实对城市的现代化、引进资本和技术转让都起了重要的作用。

外国人根据条约规定所享有的厘金豁免权同样延伸到买办阶层,其后又扩展到西方企业中的华人股东和所有的与外国公司有工作联系的伙伴。事实上,外国人非常慷慨地分发这类免税通行证,尤其是在蚕丝和棉花贸易领域内㉟。1876年海关总税务司赫德揭露了这种流弊㊱,各国领事也持同样立场,但外商则一如既往。除了顾及自身的金融投资利益外,他们认为这是对付阻碍自由贸易的羁绊的有效方法。这种策略不仅便于上海出口原材料和就地生产所需原材料的供应,而且为中国厂商和中间商打开了新的交易空间,摆脱了会馆公所的束缚,躲避了垄断性的控制,而厘金正是这种垄断的根基和象征。会馆公所曾经试图维持该项税收。然而到了1890年代前后,会馆公所在这场争斗中逐渐败退。随着通行证系统的持续膨胀,它们的垄断因此而被削弱了。

和外国人相比,上海的会馆公所更加担忧和抵制这部分华商,这些游离于传统体制外从事买卖以集聚暴利、并且逃避清朝行政机构的经商所得税的同胞。他们动员地方官员一起抑制这些不受节制的经营者。但是为了让自己的买办和合伙人免遭中国官僚的压力,外商不惜行使治外法权条款。1882年,美商丰泰洋行(Frazar)就拒绝向中方交出买办王克明,尽管上海道台已经发出了拘票㊲。

此外,外商还向中国合伙人提供现代商法特有的好处,鼓励和保护他们做长线投资。1878年,当33家英国洋行要求在公共租界内实行1862年英国制定的股份公司法时(英国公司法,English Joint Company Act),他们主要考虑的是维护其在财务亏损时的利益,以便其与华商合作。因为在中国生意场上,最主要的合作形式是成立合股或合伙公司,每个合伙人必须承担无限责任。1881年,伦敦政府决定允许公共租界的股份制公司在驻上海的英国领事机构注册,并让中方股东享用1862年的法律条文,按照各自的出资比例承担各自的责任。这项新的法律措施吸引了许多中国投资商,其数量绝不亚于外国人,使他们感受到法律上的保障。这项措施有利于重新制定生产方向,调整传统上用于购买官衔的商人财富的去向,改变慈善事业的投资甚至贿赂官员的资金的出路。

在外国人把某些条约特权扩展到他们的中方合伙人身上,并使其分享那些调和企业自主和法律权力的司法制度的同时,也为他们提供了摆脱束缚、垄断和敲诈的可能性,使他们无须再像以往那样不顾公共秩序,从事贩卖假货和走私。华商迅速地利用了这些能动性。在上海,西方入侵者在固有的中国沿海传统的非法交易界中,找到了一块特别适合实行资本主义移植的土壤。19世纪下半叶诞生的上海资本主义就是这种中外资本主义的象征。

通常的文献史料使人产生一种观念,即外国政府尤其是大英帝国所进行的经济侵略是实现其帝国统治计划的首要步骤。其他的说法还有,中国的发展因西方的入侵而瘫痪。所有这些都与上述的中外共存现象不相符。这些从19世纪起就大为流行的阐述,更多揭示的是当时意识形态、政治运动和外交策略的历史,而不是经济发展史。

外国领事——经济舞台上摇摆不定的角色

在上海,中国人与外国人之间的商业接触通常是透过私人关系牵线,或由利益相关的团体推动,以注重实效的办法来达到各自的目标:交叉投资,借名成立虚假外国公司等等。所有的情况都可以通过谈判寻求解决之道。

中国和上海不是哪个西方列强的特有猎物。在以条约制度和最惠国待遇为主干创立的多边框架内,欧洲列强和美国的外交代表以及侨民共同发展,到了19世纪末,日本也加入其中。列强间的利益错综复杂,国家关系也发生过多次危机。然而在上海,他们的外交代表面对知之甚少的中国社会,既害怕又蔑视,倒经常表现得很团结。外国领事们与中国当局进行交涉,要么是单独行事,要么是在他们中间最年长者的领导下组成谈判团,采取联合行动。最棘手的问题则通过各国外交部或驻京使团,直接与清廷谈判。

在19世纪,三个领事在上海的舞台上占有突出的地位,这就是英、美、法三国的领事。对于美法两国来说,因经济利益和外交目标相近,较少发生纠纷。法国企业本来就不多,法国领事就把主要的注意力放在租界的市政管理、区内建设和保护传教士的事务上。至于美国领事,他代表的是一个尚不具外交传统和正在全力解决内战冲突的年轻国家,保护即时经济利益的外交重任就交给了美国旗昌洋行商人出身的金能亨(Edward Cunningham)。在1854年美国开设常任领事机构时,只能用"短期派任"⑧的"收入微薄"的官员来替代商人。除此以外,经过了1840至1860年的良好开端后,中美贸易再次放缓,资金也被日益增长的美国国内市场所吸引,导致美资大洋行纷纷关门:1874年琼记洋行(Heard & Co.),1878年同孚洋行(Olyphant & Co.),1891年旗昌洋行。1899年,美国国务卿约翰·海伊(John Hay)的门户开放理论,标志着美国的对华政策正式出台,但该政策强调捍卫美国的文化价值高于捍卫其比较薄弱的经济与战略利益。因此在上海,美国外交官总是跟着英国外交官的脚步走,通过英国来谋取他们的国家利益。

保护上海的外商主要是靠伦敦政府。但这种保护被融入到英国外交部的官员们所执行的帝国扩张计划之中,经常考虑的是国外政治与地缘战略的因素而不是移居国外商人的忧虑。大英帝国的利益与上海外国洋行的利益并非完全一致,伦敦的远景规划也不同于洋行对当地远景的期待。受到上司制约的领事们,一面要与政府的目标保持一致,一面又要和侨民一起分担眼前的生活条件和各种困难,其角色有时还真难。于是依照他们的个性和具体情况,有时侧重侨民的利益,有时偏重帝国的政策。

19世纪中叶,时局混乱,英国商人想利用清朝当局瘫痪之际,像其他西方国家商人一样,拒付海关税,领事阿礼国竭力反对英商的这种企图。1853年9月9日,他郑重宣布,小刀会占领上海并不足以中止清朝与西方列强所签署的条约,因此,按现有条约,商人必须交纳税款。英国驻华公使包令爵士(Sir John Bowring)也支持他的领事:以中国当局无力征收为由拒纳关税,是"旨在废止所有已签订的条约和彻底毁掉我们的对华贸易"。他绝对不能"接受'毁掉'如此重要的贸易"⑨。包令爵士支持阿礼国提出的有关设立一个外国稽查职位的计划,以便替清王朝管理上海江海关。

在随后的几十年中,英国在华商人与英国外交部官员之间经常发生冲突,前者希望利用清朝衰败之际扩大地盘,后者则考虑的是如何维持长期的贸易发展,以及在条约的法律框架下保障这种发展。英国侨民不断抱怨他们的政府没有全力维护自由经营的原则,也没有制止清朝当局的滥权和敲诈行为⑩,因此,他们自行组织了侨民协会和团体,向英国领事和他们的上司、乃至伦敦的国会施压。但是他们从英国政府那里得到的支持却十分有限,这种结果,完全符合统治者与被统治者之间所形成的制度逻辑和行为:"在华英商应该自强自立,要懂得依靠自己的力量。一旦放弃了这种态度,过多地依靠国家帮助,他们就不再是企业家;事实上可以说,他们就不再是英国人㊶。"

没有结果的官方现代化运动

17、18世纪,当大清帝国蒸蒸日上达到顶峰时,施政的方针是尽量减少国家直接介入生产与贸易领域。在地方官绅掌管的受国家控制影响的经济事业中,越来越多的事务被重新划分归属,导致了经济私有化倾向。

1840年代,西方人的侵入并没能马上扭转这种方针和实践。但从1860年起,一批镇压太平天国起义的清廷高官和军事将领认识到了经济制度现代化的必要性。他们认为这样的现代化要靠朝廷来推动,其口号是自强。他们从法家传统中得到启发,主张积极参与,注重实效,鼓吹富国强兵。他们的目标很快就从兵器制造扩展到发展工业,从采用新的技术到采用新的制度与文化模式。自强就这样孕育了洋务运动,一直持续到1895年中国对日战败才告终结。

1860年至1862年,清军将领在上海与洋人联手对抗太平军攻城威胁时,发现了西洋炮火的威力和新式军事技术的效率。李鸿章认为,"炸弹真神技也",曾国藩则在他的日记中写道:中国人必"学作炸炮,学造舟船"㊷。这些战胜叛乱的军事统帅的声望和影响力并不足以争取朝廷进行变革,也无力将现代化的计划变为朝廷的政策。然而这些主张变革者还是得到了北京的充分支持,在他们任总督或巡抚的省份内推行其计划。就这样洋务运动在各地方政府的保护下先后推行,结果形成了一个缺乏协调和不全面的现代化运动,所有项目的启动或放弃全凭主管官员的喜好而定。

不过,上海避免了这种局面。从1860年到1884年,历任两江总督的都是洋务运动的首脑人物:曾国藩、李鸿章和左宗棠。洋务运动的主要设计师李鸿章就把上海作为基地。在洋务运动初期,他集所有权力于一身以便落实他的计划:江苏巡抚,代理两江总督兼南洋通商大臣。当1870年他被任命为直隶总督兼北洋通商大臣后,李鸿章仍继续监督着上海的现代化进程。

这种跨省行使职权和在两个行政实体间的横向连接,是与清王朝政治体制相违背的,传统的体制是每个省份独立向朝廷负责。如此特别的做法,说明了李鸿章在中国政治舞台上所具有的崇高威望,而且他以"无例可循"为由来化解这方面的束缚。李鸿章一直掌控着上海经济现代化的所有规划,有权任命龙头企业的主管。他像监管南方口岸那样监督着北方口岸的发展,并指明了上海和天津间的统一性和各自的特点。

李鸿章有幸能够依靠一位优秀的管理人才盛宣怀作为他的主要经济事务助手。盛宣怀在1871年至1895年间以创办人、股东和督办的名义参与创建了上海大部分官办企业。在地方上，李鸿章还能依靠经他任命的巡抚和道台的大力协助。例如，1865年，在上海道台丁日昌的积极推动下，创建了江南机器制造总局并担任督办。在上海，李鸿章有时还能得到地方官僚以外的其他支持。仗着他强大的权力网络和人际关系，以及先前同窗幕僚的情谊和原籍安徽老乡的大力支持，李鸿章能够联合文、商两界的精英，为洋务企业提供主要的资金和管理人才。

在上海早期现代化运动中起到重要作用的官办企业具有独到的特征。它的创办不是国家政策的结果，它的投资和管理则由地方当局及士绅们的合作来保障。上海现代官办企业的重要性具有两个主要因素：清朝大员李鸿章的坚定意志和比中国其他地区人数更多、更富有和更开放的地方精英的参与。

在历时30年的洋务运动末期，上海的确只拥有四家官办和官督商办企业，但这些企业的投资总额达到了1 400万元，雇用了14 600名工人，占当时现代工业资本总额的46%和从业人员的30%㊸。这些企业中的第一家是1865年创办的江南机器制造总局。这也是唯一的一家从资金来源到人才招聘都具有公营企业特征的企业。它的投资由上海江海关的关税收入来保障——上海道台也曾任江海关负责人。江南制造局制造武器弹药和一些小型炮艇，它的营运成本一直高踞不下，生产质量也不尽人意，众多的督办有如走马灯，每位新任的巡抚或总督都把制造总局当作安插亲信的场所。

为了与海运市场上占主导地位的英美公司竞争，李鸿章在1872年创办了轮船招商局。这是中国第一家蒸汽机船运输公司，也是典型的官督商办企业。其后，它的组织模式成为上海机器织布局以及中国通商银行的样板。

除了这些企业创办人的热情和部分管理者的才能以外，官督商办企业也存在着和清朝行政机构同样的困扰：资金短缺，贪污腐化，任人唯亲。它们得以生存完全是靠其强势领袖李鸿章的大力保护和享有垄断经营权。1895年中国对日作战失败后，李鸿章大权旁落，外国企业来华办厂，从而结束了国家的垄断。自此，官办或官督商办企业都难以为继：一部分关门倒闭，一部分被私有化，但是，并不能因为它们最后的失败而抹煞这些企业在引进先进技术和培养技术劳工方面所起过的重要作用。比如，大部分小型工厂主都是从江南机器制造总局学到技能，并在20世纪上半叶保证了上海机器工业的发展。除此之外，官督商办企业在促进官僚与买办联合的同时，也开创了一种现代官僚资本主义的模式。人们可以看到，每当执政者感到有能力主导经济现代化朝符合自身利益的方向发展时,这种官僚资本主义模式就会突然再现。而在20世纪最初的十年中,情况并非如此,因为清王朝已经无力施展其权威,既不能驾驭自己的官僚体系,也无力控制中国开放以来出现的社会新兴力量。当时,上海经济的现代化是由一些个人发起创造的结果,其中包括部分官员以个人名义所作出的努力。

19世纪下半叶上海经济的迅速现代化也反映在当地社会的发展中。当开埠初期的无政府状态和种种暴力逐渐成为过去时,上海就一直维持着城市人口多元化的快速流动。

注释

① 丁日初:《上海近代经济史》,2卷,上海人民出版社1994年版、1997年版,第1卷,第154页,第2卷,第26~27页。
② 丁日初:《上海近代经济史》,第1卷,第168页,第2卷,第26页。
③ 丁日初:《上海近代经济史》,第2卷,第39~40页。
④ 丁日初:《上海近代经济史》,第1卷,第57页。
⑤ 伦敦G. Routledge 出版社H.W.G. Woodhead主编,*China Yearbook 1912-1939*;其中1912-1914,纽约E.P. Dutton出版社版;1921-1939,天津版,年刊;参见1912年版,第448页。
⑥ 丁日初:《上海近代经济史》,第1卷,第167~179页,第2卷,第34页。
⑦ 丁日初:《上海近代经济史》,第2卷,第32页。
⑧ Albert Feuerwerker: *The Foreign Establishment in China in the Early Twentieth Century*, 1976,载*Michigan Papers in Chinese Studies*,第29期,第93页。
⑨ Pott: *A Short History of Shanghai, Being an Account of the Growth and Development of the International Settlement*,第156页。
⑩ 《上海钱庄史料》,上海人民出版社1960年版,第33页,第94页。
⑪ 引自盛宣怀回忆录,参见Albert Feuerwerker: *China's early Industrialization. Sheng Xuanhuai (1844-1916) and Mandarin Entreprise*,剑桥,麻萨诸塞,哈佛大学出版社1958年版,第227页。
⑫ 爱棠领事信函摘要,1861年4月28日28,5月15日,7月11日,参见Maybon, *Fredet: Histoire de la concession française*,第227页。
⑬ 郝延平(Hao Yen-p'ing): *The Commercial Revolution in Nineteenth Century China. The Rise of Sino-Western Mercantile Capitalism*,伯克莱,洛杉矶,伦敦,加利福尼亚大学出版社1986年版,第279页。
⑭ 丁日初:《上海近代经济史》,第2卷,第366页。
⑮ 统计数据参见姜铎:《洋务运动与改革开放》,上海社会科学院出版社1992年版,第60页。
⑯ 丁日初:《上海近代经济史》,第1卷,第499~500页;参见Christines Cornet: *état et entreprises en Chine. Le chantier naval de Jiangnan (1865-1977)*,巴黎,Arguments,1997年版。
⑰ 丁日初:《上海近代经济史》,第1卷,第255~263页。
⑱ 丁日初:《上海近代经济史》,第1卷,第261页。

⑲ 参见 Pott: *A Short History of Shanghai, Being an Account of the Growth and Development of the International Settlement*, 第34页; Maybon, Fredet: *Histoire de la concession française*, 第290页。

⑳ 张仲礼主编:《近代上海城市研究》,上海人民出版社1990年版,第334页。

㉑ 张仲礼主编:《近代上海城市研究》,第353页。

㉒ *China Yearbook*, 1912, 第46页。

㉓ 严中平等:《中国近代经济史统计资料选辑》,科学出版社1955年版,第162~163页。

㉔ 丁日初:《上海近代经济史》,第1卷,第261~262页。

㉕ 白吉尔: *L'Âge d'or de la bourgeoisie chinoise*, 巴黎, Flammarion, 1986年版, 第176~178页。

㉖ 姜铎:《洋务运动与改革开放》,第60页; Albert Feuerwerker, *Chinese Economy circa 1870–1911*, 安娜堡,密西根大学出版社1969年版,第39~42页。

㉗ 丁日初:《上海近代经济史》,第1卷,第69~70页。

㉘ 参见郝延平: *The Comprador in Nineteenth Century China: Bridge Between East and West*, 剑桥,麻萨诸塞,哈佛大学出版社1970年版,第168页。

㉙ Eiichi Motono: *Conflict and Cooperation in Sino-British Business, 1860–1911. The Impact of the Pro-British Commercial Network in Shanghai*, New York, St. Martin's Press, 2000年, 第7~10页; 顾德曼: *Notice Place, City and Nation. Regional Networks and Identity in Shanghai, 1853–1937*, 第129~133页。

㉚ Eiichi Motono: *Conflict and Cooperation in Sino-British Business, 1860–1911. The Impact of the Pro-British Commercial Network in Shanghai*, 第92~116页; 顾德曼: *Notice Place, City and Nation. Regional Networks and Identity in Shanghai, 1853–1937*, 第132~133页。

㉛ Pott: *A Short History of Shanghai, Being an Account of the Growth and Development of the International Settlement*, 第101页。

㉜ 郝延平: *The Comprador in Nineteenth Century China: Bridge Between East and West*, 第166~167页。

㉝ 郝延平: *The Comprador in Nineteenth Century China: Bridge Between East and West*, 第168~169页。

㉞ 侯继明, *Foreign Investment and Economic Development in China, 1840—1937*, Cambridge, Mass., Harvard University Press, 1965年, 第115页。汪敬虞:《十九世纪外国侵华企业中的华商附股活动》,载《历史研究》,1965年第4期。

㉟ Eiichi Motono: *Chinese-British Commercial Conflicts in Shanghai and the Collapse of the Merchant-Control System in Late Qing China, 1860–1906*, 第137页。

㊱ 郝延平: *The Commercial Revolution in Nineteenth Century China. The Rise of Sino-Western Mercantile Capitalism*, 第263页。

㊲ Eiichi Motono: *Chinese-British Commercial Conflicts in Shanghai and the Collapse of the Merchant-Control System in Late Qing China, 1860–1906*, 第79~80页。

㊳ Michael H. Hunt: *The Making of a Special Relationship. The United States and China to 1914*, 纽约,哥伦比亚大学出版社1983年版。

㊴ 费正清: *Trade and Diplomacy on the China Coat*, 第455页。

㊵ Kerrie L. MacPherson: *A Wilderness of Marshes. The Origin of Public Health in Shanghai*, 香港,牛津大学出版社1987年版,第263页。

㊶ 参见 MacPherson: *A Wilderness of Marshes. The Origin of Public Health in Shanghai*,第263页。
㊷ Kuo Ting-yee:《Self-strengthening. The Pursuit of Western Technology》,载费正清主编:*The Cambridge History of China*,第10卷,*Late Ch'ing Period 1800-1911*,第一部分,第496~497页。
㊸ 1894年前后上海近代工业产权分类:

	官办和官督商办	华资私人企业	外资企业	总计
资本(元) %	1 400万 46%	430万 14%	1 220万 40%	3 050万 100%
工人数 %	14 600 30%	10 500 22%	23 000 48%	48 100 100%

参见姜铎:《洋务运动与改革开放》,上海社会科学院出版社1992年版,第59~61页。

第四章 上海社会万花筒

20世纪初，近四分之三的上海居民不是在上海出生的：他们来自中国各省，欧洲、美国和日本。上海居民之间分割成各自的社区，彼此间接触也不多。上海就像一座巴贝尔塔（tour de Babel，指滥用不规范语言的地方——译者注），中国人之间因不同方言造成的障碍与欧洲人之间各种语言所造成的困扰一样严重。人们常把这种景象比喻成一幅镶嵌画*。实际上把它看作万花筒的图像更显贴切，因为这些社会群体会随着政治与经济局势的变动而变化。

在这个大多为临时性居民的社会里，监管机制运作得很差，不论是对那些试图摆脱传统组织束缚的中国人，还是对隶属于不同的行政当局和领事裁判权管辖的西方人，都一样。由于缺乏强势统一的地方政府，权威主要是通过代表各个地方利益或专业利益的团体来体现：商会、俱乐部、侨民协会、同乡会馆、秘密社会组织或犯罪团伙，各个团体大都各自为政。

不管怎样，上海人的身份在19世纪下半叶开始形成。对于外国人来说，最早离开西方世界来此开办公司的先遣人员已经由长期外派人员所取代。这些人非常喜欢已经得到极大改善的城市环境，和他们享有的种种特权。对于中国人而言，则产生出了一种混合着地方效忠观念、并在某种程度上超越这些观念的爱国主义。

早期上海滩的居民

在这个分裂的社会里，中国人与西方人之间的鸿沟始终存在。西方人也越来越多：1910年有1.5万人左右，而在1855年则只有250人，但他们在当时上海的

---

* 魏斐德、叶文心：《上海的日子》（*Shanghai Sojourners*），柏克莱，加州大学出版社1992年版。

上海的印度人在锡克教堂前

130万城市人口中仅占百分之一强,他们的存在,对一系列社会与制度的变革起到了催化作用,使上海成为中国第一座现代化城市。他们对当地生活的影响不仅表现在人数上比其他通商口岸相对多一些,而且还表现在他们中间某些人的高素质。太平天国起义平息后,市面上横行的走私犯、冒险家和洋枪队,让位给了名人显贵。这个在公共租界安身立命的资产阶级小团体,使人想起16、17世纪汉莎同盟城市的许多特点:珍惜自治和迷恋物质享受,社会习俗保守刻板。

第一次世界大战前,上海外国人的社会是个享有特权的社会。外国人一面强调他们是属于某个民族或某个宗教派别,同时也对他们定居的城市滋生出一种眷恋之情。"上海滩人"、"老上海人"等称谓取代了原先侨民的称呼,成为新社会身份的代名词。

在与他们定居的中国社会相比之下,外国人社团显得比较一致。实际上,他们中间因为国籍、职业和宗教等原因,一直存在着很深的分歧。尽管英国人的重要性已相对减弱,但直到1910年,仍是人数最多和影响力最大的外籍社群(4 500多人),其成员实际控制着公共租界的市政机构,也享有当时世界第一强国国民的威严。围绕在英国人周围还有一个印度人社群,约有1 250多人,其中大部分是锡克人,受聘于公共租界工部局担任治安警察,以及许多与英国公司同时来到上海的孟买地区商人。1840年至1870年间,一些印度祆教徒成功地积累了大量财富。但在以后的几十年里,他们的经济角色随着鸦片贸易一起衰落。上海的绝大部分印度人要么作为租界的雇员,要么从事小本生意,对当地的生活已不构成什么影响。除了一群来自孟买、但出生于巴格达的欧洲犹太人例外,如沙逊家族①。

在其他外国族群中,日本人是从1900年起开始大批移民上海的,清末时已达3 400人左右。他们主要居住在公共租界以北的虹口地区,很少与其他国家的侨民打交道。接下来就是法国人,他们在上海建立了自己的租界。美国移民的人数与法国人不相上下,其次就是德国人,俄国人则更少。1 500个葡萄牙人形成了另一类社群,他们来自澳门,许多是欧亚混血人,被称为租界里的"下等白人"。每个族群都有不同的文化背景和宗教信仰,民族情感在移民中非常强烈。不过仍以社会上占首要地位的英国人影响最大,由他们负责处理外国族群内部与周围华人社会之间的社会关系。不论是控制日常生活节奏、改善生活环境、开展娱乐体育活动,还是在外国族群中推广使用英语,英国人的影响可谓无处不在。

职业上的差别也符合各个民族的差异。大商人和大银行家构成的士绅阶层大多为英格兰人或苏格兰人:1911年在上海的643家外国企业中,40%是英国人的企业。这些商人年轻时就来到上海,在成为老板或大班之前也做过马仔。其中一些人还成为总部设在伦敦或纽约的跨国公司的主要代理人,另一些人也努力为

英国领事馆

自己的投资赚取回报②。1880年代起，租界生活条件的改善使他们有条件接家属来同住，这样他们也能够延长居留上海的时间。越来越多的人在上海从事职业生涯。跨洋海运业的发展和国际电报的开通减轻了他们的孤独感：这些"上海人"能有机会返国度假，同时也更容易掌握国际的动态。

外交官是另一群有影响力的人物。15个强国作为条约制度的参与方，在上海设立了总领事馆或领事馆。清朝末年，三个国家的总领事馆以其能力和影响享有声誉：它们是英国、法国和俄国的总领事馆。英国总领事馆在上海具有绝对的优势，馆址占地43亩（2.9公顷），地处外滩入口，紧临苏州河与黄浦江交汇处。大草坪中央是总领事官邸和领事馆办公用房，具有古典建筑风格的楼房是在1870年至1880年间建成的。通过考试招聘的英国领事，常常是精通中国事务的专家。相对于英国的同行，法国的领事一般只把驻节上海和中国当作职业生涯中的一个阶段。不过，法国领事也有幸得到一批素质很高的汉学家从旁协助，这些汉学家中的许多人日后成了巴黎东方语言学院的教授。在俄国总领事馆内，有圣彼得堡东方学院培养的一批专家。1910年，俄国领事馆的一位秘书，哈格尔斯特罗姆（V.V. Halgelstrom）与人合著了一部书：《当今中国政治组织之现状》（Present Day Political Organisation of China），成为历代官员、记者和历史学家的重要参考书目③。

自由业者还为数不多。早期的医生大都隶属于海军，如法国医生费朗索瓦·萨巴蒂埃（François Sabatier）和保罗-爱德华·加尔（Paul Edward Galle）。他们中的一些人在上海只是做短暂的停留。几位定居下来的人，或开办私人诊所，或在医院工作，或担任行政职务。爱德华·汉德森（Edward Handerson）医生从

上海法国领事馆

1868年到19世纪末一直在上海行医，成为公共租界工部局公共卫生问题的专家。路易·皮雄（Louis Pichon）医生在法租界也担任类似的职务，而罗伯特·雅米森（Robert A. Jamisson）医生则致力于行医和著书立说，他为海关总署撰写的《医学报告》（Medical Reports），被视为国际上重要的参考资料④。

如果人数不多的自由职业者有时还要出任行政官员，那么传教士与行政圈子交叉就显得更为明显，特别是1877年中国基督教布道大会决定加强传播福音之外的慈善行动（如教育、卫生）后，这种现象就更加突出。依靠对华条约的保护，尤其是1860年的《北京条约》，基督教的传教活动得到了迅速发展，直到第一次世界大战爆发。

所有的天主教和基督教教派在上海都有分支机构，上海也因此成为中国主要的传教中心。早在巴富尔⑤上尉之前，伦敦传教会的麦都思神甫（Walter Henry Medhust）和雒魏林神甫（William Lockhart）就已来到了上海。半个世纪后，上海拥有上百个耶稣教会，大部分由英美传教士主持。他们创建学校、医院、诊所、卫生站和出版社，不仅出版圣经，还印制了大量西方科技书籍的中译本。传教士中有许多学术专精的优秀人才，如美国教育家丁韪良（W. A. P. Martin），美国出版家林乐知（Young Allen）和主持江南机器制造总局编译处20年之久（1869~1889）的英国人傅兰雅（John Fryer），以及大英圣书公会（British and Foreign Bible Society）的传教士伟烈亚力（卫礼，Alexander Wylie，1815~1887），这位传教士于1850年在上海创办了首家半现代化的大型印刷厂⑥。天主教会中影响力最大的是耶稣会。从1842年起，天主教会决定重新发扬利玛窦的传统。在沪西徐家汇中心的圣依纳爵天主堂周围开设了育婴堂、印刷所和气象观测站。1903年，又创办了震旦大学（Université Aurore）。法国人是天主教会中的主要神职人员。1860年，北京条约使法国得以保护天主教在华的传教活动，历任法国驻沪领事都满腔热情地履行这方面的职责，直到1905年法国政教分离法实施后，才最终把外交和传教事务彻底分开。

天主教与基督教教派之间因竞争激烈和冲突不断，使教士们处于四分五裂的状态，不过他们与商人和外交官大都保持着和睦的关系。他们还参与租界的管理事务，因为租界经济的成长有助于他们的传教活动。19世纪下半叶，不少基督教牧师的名字列入了公共租界工部局董事会的名单中。教会的慈善活动经常得到大洋行的赞助：1844年由伦敦布道会创办的仁济医院（Chinese Hospital），是靠宝顺、怡和、旗昌等大洋行的慷慨捐赠建成的。天主教的传教活动，主要是靠法租界大地主的捐助，以及同领事馆、公董局和企业界保持的特殊关系。比如，圣依纳爵

徐家汇天主教堂

公学是为法租界的行政机构、银行和商会培养华人翻译和专门人才的教会学校。该校毕业生朱志尧(Nicolas Tsu)在1897年被法国东方汇理银行聘为买办,后来成为上海最著名的工业家之一。朱志尧及其家族*一直受到天主教会的大力保护,尤其是他的两个舅父,马相伯和马建忠都曾是徐家汇教会学校中最优秀、最杰出的学生。

外国人社区的运作也要依靠那些不属于上流社会的西方人。在外国洋行里担任会计或入账工作的葡萄牙人没有任何晋升的机会,几十名遭遣散的原远征军士兵和逃兵成了手工业者或小商人,其他一些人则成为租界的巡警。这些醉生梦死、毫无纪律性的西方人经常闹出丑闻。这就是为什么法租界公董局要在1863年决定直接从法国本土招募人员的原因。一队三十多人的科西嘉士兵于次年到达上海,但结果比先前更糟⑦。以后,法租界公董局从安南人中招募人员,公共租界也招聘了一批锡克人。不过,两个租界的巡捕房仍然聘用一些欧洲人。1900年,法租界巡捕房有143名欧洲人。另外从1883年起,有245名欧洲人在公共租界服务⑧。还有一批虔诚的修女在医院、孤儿院和教育机构中工作,在1864年创办的上海公济医院(Shanghai General Hospital)中,有十来位圣云先会(Saint Vincent de Paul)修女为西方侨民和神职人员提供医疗服务。外国人社区

---

* 朱氏家族早在17世纪就已信奉天主教。18世纪清廷禁教,朱家仍保持着天主教的信仰。上海开埠后,朱家为天主教在上海的发展做出过重要的贡献。

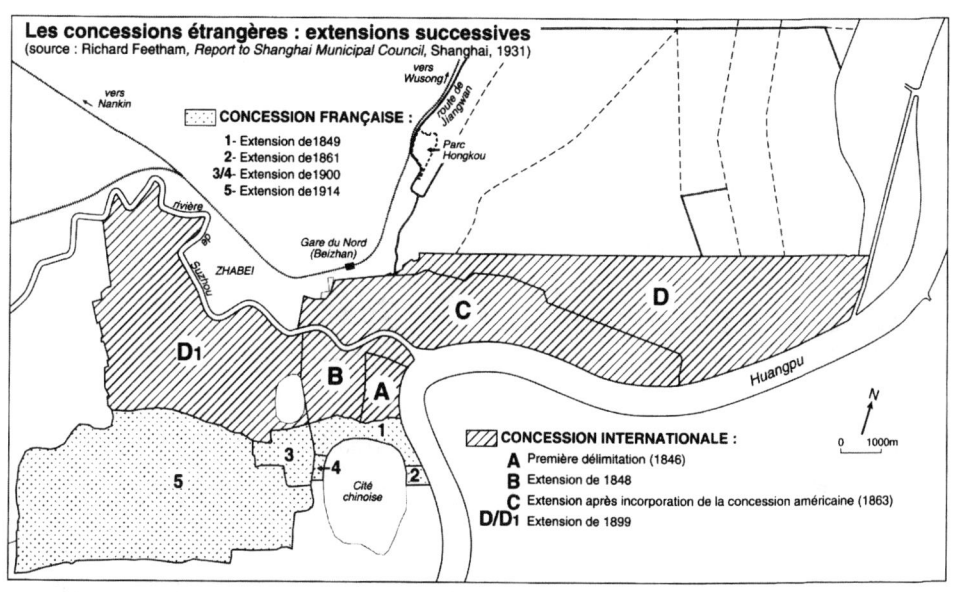

上海外国租界的扩展（19世纪中叶至20世纪初叶）

中甚至还有十多名西方妓女⑨。至于外国军舰和商船上的水手，则是侨民社会中最不安分和最爱闹事的一群人，在上海停留期间，他们不是酩酊大醉，就是打架斗殴。

在第一次世界大战以前，上海的"下等白人"并不多，他们既无意愿也无能力反对贵族和富商实行的寡头统治。他们完全生活在自己的小圈子里，与周围中国人的必要接触，也只是为了谋求他们在经济、政治以及传教上的目的。

租界里的日常生活

19世纪中叶，侨民在各自居住的区域内努力加强社会治安，改善卫生环境和开展娱乐活动，使外国租界的生活条件有了很大的改善。随着医疗卫生设施的进步，特别是1862年启用了城市排水系统，以及20年后建成了自来水供应系统，使传播甚广的流行性疾病，如回归热、霍乱和伤寒都得到了有效控制。到19世纪末，上海城市基础设施的质量已经或基本达到了欧美国家大城市的水平，外国侨民的死亡率也降至2%左右⑩。

为改善卫生环境所进行的城市改造工程改变了租界的面貌。外滩不再是黄浦江边恶臭难闻的纤道，而被改造成为一条宽阔平坦的堤岸大道，1880年代又在

1905年的南京路

外滩铺设了草坪,并沿着堤岸大道修建了一排尖顶加多柱回廊的楼宇,银行、商会和行政机构纷纷迁入其中。以前只能并排摆放两只茶叶货箱的小马路被拓宽,有些路宽达十米以上,铺着碎石,并将路面抬高以防水淹。先前的马路(跑马场的路)变成了南京路,一条中外名店林立的大街。随着居民和公司行号越来越多,租界辖区也向北部和西部扩张。有钱的上海人在跑马场以西至静安寺路(今南京西路)的空旷地段,或沿着法租界在20世纪初开辟的绿树成荫的大道两旁修建别墅,如在第一次世界大战期间被命名为霞飞路的西江路,不久就变成上海最优美的香舍丽榭大道⑪。

在1890年代,主要街道两旁的煤气灯由电灯所取代。传统马车也受到许多新式交通工具的激烈竞争,1873年人力车已经十分普及,随后又装配了橡胶轮胎,让乘客更觉舒适,即使1908年有了有轨电车以后,人力车仍然继续存在。当时,汽车还是个稀罕物,最早的两部汽车是1902年引进的。至于电话,虽已安装,不过还仅限于职业性用途。

在外国人充斥的上海,可以看到欧洲都市的影子,外国侨民尽情地寻欢作乐,竭力找回他们在母国社会中的生活方式。1860年代到1870年代的上海已成为过去,当时单身来沪打工的马仔,栖身在老板提供的集体宿舍里,无缘享受美食大餐,甚至连佳丽云集的舞厅也进不去。现在他们中的许多人都已成家立业:西方妇女的人数由1880年的296人增加到1905年的3 207人⑫。在静安寺路的别墅里,或在法租界,出现了许多华人帮佣,使日常生活更加方便。别墅的女主人们摆脱了家务劳动,得以参加一部分社会活动。她们的丈夫也只在上午照顾生意,其他时间都在寻欢作乐。

在一个以男性和英国人为主的社会里,休闲娱乐主要是在各种俱乐部里举办聚会和开展体育活动。1864年在外滩开设的上海总会(**Shanghai Club**,又称英

第四章

上海社会万花筒

1910年时的英商上海俱乐部

国总会)是最为封闭的俱乐部。1910年该俱乐部迁入一座外观为新古典主义风格的大楼中：外部是由两层楼高的擎天柱支撑的三角形楼楣；大楼内部，酒吧、台球室、餐厅和图书馆全部采用大理石地面和细木雕花壁板，其中最有名的家具是长达30多米的酒吧台。该俱乐部的成员全部是英美洋行的大班。法国人和德国人喜欢在自己的俱乐部里聚会：前者在位于迈尔西爱路(今茂名南路)的法国总会(Cercle sportif français，又称法商球场总会)；后者则在康科地亚俱乐部(Cercle Concordia，又称德国总会)，该会设在1907年修建的一座面向外滩的哥特式建筑中⑬。苏格兰人常去的地方是圣·安德烈布道会(Société Saint-André)，而爱尔兰人则是去圣·帕特里克布道会(Société Saint-Patrick)。另外还有专供同业人员聚会的俱乐部，如海关俱乐部(Customs Club)，向海关总署人员开放。其他类似的俱乐部，如马索尼克俱乐部(Masonic Club)，就是上海各类神职人员爱去的地方。这些俱乐部在上海外侨的社会生活中起着重要的作用，他们在那里聚会聊天、饮酒就餐、交换新闻、阅读报刊，特别是阅读极端保守的《字林西报》(*North-China Daily News*)，一份代表英国在华和在沪利益的报刊。各个俱乐部也举办庆祝活动。1870年代，圣·安德烈布道会举办的苏格兰狂欢节就是上流社会主要的活动之一：每次狂欢节都有数百名身着花格子短裙的男士和几十位妇女参加⑭。

外国侨民利用很多时间从事体育活动，特别是英国人，认为体育是一种消除恶劣潮湿气候的解药，还能"唤醒他们的肝脏"(俗语，指有益身体——译者注)⑮。租界成立之初，英国人仅限于在外滩举行双人接力赛，或郊猎野鸡野鸭，有时骑马或坐帆船去周边乡下赛跑。后来各类体育活动被组织起来，板球、网球和划船是马仔最喜欢的运动。为了赛马，他们还购买蒙古小种马进行训练，5月和11月举办的赛马会吸引了大批风雅人士。随着外滩附近的公司越开越多，1861年在南京

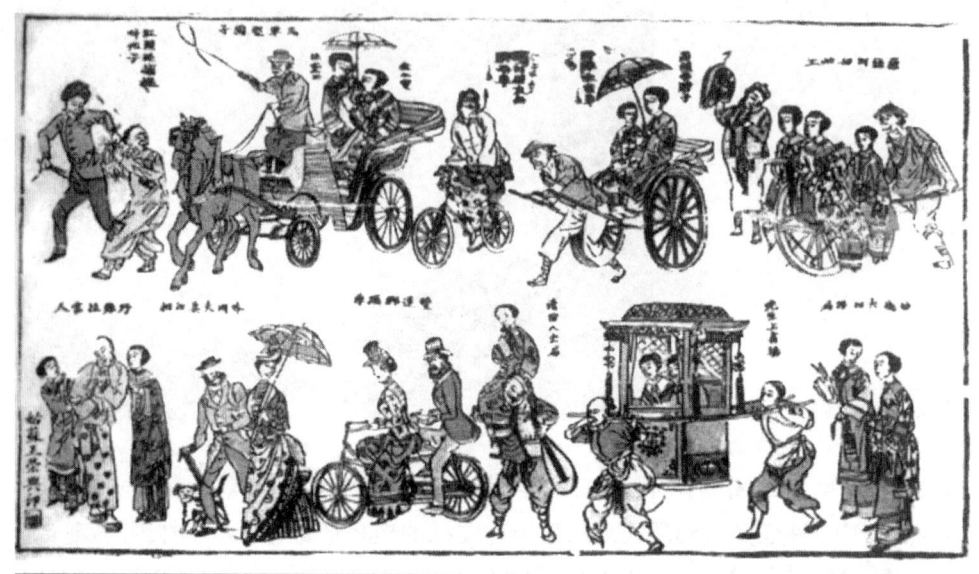

福州路风景图：文化与娱乐的地方

路与静安寺路交界处修建了面积为30公顷的跑马场⑯。1890年建造的上海跑马总会大楼和自鸣钟塔楼成了城市景观的新地标。

  上海的西方侨民非常喜爱戏剧。由于没有专业演出团体，他们就自行组织演出。1867年，英格兰人组建了爱好剧社（Amateur Dramatic Club），在兰心剧院（Lyceum Theatre）登台亮相，这家剧院实际上只是外滩的一幢简易木结构建筑。法国人也不示弱，成立了自己的剧社：1872年，法租界公董局前总董，大丝绸商比索内（Napoléon Auguste Buissonet）亲自登台，在著名汉学家高第（Henri Cordier）和其他几位绅士的参与下，演出了喜剧《砍头记》（Bourreau des cranes）。从德国侨民中招聘的音乐家⑰组成了交响乐队。当时只有少数的传教士、外交官和海关官员对哲学、历史与文学感兴趣。这类聚会是由1858年在上海成立的英国皇家亚洲文会中国分会（North China Branch of the Royal Asiatic Society）出面组织。该会不仅定期出版刊物，还拥有一间藏书丰富的图书馆。当时最著名的汉学家之一，英国传教士卫礼收集了上千部的中文书籍和1 300卷册的西文书籍。1872年，受雇于美商旗昌洋行的著名汉学家高第对全部收藏图书做了编目学和历史学方面的整理⑱。15年后，另一位任职于海关总署的中国史专家马士（Horsea B.Morse）担任该会秘书，他为藏书和图书管理做了大量工作，使人们认识到利用图书进行学术研究是件令人尊敬的事情，但大多数侨民很少光顾，让馆藏图书蒙上了厚厚的灰尘⑲。

日本侨民可谓乏善可陈,因为他们很少介入上海西方人的各类活动。租界内不同国籍的族群是否结成为一个真正的社会共同体?法国人与他们租界密切相关的社群特征,其他族群的民族特性和信仰差异也始终是产生共同体情感的障碍,更不要说培养地方公民意识了。上海的外国人从来就受到周围华人社会的敌视,中国人对他们几乎没什么好感。

1893年11月17日和18日,公共租界为庆祝上海开埠50周年,举办了各种庆祝活动并燃放焰火。在外滩,一幅标语写着:"世界何处不知上海?"不过日常纪念活动还是各干各的。为了纪念攻打太平军时阵亡的远征军将士,法国人于1870年在租界公董局前树起了一座法国海军将领卜罗德的塑像,英国人则在外滩的英国领事馆旁,建造了一座华尔"常胜军"阵亡将士纪念碑(Ever Victorious Army de Ward)。每个国家的侨民都以本国在上海历史上的名人作为纪念对象。纪念对象最多的是英国人,这也符合上海外国人发展的历史。从1900年起,法租界决定用历任领事、传教士和不出名的参事姓名来命名租界的大街小巷,但这一举措改变不了历史。

在这种条件下,要在上海外国侨民中催生一个命运共同体的理念确实不易。

1893年,上海公共租界举行50周年庆祝活动(版权保留)

外国移民继续在上海按照各自国家的政治年历和生活节奏过日子：法国人庆祝7月14日国庆，美国人则庆祝7月4日国庆。1897年，英国人大肆动员庆贺维多利亚女皇（Victoria）的钻石婚，1901年又庆贺英王爱德华七世（Edouard VII）的加冕。1898年德国人载歌载舞地欢迎到访的普鲁士亨利王子（prince Henri de Prusse）[20]。但在第一次世界大战爆发前，这类活动大都在节庆时才举行，通常具有各国侨民表达亲善的特点。

在其他方面，上海外侨之间相互接近并产生默契。他们都认为上海属于开拓者的社会，面临留在大都市的同胞们从未感受过的困难。他们都乐意享受豪华的生活，分享美酒佳肴和丰盛宴席的乐趣，或者仅仅携带家眷到外滩乘凉度过惬意的夜晚，在外滩花园的花丛中散步，一边聆听露天舞台上演奏的音乐会，一边向泛舟的友人致意，观赏落日余晖和享受江风拂面。这些"老上海"或"上海滩人"，就像他们自我称呼的那样，不再只是观念上的一群人：他们在接受困难环境挑战和创造优越生存条件的同时，越发感到自己就是上海人，更加依恋这座城市。

中国人社会

1860年代中期，太平军大军压境，大批进入租界的难民重新返回各自的故乡，但也有一部分人定居下来。1865年上海人口有70万人左右。以后，大批移民又不断涌入，到1910年时，上海的人口已经达到130万人。

早在上海开埠之初，大批广东与福建的商人、流民就来到了这里。接踵而至的是浙江人和江苏人，他们中的许多人原本就是经商的。与此同时，随着移民潮的高涨，不同社会阶层的人也出现了：有从江南富饶乡村和文化重镇来的地主和文化精英；有被上海经贸快速发展所吸引的宁波钱业者；还有大批寻求就业的手工业者和农民。大部分新移民或在租界里安身，或在租界四周安顿下来。1910年，上海老城的人口为67.2万人，而租界里的中国人就达到了61.6万人（其中50万人住在公共租界，11.6万人住在法租界）[21]。

相同地区来的移民喜欢居住在相同街区。在公共租界，江苏人最多（18万人左右），其次是浙江人（16.8万人），广东移民只有4万人左右[22]，其角色也不再显得那么重要，因为广东的商人买办和手工艺者受到了来自浙江和江苏同行的激烈竞争[23]。这些同原籍地家族，甚至宗教信仰都保持着密切联系的新移民，被当成是上海的临时居民。每个省份的移民都与上海本地人有着明显的区别，无论是方言，饮食习惯和信仰礼仪，还是所从事的职业都不同。各地文化的差异性对孕育

第四章
上海社会万花筒

火柴贴画上的上海手工业系列图（版权保留）

上海人的共同特性构成了障碍。

不同的方言在移民群体中起着重要的作用。除了个别文化人可以用普通话表达外，绝大部分移民之间很少沟通或基本上没有交流。对他们来说，唯一交谈的对象是同乡，即使不是同县，起码也是来自语言相通的地区。在中国的东部和东南部，不同地方有着不同的方言，无论是发音还是用句潜词都不一样。饮食习惯也是区分社会身份的重要标志。中国的美食世人皆知,上海餐馆的等级不是依据饭菜的质量和价格,而是根据地方风味来区分。与巴黎美食家追求异域风味所不同的是,上海的食客们坚持自己的饮食习惯和喜欢熟悉的菜式,普通餐饮和豪华宴会的等级差别,就在地方菜供应上显示出来。同一家餐馆,底层临街的大堂用来接待普通客人,而楼上的包厢则留给有钱有势的客人,在菜式供应上也比楼下大堂的菜肴做得更为精细。不同省份和地区的特征还在宗教仪式上反映出来,因为每个来到上海的外省族群都保持着故乡的礼仪习惯,以不同的方式庆祝中国农历的重大节日:比如苏州人、广东人和安徽人就吃不同的点心,参加不同的仪式,或听不同的地方戏曲㉔。

不同地区的族群根据人数多寡,经济实力和领袖人物的社会地位及影响力结成等级分明的团体。这种等级通常以职业的等级来体现,因为外来族群分别从事不同的职业。最受人尊重的是浙江的银行家和广东与福建的丝绸商人,社会最底层的是来自苏北地区的穷苦农民,他们中的大多数人只能从事掏粪或拉人力车,成为最受人轻视的族群㉕。

不同地区和行业的移民都聚集在各地会馆的周围,这些会馆由几十位士绅出资掌控。会馆旨在维护同乡的利益,起着一种近似宗教性质的作用。他们修建宗庙,开设宗祠,组织节庆和祭奠仪式,协助把去世的同乡的灵柩从上海运回故里,开辟墓园,让最穷的乡亲也能像在故乡土地上那样长眠。与宗教活动密切相关的慈善事业在19世纪末有了很大的发展。各个会馆开办了不少学堂和诊所,协助成员寻找工作,或在成员急需时帮忙筹措资金。每家会馆都标榜欢迎所有的乡亲,但会馆的一切事务则由一小部分士绅控制。这种等级分明并由集体负责的乡邻群体的组合形式赋予了这些组织一种传统的特性,正如以下所述,会馆在城市经济现代化和唤醒居民政治意识等方面起过重要的作用。

会馆的经营由大商人来负责,主要是涉及大量房地产的买卖㉖和许多金融交易。经济领域中的区域特殊性也在促进会馆与公所之间的某种融合。因此同乡会馆与行业公所分别担负着管理地方经济的责任:监督规范双方的经营活动,处理成员之间的纠纷,调解与其他社团或清朝当局之间的冲突。他们的能量在城市生活中举足轻重。实际上,每个团体都出钱出力修建自己的会所,以便开展各种服务业务和体现所代表族群的尊严。在会所围墙内,修建庙堂祭坛、会议厅、办公室、舞台和学堂,甚至还在花园或庭院的角落开辟墓地。这些按照会馆要求修建的建筑,令人想到清朝官府的衙门。不过所有会馆的建设都比官方建筑更为豪华,因为商人们为了提高自己和会馆的声誉,会毫不犹豫地从远方购买上等木材和材料来装饰。

这些社团有没有把自身的命运与城市的命运联为一体？或者,只是把上海当作一处单纯的居住地,在此做生意、找工作,而其内心仍留在故乡,就像谚语所云,"酒是家乡好,月是故乡明"[27]？实际上,强烈的地域观念会窒息合作意识的发展,特别是在上海这块由一群自愿或临时来此的移民所构成的"淘金地"上,更是如此[28]。19世纪末,小市民阶层开始出现,涵盖的人群包括职员、小公务员、学校教师和未就业的毕业生。直到1920年代,随着经济和教育制度相对现代化的发展,这个阶层才有了较大的发展。

劳工界还没有因工业化的发展和工业无产阶级的产生而发生结构性的变化。1895年,上海的修船厂、机器制造厂和机器作坊只有3.7万名雇工。1911年武昌起义前夕,在上海从事现代化或半现代化工业生产的工人也不超过15万人[29]。劳工、苦力、码头搬运工、人力车夫、流浪汉、小偷和各类犯罪分子构成了城市底层最大的群体。这些人过着极端困苦的生活。他们栖身在沿着苏州河边搭建的棚户里,或住在租界边缘及老城墙根下的"滚地龙"中,不然就在杨树浦和浦东的那些用泥巴稻草和竹竿搭建的小屋内安身。即便如此,这些残破不堪的小屋还经常被火灾吞噬或被警察拆毁。居住在这些地区的人都是从外地来沪打工的,从事季节性的工作,他们一旦失去工作,碍于经济窘迫或者家庭发生变故,除了返回乡下别无他途。在如此的求生条件下,乡亲间的互助就显得特别重要。同一地区来的移民大都住在一起,浦东和虹口的棚户区被称作为"苏北村"。他们从事的职业也几乎相同：因饥荒水灾背井离乡的安徽、山东和苏北地区的农民,干的都是最繁重的苦力活儿；而来自江南水乡的移民,由于不少人掌握传统的手工艺技术,可以揽到一些收入较好的活计,或者从事按月领薪的木工或挡车工。

各地移民的相互接触有利于发展具有地方特色的民俗文化。在大城市里,每个移民群体都忠实于原籍地的风俗习惯,兴建的庙宇也带有强烈的地方色彩,他们还经常从故乡请来道士主持祭祀仪式,组织道场驱魔逐鬼。游魂,恰恰是这些外来打工者可能的命运。一旦客死他乡,他们就会变成远离故土的孤魂野鬼,上海对他们来说,就是这样一块他乡之地。

还有就是精英群体。他们也是到来不久的各地人士。上海开埠所带来的巨大变化,让他们找到了一处能够交流变革思想的地方,因为他们对开拓新的经济环境和对未知的政治社会责任有着共同的担忧。外部世界(非中国)的挑战和不可逆转的现代化进程,都是促成开放口岸的新贵们团结的重要因素,但这些因素与自古以来维持上层社会和谐的儒家学说相比,肯定脆弱得多。

1905年上海老城边的景象。上海老城墙于1912年拆除（Affiche des Messa-geries maritimes）

上海从来就不是一座文化重镇，而江苏省则有着深厚的文化传统。在开埠以前，这里的商人完全不能同其他的通都大邑，如广州或汉口的商人相提并论。只有到了19世纪下半叶，才有文人学士、大地主和大经纪商加入到上海城市行列之中。正统的儒家学说把前者列为社会最高等级，后者为社会下等人，但随着两者之间的逐步靠近，造就出了一个"绅商"阶层。实际上，文商结合并非是件新鲜事，自古以来商人就有多方位投资的策略：出钱买官，纳钱捐官，重视科举和子女教育。所有这一切，无非是要置身于官场之中。但在上海，这种结合很少在士绅和商人所认同的儒家价值观的基础上进行，而是在实用主义和现代主义的价值观上下工夫。

1850年代末，太平天国起义使大批地主、著名文人、卸任官吏和豪门大户涌入上海，这个阶层的人被西方的中国史专家称之为上层社会人士。他们的到来动摇了商人在上海的主导地位，因为在他们身上有着令人羡慕的光环：功名与人脉，地方执政经验，财富，信奉儒家学说，尊崇传统道德。这些人在社会上的政治影响力很快就显现出来，他们创办学堂，向城市丑恶现象作斗争，创建领导各类慈善机构。这些士绅不仅认识到西方列强和外国先进科技的挑战，而且在他们中间还涌现出几位洋务运动最优秀的理论家，如冯桂芬（1809~1874），江苏吴县人，道光进士，翰林院编修[30]，他于1859年来到上海，作为洋务运动领袖李鸿章的主要谋士，负责执行地区现代化的政策。

涌进上海的上层人士还带来比本地商人更为考究的生活方式。这些具有文化修养又懂得休闲的人，喜欢和朋友一道，在书场聆听评弹或上戏院观赏艺术家

第四章

上海社会万花筒

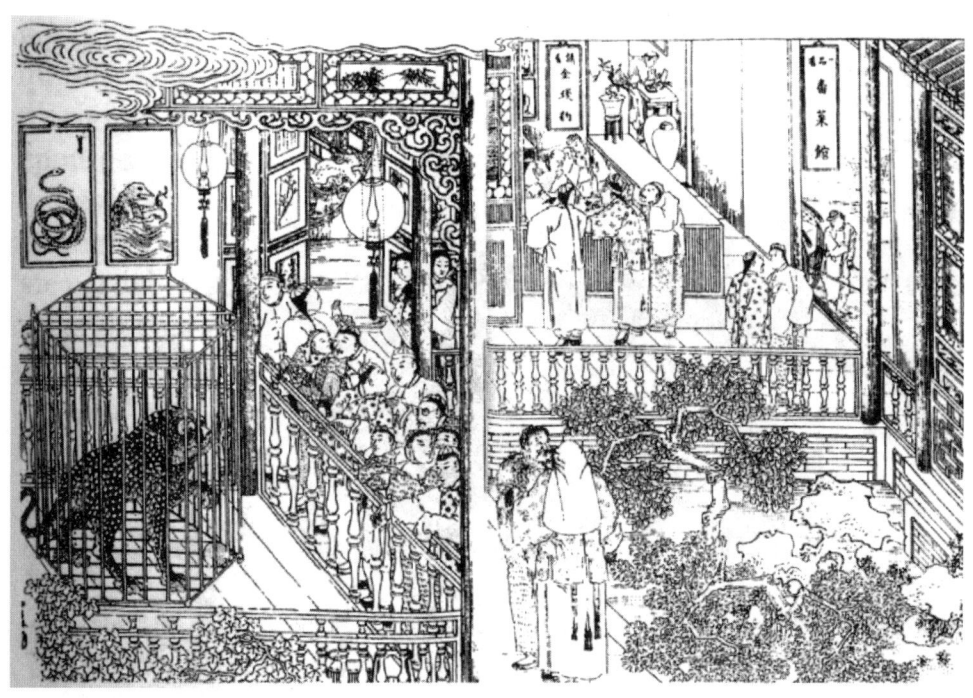

福州路一家餐厅展示笼中雪豹吸引客人(《点石斋画报》)

的戏剧表演。晚上,他们经常出没于餐馆茶楼,一边与朋友聚会,一边请来交际花唱戏助兴。在那些最高雅的茶馆,特别是公共租界福州路上的茶馆,经常可以看到交际花们进进出出。在一个妻妾大门不出、二门不迈的社会里,交际花为男人的聚会带来了一种高雅而热闹的气氛。她们浓妆艳服,漆唇描眉,以一种非人性化的美烘托出华丽服饰的光彩。游离在妓女世界边缘的交际花们,以其精湛的演技形成了一个独特的群体。文人雅士很喜欢在他们的诗作和专门的刊物上赞美这些如花似玉的女人:如《娱乐报》(*Journal des Loisirs*)、《笑林》(*Le Forêt du sourire*)、《花的世界》(*Le Monde des fleurs*)[31]……

  此时的上海,已经远离了那个伴随早期外商而来的鸦片走私社会,变得平静了许多。丰厚的鸦片利润转投资到了钱庄或工场,走私犯也变成了令人羡慕的经纪商。这些暴富的新贵与文人士绅一起高谈阔论儒家的道德观念。像文人士绅一样,暴富的新贵也孝敬老人,维护家庭与家族的团结,帮助同乡排忧解难。但他们对儒家文化知之不多,也不具备儒家文化的鉴赏力,更谈不上具有儒家文化的那种广阔视野和世界观。在中国,儒家文化只存在于官僚阶层之中。商人们还显得土里土气。他们的这种乡土气,不论是在把持会馆的方式上,还是喜欢地方戏

上海西化的家庭：吊灯、座钟、壁炉和西式餐具（版权保留）

而不喜欢京戏，以及把家庭成员留在故乡，另娶外室照顾他们在上海的生活等许多方面，都充分地体现出来。

与外国人交往最多的是有钱善谈的商人，特别是买办，这些人接受了一种半西化的生活方式。他们瞧不起中国，把视野投向世界。尽管他们还遵循某些儒家的礼数，也没放弃传统的习俗，如女子不得上学堂，缠裹小脚，但很快接受了外国人的娱乐方式：体育活动和赛马。他们的文化结构是混杂的，上穿丝绸长衫，下套西装长裤，头戴瓜皮帽或礼帽，用洋泾浜式的语言与外国人交流，即在中国话中掺杂着印度式的英文和葡萄牙语的词汇。

在上海，渴望置身于官场的商人们，继续捐买官职。但随着官制衰弱以及1905年废除了科举制度后，显示上流社会身份的官职也失去了魅力。功名比起财富来说已黯然失色，追求财富比实践道德更重要。长期遭受社会鄙视的"奸商"手段又成了时髦，成为个人事业成功和掌管公共事务的一项必要条件。那种个人及家庭由商入仕的传统道路已不再是必需的了。大企业家不再把子女培养成传统的文人，而是把他们送到教会开办的学校或国外接受教育，以便将子女培养成现代的商人。借助功名来取得社会地位和经济上的成功已愈来愈不重要。相反地，不论是经商买到职位的官员，还是弃政从商的官员，许多人都重新与商为伍，其中最著名的人物就是张謇（1853~1926）。这位光绪二十年的科举状元，既驰骋于文坛，又置身于上海最主要的棉纺织厂主之行列。

尽管出身与职业生涯不同，但上海的士绅都表现出追求现代化的意志。他们

第四章

上海社会万花筒

暴力讨债图(《点石斋画报》)

的理念和能动性没有消除对地方的忠诚,恰恰相反,他们积极投身到各类组织机构,如会馆的事务中,在超越自我的同时,他们还为催生上海人的特质和中国的民族主义作出了贡献。正如在他们的言论中经常谈及要以民族利益至上,处事行为也要根据上海的具体情况和外国人存在的现实进行调整。两者之间的接近可能不会减轻现代化转型期的阵痛,但却是十分有成效的,而且具有上海的特点。

注释

① 参见 Chiara Betta:《Marginal Westerners in Shanghai: the Baghdadi Jewish Community, 1845–1931》,载 Robert Bickers,安克强(Christian Henriot)主编: *New Frontiers. Imperiqlism's new communities in East Asia, 1943–1953*,曼彻斯特和纽约,曼彻斯特大学出版社2000年版,第38~54页; Claude Markovits:《Indian communities in China c. 1842–1949》,载 Robert Bickers,安克强(Christian Henriot)主编: *New Frontiers. Imperiqlism's new communities in East Asia, 1943–1953*,第55~74页。

② Feuerwerker: *The Foreign Establishment in China in the Early Twentieth Century*,第18页。

③ 参见 H.S. Brunnert, V.V. Hagelstrom: *Present Day Political Organization of China*,北京,1910年。

④ MacPherson: *A Wilderness of Marshes. The Origin of Public Health in Shanghai*,第60~61页。

⑤ Pott: *A Short History of Shanghai, Being an Account of the Growth and Development of the*

International Settlement，第88页；DARWENT, C.E.：*Shanghai. A Handbook for Travellers and Residents*, Kelly and Walsh, 上海1920年，第116页。

⑥ Kuo Ting-yee,《Self-strengthening. The Pursuit of Western Technology》，第535页；MacPherson: *A Wilderness of Marshes. The Origin of Public Health in Shanghai*, 第261页。

⑦ Maybon, Fredet: *Histoire de la concession française*, 第273、283页。

⑧ 安克强：*Belles de Shanghai. Prostitution et sexualité en Chine aux XIXe–XXe siècles*, 巴黎，全国科研中心出版社1997年版。

⑨ 参见安克强：*Belles de Shanghai. Prostitution et sexualité en Chine aux XIXe–XXe siècles*, 第305页。在外国人经常接触的妓女中，大部分是中国人，第一次世界大战前约有200人左右。

⑩ MacPherson: *A Wilderness of Marshes. The Origin of Public Health in Shanghai*, 第268页。

⑪ 邓明：*Survey of Shanghai 1840s–1940s*《上海百年掠影》，上海人民美术出版社1996年版，第71页。

⑫ Dyce: *Personal Reminiscences of Thirty Year's Residence in the Model settlement, Shanghai 1870–1900*, 第200页。

⑬ Darwent: *Shanghai. A Handbook for Travellers and Residents*, 第7、20页；Brossolet Guy, *Les Français de Shanghai, 1849–1949*, 巴黎，Belin出版社，1999年，第245~248页。

⑭ Dyce: *Personal Reminiscences of Thirty Year's Residence in the Model settlement, Shanghai 1870–1900*, 第200~221页。

⑮ Dyce: *Personal Reminiscences of Thirty Year's Residence in the Model settlement, Shanghai 1870–1900*, 第95~115页。

⑯ 邓明：*Survey of Shanghai 1840s–1940s*, 第196页。

⑰ Darwent: *Shanghai. A Handbook for Travellers and Residents*, 第149页；Dyce: *Personal Reminiscences of Thirty Year's Residence in the Model settlement, Shanghai 1870–1900*, 第49页；Maybon, Fredet: *Histoire de la concession française*, 第368页。

⑱ Henri Cordier, *Catalogue of the Library of the North China Branch of the Royal Asiatic Society*, 上海Ching-foong General Printing Office 1872年版。

⑲ 费正清等：*H.B. Morse. Customs Commissionerand Historian of China*, 莱克辛顿，肯塔基大学出版社1995年版，第93~94页。

⑳ Pan Lynn等：*Shanghai, A Century of Change in Photographs, 1843–1949*, 香港，海峰出版社，1993年，第28~29、31页。

㉑ 邹依仁：《旧上海人口变迁的研究》，上海人民出版社1980年版，第90页。

㉒ James C. Sanford, *Chinese Commercial Organization and Behavior in Shanghai of the Late Nineteenth and Early Twentieth Century*, 哈佛大学博士论文，1976年，第183页。

㉓ 梁元生：《Regional Rivalries in Mid-Nineteenth Century Shanghai: Cantonese versus Ningpomen》，载《清史问题》，1982年，第8期，第33页。

㉔ 参见顾德曼：*Notice Place, City and Nation. Regional Networks and Identity in Shanghai, 1853–1937*, 第1章，《Introduction. The Moral Excellence of Loving the Group》，第1~46页。

㉕ 参见Emily Honig, *Creating Chinese Ethnicity: Subei People in Shanghai, 1850–1980*, 纽黑文，耶鲁大学出版社1992年版。

㉖ 参见顾德曼：*Notice Place, City and Nation. Regional Networks and Identity in Shanghai, 1853–1937*, 第3章，《Community, Hierarchy and Authority》，第84~118页。

㉗ 顾德曼：*Notice Place, City and Nation. Regional Networks and Identity in Shanghai, 1853–1937*，第5页。
㉘ 魏斐德（Frederic Wakeman, Jr.）、叶文心（Wen-hsin Yeh）主编，*Shanghai Sojourners*，伯克莱，东亚研究所，加利福尼亚大学1992年版。
㉙ 丁日初：《上海近代经济史》，第1卷，第674页；第2卷，第492页。
㉚ 翰林院成员均拥有进士以上头衔，他们都是科举中榜又经过殿试这一最严格考试的优秀人才。
㉛ 参见安克强：*Belles de Shanghai. Prostitution et sexualité en Chine aux XIXe-XXe siècles*，第42~58页。

第五章　租界模式

19世纪末,上海已经可与所有西方的大都市相媲美。1893年,当各国侨民大规模庆祝开埠五十周年时,上海租界已经具备了体现当时科技进步的所有公共设施。在这世界尽头的殖民居住区里,在异国潮湿的环境中,西方文明的移植似乎注定要退化。但与此相反的是,上海的外国人显示出致力于现代化的强有力的冲劲。这些侨民要把上海提升到"西方生活和科技的同等水平"①,分享自1830年至1840年代在欧洲大城市的改造中所呈现的进步成果。在上海,在伦敦,或在巴黎,清除垃圾、消灭流行疾病、抵制卖淫,是一场相同的斗争。

这种活力,首先是要保障外国居民的舒适生活,同时也对租界内外中国民众的憧憬产生了影响。这块避开清朝当局管辖的飞地使中国居民有可能过上一种前所未有的生活方式。它打碎了建立在儒家教义上的思想与权力的垄断,消除了对洋人的偏见和构筑起不同文明之间对话的可能性。曾长期主导中外交往的文化傲慢让位于利益、相互比较和回归自我的新观念。但这些崭新多彩的转变往往是痛苦的,因为文化傲慢似乎经常变换阵营并成为外国人的一种特质。这就是为什么上海的中国精英在追求现代化的进程中很快展现出强烈的民族主义的原因。正是出于对现代化和民族振兴的双重渴望,才产生了改良运动和1911年推翻清朝政权的革命。

公 共 租 界

自开埠就被弃置于上海城墙之外的外国租界,从未间断过自我扩张,直到1914年,法国人还最后一次获得批准扩大了她的租界面积。租界的面积从19世纪中叶的0.56平方公里,扩展至近33平方公里,其中三分之二属于公共租界,剩余的是法租界。租界总人口达到64万,其中98%是中国人。与之相比,上海老城

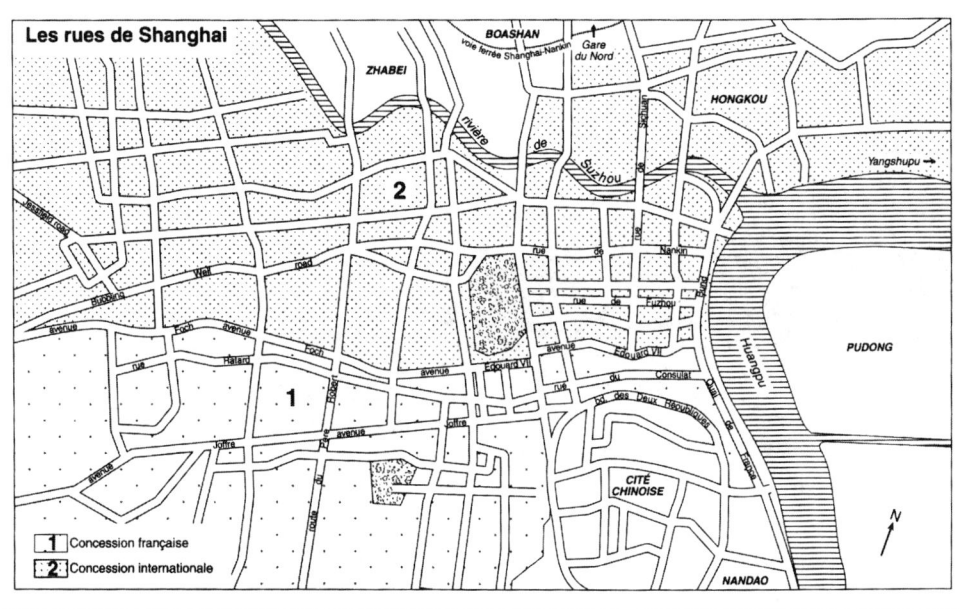

上海街区图

的面积和人口基本上没有什么变化。

半个世纪的城市扩张适应了开放口岸工商业飞速发展的种种需求。它是通过接连不断地提出要求，经过一系列大多超越地方实际需求的外交谈判得以实现的。在这种扩张的过程中，上海的中心从原先城墙环绕的老城滑向了外国租界，特别是向外滩转移。租界北面的闸北和老城以南的南市，出现了华商聚集的新工业街区。相对紧凑的外国租界就成了城市的心脏地区。南北新开辟的区域仍属清朝政府管辖。

两大租界享有清廷批准的治外法权。每个租界有权按照西方政权模式进行管理和运用先进科技来改善居住条件。但外国租界始终分为两个政治实体，因法国政府的反对，终使租界合并的计划付诸东流。两个租界既相互竞争又利益相关，公共租界采用大不列颠的自由主义制度，法租界则奉行雅各宾派的传统。一边是商人寡头挖空心思维护自身的利益，另一边则是专制官僚自称要为共和理想服务。

1854年，公共租界创建了上海工部局（SMC），并在此基础上形成了公共租界的政府。其权力属于纳税人会议（Ratepayer's Meeting），工部局设七名董事，每年由纳税人会议选举产生，具有市政府的所有职权，但不具司法裁判权：外国人的司法管辖权属于各自国家的领事机构，中国人则受清朝的司法管辖。纳税人会议根

工部局大楼

据一种纳税制度进行选举,这种制度剥夺了公共租界内80%到90%的外国居民的选举权,更不要说中国居民了,所有的代表权都被剥夺。理论上,中国居民属于清朝政府管辖,但若干年后,清朝当局也失去了对居住在租界内的中国居民的司法管辖权。为了审理租界内中国居民之间或中外居民之间的司法纠纷,于1864年成立了会审公廨,由一名代表上海道台的法官主持,但外国陪审团却不断地越权介入审判:20世纪初,上海道台指定的法官已不能批捕租界内的中国人,也不能将华人引渡给清朝的司法机构。1911年,外国领事团擅自任命了会审公廨的法官,并为其支薪,从此会审公廨完全置于外国人的控制之下。

租界的政府是一个经过授权的执行机构,成员由选举产生并向授权人负责,其职权依照城市宪章,《上海英法美租地章程》予以确定,该宪章由一些"充满大不列颠王国现代城市精神"②的人所起草,符合自治原则。上海工部局无权变更该章程条款:任何修正都将受到驻沪领事馆,乃至驻京外交使团的惩处。在实践中,上海工部局拥有极大的自主权,因为公共租界要保护各国的侨民,所以不受任何强权的管制。它的权力也因此不受各国中央政府驻沪领事机构的监督。

上海工部局完全按照始创者的意图行事。这一小部分维护口岸开放的洋行大班和传教士,使上海的经济有了第一次飞跃。不管是聘请顾问还是行政人员,制定施政目标还是维系与英国驻沪领事的特殊关系,英国人的影响可谓是无处不在。实际上,公共租界工部局并不是伦敦政府的下属机构,它主要是为一群大企

第五章

租界模式

法租界会审公廨审判（《点石斋画报》）

业家服务，其中大部分为英国人。但工部局首先关心的是如何捍卫他们自身的利益，因此与英国外交部的看法经常南辕北辙。不过说到底，公共租界的寡头势力还是要仰仗当时世界上最强大的英国军队来支持。至于租界的公共财源，均来自地方税收，到了1890年代，税收中的大部分来自外国居民。最初的市政预算十分有限，约六至七万两白银，主要用于维护租界的安全。

本来，在公共租界占主导地位的少数企业家希望用少量的金钱创造出适合其经济发展的有利环境，改善卫生居住条件。因此最初的市政基础建设通常是由私人投资。到了1880年，除了外滩和几条主要大街外，城市道路的建设仍然由道路两旁的业主负责出资。1862年租界实现了煤气灯照明；1882年开始输送电力；1883年开通自来水；1902年起修建有轨电车线路，所有这些建设都是依赖总部设在伦敦和在当地企业家、银行家中招募股份的私营公司来完成的。这些私营企业的主要目的是在回应消费需求，特别是外国消费者需求的同时，让他们的投资能够获得盈利，至少在初期是如此。

上海工部局在医疗和教育等基础建设方面也执行同样的政策。第一家为外国居民提供医疗服务的医院，上海公济医院就是由耶稣会于1862年在法租界创办、后来迁入公共租界的。但是工部局拒绝承担这家医院的费用，只同意根据情况给予补助。至于学校，外国居民并不认为有这方面的需求，很少有外国家庭让子女接受本地教育，尤其是英国人家庭，都希望把子女送回英国的公、私立寄宿学校就读。

1890年代，随着大批华商涌入租界，公共服务的理念才开始得以确认。在税收增加的情况下*,上海工部局感到有必要从市政收入中拿出一些钱来,以补助生活拮据的外国居民,以及纳税额已超过全部税收一半以上的中国居民的需求。当时中国居民几乎享受不到租界的先进设施。医疗、救助和教育等社会责任仍由同乡会馆和慈善团体来承担,但由于煤气、水电价格昂贵,只有极少数的华人能够享受这些服务设施。依靠民间的努力(主要是那些获得中外商界捐款的宗教团体),使很小一部分中国居民得以享受有限的医疗服务和西方教育。在天主教和耶稣教热情传教的推动下,各类教会学校纷纷成立。耶稣会、美国主教派教会、浸礼会、长老会和卫理公会都争先恐后地开办中小学校,招收学童,大部分为男童。同时还创办综合性的大学:1879年美国圣公会创办了圣约翰大学(st. John's University),耶稣会于1903年创办了震旦大学。

在世纪之交,上海工部局终于承认不能再对华人居民的生活条件熟视无睹

震旦大学博物院

---

* 公共租界的税收逐年增加,1900年为63.3万两白银,1911年增长为180万两白银。这种增加一方面得益于人口的增长,交纳居住税的人不断增多,另一方面征收地产税也扩展至华人房地产主。税收中还包括营业执照税和营业税。

圣约翰大学怀施楼

了。1900年4月,工部局总董安徒生(F. Anderson)在纳税人会议上表示:不仅要"公正和均衡",而且要有"符合租界利益的好政策",就是"要像对待我们自己那样对待中国人"③。作为这项新政策的具体体现,就是在1904年创办了一所面向中国人的公立学校,同年又开设了一家专为中国人治疗传染病的市立医院。

公共租界的成功取决于存在着一个庞大的英商群体,以及盎格鲁—萨克逊文化、美国和中东犹太人的影响。这些腰缠万贯的大富商首先要维护自身的经济利益,同时也十分关注宗教事务和慈善事业。他们对自己用心创立的有限的民主有着共同的尊重。维护经济、慈善、社区规划等各方面的利益,这些做法在经常与外商计划合作的中国精英们眼中,已经非常熟悉。不过,令中国精英感到新奇的是民主的决策程序,尤其是多数投票通过制,管理公共租界事务的科学态度,以及外国企业和外国基金会的董事会成员在推进现代化上的合作精神。西方的价值观就这样随着其精神原则转化为物质的进步而落地生根,而秉持这种西方价值运作的公共租界做出了一些有目共睹的榜样。

例外的法国人

法租界不是公共租界的翻版。不仅面积狭小,人口也不多:1910年法租界的居民只有11.6万人,其中外籍人士1500人,而且大都不是法国人。尤其是法租界的经济并不发达,只有几家大企业在租界落户。不过法租界的现代化节奏却与公共租界几乎同步。有时通过双方的努力,完成了许多共同的城市基础工程:

129 道路、下水道、电力供应,以及其后的铺设电话和有轨电车线路。法租界经常被人当作公共租界的小妹妹,一个毫无个性的延伸部分,不具任何特殊作用。如果可能有的话,那就是让公共租界在城市管理和处理与中国当局的关系上,变得更加复杂。

若以英国式的道德主义、自由主义和实用主义标准来衡量,法租界的管理实在不能令人满意。过分屈从于领事,并通过领事受制于法国行政当局,因为法租界是靠法国外交部划拨的有限经费来维持的。此外,由于人口较少和从业者不多,法租界的税收也比公共租界少许多,只有靠对烟馆、赌场和妓院征税来增加收入。所以,法租界有意纵容这类买卖,至少容忍其存在。当然也不能指望法租界像公共租界工部局那样致力于慈善事业。不过,在教育和医疗等领域,法租界还是能够依靠天主教会的合作。

130 法租界呈现的是与盎格鲁—萨克逊文化不同的价值观。它的组织架构源自雅各宾传统,相信国家才能实现各种普世的价值。法租界最杰出的人物均出自行政官僚、医生和传教士。如果说在移民名流中没有像样的大企业家,这恰恰反映了19世纪末到20世纪初法国社会的官僚主义加乡村意识的特点。企业家的缺席,证实了创建法租界只是凭借几位多少受到政府支持的官员的坚定决心。

在租界成立之初,一位法国领事就能统辖整个租界,但很快他就决定号召界内地主出资进行各项工程建设,因为他们的金钱援助是必不可少的。这种合作模式随着1862年租界公董局的成立而被固定下来,公董局也被授予某些行政职权。

1863~1865年建造的上海法租界市政厅(法国外交部档案馆)

法国驻上海领事馆

法租界公董局总董官邸（版权保留）

但不久公董局就表示反对由领事任命董事会成员，并要求直接掌管巡捕房。领事与公董局之间的争斗导致了公开的危机，并在1866年颁布了经法国外交部批准、可定期修正的城市组织条例，作为租界的章程。根据这个章程，公董局董事会由纳税人选举产生，向唯一的法国领事负责，其职权可经协商确定。一旦发生冲突，领事有权解散公董局。

不同于公共租界所实行的商人团体基本自治的城市体系，法租界的管理完全仰赖领事一个人。如果公共租界的地位更加接近于自由港的地位，那么法租界则像是一块受巴黎政府管辖的殖民飞地。换言之，法国驻沪总领事的个人性格就显得至关重要：太弱的话，会让属下侵犯他的特权；太专制的话，也会引发法国社团

1880年代法租界江岸挑担的苦力（法国外交部档案馆）

的绅士们群起而攻之，抱怨巴黎的政府和她的外交代表完全不了解地方的实际情况。公董局与领事馆之间经常产生冲突，人际关系也相当紧张，在各个小移民团体之间也时常发生暴力冲突。

除了这些弱点之外，这种制度还要求体现具有1789年大革命以来法国政治文化特点的价值观。在实行中央集权制的同时，巴黎还向外输出她的公共利益原则，人人有权享受科技进步所带来的舒适生活和社会各阶层权利平等的原则。这些具有普世价值的立场并不能阻止每日每时存在的种族歧视，不论是在租界还是在其他地方，但毕竟或多或少地表示了对整体利益的某种关心。例如，自1862年起，法租界就有计划地进行公共道路和堤岸的建设。反观公共租界所开辟的公园，直到1928年都禁止华人入内。租界公董局沿着道路两旁种植了许多梧桐树，成排的树木烘托出租界住宅区的魅力。在城市规划和美化的努力中，人们可以看到巴黎的奥斯曼式城市改造在国外的延伸。安装自来水也体现了英国人"公共使用"（public utilities）与法国人公共服务理念之间的不同。公共租界是由英商上海自来水公司（Shanghai Waterworks Co., Ltd）与有支付能力的顾客签订供水合同，而法租界则是向英国公司购买自来水，通过一些公共水龙头，免费向全体居民供水，包括中国居民在内。

这种专制官僚主义所体现的整体利益观念在一个人口复杂、族群利益各异的社会环境里很难得以贯彻。1874年和1898年，法租界当局曾经两次与势力强大的宁波会馆发生冲突，原因是宁波会馆拒绝搬迁位于租界南部、临近老城人口密集地区的坟场。会馆声称不愿打扰已入土为安的同胞和迁移他们的尸骨。公董局则认为："欧洲人以健康为由要求坟场迁出人口密集地区的意愿是不容违背

第五章
租界模式

现代设备的危险性:一处爆裂水管引起马惊导致车祸(《点石斋画报》)

法租界教会学校的中国学生(法国外交部档案馆)

的④。"结果两次强力动迁都引发了民众强烈的暴力反抗,最后公董局和法国领事馆不得不做出让步,再次进行谈判。

自1914年起,两位代表华人居民的士绅进入法租界公董局,担任咨询董事。这项举措比公共租界工部局董事会接纳首批华人董事足足早了12年。由于华人董事在法租界公董局中的权力十分有限,所以他们进入公董局的象征意义大于实际作用。这种现象可以解释法国领事馆和公董局的许多施政行为。

在自由主义、文化主义和族群主义思潮高涨的年代,法租界的管理可能表现出沙文主义狭隘的观念。但这种以专横手段进行管理的方式也展现了普世主义者社会准则中的理性和宽容。著名的中国学者,如语法学家、天主教徒和致力于现代化的马建忠(1844~1900),以及他的兄长、教育家马相伯(1840~1939)对此就深有体会。或许这些社会准则部分地吻合了这些知识分子保存的中国古代官员为民作主的传统,使他们摆脱了中国商人自愿封闭的社团利益的束缚。

中国士绅缓慢的动员

自开埠起,外国人创办的商贸公司、工厂、医院、学校和市政机关就成了受聘担任某些负责职位的中国人学习现代技能的场所,包括买办、股东、董事,直到职位较低协助具体项目的协理。

然而,上海大多数的中国人没有同外国人直接接触的机会。著名的学府和洋人创办的教育机构还仅仅服务于社会的某些特定阶层。这种完全实用的现代化没有渗入社会现实,更何况太平天国起义使大批江浙文人涌入上海,儒家思想重新活跃,这种现代化只能得益于城市文化中政治与意识形态的微弱转型。

在开埠最初的几十年中,上海的确出现过中西文化融合的胚胎。各个教会都热衷于传播"西学"。为此目的,教会创办了一些技术先进的印刷厂,如墨海书馆(London Missionary Press),翻译出版了大量科技书籍。在洋务运动的过程中,清朝官方也在这方面做出了努力。李鸿章开办了教授外国语言的广方言馆,又称"上海同文馆"(1863年);创办了培养军事人才的操炮学堂(1874年);上海电报学堂(1882年)。他还在江南机器制造局内开设了翻译馆,四十年中翻译出版了160部著作,其中大部分为实用科学书籍。

同江南制造局翻译馆一样,传教士们的翻译工作也是依靠西方汉学家和中国文人之间的密切合作。先由前者完成口译式翻译,再由后者将译文写成文言文,即文化界接受的唯一文体。就这样产生了一些著名的合作者：如英国传教士卫礼和大数学家李善兰（1811~1882）。通过文化、职业和社会多方面的密切接触，这些翻译家都热衷于承担文化传播者的角色。在中外士绅的资助下，他们开设了不少教育机构，特别是在1874年创办了格致书院（Shanghai Polytechnic Institution）；编辑出版普及性杂志，如《万国公报》（*The Globe Magazine*）。不过这些中西合作的文化人对当地社会的影响并不大，因为他们的人数还太少：只有几十位传教士和不到百人的中国编译。在后一部分人中，许多人才华横溢，但是他们在科举中的落败，古怪的举止，嗜好美酒、女人或鸦片，更不用说还改信基督教（真诚或投机的都有），都让他们在其他知识分子眼中失去了所有的尊严。

文人阶层对"西学"常常难以接受，因而更谈不上效仿西方的模式。当香港地区的精英和传授儒家文化的学堂逐渐势微，西方价值观被"英皇陛下的中国臣民"毫无保留地接受时，上海势力强大的文人阶层还在全力阻挡新思潮的冲击。虽然有了些变化，但思想深处没有任何本质的改变。的确，某些局部的、分散的现代化实践是出现了，但现代化只有在其目标被统治阶级，即士绅和官僚认可的条件下才能得以发展。

在清王朝衰败不堪的压力下，士绅和清朝官僚在世纪之交才联手支持现代化和西化的政策。1895年中国对日战败宣告了洋务运动的失败，因此也承认了在军事和经济领域进行有限的现代化变革的思想观念的失败。这次战败使爱国主义和改革思潮空前高涨，为首的人物就是广东知识界的学者康有为（1858~1927）和梁启超（1873~1929），他们呼吁效法西方和日本的经验进行宪政改革。他们的变法纲领在1898年取得了初步的成果。在"百日维新"中，一股变法的骤风动摇了教育、行政、经济等种种制度。但是维新运动最终还是遭遇失败。因为"扶清灭洋"的义和团起义招致西方列强的军事入侵，也使逃之夭夭的保守派重新掌握政权。虽然西方列强保留了清王朝，但还是强迫中国签订了1901年丧权辱国的《辛丑条约》。经历了这些灾难之后，朝廷的大员和文化精英终于认识到制度现代化的必要性。清廷也重新拾起1898年变法者的主张，颁诏推行"新政"，扮演起主导现代化和国家保卫者的角色。

上海虽不处在这些变革的中心，但"新政"却在上海获得了热烈的反响和施展的空间。士绅们纷纷动员起来，西方政治文化所代表的价值观也开始传播开来。

城市精英们发明了一种新的参与方式，即参加各个学会所组织的研讨会，就有关技术问题（如农业近代化、教育革新等）展开讨论，这些学会为他们提供了探讨政治与社会改革的平台。上海的《申报》使他们能够了解所有的时事焦点。这份由英商于1872年创办的商业性报刊，拥有一批当时最优秀的记者、编辑，完全摆脱了教会传媒为扩大地盘所秉持的那种科学与宗教的导向，致力于社会调查和报道国内外的重大新闻事件。一个经历了数十年准备开放变革的社会与现代化意志相碰撞，从此演变成权力与大部分官吏与士绅的会合，使上海成为民族主义和现代化改革的主要中心。各个学会的成员基本上是同一批人。这些文人士绅和富商巨贾的忧虑早已超出了特定的社团活动范围，他们为了拯救国家，满怀实现社会与经济现代化的抱负相聚于学会，面向西方，而且越来越希望能从日本明治维新中找寻样板。

受到这股改革风潮的影响，慈善团体、同乡会馆和行业公所也在各自领域里行动起来。赈济救助、维持治安、修建供水设备，成了上海和城市管理中的议论话题。传统社团也开始为整个城市提供服务，为华人社区修建曾让租界感到自豪的生活设施，以保障这些地区的居民能够享受与其邻居同样的教育与公共卫生服务。会馆摆脱了行会主义与地域观念的束缚，公所也担负起修建新的城市道路和组织治安警察的责任。救助慈善组织组建了一支50人的救火队，一支公正利民的队伍，负责清洁街道和安装公共照明系统。富有士绅的善举也在这种致力于现代化的活动中体现出来：自掏腰包创办新式学堂和疫苗接种中心。

由致力于现代化的精英掌管市府的某些部门，最容易得到地方官员的认同与合作。这些官员已经习惯将手中部分权力下放给负责执行具体计划的局处，如修建供水系统和公共设施等等。在19世纪的最后几十年中，这种合作关系的灵活性能够使个人的积极性取代日益堕落的官僚惰性。1895年华界设立了商务局，负责协调促进辖区的经济，和南市马路工程局，负责修建法租界以南、由外滩延至华界的道路工程。

最初的设想是把这些机构作为行政机器的延伸部分，但它们很快就摆脱了官员们的控制，并在1904年创办了商务总会，1905年成立了城厢内外总工程局。这两个机构扩展了地方自治的观念，成为管理华界的并列机构，统筹辖区事务。尽管它们的目标具有现代意义，但还是受到了地方社会分裂的影响：商务总会由宁波会馆的富商和银行家所主导，城厢内外总工程局则由江苏和上海的企业家所控制。

在15年间，经过官方、社团和个人的共同努力，上海华界发生了一系列的变化，开始改善了华人社区的生活和改变了居民的思想观念。

城市现代化与思想转变

上海华界的现代化是1905年成立的城厢内外总工程局和掌管该局的绅商——如李平书(前知县和中国通商银行总董)、王一亭(日清轮船公司买办)共同努力的成果,这些人有机会学习西方文化,又受到清朝高官的赏识,在社区团体中担负领导责任。他们大力推动效法西方的现代化,如李平书投资兴建新型医院。在上海道台所谓象征性多于强制性的领导下,这些杰出人士为城市管理注入了全新的风格。

在城厢内外总工程局的基础上成立的新的市政机构,取名为上海城自治公所,模仿上海工部局的结构。60名董事会成员经由纳税人会议选举产生。所有的决策采用多数通过制,取代了传统的一致通过制。负责具体工作的雇员由自治公所招聘和授薪,而不像原先清朝官员所用的雇员那样由上司以个人经费直接支付薪酬:将公款和私款如此分开有助于财务的透明化和减少贪污行为。除此之外,自治公所有权开征不同的地方税来充实地方预算:公所要维持一支800人的巡警队伍和一个法庭,被任命的法官均要独立审理违反市规的案件。权力分开,财政规则,分工明确,所有这一切构成了行政现代化最初的成功经验。

城厢内外总工程局的管辖范围限于租界以南的华人社区,即上海老城及周边地区。但很快相同的机构也在闸北,即北部的工业区,以及在黄浦江以东的地区成立。

市政机构负责修建排污水道,道路桥梁,搬运垃圾,公共照明,核发建筑许可证等事项,也负责筹划一些大的工程项目,如修筑有轨电车线路,拆除阻碍经济发展的上海老城城墙。但这些规划都要等到1911年推翻清朝统治的革命以后才得以实现。

绅商对城市规划所表现出的高度热情,源自他们的爱国主义情操。事实上,这不仅涉及到城市的现代化,而且还阻断了洋人的扩张之路,消除外国人在租界以外进行干涉的任何借口,因为这些洋人非常想这样做。同在清廷鼓励下于1909年成立的省谘议局不同的是,上海城自治公所并没有介入国家的政治生活,他们的作为似乎是表现一种现代民族主义,以具体的措施,也就是物质文明的进步来迎击帝国主义的挑战。

对作为文化精英的上海绅商来说,这种注重实效的做法使他们在思想观念上也产生了深刻的变化。这些精英以满腔的热情推动教育革新,因为教育革新在

1898年的变法者和主张新政的人士心目中一直占据着中心位置。当1901年清廷颁令兴办"新式学堂",号召学习外语和西方科学,以及1905年清廷取消科举制度后,上海的上层社会和商人都被动员起来。在十来年中,共开办了220所学堂。他们这种集体、个人或官方的积极性,通过1905年由绅商张謇创立并领导的江苏教育总会一并协调起来。

江苏教育总会的领导人和上海商界确信科技和职业教育的发展将有助于经济现代化。他们的努力通过一个非常庞大的网络来展现:在每个县里,基层的知识分子——学校校长、学生和识字的人——都努力落实教改计划。由教育总会统一协调和处理教改中出现的问题。在教育领域,人们再次看到了上海与内地的团结合作,这种合作还主导着开放口岸的经济发展,粉碎了要把上海变成一块外国飞地、中国东南隅上的毒瘤的任何企图。

"新政"进行的改革回应了上海社会的需要以及官方的立场。除了普通教育机构外,职业学堂、师范学堂、成人教育和妇女学校也在努力地满足新的需求。各类出版社纷纷成立,出版各种符合新教育体制的教科书,如1897年成立的商务印书馆就是一例。教育体制的革新,培养出了具有现代观念的教师、记者和政治家的知识阶层,其中越来越多的人准备赴日本深造。

所有这些努力的结果并不是均衡的,许多学堂的教育水平还很低。在这个时期还创办了几所可与北京的大学堂一较高下的高等学府:如交通大学(创办于1897年,原名为南洋公学),由一部分脱离耶稣会震旦大学的中国教员学生于1905年所创办的复旦大学。上海从此有了一个新的角色,即国际性文化都市的角色,其影响力开始超越江南文化重镇的苏州与常州。

上海士绅并没有动员起来反对清政权。恰恰相反,他们是要替代中央政府的影响使现代化的努力和反帝斗争更具效率。张謇写道:"立宪大本在政府,人民则宜各任实业。教育为自治的基础,与其多言,不如人人实行,得尺则尺,得寸则寸⑤。"

尽管他们对政治怀有疑虑,但大体上来说,上海的商人和开放口岸的精英并不完全拒绝参与政治。绅商们与"新政"合作,他们期待国家强盛,认为"新政"对于国家的现代化是不可缺少的,因为他们认识到西方强国和日本之所以能够取得经济与军事上的成就,是采用了新政的缘故。所以他们积极追随朝廷的变革:当1909年清廷颁诏成立全国和各省谘议局,他们就立即集合两三百位社会精英,创立了"预备立宪公会":上海城自治公所总董李平书、江苏教育总会会长张謇、上海商务总会、福建同乡会馆都在其中⑥。与全国同类组织相比,"上海预备立宪公会"以其更具活力和提出宪政改革与经济发展的主张而显得与众不同。

然而,并非是上海的商人,而是1909年江苏省谘议局选举出的上层社会的代表们站在了政治舞台的前沿。在绅商张謇的领导下,江苏省谘议局积极展开要求召开全国议会的请愿活动,而北京清廷则一再出尔反尔。面对朝廷的拖延,上海的精英们也加强施压,提出他们的种种条件,但终究不是他们这些精英阶层掀起了革命的风暴。

注释

① 《北华捷报》,1879年4月15日。参见Mark Elvin:《The Mixed Court of the International Settlement at Shanghai(until 1911)》,载 *Papers on China*,东亚研究中心,哈佛大学,第17卷,1963年,第140页。

② 《北华捷报》,1880年2月26日,第152页。参见Mark Elvin:《The Mixed Court of the International Settlement at Shanghai(until 1911)》,第159页。

③ Feetham:*Report to the Shanghai Municipal Council*,第1卷第141页。

④ Maybon, *Fredet: Histoire de la concession française*,第373页。

⑤ 参见肖晓红,*La Société générale d'éducation du Kiangsu et son rôle dans l'évolution sociopolitique chinoise de 1905 à 1914*,巴黎东方语言学院博士论文,1997年,第282页。

⑥ 参见肖晓红,*éducation et politique en Chine. Le rôle des élites du Jiangsu, 1905–1914*,巴黎,法国社会科学高等研究院出版社2001年,第256~272页。

第六章　1911年革命

1911年推翻帝制的革命是上海历史上的一个重要时期。一方面,上海为辛亥革命的成功作出了巨大的贡献:提供资金,发动群众,使起义迅速扩展至长江三角洲地区;特别是上海为这场反清起义提供了具有现代风貌的领导人和各种计划,在以往的起义中也出现过类似的特点。另一方面,在上海城内,革命在推倒禁锢城池的封建围墙同时,也解放了思想和释放出大量的能量。在某种意义上,仅以上海的经历就足以证明中国史学界为什么把1911年革命称之为"资产阶级革命"。摆脱了中央的所有监控,上海因此走上了现代化与民主的道路。但这种振奋人心的经历只是昙花一现,因为整个国家并没有跟随上海的脚步。1912年1月1日宣告成立的共和国,很快就被袁世凯的军事独裁所篡夺,上海也不能置身其外。1911年的革命证明了上海在民族意识觉醒和民众政治参与等方面走在全国各省的前列。同时也显示出中国的沿海地区与内地之间存在着一道分裂的鸿沟,而后者对国家的命运始终具有决定性的作用。

"杀呀!杀呀!万众直前[①]……"

这是一位年轻的时事作家号召全国同胞奋起消灭外国帝国主义及其清朝同谋者的名句。在20世纪初的十年中,在知识分子激进主义思潮的推动下,上海社会日益政治化,他们的作品让舆论界充满了激情。直到1904年之前的数年中,还只有为数不多的抗清人士占据着政治舞台的前沿,不过他们的作用却十分重要,因为是他们传播了革命的思想,并在十年后风靡整个上海。

这些年轻人从不咬文嚼字。他们用辛辣直白的语言羞辱敌人:"革命!革命!如果我们成功,我们将生存……否则我们将死去[②]。"他们都是些二三十岁的青年人,大部分不是上海人;他们的政治觉悟是在日本留学期间所形成。当时,上

第六章

1911年革命

海与东京之间思想和人员的交流十分频繁。外省的学子们在赴日之前都在上海接受现代化的培训,这就是为什么每当中国遭遇政治与外交上的挫折时,这些学子萌生回国参加实际斗争的冲动而返回上海的原因。居住在上海外国租界的土地上,可以享有言论自由和租界给予的政治庇护权利。

拓展上海东京之间的革命通道得到了1898年"百日维新"失败后逃离京城寓居上海的著名知识分子的大力推动。蔡元培和章炳麟是第一代革命知识分子的思想导师。这些具有崇高威望的年长者为激进的青年人提供了赞助和社会保障。

1902年由蔡元培创办的爱国学社组织了一系列激进活动:集会、请愿和军事训练。这所学校的教学课程几乎全部是政治教育和训练培养军人体能的课程,因此吸引了大批激进学生。与爱国学社合作的宣传媒体《苏报》也为激进学生提供了舆论平台。1903年,邹容在《苏报》上发表了《革命军》。这篇由章炳麟作序、为反清民族主义奠定理论基础的檄文,充满着浪漫的激情和青春活力,对清王朝发出了新的挑战。在此之前,人们还只是对清王朝面对帝国主义侵略所表现的软弱无能进行批判,自《革命军》发表以后,反抗清朝的统治就建立在种族、文化和历史的理论根据之上。中国应是中国人的中国,这是邹容发自内心的呼喊。

被当代人誉为"中国马志尼"(les Mazzini de la Chine)的邹容和章炳麟很快就遭到清朝当局的通缉。不过公共租界的会审公廨不接受以言论罪处以极刑的观念,决定不引渡这两位政治批判家,而将他们自行判监入狱。这虽然违背了中外条约的规定,但却符合某些正义观念和显示了强权,这项判决引起了公共租界与清朝当局之间的激烈冲突。围绕《苏报案》所引发的论战,使《革命军》和两年后在狱中去世的邹容烈士人人皆知,也使这位20岁的年轻人成为中国早期革命运动的象征性人物。

发生《苏报》案后的第二天,激进团体就受到了镇压。除章炳麟以外,大部分激进分子在1905年以后就从上海的政治生活中和中国的政治舞台上消失了,但他们的思想继续激励着民众的民族主义情绪,从群众集会到示威游行,规模越来越大。"无一日无集会,无一集会不引发民众的愤怒③。"

17世纪以来,西方国家是在与政权合作的条件下创立了社会自治制度,才使公共领域得以形成,而上海社会的政治化则是通过接连不断大规模动员民众的社会运动。当时尚无政党与工会,也没有代议制机构出面,但针对突发事件或具体问题,集会、演说、请愿、抵制、罢工,甚至攻击公署等形式层出不穷。在数周或数月内,从小市民阶层的职员、学生、手工业者,到大商人和文化精英,全体城市民众都能动员起来。如果说当时现代意义上的无产阶级尚未出现,但隶属于行业公所和同乡会馆的广大劳动者已经成为各种运动团体的重要组成部分。

以民族主义和反帝为口号的运动接连不断,弥补了这类政治行动过于短暂的不足,使全市处于持续性的激情和风潮中。有时这些大规模的动员也出自地方性的冲突,但大部分与全国性运动密切相关,如1905年抵制美货运动,以及跨省的争夺路权斗争。不论这些运动是发生在当地还是其他地方,都会在上海引发强烈的反响,并且得到社会团体庞大网络的支持。在上海,这些运动的政治诉求变得条理更加分明,同时上海也具备众多的集会场所:各省会馆可以出借宽敞的会所,商会可以开放会议大厅,张园可以接纳上千人的集会。

1905年的抵制美货运动波及了所有通商口岸,这是一场抗议美国重新颁布限制中国移民条款的运动。在上海,推动这场运动的是各地同乡会馆和商会,为首者是福建籍大商人曾少卿(1848~1908)。抵制美货运动得到了学界及学生们的大力支持,不过,这场运动从7月坚持到8月,也没能减缓美国商品的进口。会馆运用传统方式制裁违反合作条款的商人,并向滥用权力的官员施压,使抵制行动演变成为反帝斗争服务的政治武器。运动刚刚平息,另一场抗争便又兴起:当年12月,公共租界的会审公廨超越职权,以中方司法体制野蛮为由,准备将一位原籍广东的女犯关进租界监狱,而不移交给中方的警察和监狱。在广东会馆带领下,迅速地发起了营救这位女同胞的行动,并且得到了商界、学界以及社会团体的积极响应。他们发通电,递交请愿书,召开集会,接着关店闭市,捣毁市场,最后还围攻一处巡捕房和市政厅。租界当局的镇压造成了15人死亡。

晚清时期的张园是当时上海中外人士的社交中心之一

第六章

1911 年革命

会审公廨审理案件（上海市档案馆提供）

1905年民族主义的高涨加快了义勇军队伍的组建。义勇队是按照外国租界志愿民团的模式组织起来的，它介于商人为防乱世组建的自卫民团和为保国土不受瓜分而经过体能、军事训练的爱国学生团体之间的组织。由华界商人支付薪水，从业主和企业雇员中招募人员。上海工部局很清楚这些自治团体可能带来的危险，在公共租界内加紧控制与之相关的人员，并将他们纳入自己的民团之中。但在华界，义勇队组织一直处于自治公所士绅们的指挥之下，当革命爆发时，他们中的大部分人都加入了起义队伍。

席卷许多省份的夺回路权运动（1905~1907），一方面表明了城市精英和民众反对帝国主义的一致性，与民族主义紧密相连；另一方面也发出了自治论者与宪政论者的强烈要求。这场运动是为了阻止英国和美国修筑开发苏杭甬铁路。地方上层人士要求清廷取消1898年与外国签署的筑路草约，并且创办了自己的铁路公司，上海的大资本家、商会头面人物、城市自治公所和主要的同乡会馆都投入了大量资金。他们不是为了竞争，而是为了维护国家主权。1907年11月，由于北京当局的再次让步，精英们的动员演变成为全民的愤怒。为了更加有力地支援各省铁路公司，作为铁路公司小股东的市民阶层、学生、店员、职员，通过集会、通电、请愿，发表反清言论。其他省份发生了抗争暴动，而上海只是刮起了舆论风潮，但准备向具体行动过渡。

从1905年到1911年革命爆发，上海每年都发生大规模的群众运动，引发各种骚乱，这些运动都直接关系到国家的利益和主权。尽管知识阶层在政治舞台上没有缺席，但这已不是思想运动在主导舆论动员，而是在与外国的接触中产生了一种现代民族主义的力量。

没有未来的资产阶级革命

由于清朝政府越来越软弱无能,上海精英阶层与它逐渐疏远。1909年至1910年,绅商对清廷的出尔反尔,拒绝落实宪政改革已感到彻底失望;朝廷在列强面前的软弱无能使他们感到愤怒,1911年5月朝廷颁布铁路国有化和向外国借款的举动,也使他们深深感受到伤害。在上海,商人们强烈谴责道台蔡乃煌处理"橡胶风潮"的做法。这场危机在1910年震撼了整个城市的金融体系,造成许多中国钱庄和存款户的破产④。道台蔡乃煌则利用钱庄的贷款弥补了他个人的损失和外国银行的借款后,逃到新加坡,而让商务总会去帮助受骗华商,华商的损失竟高达400万两白银。

就在绅商和反清人士的不满情绪日益高涨时,一批新的革命领导人来到了上海。这些人像他们的前辈一样都有在国外留学的经历。尽管上海、东京之间的通道仍然畅通,但日本的政治局势已经改变。1905年,在孙中山的领导下,各革命小组聚集成立"同盟会",制定了"三民主义"行动纲领。来到上海的新一代革命领导人都是出自"同盟会"。与先前的人文主义知识分子相比,他们都是职业政治家,因为他们十分注重组织建设、筹款和建立武装。其主要目标之一,就是与实力日增的上海绅商相结合,为此,他们采取了各种不同但行之有效的策略⑤。

代表孙中山"同盟会"的宋教仁在上海成立了"同盟会中部总会"。该组织与孙中山保持着较为松散的关系。在宋教仁的推动下,"中部总会"采取了一条既谨慎又开放的思想政治路线,号召推翻清王朝和遵循民生、民族两大基本原则,建

民军攻下江南机器制造总局

第六章

1911年革命

立共和制度,但对第三项原则,即平均地权,则保持了沉默,主要是为了不伤害长江下游上层社会和上海绅商中众多的土地所有者。

宋教仁的斗争理念与另一位从事地下活动的上海革命领导人陈其美不同,陈其美靠的是秘密网络,深知如何操纵他们。1909年作为同盟会代表回到上海的陈其美,很快就得到他的浙江籍同乡的支持,其中还有几位大金融家和大企业主。与此同时,他与上海主要的秘密社会组织之一的青帮建立起关系,并成为其中一员,以便在上海的黑道中更好地树立个人权威。

辛亥革命前夕,绅商与革命者的关系已经相互靠近。由宋教仁创办并得到商人资助的《民立报》也在公共租界里出现。在赞助商中,有几位富商甚至加入了同盟会。在最初的同盟会员中,不乏具有相当影响力的人士,上海商务总会的会董、上海城自治公所的参议、买办、银行家、同乡会馆的首领,大多是来自商界和买办阶层中的地方精英,不过,他们与上层社会密切相关的改革派士绅没有任何社会属性和政治的划分。1911年6月,致力于革命者和绅商合作的中国国民总会成立,"以提倡尚武,兴办团练,实行国民应尽义务为宗旨"。实际上,国民总会还起着掩护从东京回沪的同盟会会员的作用。该会为革命者与上海城自治公所进行接触提供了方便,也为重组华界武装商团做出了贡献,2 000人参加了由李平书指挥的义勇队。与全国其他地方所不同的是,上海绅商和革命者之间的合作不是随着起义而产生,而是早在起义之前就已经合作并且共同为起义作准备。

1911年的革命始于10月10日,在中国的心脏武昌,一座兵营发动了起义,进而掀起了一场各省独立和夺取地方政权的大规模运动。上海的起义与武昌的起义相隔三个星期。陈其美利用这三个星期扩充队伍,在帮会、盗匪流氓中招募了数千人,组成了一支敢死队,并与李平书谈判,要求华界巡警和驻扎在城市周围的清军保持中立。11月1日,商团武装和敢死队控制了局势,唯一的障碍是驻扎在老城南郊江南制造局内的一座清军兵营拒不投降。3日,陈其美发起进攻。制造局里的守军很快就投降了,江苏巡抚也归顺了起义军,上海道台则逃之夭夭。革命从来就没有不流血的。

上海的绅商对1911年革命的成功作出了贡献,同时也强化了自身的力量。革命使上海城自治公所和各个商会摆脱了所有的行政束缚,并使其领导人在革命政府中占据关键的职位。在11月初成立的临时军政府中,都督陈其美把许多重要职位交给上海绅商:李平书出任民政总长,银行家沈缦云出任财政部长,大商人王一亭出任交通部长,大买办虞洽卿为外交次长。绅商出任新政府中的要职,使外国领事们感到放心,因为自从清朝官员消失以后,外国领事们就一直与商务总会协作处理日常事务。绅商加入军政府还有利于新政权募求不可缺少的捐款。李平书和沈缦云就带头各自捐了30万两白银⑥。绅商们利用有利的局势加快城市现代化和基础建设：拆除老城城墙，修建连接各华界间的有轨电车线路。

革命吹起了一股乐观自由之风，新政权对社会上的各种创举也采取放任自流的态度，因而使上海经历了一段时间虽短但政治与文化异常活跃的辉煌时期。1912年，上海涌现出30个以上的组织和政党，有地方性的，也有全国性的，显示出新的社会力量已经出现⑦。1911年11月，中国社会党成立，这是由一位曾经巡视过欧洲和日本、受无政府主义影响的年轻文人江亢虎（1885~1945）在不久前创立的社会主义研究会基础上改组而成的。该党深受无政府主义的影响，大肆抨击家庭制度，主张抛弃一切等级观念。工党的成立标志着工人意识的产生。这个跨行业的政党组织，在各个同业公所的技术劳工中招收成员。该党主张工业进步，提倡教育，参与政治和组织工人武装，支持1912年爆发的冶炼、木业工人大罢工，号召成立工会⑧。

革命也促进了女权主义。在知名的"女学生"背后都显露出"女革命家"的轮廓。从1903年创办爱国妇女学社和1907年女英雄秋瑾⑨旅沪以来，女权主义就和革命热情连在了一起。1911年夏，中国女子国民会继中国国民总会之后宣告成立。妇女敢死队也加入到男性义勇队的行列中。这些女战士——开明绅商和激进知识分子的妻子、姐妹、女儿——不愿再做家庭的奴隶。革命爆发后，许多妇女政党团体宣告成立：妇女参政会，妇女团，中国妇女共和联盟，等等。1912年《妇女时报》的创刊成功也标志着妇女事业在公共舆论中所取得的进步。

1911年的革命中上海妇女的游行队伍（版权保留）

第六章

1911年革命

跻身于革命起义队伍中的上海绅商,努力防止这座城市陷入动荡和避免让战火摧毁生意运转。当他们在临时军政府中掌握权力的时候,加紧实施自清末就已开始的现代城市规划。他们首先考虑的是地方利益。由于他们的出身和所捍卫的社会准则,以及取得的成功,都使人相信这的确是一场资产阶级革命,如同欧洲在17、18世纪的革命一样。但是他们的突破没能对城市与国家的命运产生持久的影响。

对未来失望

事实上,上海绅商很快就被当地恶化的局势和全国革命的转型搞得无所适从。在几个星期之中,职业革命家和绅商在1911年结成的脆弱联盟开始分裂,临时军政府首脑陈其美与绅商之间产生矛盾的主要原因是为了钱,更确切地说是缺少经费。商人们的捐款已无法满足陈其美在介入国家与各省政治事务中的庞大支出。为了获取资金,陈其美运用恐吓、绑架等手段,毫不迟疑地绑架了上海中国银行经理宋汉章。军政府把这种下流的勾当交给青帮分子中的流氓去干。从这个时期起,一个出自同盟会的政党——国民党,就与上海帮会之间保持着一种特殊的关系,并且一直延续到1949年。

不同革命派别之间的争斗也引发了动荡和暴力。1912年1月,著名的辛亥革命领袖之一陶成章在广慈医院(Hôpital de Saint-Marie)的一间病房内做康复休养,有两位访客前来探视,在交谈中,双方发生争执,"砰"的一声枪响了。陶成章的死对陈其美非常有利,以致舆论没有追究是谁在背后策划了这次暗杀。开枪的人是完全听命于陈其美的年轻军官,名叫蒋介石。在上海街头,四千多人为陶成章送葬。仅仅两年,革命的时代就结束了。

发生在上海的一系列血腥事件折射出当地政治的曲折多变。上海曾与全国各地的革命运动紧密相连,作为上海起义共同组织者的绅商,本来只是关注地方利益,但很快就被卷进最高权力斗争的漩涡中。以上海的战略地位、经济与财政的繁荣,以及同外国人的密切接触,毫无疑问这座城市将是全国政治成败的关键所在。

上海的革命实践对1912年1月1日成立于南京的中华民国有着重大的影响。上海绅商筹借约七百万元协助孙中山领导的临时国民政府。但是,与上海士绅和商界的愿望相反,新政府显得既无能力扩大其基础,也找不到其他的财政支持。

临时国民政府的软弱让袁世凯(1859~1916)有机可乘。这位背叛清王朝的前帝国高官，从1912年2月起取代孙中山出任民国临时大总统。宋教仁不得不再次举起共和大旗，采取中间开放路线，将同盟会改组为国民党，并且赢得了1912年末至1913年初的国会选举。1913年3月20日夜，当宋教仁准备赴京接任国务总理的职务时，在上海火车站遭遇暗杀，他的去世加速了革命派与袁世凯的决裂，并引发了"二次革命"，四个月后，袁世凯镇压了这场革命。

上海的精英们出于对自身革命经历的失望和对有秩序的政体的向往，以及对新独裁者承诺发展经济所带来的幻想，终于使他们放弃了对孙中山及其革命阵营的支持。"二次革命"爆发时，上海拒绝支援南方的起义者，主张通过谈判寻求解决之道，并且全力维护他们眼前的利益。上海商务总会的领导人宣布："上海乃通商口岸而非军事战场……不论什么政党，首先挑起对立冲突者即被视为民众之公敌⑩。"

精英们的放弃和民众的消极，使陈其美攻占江南制造局和攻击效忠袁世凯的驻军的计划遭到失败。上海的绅商没有归附于新的独裁者，但听任自流使袁世凯毫不迟疑地取缔了辛亥革命所创建的各类机构，以及清末改革中产生的地方自治组织。在上海，商团被解散，强势的自治公所也不得不让位给新的市政厅。

1911年至1913年的上海革命过程，揭示了这座领先于全国其他地区的现代化城市的独特性。上海与中国的根基并没有割断。改良主义者和革命志士通过动员传统组织，如文化团体、会馆公所、各类商会，运用新的方式（选举、民众动员）来为新的目标服务。由此达到顶点的地方政治自治，使革命派和现代主义者的计划都得到了短暂的发展，但这丝毫不意味着与国家主体相分离。正相反。上海做出了榜样：通过向孙中山的共和政府提供援助，寻求把整个国家带入自己的航道。当地方革命运动失控和孙中山遭受失败、又必须面对中国落后的现实时，树立中央政权的权威似乎成了分裂与暴乱之间的唯一选择，因此上海人自己放弃了继续沿着他们曾经选择的道路走下去。与地处南疆和更加外向的广东所不同的是，上海一直与国家的命运紧密相连。正因为上海的精英阶层中存在着一定的社会保守主义，这种密切相连就促使他们有保留地赞同了袁世凯的所谓秩序体制。

注释

① 关于陈天华，参见 YOUNG, Ernest,《Ch'en Tien-hua（1875-1905）: A Chinese Nationalist》，*Papers on China*, 第8卷，哈佛大学东亚研究中心，剑桥，马萨诸塞，1959年，第120~121页。

② 邹容：*The Revolutionary Army. A Chinese Nationalist Tract of 1903*，由 John Lust 作序、翻译和注释，巴黎、海牙，Mouton，1968年版，第60页。

③《申报》，参见顾德曼：*Native Place, City and Nation. Regional Networks and Identity in Shanghai, 1853-1937*，第192页。

④ 白吉尔：*Une crise financière à Shanghai à la fin de l'Ancien Régime*，巴黎，海牙，Mouton，1964年版。

⑤ Mary B. Rankin: *Radical Intellectuels in Shanghai and Chekiang 1902-1911*，剑桥，麻萨诸塞，哈佛大学出版社，1971年版，第3、4、5章；Mark Elvin:《The Revolution of 1911 in Shanghai》，载 *Papers on Far Eastern History*. The Australian National University，1984年3月，第29期，第119~161页。

⑥ Rankin: *Early Chinese Revolutionaries. Radical Intellectuels in Shanghai and Chekiang 1902-1911*，第312页。

⑦ 张仲礼主编：《近代上海城市研究》，上海人民出版社1990年版，第675页。

⑧ 裴宜理（Elizabeth Perry）：*Shanghai on Strike. The Politics of Chinese Labor*，斯坦福，斯坦福大学出版社，1993年版，第41~43页。

⑨ Catherine Gipoulon: *Qiu Jin. Femme et révolutionnaire en Chine au XIXe siècl^e*，巴黎，des femmes，1976年版。

⑩《北华捷报》，1913年7月26日。

第二部分
(1912~1937)
大 都 会

第七章　上海资本主义的黄金时期

(1912~1937)

　　1911年辛亥革命后,成立了中华民国。上海的资本主义开始迅速发展,并一直延续到1937年抗日战争爆发。在1920年代的经济奇迹中,国际局势与私营企业的努力起了重要的作用。然而,这种奇迹却是相当脆弱的。尽管新一代的企业家已成为商业资产阶级,但由于缺乏经济持续发展的相应体制,他们很快就陷入束手无策的困境。1927年后,蒋介石与新生的商业资产阶级合作重建中央政权,但又处处防范他们,这种合作打开了通往国家资本主义的道路,却常常受到官僚资本主义的侵蚀。

1920年代的经济奇迹

　　第一次世界大战期间上海的现代经济领域获得了快速发展,成为战后国际大好形势中的一部分。自战争之初,卷入战争的欧洲列强纷纷离开了中国,离开了上海。许多外国企业因其员工参战而关门打烊或减产。由于进口产品的锐减,中国市场得到了保护,而在此之前,这种权益被各类条约所剥夺。

　　与此同时,参战诸国要求中国和印度供应非金属类、植物油、面粉、鸡蛋等货物,使国际市场上白银的兑换率暴涨,因为中国和印度是流通白银的国家。白银成了硬通货:1919年,白银行情达到1两等于1.40美元(1914年仅0.7美元)。然而,因战乱带来的某些不利因素,如西方市场上生产资料供应短缺,或者运费昂贵和货源匮乏,限制了上海工业界从国际形势中可能得到的好处[①]。

　　1919年后,欧洲的需求很大,因重建替代了战争。恢复正常的航运与军工企业的转产使生产设备的供应有了新的可能。与此同时,欧洲列强因急需调整生产,一时无法顾及对中国市场的占领,中国市场处于相对的自保下。

纺纱车间劳作的女孩（版权保留）

几年之内，上海的外贸量大涨，出口总值由1917年的4.07亿海关两剧增为1926年的9.58亿海关两②。拥有内河、沿海和跨国航运便利的上海，1920至1930年间，承担了中国对外贸易量的40%到50%。外省的出口产品也从上海转口：浙江的丝绸；福建的茶叶；四川的猪鬃与植物油。340家批发商店经营着输往内地的进口货物，这些批发商店按同乡关系联合在一起。74家四川籍的批发商为家乡提供国外的棉纱，他们的店都开在福州路③。对外贸易的发展同样体现在货物结构的调整上：更多的进口货物是生产资料，而不是消费品，1918至1919年，为了满足企业发展的需求，纺织机械的购买量翻了一番。

1920年代的工业化是建立在消费品生产和私营企业的发展之上的，发展速度很快。从1912至1920年，每年民族工业增长率达到了13.8%。上海是这股工业化浪潮的主要发源地，领头的则是棉纺织业：上海华资纱厂的纱锭从1913年的14.7万枚发展到1921年的50万枚④。新企业的资本额常常超过百万元，许多企业主，例如穆藕初（1876~1942）和申新公司的荣氏兄弟都拥有十多万枚纱锭。

民族工业另一重要产业是面粉业，它在战争期间诞生与发展。1914年前，中国只有十来家现代面粉厂，通常掌握在外国人手里，大城市消费的面粉全靠外国进口。1920年，上海拥有20来家面粉厂，其中大部分的资本额超过百万元，承担了全国面粉生产的30%。这场发展很大程度上与荣氏家族的工业帝国同时并进，该家族拥有申新纱厂，还拥有茂新、福新面粉厂，随后还建起了规模略逊于面粉厂的榨油厂。1919年，南洋兄弟烟草公司将营运总部从广东迁到了上海，从此上海便成为最重要的制烟中心。其他轻工企业的发展主要得益于涌现出大量小型工场：针织、制皂、造纸和玻璃制造等等。

第七章
上海资本主义的黄金时期

荣宗敬,茂新面粉厂和申新纱厂的创始人(版权保留)

生产机械方面的进展还相当缓慢。因为机械制造尚在创建阶段,1912到1924年成立了两百多家机械工场,大多集中于针织机和小型农作物加工机械的制造。某些工场还停留在手工操作阶段,这类工场平均雇用约20名工人,其中设备好的作坊才拥有电力发动机。只有上海求新机器制造厂例外,不仅有雄厚的资本和齐全的设施,而且还有远大的目标。

在这段繁荣时期,生产与贸易的增长受到了利润与价格上涨的推动,也得到了信贷发展的支持。由于外资银行生意衰落,出于安全考虑,绅士和买办们把原先存在外国机构的资金转存中资银行。

第一次大战期间,现代银行业获得很大的发展。如果说当时大多数银行还与中央或地方政府保持密切关系的话,那么设在上海的十来家银行则是纯粹的商业银行。但是,落后的市场结构使他们难以介入民族企业。公共租界的证券交易所也只做外国证券的买卖。1920年,中国证券公司的成立引发了一场投机风暴,一年后,这场"信交风潮"以崩盘告终。

为了投资企业,这些银行如同传统的银行或钱庄一样,通常利用直接贷款的手段。但这些银行必须要担保(不动产抵押或货物抵押),与钱庄相比,银行明显处于下风。钱庄的运作完全是按习惯的做法,靠个人关系,无需正式的担保。银行更愿意从事国库券的投机买卖,因此主要的商业银行还是钱庄。战争期间,钱庄增加了130%，资本积累增加了500%。1920年，上海共有71家钱庄，资本总额约770万元。除买办以外，钱庄主要的投资人和委托人是鸦片商与染料商，他们都因战争而发了大财。钱庄通过有限的短期贷款，不仅投资大企业，帮助其发展，而且也扶助小作坊；这种贷款旨在充实企业的流动资金，因为企业常常把资本投入固定资产中，把盈利用来分红，所以缺乏流动资金。

从这场经济繁荣中获利的首先是上海的企业家。从1914年至1919年，棉纺厂的平均利润增加了70%，钱庄的利润也不相上下，股息达到30%~40%。真是一片欣欣向荣。但能维持多久呢？

1920年代初的繁荣带来了经济转型的希望。但这种转型很快就遇到了阻碍。首先是帝国主义来势汹汹的回潮。1921至1922年华盛顿会议的破裂，标志着阻止西方在华扩张的试图也遭到失败。以现实主义为名，外国的企业和银行要求维持在华的政治军事实力。正是靠着这种实力，他们才得以在19世纪打开了中国市场。

经济奇迹如此脆弱，原因是中国整体经济不发达，以及经济增长引起的结构失衡。战争虽然使欧洲列强远离了中国市场，但它并没完全消除外国的竞争。美国和日本利用英国势力衰退之际，趁势大举扩张，从而引发了很多困难，甚至冲突。美国人扩大了对中国企业的投入，在中国外贸上也发挥了更大的作用。日本的进展更为神速。日本银行在上海开办了许多支行。1921年，日本在上海外贸中所占比例上升到23%（相当于英国）。许多日本公司增加了对在华工业的直接投资：上海的日本纱厂拥有纱锭数从1913年的11.2万枚增加到1925年的93.9万枚，是英国纱厂的五倍，远远超过华资纱厂的纱锭总数（67.7万枚）[⑤]。

位于沪西的日商丰田纱厂

由于缺乏统一的国内市场,地方混乱,交通落后,金融体系陈旧,使得经济奇迹难以持续。四分五裂的市场,变化不定,也促使企业主热衷于投机倒把快速致富。在对外贸易中,这种变化主要反映在白银价格的波动上,就在上海与欧美分别签订供货合同的几个月中,银两价格上下起伏*。中国的经纪商为了自我保护就用买卖外汇来平衡收支。但在1915年后,银价大幅上升,经纪商们就盼着能在商业利润中再加上炒作外汇的盈利。这种以投机手段即可获利的愿望影响了企业的经营,为了满足股东的贪婪,不惜把流动资金、储备金、固定投资金都赔进去,以至于局势一旦动荡就陷入无法自保的地步。

同样,以消费品生产为主的工业增长也遇到了种种困难,因为这类生产仰赖大量农作物原料的供应:棉花、谷物、烟草、油料植物。但跟不上现代工业发展脚步的中国农业显露出了种种问题,将其结构性的缺陷强加给了有利的国际局势带来的经济奇迹。

各种先天不足所造成的混乱是这次经济增长中的特点,各种危机把经济的繁荣搞得支离破碎。如1921年股市崩盘,就是由于进口锐减,造成大量资金闲置所引发。而这些闲置资金酿就了另一场大的投机浪潮:数月之内,140家证交所在上海开张,但这些资金额达数百万的私人公司却没做任何证券期货的买卖,而只满足于将本公司的股票抛进抛出。这股投机浪潮来得快,去得也快,风潮过后,留下的是一大批破产者和对交易所机制的不信任,而且,企业也变得更加脆弱。1923年,由于棉花歉收造成供应短缺,再加上日本人大肆收购棉花,使上海的纱厂陷入危机。两年里,原棉价格上涨了70%多,绝大多数纱厂亏本经营,三分之一的纱厂关门,其余的纱厂为求自救,只得将资产抵押给与其竞争的日本公司。

上海的新企业家

1920年代的经济奇迹与一场自发的经济增长相关,这种增长是个人努力和个人利益相结合的结果。这种不成熟的资本主义从落后的经济形态中破壳而出,依靠的就是当时的精英人物。他们精湛的专业水准,快速致富,以及参与各类业

---

* 直到1935年,保持银本位货币的中国与使用金本位货币的欧洲、美国和日本各方展开了谈判。为了确定汇兑市场上银两的汇率,对黄金与白银之间相对价值的波动进行协商就显得十分重要。在中国进口商与外国公司签署的合同中,明确注明所有金额均为供货方之货币,也就是说一般都用以金本位计价的货币。

永安公司创始人郭彪和他兄弟们与其家庭成员在上海的私人花园里（版权保留）

主协会，这一切都与传统绅商截然不同。这些精英人物成为经济发展的推动者和受益者。上海是经济奇迹的大都市，也是新兴资产阶级成功的大都市。

这些新企业家首先明确显示了他们的物质实力。他们的工商业财产是以百万元来计算的。南洋兄弟烟草公司的主人简氏兄弟的财产高达上千万元；永安百货公司和永安纱厂的主人郭氏家族的财产达4 000万元。在这些家族的家产中，乡下的产业不再占有很大的比重，他们更愿意将利润再投资到企业的发展中，或者是倒卖租界里的房产和地皮。黄金时期的企业家不屑与绅商为伍，但正是这些绅商，曾在清朝末年控制了上海社会。

在经济活动中，绅商与乡绅有所不同，但他们还是和旧体制有着千丝万缕的联系。他们乡下有产业，与地方官僚或中央政府保持着密切的关系。20年代的商业资产阶级与政权保持了一定的距离。他们与绅商并没断绝往来，其中绝大多数也是从这阶层中走出来的，他们之间有着共同利益，常常需要依赖绅商。这些商业资产阶级乐于接受西方的方法：技术创新、合理管理和企业文化。当商业资产阶级涉足政治时，他们并非为了谋取行政庇护或图谋显赫的社会地位，他们更希望的是显示他们的力量，这种力量已经在经济领域里得到充分显示。事实上，这些新的老板已不再将经营企业看作简单的生财之道，或是投入其他更具魅力的活动的台阶，而是当作为社会、为国家服务的崇高目标和愿望，这种志向超越了对个人利益的考虑。他们常斥巨资将孩子送国外读书，为了让他们作好准备，更好地治理家产。

这些热衷于现代化的人士通常来自不同的阶层，都有各自的人生经历。例如，获得国外技术硕士的纱厂业主穆藕初曾为此付出了极大的努力。穆藕初生于上海，其父是个经营棉花的商人。他15岁开始当学徒，随后又去上学，学习英

第七章
上海资本主义的黄金时期

先施公司成立25周年，全体参事摄影留念（版权保留）

语，成功地考入海关。他在海关从事行政管理，熟悉西方的管理方法。1909年穆藕初33岁时，他赴美国攻读棉花种植与纱厂管理。1915年，他回到上海后创办了好几家纺织厂。聂云台（1880~1953）出身于清朝官员家庭，他的监护人让他接受了传统教育，但他很早就学了英语，并自学了机械学与电学。其父为浙江巡抚，将一家小规模的纱厂交他管理，通过这家小工厂的管理，作为企业家，他初露头角。在战争期间，生意上的成功使他的资金得到更大的积累。20年代初，他办起了多家企业。尽管他对自己的出身一贯自豪，但聂云台还是选择了商界，在商界里如鱼得水。也就是在这些年代，荣氏两兄弟建起了一个真正的工业帝国：包括12家面粉厂、7家纱厂。他们的父亲曾是个小官吏，后来成了数家钱庄的掌门人，他们步父亲后尘进了商界。他们除了在很小的时候在生意场上摸爬滚打外，没有其他经历。

黄金时期的上海企业家对技术创新更感兴趣，而且也有开发这些新技术的能力，而当时的广东商人更热衷商品买卖或货币投机。在上海的企业家中，朱志尧（1863~1955）最能体现在技术上的勃勃雄心。他办起了求新机器制造厂。厂名"求新"意味着"对新的追求"，这是他唯一的宗旨。第一次世界大战期间，该企业业绩斐然，制造货车、桥梁、工厂烟囱和发动机。他出身于上海一个传统的大家族，信奉天主教，他父亲拥有多艘大型帆船，其经历使他深受裨益。他还得到了两个舅舅的呵护，他们都是著名的文人，在官场上和教会中都交际甚广。依靠舅舅的帮助，朱志尧得以完成对法国的科学技术考察，回国后当上了上海东方汇理银

1936年，大新百货公司的创始人蔡昌和他的合伙人（版权保留）

行的买办。但朱志尧一直对实现中国的工业化充满信心，梦想能对实现这一宏伟目标提供必需的生产设备。但财务困难终于使这位工业冒险家受挫，1918年，他不得不宣告破产，此事轰动了全上海。

通过经营企业，上海的企业家们取得了具有现代经营特色的经验。不过单从西方引进生产技术和管理模式显然是不够的，应该对其加以改造，使之适应中国的社会文化环境。中国资产阶级所具有的现代性并非来自与传统的割裂，而是具有利用传统为现代目标服务的能力。

当各种股份制公司已成为西方资本主义发展的组成部分，严格遵守法律规范、给股东们以监督的权力也已经蔚然成风的时候，中国传统的资本主义仍在依靠人际关系和地缘家族的裙带关系，重视从上而下面面俱到的沟通方式，而不强调个人必须对自己的行为责任。

为了管好企业，中国的大企业家们努力寻找那些在西方已经证明是有效的方法。但在中国，即使在租界内，他们都找不到能让企业自主稳定发展的必要条件：缺乏有效率的政府，缺少统一货币与银行体系，缺少能调节市场的法令法规，因此他们不得不继续依靠传统的关系网。20年代的经济奇迹，就像这社会本身一样，都受到这种关系网的影响。这些关系网在外国人眼中是陈旧落后的遗迹，是社会停滞的原因，但事实上，这些关系网对于现代资本主义在上海、乃至在全中国的生存起到了至关紧要的作用。

传统做法与西方管理技术的混合形成了一种根据企业领导性格而异的混杂的形式。如果这种模式无法弥补政策与制度上的缺陷,但还是会让相当一部分企业得以发展与繁荣。无论是荣氏兄弟还是郭氏兄弟的工业王国都是成功的典范,显示了这种在1920年尚未被称为"儒家式现代化"的效率。原籍广东的郭乐(1874~1956)与郭泉(1878~1966)像许多同乡一样,远赴澳大利亚谋生。20世纪初,他们在那里经营水果铺⑥。在完成了资本原始积累以及在悉尼学会了批发业务后,回到香港创办了永安公司。公司资本由郭氏家族成员和他们原先在澳洲的广东籍合作者以及同村的朋友们等共12位合伙人集资而成。1918年,郭氏家族将业务扩展到上海,为此从香港公司中提取了200万港币。他们把公司定为有限公司,既避免股票上市(永远留在创办人的关系网和社会圈子内),又避免股东们对管理的监督,全部权力都集中在总经理的手中。郭氏兄弟参照西方企业的管理模式来划分各个部门,但还是以传统的做法从同乡或亲戚中招聘管理人员。当上海永安公司开张时,郭乐带来了五十几位同乡,分别安插在负责岗位上。不过,郭氏兄弟于1920年创办棉纺厂时,也重用过一位有才能的工程师。1926年,当他们的两个在英国学习结业的儿子返回后,马上就替换了那位工程师,以确保家族对工厂的技术领导。

郭氏兄弟对员工反复灌输的企业文化也带有强烈的家长制色彩,对上班工

南京路上的永安公司

作与业余活动都做出了种种规定和处罚条款。公司组织夜校、戏剧俱乐部和体育队，还出资办起了社会互助会。"这是将专制主义、儒家的仁慈和注重主观能动性的维多利亚式原则成功地混合在了一起⑦。"人们常常批判这种传统的裙带关系给企业带来的压力。黄金时期的上海资本主义就是充斥着任人唯亲的弊端。公司的财务常用于庞大的亲族网的个人开销，家族内部的纷争妨碍了企业的管理，也引起家族财产的分割。但这些企业家懂得如何绕开这些弊端。自身的发展与生存的需要使这种关系网的实施受到抑制，对它可能产生的危险也有所限制。如果说家族成员有权参与企业管理活动，他们并不能领导企业。在兄弟、连襟、儿子、女婿、侄子、表亲与婚姻带来的亲戚之间，家长可以自由地选择其中最具天赋的人。

申新纱厂的老板荣宗敬施展的策略充分显示了这一灵活性。1915年，当他决定在上海开办第一家棉纺厂时，他必须放弃亲朋好友集资的方法。无锡人大都不愿意将家族资金投资到上海。荣宗敬只得转身求助日本银行，他们为他提供了巨额贷款。同时，荣宗敬为新企业选择了无限责任公司的形式，这样限制了股东的人数，他可以掌握绝大多数的股份⑧。荣宗敬决定将家族集团的经营活动移居到上海，把权力集中在他手里，但并没因此放弃对家族和执行他政策的合伙人的责任。1928年，荣家企业纱厂与面粉厂84%的重要岗位全在荣宗敬及其家族成员的手里，其余的由亲信所掌握，他们同荣氏家族一样都是无锡人。

商业资产阶级的初创时期

为了反对官僚行为和传统会馆的行会主义者，新一代企业家将保护自身利益寄希望于国际资本主义的发展前景中。他们创办了自己的组织，也努力地对当时的商业团体施加他们的影响。

第一次世界大战末，同业公会在各行业自发的统一行动中产生。在若干年轻的上海银行家的倡议下，上海银行公会于1917年至1918年间成立。领衔人物宋汉章和张嘉璈等都在国外留过学，通常是在日本，他们希望将现代银行的经营方法引进中国。尽管他们大多数人是官方银行或半官方银行在上海的代表，其总部通常在北京，他们掌有很大的经营自主权，可以断然拒绝北京总部的那些受到政府与行政干预的做法。在他们的推动下，中国其他大城市建立了不少现代银行协会。1920年，他们联合组织了全国银行公会联合会，上海代表在联合会中取得了绝对优势。1918年，华商纱厂联合会也很快地建立了，上海的企业家在协会里占

第七章
上海资本主义的黄金时期

了主导地位,聂云台是该会的创始人兼首任会长,穆藕初是积极策划者。

在这些新的企业联合会内,成员间的团结不像会馆公所那样是出于对既得利益的保护,而是为了获取更多的好处。扩展意识取代了传统的垄断观念。为了达到目的,这些同业公会极为重视经济信息,出版了专业杂志,介绍新的管理与生产技术,分析国外市场等等。但它们还是取代不了青年企业家正在努力改善的传统组织。

1920年,这些企业团体终于在上海总商会的领导层中打开真正的缺口。73岁的总会长、买办朱葆三落选,比其年轻30岁的纱厂厂主聂云台担当起领导重任。资产阶级成了上海社会的统治阶级。由于共同利益和人际关系,旧体制下的绅商与为数不多的新一代企业主结成了松散的联盟。尽管冲突不断,这种联盟使新企业主得以施展比其人数大得多的社会与政治影响力。

上海资本家的黄金时期与军阀统治及政局混乱几乎同时并存。1916年,共和国总统袁世凯死后,企业主脱离了那个威信扫地、既无力阻止南北分裂,也无力遏止国内战乱蔓延的中央政府。怎样才能使他们的迫切需要和国家的无能得到调和? 现代经济的发展引起了改革,尤其是货币统一、税务重组和海关独立,这些均为国家重振权力。如果中国的政治体制与国际地位没有改变,这一由极为有利的局势激发的经济增长恐怕难以继续进行。

凭借自身的力量,上海商业资产阶级发现他们有着惊人的适应能力。海关自治是他们最主要的目标。为了实现这一目标,业主们拿起惯用的武器:抵制外货。20世纪最初的那些抵制外货运动(1905年抵制美国货;1907年抵制日货)往往出于狂热情绪,并带有排外色彩。当然,对许多上海人来说,他们的生意与进出口贸易密切相关,抵制外货运动往往是把双刃剑,既重创外国商人,也会殃及自身利益,因此他们的抵制活动往往是短暂的。自1919年起,抵制外货运动在一定程度上有利于市场的保护,中国的企业主正是利用这种保护使民族工业得以发展。抵制外货运动也成为推动经济建设的好机会。这种时起时伏的运动,常常伴随着购买民族产品的国货运动。1919年至1921年爆发的抵制日货运动开始没多久,接着就是1923年的运动,一直持续到1924年,1925年至1926年,抵制运动广泛地开展起来。从此,抵制外货运动不仅是国际竞争中所采用的报复措施,而且还成为对经济建设有利的策略,一种争夺市场的手段。但新的抵制运动与过去的相比,并没有显出特别的成效。它具有随意性,容易造成商人间的内讧,也容易使他们对激进学生产生敌对情绪。

由于无法将他们的行动转变为政府行为,企业家们就试图改造政府。他们

175

要终结延续了数世纪的恶性循环,这种循环一方面使企业自由与社会动乱难以分离,另一方面又使政治秩序、社会稳定与镇压和盘剥连在一起。他们以为能够在1920年代初曾有过短暂高潮的联邦派运动中找到一种方法,以满足他们对自由与秩序的渴望,但实际上,他们支持起草的各省宪法不过是一纸空文。

上海的商人们是不是要发动一场像1911年他们支持孙中山那样的革命呢?民族主义为他们搭起了一座与激进知识分子和社会各界活跃分子接触的桥梁。1919年5月4日发生的那场波澜壮阔的运动便是明证。但上海资产阶级对参与革命运动还是非常谨慎和有限的。当1923年孙中山要联俄时,上海的企业家就不再信任他,许多人甚至远离了他。在一个时期或一个国家内,当政治是靠人治而不是靠纲领来体现的时候,这种对孙中山个人的不满就导致了上海资产阶级中的许多人离开了国民党。

1925年上海爆发了大规模的五卅运动,民族商业资产阶级与革命之间的关系就显得特别尖锐。商会团体对工会与罢工者的支持并不表示他们对革命事业的同情,即便这是民族主义的革命,那也只是出于他们的习惯和内心深处对社会稳定与公共秩序的期盼,才为使双方能达成一致而作出了必要的妥协。

在国家权力衰退时出现的经济奇迹,标志着中国社会为转化为市民社会所做的最为果断有力的推动。但是一个社会如果在国家机构中找不到对话者,那还能做什么呢?如果没有一个能够集中各类主张的政府干预,这个社会的种种努力又怎么能发展呢?直到20年代中叶,上海的大企业家一直在向一个几乎不存在的"中央"要求指令、禁令,要求除弊兴利。他们既有强烈的爱国情结,又对专制政权感到担忧。1927年,他们归附蒋介石时,并非仅仅为了提防共产党和革命暴力。他们希望新政权能够阻挡外国势力的扩张,也为经济现代化建起不可缺少的制度框架。

国民党与经济制度现代化(1927~1937)

1927年,蒋介石掌握政权后,上海现代经济的成长仍然受到国际局势与世界市场上货币波动的制约。外国人的竞争始终相当激烈,日本人不仅企图独霸中国市场,还企图介入中国的政治与军事。1932年,日本军队向上海北部的工厂区发动进攻,许多工厂惨遭破坏,化为废墟。但因为有一个中央政府存在——不管掌权的是民族主义者还是主张现代化的人——局面还是得到了控制。中国政府重建了海关的自主权,努力收复外国租界并制订和推行现代经济发展所需的司法与规章。但这种上海企业家曾热盼的政策并没有给他们带来预期的好处。国民党政权试图由自己来主导经济的现代化,因为经济现代化被看作是国家强盛的要素。该政权对私人企业主怀有敌意,并施以严厉课税,它主张的是建立在发展重工业、军备生产和开发内地省份丰富矿藏资源基础上的国家资本主义。但历史并没留给蒋介石政府足够的时间来实现这些庞大计划。毫无疑问,该政府也缺乏足够的力量来建立真正的国家资本主义。1927年至1937年,现代化的命运经受了各种各样的尝试。经济的增长似乎仍在继续,但依靠资方的努力越来越少,因为资方已逐渐失去了积极性和影响力。

在南京政府最初的十年里,现代经济部门进入了繁荣时期。直到1931年,银行、工商业在上海得到了持续发展,这种繁荣与货币大幅度的贬值密切有关。1928年至1931年,货币在国际市场上贬值超过一半以上,也引发了银价的下跌。货币的贬值刺激了中国出口业,同时也限制了进口业的增长,从而对中国市场起到了保护作用,这种保护要靠当时极低的关税是无法做到的。三年中,由于受到中国工业全速发展需求强劲的刺激,生产资料的进口还是增加了50%。荣氏家族的申新集团的纱厂从六家增到九家,而郭氏家族的永安集团的纱厂从两家增至五家⑨。许多新的行业也得到了长足的发展,如水泥、制烟和电子机械工业等。

1932年的危机使经济的发展经历了三年的低谷期。引发这场危机的原因是多方面的。首先是银价猛涨,出口锐减,外国投资转向其他国家,对上海的贷款顿时锐减。同时,由于1931年东北几乎被日本占领,使上海与该地区原本极为活跃的传统贸易大幅滑落。而遭受了严重水灾的长江流域各省,对上海的需求也大减,上海郊区大部分工业区也在1932年1月被侵华日军所摧毁。

这场危机也沉重地打击了金融业。70家上海传统的钱庄中,有17家破产。对外贸易也急速减少。申新公司不得不关闭了两家纱厂,老板荣宗敬无力偿还从汇丰银行贷来的200万元贷款。面粉厂也岌岌可危,许多丝厂关了门。上海各种行业的破产工厂翻了一番,从1934年的510家到1935年的1 065家⑩。直到1937年中日战争的爆发,经济才开始恢复。

在南京政府这十年里,如同20年代一样,动荡的局势显示了现代行业对国际市场的依赖程度。工业国家遭受的经济危机也经由外贸风险而祸及中国。对于中国企业主来说,销售渠道的不稳定还伴随着与银价动荡相关的期货交易的极不稳定。

20年代初期,商业资产阶级组织了声势浩大的抵制外货运动,抵御外国经济的渗透。自1927年起,这种抵抗活动由政府组织指挥:从此,所有的抵制外货活动属政府所管,其目的是废除那些外国人因条约而获得的特权。为了达此目的,外交谈判、政治压力与警方干预也紧锣密鼓地展开了。

由于蒋介石政府的决心,也由于西方列强在经历了1927年大革命风暴后变得比较谨慎,表现出了妥协态度,这场收复国家主权的运动取得了相对的成功。从1929年至1934年,中国收复了海关自主权,并依此对国内市场实施保护:进口关税从4%上升到25%。此外,废除了针对中国商品征收的入市税——厘金,也就等于宣布取消了民族企业与外国企业间一项重要的不平等税收。

在上海,租界制度越来越受到法律上和事实上的威胁。经中央政府授权的上海新市府运用职权发动了一场真正的消耗战来反对外国人,对各种条约也作出了越来越具有约束性的解释。因此,治外法权的体制开始减弱,使得中国当局有权对外国人及其企业征税,同时也剥夺了后者所有试图运用条约规定进行司法反击的可能。某些外国大公司,例如英美烟草公司或美孚洋行,出于谨慎与现实的考虑,只得同意缴纳巨额附加税。

国民政府同时还着手进行一系列针对商会、银行协会与雇主协会的长期要求的制度改革。在上海筹备成立中央造币厂,1933年颁布废两改元的法令。旧货币的取消简化了货币体系,从此只建立在单一的银元基础上。1935年11月,完成了

印有孙逸仙头像的中国银行的纸币(1937年);1935年的货币改革使纸币取代了银圆

货币的统一,当全球银价暴涨时,迫使中国最终放弃了金属货币而采用纸币,称为"法币"。发行法币是政府四大银行的特权。此外,新体制还努力制定规范经济活动的法规,通过了公司法、商标法。

南京政府的改革措施能够为现代经济行业的发展与资本主义的繁荣扫清障碍吗?上海企业家很快就感到沮丧,因为政府首先是为了充实国库,以便为围剿共产党的军事行动筹集军饷和对付不顺从中央的省份。事实上,一些改革并没实行,另外还有一些难题与改革所要解决的问题同样棘手。收复海关后所规定的高额进口税,不仅使生产设备进口倍感沉重,也对制成品和高档商品的进口形成压力。在取消了厘金的地区,又立刻被形形色色的生产税所取代。纸币的问世引起了持久性通货膨胀,从此政府只有通过增加纸币发行量才能弥补财政赤字。

尽管蒋介石政府做出了致力于现代化的承诺,但其改革对1928至1931年的经济繁荣并未起到很大作用,反倒是国际局势在起作用。其后,改革的逆反效果更加剧了经济萧条。政府当局只对那些可以被其盘剥的现代行业感兴趣。至于民族资本主义,当局表现出的是一种真正的敌意。国民政府一面承认经济现代化的迫切必要性,一面又不打算放弃主导权,更不愿让那些无法掌控的企业主为所欲为,但政府有能力和办法来实施这样的控制吗?

国家资本主义与官僚资本主义

出于对革命的恐惧和希望见到一个合乎他们意愿的中央政府,上海的资本家对蒋介石先是伸出双臂欢迎。靠着他们高达1 000万元的资助,蒋介石于1927年4月12日清洗了共产党,控制了上海。但数星期后,这种结盟就夭折了,为了得到3 000万元的追加资助,蒋介石搞起了真正的白色恐怖。荣宗敬和其他大老板相继被抓,他们的孩子也遭绑架。他们耗费了巨额赎金才得以获释。总商会会长宁愿逃离。不久抵制外货运动为当局提供了敲诈商人的大好机会,莫须有地指控商人没有执行法令。租界提供的保护也形同虚设,商人们经常遭受秘密组织的袭击,这些组织的名称就令人胆寒,如"铁血锄奸队"[11]。

在恢复权威和行使特权以后,中央政府又把上海资产阶级从1912年起就承担的政治角色一点点地收回。上海特别市政府也收回了原先掌握在商会和会馆公所手中的职权。通过社会事务局,市府可以监督所有的行会组织,仲裁各种劳务纠纷,收集经济统计数据,进行社会援助与慈善事业,维护公共卫生与发展城市建设。尽管部分企业主仍以个人名义继续参与地方管理,但作为社会阶层,他们已被排斥在外。他们的行业组织受到了官方控制,并被要求在国民党的领导下进行运作。在统一代表商界利益的借口下,将总商会与各区县的分会合并。这样一来,公共租界的华人企业家不再具有多数优势,而正是他们在20年代使总商会富有威望与实力。

上海资产阶级的俯首称臣并不表示独裁政权的目的已经达到,对这个政权来说,任何形式的社会自治都会构成威胁。这也充分反映了国民党的意识形态方向。事实上,国民党政权一直受到孙中山理论中对私人资本主义不信任的观念支配,1929年的世界经济危机更加深了这种不信任感。在国民党内,蒋介石的部长及内兄宋子文,就试图与上海的资本家保持对话,但他的主张受到了上海党内积极分子的抨击,这些人大都来自教育界。

1930年代,左派反对资本主义的行动被右派反对资本主义的行动所取代,这一行动充满儒家训诫和法西斯教条。尽管国民党在某种程度上接受了现代化是民族强大不可缺少的观念,但这种现代化要采用德国或意大利的模式。这就是蓝衣社所持的立场。蓝衣社是个极右组织,在其戒规中,将"奸商"列入必须从社会中清除的"腐败分子"的行列之中,要求国家直接参与管理主要的经济活动。

1932年至1935年席卷全国的经济金融危机,使国民党取得了银行的控制权,并进一步介入工商业领域。在该政权最初的几年里,蒋介石与银行界的关系不错,政府财政支出的五分之一是银行贷款,其利率在12%与25%之间。但是,面对危机,上海的银行家收紧了信贷,其领头人物张嘉璈就公开批评政府的预算赤字政策。这也是"1935年3月25日事件"发生的原因,政府强迫中国银行购买新国债券,并与其资本额合并,如此一来,政府在董事会中就成了多数,并成功地把行长张嘉璈排挤出去。在以后的数月里,主要的商业银行和钱庄陆续受到了同样的围剿。

控制银行资本使国民党能够更容易地对工商业领域进行干预。而被经济危机逼得走投无路的上海工商界,也只得向政府求助。1935年6月,政府终于拿出总额2 000万元的贷款,但这并不是无条件的援助,只有那些服从政府政策的老板才能获得这笔优惠贷款。尽管工商企业没有像银行业那样完全顺从于这突如其来的高压,但政府代表却越来越像工商界的真正领导人。

黄金时代的资本家几乎全部融入行政机构,或者甘心担任配角。政府的财政部门给众多银行家提供了美好的职业前景,让他们成为政府官员。1935年3月,被逐出中国银行的张嘉璈就任铁道部部长,另一些人也以政府代表的身份在他们原先作为老板的企业中担任负责人。对于那些在政府看来作用不大和不具威胁

第七章
上海资本主义的黄金时期

的经纪商和工厂主,则很少被调整改行。

由政府控制一定数量的企业和把企业家纳入官僚体制,打开了通往国家资本主义的道路。1936年,新成立的国家资源委员会⑫、一个负责工业发展的主要政府机构,推出了一项三年计划:这项受到苏联模式影响的计划准备在内地省份兴建一批重工业基地以满足国防的需要。这项可与1953年第一个五年计划相比拟的发展战略,中止了上海资本主义的黄金时代。然而,1937年爆发的中日战争没有留下实现这项计划的时间。上海现代私营领域虽然保持了她的优势,但国民政府日益加大的干涉,改变了这一运作方式,从而有助于官僚资本主义的形成。在上海占据显要地位的已不再是浙江的银行家或大纱厂的厂主,而是高级官员。不论以私人名义,还是官方身份,这些官员纷纷创办企业,并使这些企业能够获得垄断经营和税收优惠、财政资助,以及享受政府内部信息等特权。

与国家资本主义不同的是,这种官僚资本主义既不服从任何意识形态,也不按任何预定计划行事。事实上,这是一部分属于政界领导阶层中的重要人物,以实现现代化为名义,运用各种资源为自己的家族发财致富。他们热衷于投资那些可以立即投机获利的行业,如贸易、金融和轻工业,直接与私营企业家竞争。因此,私营企业家不得不寻求这类重量级人物进行合作,求得保护,以便他们也能从垄断经营与各种特权中得到好处。官僚资本主义的大部分企业也因此成为合资企业。从某些方面看,这类企业令人想起19世纪那种"官督商办"的企业。然而1930年的官僚毕竟与1880年的清朝官员不同,他们直接从中央政府的支持中获取好处,这在他们前辈的时代是闻所未闻的。此外,他们中最活跃的人都在国外留过学,掌握当代世界的工业技术与金融管理,这也是帝国时期的前辈所望尘莫及的。

蒋介石的内兄宋子文和连襟孔祥熙,位居权力核心,先后担任财政部长,被这伙致力现代化又唯利是图的官员当作领袖人物。宋子文通过中国银行,收购被抵押的工厂和设备,成为工业界的大亨。他还办了不少私营公司,如中国金融发展公司、中国棉业公司,在市场和提供资金的官办银行,以及制定计划的政府机构之间充当中间人。他还以个人名义在上海的大企业中占有多数股份,如南洋兄弟烟草公司。在任何情况下,他运用自己的政治影响,为他的企业服务,以保证生意兴隆,财源广进。至于孔祥熙,尽管握有中国中央银行,但还让妻子与大儿子掌管家族的私人投资。孔氏家族利用孔夫人从丈夫那里得到的内部消息,肆无忌惮地大搞投机活动,如商品、汇兑、股票,获取暴利。

共产党的历史文献揭露了官僚资本主义的种种腐败,并将"四大家族"列为该体制的主要得益者。总之,各种对家族或个人利益的追逐并不排除实现更大的抱负,吴鼎昌就是一个典型的例子。这位在上海金融界具有影响力的原银行家,成为实业部部长后,就大力推动各种现代化规划,其中最成功的是他创办的上海鱼市场。

事实上,1930年代在中国与上海兴起的官僚资本主义代表了国家资本主义的一种堕落形式,也是对市场经济的败坏。它的出现表明了企业家阶层的脆弱,但如果以为从中可以看到国家实力的展现,那就错了。除了具有独裁的特性,国民党政权还被各种裙带关系所左右,难以树立权威,包括自己的官员在内,有时服从有时也不服从。在这种官僚资本主义的运作中,上海占有重要的位置,国民政府于1927年迁都南京后,上海更加接近了这个政治权力的中心。上海是现代化银行总部的集中地,这些银行是经济生活中的主要角色。所有介入官方或半官方项目的高级官员绝大部分来自上海的商界。

当然,这些阶层的人也失去了他们在1920年代曾有过的大部分影响力。工商界大老板的权力与唯利是图的政客权力相比,显得大为逊色,不管愿不愿意,他们成了合作者。推动现代化的主导权从此落到了满怀国家抱负的中央官僚手中,不再把上海视作必不可少的经济发展中枢。不过,曾创造黄金时代繁荣的企业家并没有丧失所有的影响力。他们中的许多人进入了行政管理机构,试图组成技术官僚阶层,与政权合作,而不与之同流。至于那些仍管理着自家企业的老板,以自身的经验与能力维持了信用,也保住了手中管理员工和机器设施的重要权力。他们和当局的关系成为不断变换的谈判题目,在谈判的过程中,他们并非总是输家。国民政府并没有实现上海企业家所赋予她的厚望。虽然该政府大肆盘剥私营资本家,降低他们的作用,但终究无法将他们排斥出局。

注释

① 本章中引用的大部分资料来自以前的研究成果。参见白吉尔: *L'Âge d'or de la bourgeoisie chinoise*, 巴黎, Flammarion, 1986年版。

② Hsiao Liang-lin: *China's Foreign trade Statistics*, 1864-1949, 剑桥, 麻萨诸塞, 哈佛大学出版社1974年版, 第176页。

③ 熊月之主编:《上海通史》,第8卷,《民国经济》,上海人民出版社1999年版,第11页。

④ 丁日初:《上海近代经济史》,第2卷,第123页。

⑤ 丁日初:《上海近代经济史》,第2卷,第19~20、123页。

⑥ Yen Ching-hwang:《Wing On and the kwok Brothers. A Case Study of Pre-War Overseas Chinese Entrepreneurs》, 载 Kerrie L. MacPherson 主编: *Asian Department Stores*, 火奴鲁鲁,

夏威夷大学出版社1998年版,第47~65页。
⑦ Wellington Chan:《Personal Styles, Cultural Values and Management. The Sincere and Wing On Companies in Shanghai and Hong Kong, 1900−1941》,载Kerrie L. MacPheron主编: *Asian Department Stores*,火奴鲁鲁,夏威夷大学出版社1998年版,第76页。
⑧ 高加龙(Sherman Cochran): *Encountering Chinese Networks. Western, Japanese and Chinese Corporation in China, 1880−1937*,伯克莱,加利福尼亚大学出版社2000年版,第124~127页。
⑨ 熊月之主编:《上海通史》,第8卷,《民国经济》,第111~114页。
⑩ 柯博文(Parks M. Coble): *The Shanghai Capitalists and the Nationalist Government, 1927−1937*,剑桥,麻萨诸塞,东亚研究协会,哈佛大学,1980年版,第159页。
⑪ 参见雷麦: *A Study of Chinese Boycotts: With Special Reference to Their Economic Effectiveness*, Taipei,成文出版社1966年版,第167页;关于蒋介石和上海资本家之间关系的典范研究,参见柯博文: *The Shanghai Capitalists and the Nationalist Government, 1927−1937*。本文在此研究基础上展开。
⑫ 参见柯伟林(William Kirby):《Continuity and Change in Modern China: Economic Planning on the Mainland and on Taïwan, 1934−1958》,载 *The Australian Journal of Chinese Affairs*,第24期,第128页。

第八章 革命的熔炉

(1919~1937)

1920年代，上海一直处于中国革命运动的前列。生机勃勃的资产阶级、相对发展的工人无产阶级、外国租界制度，都有利于互相对立的政党——国民党和共产党组织和从事政治活动。这种同样建在"反帝"基础上的城市革命，以异乎寻常的快速走向成熟，其高潮就是在1927年3月，建立了由共产党人主导的"上海公社"*。一个月后，蒋介石发动了"四一二"事变，终结了国共合作，将这场武装起义扼杀在血泊中。从此，中国的共产主义运动就在农村根据地里展开。尽管上海的共产主义运动陷入了低潮，但群众运动始终继续着，甚至越演越烈，迫使蒋介石以武装抵抗日本的侵略。大规模的爱国动员伴随着政治与社会的要求。所有这类抗争都对政府政策的根本转向起到了重大作用：1937年，中国进入全面的抗日战争，蒋介石也再次保证与共产党合作。

革命力量的高涨

经过六年的时间，1919年5月4日在北京爆发的学生示威和反帝抗议活动，演变成为一场富有民族主义激情和社会请愿的群众革命运动。知识分子云集的首都北京，始终处在这场运动的前沿。在上海，各种政党纷纷出笼形成了新的政治力量。1919年，国民党重建；1921年，中国共产党创立。在这一时期，国民党的创始人孙中山在广州设立了与北京对抗的政府和地方根据地，并在共产国际代表的协助下，把广东逐渐改造成为革命的实验基地。所以，上海虽不是革命运动

---

* 当时法国记者和外交官用这个名词来形容在1927年2月和3月间通过总罢工而建立的上海起义的市政府。

的唯一发源地,却是主要的发源地。以其特殊的地理位置及多省籍的社会特性而言,上海在全国范围来讲比广州更加具有优势,而地处中国南疆的广州,更关心的则是与其邻近殖民地香港的关系,总是受到地方主义的束缚,即使在革命运动中也不例外。

1919年5月4日,聚集在北京的大学生要求中国收回德国在山东的权益,而凡尔赛条约的谈判者则打算转让给日本。这场抗议示威是1915年以来新文化运动的继续,号召唾弃传统习俗和社会准则以便更好地拯救中华民族。在这场运动中,北京大学的精英们扮演了主要的角色。运动很快席卷了上海,但也发生了质的变化,演变成一场大规模的民族主义请愿运动,工人和商人动员起来,与激进知识分子站在同一条战线上。这也是城市各阶层第一次协调行动,并使请愿活动达到了目的:6月,被舆论指控为亲日派、不捍卫民族利益的三个部长不得不提出了辞呈。这场群众运动成了20至30年代众多人民运动的楷模。因此,它成为开创中国现代史的重大事件之一。

不过这场运动的现代性还十分有限。因为动员商人、协调工人、使他们的积极性与学生行动相配合的是各地同乡会。这些团体传播信息,组织会议,发布抵制洋货和罢工的命令,而且还负责维护公共秩序。另外一些组织就更加激进,如上海学联或马路商界总联合会(按区域集合当地的商人),但这些新组织的基层单位仍隶属于同乡会。虽然强调同乡间的团结互助是这些会馆的宗旨,但它不仅没有阻止民族主义的产生,反而孕育了民族主义。

在上海,商人并没有等学生动员就行动起来了。自2月起,好几个同乡会致电凡尔赛,反对将德国的权益转让给日本。3月,商人们成立了上海商业联合会来协调抗议活动,集合了53家会馆公所。当北京学生上街游行并遭镇压的消息传到上海时,商业联合会频频发动公众示威活动,并与复旦大学和江苏教育总会取得联系,一起筹办抗议大会。抗议大会于5月7日在华界附近的老西门体育场①举行,会议决定号召抵制日货。

复旦大学是学生运动的摇篮,许多青年教师参加了国民党或其外围组织。圣约翰大学或同济大学的中国学生也与基督教青年会的童子军,以及许多高初中学生一道,投入了这场运动。5月11日成立的上海学联,集中了61所院校的代表,代表2万名成员。上海的学生们跟随北京同学的脚步:决定罢课和鼓励商人罢市。

6月5日,工人加入到罢工的行列,整个城市很快就因"三罢"而瘫痪——罢课、罢市和罢工。上海发生过多次工人罢工,但从未有如此大的规模。罢工从日本人的棉纺厂开始,再向船厂、公用事业单位和交通部门蔓延。在上海30万工人中，有6万人放下了工作，但就像当时的上海工人阶级本身一样，这场运动缺乏团结一致和统一指挥。运动还是由各地同乡会指挥，在最具技能的劳动者——手工业者与熟练工人中间，就像商人团体一样，特别重视同乡间的团结。无论哪种人都置身于各自的团体中，尽管彼此间摩擦不断，但还是能参加集体行动。

在1919年，阶级斗争还未提到议事日程。共识体现在民族主义的请愿中。由爱国主义，或排外主义，或社会团结所催生的工人斗志与意识形态无关。事实上，长期被看作是阻碍阶级觉悟觉醒的传统的同乡团结，同样有利于发动工人②。在普通劳力和非技术工人中，凡因籍贯原因而不能加入强势会馆的都由工头直接招募。招工的工头和人事主管通常与青帮有密切联系，他们有能力迫使工厂停工。由于缺乏统一组织，工人运动只是一种后备力量，是学生与商人的"后盾"。

尽管传统组织（会馆公所和秘密社会）或临时创立的机构都强调民族情感和相互协调，但这场运动在宣传方式和具体行动上却表现出很大的不同。商人们重视的是给北京政府和参加凡尔赛条约谈判的中国代表发电文。他们向当局和自己省份的士绅发出警报，加紧建立他们在全国各地同乡的联系网络，不断地向媒体发表声明并使出杀手锏：抵制外货③。学生们在他们的组织活动中充分表现出了聪明才智，他们模仿清朝官僚的等级制，封了过多的主席、副主席、各种负责人，从秘密社会那里搬来了集体宣誓仪式，还吸收外国的模式，举行了升旗仪式和在城市主要交通要道上做街头表演。他们不断在主要路口发表演说，而且还为维持集会秩序或核查抵制日货的执行情况④，临时组织了纠察队。对于工人群众来说，具有专业技能的工人模仿商人团体的模式，发挥出他们的组织性、纪律性和节制性。而那些从乡下来的非技术劳工，则把农民造反的做法搬到了上海：他们手执木棍和彩旗在庙里聚会，焚香求神⑤。尽管上海还谈不上是个市民社会，但这个城市社会已有能力针对一个共同目标进行广泛的动员。在绅商阶层的共同努力下，民众的力量已经崭露，革命的政党也从中受到不少启发。

上海的革命政党

先为兄弟后成敌手的国民党与共产党，都试图将新生的社会力量为己所用。在一个国家和一个时期代表政党的是政治人物而不是政党的纲领时，国民党领袖孙中山和共产党领袖陈独秀以个人名义在上海的居留就证明了其政治首脑部门及其机关设在上海。

国民党先于共产党成立。1911年辛亥革命后成立的国民党，先被党内机会

第八章

革命的熔炉

主义者颠覆,后又被独裁总统袁世凯所驱逐,经历过严重的危机。尽管海内外许多革命者继续支持国民党,但她最多也只是代表了共和革命的光荣传统,跟随孙中山的也只有一小部分知名人士:老同盟会员、知识分子、商人、前国会议员、记者、军队将领和外省总督。在经历了政治上长时间的孤立后,孙中山在与他结盟的南方军事力量的支持下,重返政治舞台。1919年的五四运动使孙中山觉醒,决心重组国民党。在法租界莫里哀路(今香山路)26号孙中山的寓所中,这位国民党领导人为他的政党起草新的章程,确立三民主义的原则和重新确认总理在党内的绝对权威。在海外侨胞慷慨资助下,他得以再次发动宣传攻势。国民党在上海出版发行了报纸杂志,《建设》杂志就专门刊登党内最具声望的理论家的理论文献。孙中山本人也在这份杂志上发表了一系列文章,后被汇集成册,取名《建国方略》。在这些文章中,他描绘了中国经济现代化的宏伟蓝图,并号召在互利的基础上与西方国家合作,也呼吁劳资双方为共同的利益而相互谅解。孙中山抨击帝国主义,但并没有摈弃资本主义。

尽管为重组国民党付出了极大的努力,但该党的组织结构始终是松散的,孙中山和他周围的人仍然是党的化身。每次孙中山返回广州根据地,整个幕僚群都跟随他身后,以致上海的国民党总部变得空空荡荡。但当战事迫使他流亡上海时,莫里哀路上的寓所顿时又成了"形形色色政治领袖朝圣的麦加"⑥。尽管孙中山声称国民党有几十万党员,但在共产国际苏维埃顾问指导下于1923年所作的统计表明,党员人数仅为2万人左右。人数虽然有限,但这并没减弱国民党的影响,这种影响是建立在英雄主义的传统之上,建立在孙中山的个人魅力和各位领导人的声望之上的。

与国民党相比,中国共产党就像是小普赛特(Petit poucet,法国童话《小拇指》中的孩子,出身于贫苦家庭。他是家中最年幼的,只有拇指那么大,但聪明善良,救了六个哥哥的命——译者注)。在很长时期内,共产党的成立被认为是一群深受1917年十月革命影响的知识分子,在日益高涨的工人运动推动下并得到共产国际代表的协助所实现的。事实上,最早期的共产党人并没有形成固定的意识形态⑦。五四运动中出现的大量学会团体还对中国早期的共产主义作出各种各样的解释。这些学会的目的是传播新思想和在一些小社团中推广实施,这些小社团提倡朴素的生活,从事脑力与体力劳动。但他们也从各种不同的意识形态中吸收养分:自由主义、马克思主义,尤其是无政府主义。在激进的年轻人中,尽管大多是青年知识分子,但他们面对同乡情谊、私人友情和师生关系显得心有余而力不足。在这些学习小组所形成的网络中,领头的是北京大学和该校德高望重的教

《新青年》创刊号。自1920年起,它是上海共产主义小组的机关刊物和新文化的喉舌

上海发行的《共产党》月刊创刊号(1920年11月7日)

授:李大钊、陈独秀。在他们的影响下,马克思主义在中国开始传播。

在遍及全国的早期共产主义小组中,上海小组最为活跃,这在很大程度上要归功于陈独秀的领导。陈独秀是文学教授、《新青年》创办人与发行人,由于他积极参加五四运动,因此在北京的牢狱中度过了好几个月。他不仅学识渊博和具有道德勇气,而且还有很强的组织才能。为了安全起见,他寄居上海,于1920年在共产国际首任驻华代表维丁斯基(Voitinsky,中文名字吴廷康——译者注)的帮助下,正式接受马克思主义,并主持当地的共产主义小组:他著书立说,筹建一所外国语学校,以培养赴莫斯科留学的年轻积极分子,还创建了社会主义青年团的支部。

1921年7月23日,第一次共产党代表大会在法租界的一所住宅里举行。这是具有象征意义的历史事件。共产党成立的重要性在当时并没有立即显示出来,参加大会的13名代表分别来自七个省市,代表了59名党员;两名共产国际的代表也出席了会议,其中一人是马林。陈独秀当选为中央局书记,另有三名中央局成员。随后创立的张国焘领导的劳动组合书记部,说明这个忠实于马克思列宁主义的年轻政党从一开始就是无产阶级的政党。

第八章

革命的熔炉

在成立后最初两年中,中国共产党成功地在中、北部省份发动了工人运动。在上海,共产党的影响先是受到国民党控制下的温和团体的抗衡,也与工厂中控制工人的帮会工头和流氓发生冲突。但在1924年,国民党与共产党走上了合作的道路。这种统一战线政策,最初是1923年1月孙中山和苏维埃部长越飞(Joffé)在上海进行谈判,并以发表共同声明的方式给予确认的,然后逐步在广东的革命根据地内实行。在上海,两党的领导层都激烈地反对这种联盟:国民党方面,担心遭到颠覆;共产党方面,要坚持无产阶级的纯洁性。全靠孙中山与共产国际代表马林的权威,两党终于在1924年实现了部分合并,从此两党以广东—上海为轴心展开活动。广东的重要性在于有孙中山和苏联顾问团,以及组建了一支革命的武装力量;而上海的重要性则在于动员工人群众和知识分子与商人的积极参与,1925年的五卅运动就充分地显示了这种力量。

1925年五卅运动

像1919年的五四运动一样,1925年的五卅运动也是一场席卷全国的反帝运动,社会各个阶层都投入了这场运动。但这一次,运动是在上海产生,不是在北京,而且工人们站在了前列,而不是在幕后。

1925年5月7日,日商内外棉纱厂的工人举行罢工,对罢工的镇压引爆了抗议运动。罢工前两个革命政党分别或联合行动,对工人进行了广泛的动员。国民党主张实现现代化需要社会和谐,吸引了大批技术工人在其周围。在中国共产党方面,则努力向最贫困的劳动者、码头搬运工、黄包车夫、棉纺厂的劳工宣讲阶级斗争的理论,设法建立工会小组,依靠上海大学学生们的支持,办起"俱乐部",为共产党人加强与工人的接触和进行宣传鼓动提供了方便。

位于上海西区的内外棉纱厂的罢工,是由反对日方经理人直接招收工人的工头所发起。也正是通过工厂"俱乐部"的中介,在工头与共产党积极分子之间建立起了联系。他们经常在工厂附近的茶馆里碰头。罢工很快在该区域其他的日本纱厂中蔓延。3.5万名工人扔下手中的工作,"俱乐部"变成了工会。5月15日,因为一名工人被守卫打死,使得反日风潮迅速蔓延,从工厂到大学,从城市郊区到公共租界的中心。5月30日,一队大学生在南京路上游行,遭到英国巡警开枪镇压,13人饮弹身亡。悲剧发生后的第二天,总罢工爆发了,同时抵制日货运动也如火如荼地展开了。这场运动很快向中国其他大城市扩展,也引发了有关外国势力在华问题的讨论。这场罢工的相对成功,标志着中国共产党在上海实力的增长,也预示了两年后将爆发的那场事变。

民族主义的诉求源于爱国主义的情感力量，这种情感让劳工界和资产阶级彼此靠近。为了更好地展开运动，6月4日上海工商学联合会成立，使这种靠近更加具体化。联合会由共产党负责人李立三主持，除了要求严惩凶手和赔偿受难者外，还要求中国当局收回公共租界的会审公廨，要求中国居民的代表进入上海工部局，承认有罢工的权力。代表上海大资本家的总商会没有加入联合会，但与其合作，为罢工者发放巨额救济金。在总商会起草的"十三项要求"中，重申了工商学联合会的诉求，只是没有涉及罢工的权力。这些要求成了北京和上海进行艰苦谈判的基础。

枪杀引发的严重后果，在全国激起的民众愤怒，涉及外交领域的要求，使上海的这场危机演变成一场质疑中央政府执政能力和外国驻京使团的全国性危机。但对于上海的外国侨民来说，北京仅是一座与现代生活脱节的"布满灰尘的蒙古老城"，而驻京的外交使团并不能对地方领事馆施加什么影响，只不过像一个靠不住的中间人。对于中国激进的青年人来说，根本就不信任那些控制北京政府的军阀。

因此，这场危机主要在上海，也就是在上海人之间，通过一系列的妥协得到解决，而中国资产阶级则是主要的获益者。8月，上海工部局同意接纳租界华人居民的代表，也接受将会审公廨归还中国的原则。从这时起，总商会与工商学联合会的结盟开始瓦解。那些借助群众运动达到目的的企业主，面对工人团体的迅猛发展感到害怕，5月31日由共产党人成立的总工会已有20万名成员。许多资本家焦急地等待着复工，许多罢工者也同样希望复工，因为救助资金已经枯竭。青帮也打算收复失去的地盘，筹划向总工会寻事挑衅。运动中由功用主义和当地好战分子结成的激进派则逼迫总工会关门。在获得增加工资、主要是增加工头工资的承诺后，罢工运动终于告一段落。不过引发这场运动的南京路枪杀案的解决拖延了好几个星期，直到警界高官辞职和对死伤者进行抚恤之后才算最后落幕。

然而，平静只是表象，灰烬中依然留有火种。14个月后，席卷整个城市的大火改变了中国的命运。

国民党镇压共产党

1927年3月22日，由共产党积极分子和罢工者发起的武装起义成功地控制了上海，这是中国革命史上最重要的时刻之一。三个星期后，一场血腥的镇压造

第八章

革命的熔炉

成了数千人人头落地,革命的插曲变成了悲剧*。有人为此写下了不朽的文学作品:在西方,马尔罗(André Malraux)在1933年出版的小说《人的命运》十分强烈地再现了这场悲剧,并使之成为记述世界革命过程的重要一幕。这次事件至今还有许多难解的谜。太多的势力、太多的利益涉及其中,尽管针对各种社会角色的责任和动机不断地提出质疑:地方军阀、国民党、共产党、共产国际、工会、外国侨民、租界当局和外国使领馆,但对整个事件的阐述与解读仍显得不够全面和矛盾重重。

1927年春季的革命大罢工是在全国政治与军事的大背景下爆发的,这个大背景就是北伐战争。1925年,孙中山逝世后,蒋介石掌握了广东政府的权力,率兵北伐,目的是要收复北方和中部的省份,推翻各地军阀,统一中国。1926年,北伐战争取得节节胜利,广东政府也迁移到中国中部的武汉。但武汉政府与蒋介石之间冲突不断。1927年1月,蒋介石决定停止向北推进而转往上海,他希

庆祝北伐的宣传画:军人们高举着国民党旗冲锋陷阵(法国外交部档案)

---

* 这是美国记者 Harold Isaacs 为他那篇出色的报道立的标题:中国革命的悲剧。巴黎加易里玛德出版社出版,1967年(原文出版,伦敦,1938年)。对于 Isaacs 来说,这悲剧并非是这镇压的本身,而是在它的虚弱。他认为斯大林和共产国际的政策使起义者遭受了失败。

望能获得上海资产阶级的财政资助和始终敌视国共合作的国民党右派的政治支持。

当蒋介石的国民革命军向沿海挺进时,上海城内不断地爆发武装起义和罢工运动。罢工民众和国民党士兵要对付的是一个共同敌人:统治上海与周边地区的军阀孙传芳。正是北伐的胜利使工人运动再次兴起,并在1926年10月、1927年2月和3月,爆发了"三次武装起义"。

前两次起义的教训使上海总工会和共产党的积极分子制定出更好的策略。像在1925年一样,共产党靠的是技术工人的积极参与(如商务印刷馆或邮局的技术工人),和借助与青帮重新谈判结盟达到发动码头工人、普通劳工和各大棉纺厂工人的目的。以共产党领导人汪寿华为首的总工会实施的是开放战略:用反对军阀和要求权力归地方自治政府的名义,将工人阶级和资产阶级以及秘密社团的力量结合起来。就像1925年为了反帝所取得共识一样,在1927年春天,反对军阀统治和渴望国家统一也很快使上海社会各界再次凝聚起来。但是军阀孙传芳悍然在大街上残杀罢工者和示威群众,令人发指的镇压激起了总工会极大的愤怒,因此决定组建战斗队,为工人纠察队配备武器。

这时国民革命军的先头部队已抵达市郊,正在等待要求军阀部队撤离的谈判结果。3月12日,上海总工会号召发动总罢工,得到了50至80万工人的积极响应。上海顿时成了死城。根据列宁确定的革命罢工战略,总工会决定过渡到武装起义。在36小时内,工人武装纠察占领了警察署和军阀控制的主要战略地点:3月22日,孙传芳的地方割据政权被推翻。罢工民众与共产党人成为这座城市的主人。在扩大军事成果的过程中,他们却显得极为谨慎,绝不像1917年的彼得堡那样建立苏维埃政权。按照3月初与各社会团体——商会、会馆公所和同业公

1927年3月,由工人武装纠察组成的革命民兵控制了上海。在4.12政变后,他们惨遭蒋介石杀害(Keystone)

会——共同拟订的方案，上海临时市政府自称代表各方的利益，其合法性得到武汉政府的承认。

胜利来得如此地快，使政治舞台上的主要人物措手不及。在随后的数星期中，各种秘密谈判纷纷登场，原先的联盟破裂了，新的联盟产生了，签订了不少协议。在所有的秘密会谈中都有外国人的影子和外国人仰仗其驻扎在城中的军队和精良武器进行的暗中威胁。洋人的枪炮真的足以维持这座"帝国主义的堡垒"吗？对此许多人深表怀疑。

外国人的恐慌

自1927年初，上海的外国侨民就越来越陷于惶恐之中。汉口传来的最新消息是1月4日那里的示威民众闯入英租界，迫使侨民逃离。第二天，长江下游的九江也发生了同样的一幕。英国决定避免任何可能引起排外浪潮的武装冲突，同意把长江中游港口城市中的租界全部归还中国。但是如此的妥协并不包括外国企业的桥头堡和在华外国人最集中的上海。无论是租界当局还是侨民，都认为租界必须受到保护，必须反对两方面的威胁：一是国民革命军从外部攻击；二是革命工会从内部颠覆。

3月21日，起义者控制了华界，第二天，国民革命军就开进城里，工人纠察队进攻租界的流言顿时四起。一旦受到攻打，外国侨民并不指望国民革命军的保护，在他们看来，这些兵也是"赤色分子"。3月24日的"南京事件"更加印证了他们极端的恐惧，造成人心惶惶。国民党军队占领城市后，接连不断地发生抢夺外国人财产和攻击外国人的暴力事件：6个侨民被杀害，其他的侨民只有在外国军舰开炮射击的保护下才得以逃生。

由于流言四起和数百位逃到外滩的难民的讲述，南京事件的灾祸似乎也预示了上海的厄运。英国的援军于1月初开始抵达上海。英国外交部决定增派一支援军以保护侨民的生命财产安全和阻止国民革命军进入公共租界。其他列强的动员则迟缓得多。不过到了3月底，已有12 000名士兵和海军陆战队员增援租界的民团和警察部队。坦克车与装甲车在大街小巷巡逻。机关枪架在各战略要道，铁丝网和沙袋封锁了各条通道，在黄浦江近两公里长的江面上，停泊着7个国家派来的28艘战舰。这种由英国主导的大规模军事部署给侨民们吃了定心丸，对英国的决策都赞不绝口。

法国人则坚决反对法国总领事那齐雅（Paul-Emile Naggiar）所持的态度。法国商会、士绅与企业主给法国外交部发出十多封电报,抗议保护措施的不足和反对与国民革命军军官进行官方接触。在法租界,只有一个连的来自河内的安南士兵和300名从"儒勒米奇林"号(Jules Michelet)和"玛尔纳"号(la Marne)战舰上下来的海军陆战队士兵。加上巡捕与民团,全部兵员不超过1 800人。法国领事除了借助政治手段保证租界安全外,别无选择。或许他的个性也使他愿意运用这类手段。的确,那齐雅有谈判的天赋,有时观察家把这归咎于他出身叙利亚的缘故:"这种人在欧洲……被称作是……中东人,他比我们更了解亚洲,他把握局势……完全出自本能⑧。"

自1月起,法国总领事就拥有极大的自主权,他以危机为由,将选任制的租界公董局改为委任制的临时行政委员会。鉴于他是由阿里斯蒂德·白里安(Aristide Briand,法国著名社会党人,时任外交部长,法国《人道报》的创办人之一——译者注)任命的,他的政治对手就把他归入社会主义同情者,甚至是共产党人的行列,怀疑他要出卖租界。事实上,他是在保护租界,不过是运用秘密谈判和不透明的手段而已。租界巡捕房为他提供的情报帮了大忙,他以实用主义的态度与掌握实权的人打交道,不论他是什么人。在劳工界,唯一能与革命工会抗衡的是秘密社会的帮派分子。从1927年2月起,那齐雅得知青帮大亨杜月笙要亲自与主要会馆公所的首领们配合,防止罢工在租界里蔓延。作为交换条件,法国总领事要答应给他300支步枪,10万发子弹⑨,还要租界巡捕房保护烟馆和赌场。

那齐雅是第一个与蒋介石的官员进行接触的外交官,在外国人和许多中国人的眼中,蒋介石是个革命者。法国的侨民与显贵对与"未被承认的当局进行单独谈判"⑩的做法深感担忧。但正是有了这些接触,那齐雅很早就意识到蒋介石有可能做出大的转变,这种转变有可能对外侨有利。两个月后,他给外交部长的信中,为"他的秘密做法"辩护,坚称是为了维护公共秩序才与"中国新的当局"建立合作关系的。他反对英国人的做法:"在一个到处是军队和惊慌失措的外国侨民的城市里,坚持不与国民党接触,而是站在敌对立场上,随时都可能引起严重的事件⑪。"尽管法国和外国的侨民对这样或那样的做法表示赞同或谴责,但法国和英国的战略无疑起到了互补作用:秘密接触减少了发生冲突的风险,而炫耀军事则可以避免举手投降的厄运。

就在上海表面上尚显平静的时候,国民革命军、武装纠察队和外国军队之间正在彼此互相监视。法国总领事并不是唯一进行谈判的人:各方面的接触越来越多。20天后,各种政治势力就要重新划分。

第八章

革命的熔炉

蒋介石与1927年"四一二"事变

从3月23日武装起义胜利到4月12日的血腥清洗,上海成了各种秘密交易的舞台。当上海的各种势力因采取不同的战略而分裂时,恶意中伤和流言蜚语满天飞。如果这场悲剧中某些情节有时会被观察家忽略的话,那么其整体的重要性是不容置疑的:在武汉,在莫斯科,在所有西方国家的首都,目光都投向了上海。

蒋介石是这场悲剧的领头人。这位40岁的将军已有很长的革命经历。原籍浙江的蒋介石,曾在日本学习军事,并在那里加入了孙中山的同盟会,以后又在上海地区参加辛亥革命。也正是在上海,他在其保护人陈其美的介绍下,开始与商界和城里的帮会接触。革命失败后,他沉溺于赌博和放荡中,同时又与政治冒险家们保持着密切联系,如国民党的元老、与青帮关系密切的百万富翁张静江。1920年代初,蒋介石重新出现在广东的政治舞台上,成为孙中山身边的亲信之一,担任军事顾问,并被派往莫斯科执行任务。这位青年军官极其怀疑苏联的对华政策,但他表面上仍与共产国际的顾问合作,以便组建国民革命军。1925年孙中山逝世后,蒋介石以继承者自居,利用他在军中的权威开始翦除异己,限制苏联顾问的影响。然而,他竭力避免公开决裂,1926年,为了推翻军阀统治和统一中国,受国民党和广东政府委任,蒋成为北伐军的总司令。

1927年3月26日,蒋介石抵达上海,也就是在国民党军队围城三天后,他受到了上海市民的热烈欢迎。此时他似乎还没有做好发动政变的准备:面对2 000名工人武装,他手下只有3 000名士兵,其中部分士兵还对起义者充满同情,因此他借助租界里的1.5万名后备队。除此之外,一部分有产阶级也认同起义队伍,尽管国民党右派的领导人都在上海,但当地许多国民党的激进分子还是乐意与共产党合作。

为了搞垮统一战线,蒋介石明白不能单靠武力:他必须使洋人放心,拉拢资产阶级,使起义队伍和他们的同情者保持中立。为此他施展诡计,全力塑造其合法性,剩下的事情,交给青帮去摆平——早在进入上海之前,他就与青帮恢复了联系。与此同时,他不断地向租界当局和居民发表安定民心的演说,笼络华人老板,后者借垫给他300万元支持其反共清党。他一面信誓旦旦地表示效忠统一战线,一面与国民党右派领导人谈判,右派领导人催促蒋介石赶快采取行动"保党救国",也就是清除共产党人和驱逐苏联顾问。国民党的元老,如吴稚晖、蔡元培,都表示支持蒋介石。

但这场清洗中最棘手的是要解散工会和解除工人纠察队的武装。为了削弱共产党对工人组织的控制，杜月笙也成立了一个专门与总工会作对的上海工界联合总会，并组建了一支武装：中华共进会。该会从青帮与其他黑社会的流氓打手中招募成员，利用华商的捐款和法租界当局提供的武器来装备。

4月11日，所有的准备工作都已完成。当晚，杜月笙邀请总工会负责人、共产党员汪寿华到他在法租界华格臬路（今宁海东路）的豪宅里晚宴，随后将其绑架，活活扼死，其手法相当残忍，并将尸首埋在郊区的一块空地里。杜月笙还要公共租界当局允许他的手下人穿越租界。因为中华共进会的总部在法租界，而工人武装纠察队则以闸北为阵地，两者之间隔着表面上保持中立的公共租界。所以按正常路线走的话，从法租界到闸北必须绕道沪西，走好长一段路，这样就无法达到偷袭效果。这天夜里，杜月笙接待了来访的上海工部局主席、美国人费信惇（Stirling Fessenden），而这正是法国巡捕房总监费奥里（Fiori）上尉居中安排的。密谈中，双方达成了协议。

4月12日黎明，蒋介石司令部里响起军号，一艘中国炮艇也拉响汽笛，发出了进攻的信号。为制造混乱，装扮成工人的青帮分子向上海总工会总部和闸北以及其他华界起义队伍的重要据点发起攻击。这些攻击者得到国民党军的支持，国民党军借口维护秩序，开始解除工人纠察队的武装。几个小时之内，工人纠察队损失过半，其中还包括了他们的大部分武器。总工会原定于4月13日发动的罢工陷于流产，在闸北为抗议武装政变而组织的游行示威在宝山路上遭遇屠杀而不得不中断，数百名男人、女人和孩子在国民党军机枪的扫射下倒在血泊之中。在附近的街道上，被追捕的游行民众也在刺刀、枪托与砍刀下丧生。"上海公社"夭折了。白色恐怖与国民党青帮主导的各种新机构同时降临上海。

"四一二"事变改变了中国现代史的进程。不仅结束了国共统一战线，而且导致蒋介石上台，在南京建立了他的国民政府。这场事变也使中国共产党陷入了困境，党的主要活动向农村转移，同时外国在华势力也明显减弱。

然而，1927年春的武装起义关系到民族命运，也在上海留下了不可磨灭的印记。上海不仅展现了她的特征，而且更表达出国家政治和世界革命的迫切要求。比如，人们对3月22日取得胜利后起义领导人所持的态度就提出许多疑问。表面上，这些领导人掌握不少胜券：他们可以依靠大规模的工会，动员和组织起一支重要的武装力量；他们还得到各革命政党的支持和上海大多数民众的协助。究竟是何原因导致他们采取这种谨小慎微和亦步亦趋的策略，以致面对敌人的攻击毫无还手之力呢？

这种令人费解的软弱曾引发了激烈的论战。斯大林将此归咎于中国共产党的盲目行动和机会主义,而托洛茨基派则认为是斯大林和共产国际固执己见,为了他们的全球战略而葬送了上海的起义。不过,这场工人运动真的有那么大的力量吗?还是这种力量是出自与青帮暂时结盟而产生的幻觉?或者更恰当地说,这种软弱起因于内部混杂和缺乏组织的劳工阶层被愤怒激起却没有能力过渡到政治层面,由于他们对自身利益的意识薄弱,所以很快与其他社会团体——学生、绅士与秘密社会———道来捍卫自身的利益[12]?

四月事变引出的另一个历史重点,就是青帮在上海社会中的位置。这个秘密社会组织既不是一支辅助性力量,也不满足于充当杀手的角色,而是处于社会的中心和上海历史的一部分。青帮突然一改与共产党工会联盟而倒向蒋介石,就是要彻底清除革命的色彩,想方设法成为一支公开的力量,而在此之前青帮一直躲在暗处。

所有在三四月间与青帮有过交易的人都得到了很大的好处,但很快也要面临与青帮分享权力的局面。这就是国民党的情况。在下一章里,还可以看到法租界公董局也遭遇同样的窘境。法国领事那齐雅"与魔鬼结盟"[13]的策略无疑救了势单力薄的法租界一命,但既要利用青帮又要限止其影响则需要高超的手腕。1928年,那齐雅离任后,他的继任者就不会像他那样与危险的宾客在一个锅里吃饭:不论是软弱无能,还是作为帮凶,这些继任者将亲眼看到杜月笙以及手下人如何颠覆法租界的体制,直到动作迟缓的法国外交部直接进行干涉,才重新恢复了部分局面。

当时的上海,蒋介石的形象还不像四月事变后共产党人所描绘的那样阴暗:工人阶级的敌人、资产阶级和洋人的走狗。他对共产党人的憎恨既没有使他去镇压自20年代末在正式工会领导下风起云涌的工人请愿活动,没有服从被国民党新政权刻意打压的资本家的利益,也不接受重新给迅速下滑的外国人特权以补偿。在他掌权后的岁月里,上海的舆论和蒋介石本人都不认为他是反动势力的旗手;相反地,被看作是孙中山的继承者、三民主义的捍卫者和国民革命的创始人。

从起义罢工到城市恐怖:共产党影响在上海的衰弱

在蒋介石将国民政府定都南京的十年里,中国革命运动,首先是中国共产党领导的武装斗争也在乡村如火如荼地展开。遭受国民党政权镇压而转入地下的中国共产党领导机关很快撤离了上海,只有极少的共产党员留在上海,继续同国民党警察展开斗争。由于失去了工人基础,同时中断了与资产阶级精英间的联系,这些共产党人的行动受到很大局限,只得开展一些突击队行动或暗杀锄奸,不过市民的积极参与并没有因此而停止。正好相反。1930年代上海的群众运动,不论在规模上还是各阶层的参与上,都与前十年不相上下,只是其政治与意识形态背景则完全不同了:一方面,中央政府发生了变化;另一方面,日本加快了侵华步伐。

直至1927年,北京政府的软弱无能和距离遥远,使上海的管理阶层保留了某种从民国初期改革继承下来的自主权。地方军阀的割据政权也只是断断续续:一个军阀驱赶另一个军阀或者为了争夺财源而反目。自1927年蒋介石定都南京起,上海即成为第二首都。政府部长和达官显贵在政治首都与经济首都之间不停地来回穿梭。上海特别市政府的市长由中央政府直接任命。因为有了这种任命,再加上中国恢复了对会审公廨的主权,南京政府就重新获得了对两个租界内中国居民的司法控制,从而得以有效镇压共产党人的活动。

国民党政权并不只是在地理上更靠近上海,也不是更积极主动,而是发生了质的变化,因为她以世纪的第一个25年的斗争中所发挥的作用,以及号称忠于孙中山及其学说而得到了革命的合法性。国民党的华丽词藻把这场革命说成是进步的象征。此后,当国民党政权的军事独裁特征日益暴露时,还是满口的革命辞藻。这种模糊不清的宣传严重限制了各类群众运动,无须令其瘫痪,但抑制其影响,并且无须清除其破坏性内容。

在1927年"四一二"事变后的两周内,白色恐怖摧毁了上海的革命浪潮:5 000人被枪杀或失踪,革命工会组织的工人武装被消灭。中国共产党和总工会被国民党宣布为非法,从此转入了地下。

共产国际并没有从这次失败中吸取正确的教训,而是归咎于苏共党内反分裂的斗争,先有托洛茨基反对斯大林,后有布哈林反对斯大林。为了捍卫斯大林的权威,共产国际和中国共产党就把失败的责任归咎于总书记陈独秀,指控他犯了"右倾机会主义错误"。要重新夺回上海劳工界,他们的战略是建立在这样一种假设之上,即1927年四月事变只不过是前进路上的一场事故,对革命的高涨不会产生重大影响,今后的斗争要全心全意地依靠无产阶级。这是错误的假设和灾难性的战略。自1928年到1935年,中国共产党中央委员会执行了一条激进路线,试图再次发动起义罢工。然而上海的无产阶级还没有就新的革命冒险做好准备。这并不是说四月事变使工人丧失了战斗力:1927年秋,罢工运动又重新兴起。但这次工人运动很快就被国民党支持或容忍的官方工会所操纵。

第八章

革命的熔炉

在决定不再与那些对1927年四月事变负有责任的团体联盟之时，中共领导层还认为学生们属于"小资产阶级"，经济界的精英则是蒋介石的附庸。他们也不再去利用公众舆论中前所未有的反日情绪，而只希望保持党的意识形态纯洁性，结果使自己陷于孤立。这种无能为力还表现在组织一些既作秀又无用的行动。国内外所有的革命纪念日，都成了他们在上海的马路上、尤其是南京路上搞"飞行集会"的藉口。一些行动小组成员从人群中突然走出，力争在被闻风而至的警察抓捕之前，高喊口号，散发传单。这些引不起民众共鸣的表演，不仅使租界当局和国民党政权对共产党的镇压更加歇斯底里，而且还让"飞行集会"的参加者面对更严酷的镇压：被逮捕和被枪决的越来越多。

针对白色恐怖，共产党人也以牙还牙。在周恩来的领导下，党的特工科在许多大城市里展开行动，清洗告密者和叛徒，以及不服从党纪的人。在上海，特科负责人顾顺章，曾是南洋烟草公司的一名技工，1924年入党。在广州，他担任共产国际顾问鲍罗廷的警卫员，后来到海参崴的格帕乌（Gepeou，苏军军事情报局）基地受训。1927年春上海武装起义期间，他指挥一支工人纠察队。事变后，他装扮成街头艺人，在先施公司的舞台上表演魔术，他还联合了一批武功高强的杀手，暗中准备刺杀行动——有人认为，1928至1929年间的三十来起谋杀事件，都与其有关——他还在国民党的要害部门和两个租界的警署中安插卧底人员。1931年4月，他被派往武汉行刺蒋介石，但在被捕后很快就变节了。由于他的叛变，数千名共产党人被指认，在7月"红色白昼"期间遭受逮捕和被枪决。为了报复，共产党特工队绑架了顾家的四名家人：他们残缺不全的尸体于数月后在法租界的一条小巷深处被发现，同时，在租界不同地点还发现另外30来具被处决的无名尸。尽管这类报复行动在大文学家和左派斗士鲁迅的眼中完全合法，他宣称："血债要用血来还"⑭，但这些仇杀还是引起了公众舆论的恐慌，促使租界当局与国民党加强合作追捕共产党人。租界当局对各自巡捕房中流传共产党的宣传也深感不安。英国人担心这将会造成重要的上海印度人社团的不稳定，而法国人则担心动乱会蔓延到印度支那。

逮捕、处决和背叛使共产党丧失了大批有生力量，从1927年4月的8 000人下降到1934年的300人。宗派主义也对党造成了巨大破坏。1929年，陈独秀为了寻求历史的宽恕而加入了托洛斯基派，随他一同加入托派的共产党人都毫无例外地被党中央开除出党。许多地方领导人也开始批判党的新领导人瞿秋白、李立三，以及从1931年起掌握中央权力的"28个半布尔什维克"强加给他们的冒进和教条主义路线。实际上，这些身处第一线的地方领导人每天都要面对几乎无法完成的艰巨任务,他们要在军警严密的监视下重新唤起上海工人群众的革命热情,而这些工人群众受到秘密社会和官方工会的钳制,只关心维护他们眼前的经济利益。这些"现实派"的领导人之一何孟雄(1901~1931),就扬言要与官方工会合作来组织纯经济性的罢工。1931年1月,当他在公共租界参加一个会议时被逮捕,随后被引渡给国民党当局,与另外26名同志一起被枪决。关于他被捕的内幕,一说是地下工作者无法避免的命运,一说是党的领导层为清除这些危险的竞争对手而故意泄密的,真相无人知晓。

共产党在上海的活动越来越艰难。而在广大农村地区,发动贫苦农民,展开革命武装斗争正成为共产党人新的战略,伴随各地苏维埃的建立,行使起国家权力。在上海,虽然中央委员会制定的路线更加符合马列主义的原理,但与社会经济的现实完全脱节。共产国际透过中共中央,操纵派系斗争,把上海共产党人当作了人质。

1930年代初,共产国际从未对华派出过如此多的代表,发送如此多的信件,安插如此多的特工和送来如此多的资金。中国共产党的命运越来越被漠视,上海成了一处国际革命运动的中转站。在北京和伦敦的苏联使馆遭到不同程度的袭击后,苏联政府考虑是否还要利用其外交使馆来维持与当地共产主义运动的联系。因此最常用的做法把搜集情报和联络任务交给那些乔装成商人、记者和教授的特工。在亚洲,这类间谍网都集中在上海,他们中就有左尔格(Richard Sorge)和牛兰(Hilaire Noulens)。后者就是共产国际远东局的负责人,负责领导亚洲各国共产党的活动和每年提供大约1 700万法郎的财政资助[15]。尽管他非常谨慎——拥有七处住所、八个信箱、十个银行账号和数不清的化名,但他还是在1931年被公共租界的警察逮捕,后被南京法庭判处死刑。多亏以法国著名作家亨利·巴尔布斯(Henri Barbuse)为首的委员会在国际上发动左翼知识分子进行救援,同时也在上海的美国记者艾萨克(Harold Isaacs)和斯诺(Edgar Snow)以及中国民主人士的营救下,牛兰的死刑判决被改为无期徒刑。牛兰被捕时抄出的大量文件,让巡捕房得以逮捕其他特工和破坏其组织网络。从此,上海与莫斯科之间的联系变得更加困难,到了1934年8月,共产国际设在上海的秘密电台被查禁,两地间的联系就完全中断了。

当时,中共中央早在18个月前就撤到了江西根据地。这次迁移结束了党的领导机关和上海留守人员之间的直接联系。1934年末,红军开始长征,上海的共产党人更加形单势孤。唯一能够继续施展影响力的是左翼知识分子阶层,他们在作家协会、记者协会或电影家协会内与左翼知识分子保持密切的接触。在红色民联的名义下，这些组织以共产党人为核心，团结了许多同情者、同路人、爱国者和自由派人士，这些人极端敌视越来越独裁的蒋介石政权。尽管他们为共产党做了大量宣传工作，但这些团体以其社会声誉和成员的多样性避开了最严厉的镇压。正是由于他们的努力，上海共产党人在这个被禁锢的地方打开了一个突破口，保持了与上海社会的某种联系。他们这种自发的举措，比1935年由共产国际和中共中央正式提出的"统一战线"政策还要早。出于发动民众抗日救国的强烈愿望，统一战线政策在上海赢得了理想的施展空间。

救亡运动和群众运动的新高潮

在1930年代的上海，大规模的群众运动空前高涨。舆论界也以前所未有的规模评论时事和要求政治家满足他们的请求。舆论界所表达的是抗日，所要求的是武力反抗强邻的侵略。1920年代的反帝斗争让位给了救亡图存的斗争，一场抗日的爱国主义斗争。日本加快了侵略脚步：1931年侵占东北，1932年侵犯上海，从1935年侵入北方数省，到1937年，抗战全面爆发。

上海社会爆发出高昂的爱国热情，对于国民党政权，既是张可打的牌，又是个危险。骨子里是民族主义者的蒋介石不能完全依赖民众的情绪。蒋介石深知中日两国军力悬殊，他要等待时机，把反对侵略者的抵抗行动尽量延后，优先致力于经济现代化和国家统一问题，也就是说，要消灭共产党和红军游击队。因此，民众的民族主义有可能向反政府的方向转变，成为国共两党政权争夺战中的重要筹码。中西方史学家通常以这种角度进行研究，得出共产党必然取得胜利的结论。然而救亡运动本身越来越像是一支重要的政治力量，它主宰了上海与中国其他大城市的政治生活。它的组织结构也不像国共两党那样严密，但其影响力却能穿透城市社会的各个阶层，极大程度地唤醒了民族意识。

上海正是处在这股浪潮的中心，这种高涨的民众的民族主义将谱写20世纪中国的历史新篇章，并且毫无疑问地在21世纪到来之前继续感受到其影响力。1928年针对日军武装侵犯济南*而爆发的抵制日货运动，给了国民党当局第一次操纵民心为己所用的机会。这次的经验在1931年大规模抗日风潮到来时，显得非常有用。

---

* 日本人进行了干预，企图阻止蒋介石国民军队对北方省份的推进，日本人想将这些省份置于自己的控制下。

抗日救亡运动起因于东北事变。1931年9月18日,日本军队在中国军队毫无抵抗的情况下占领了该地区。率先行动起来的是上海的大学生。他们组织罢课、示威、游行,又在传统的模式中加入新的方式:派代表团赴首都南京请愿。政府最高层官员与蒋介石本人都在正式会见的场合中,以大量的许诺与劝慰之词来试图平息青年人的愤怒⑯。学生的爱国行动很快得到了各界响应,商人们再次发起抵制日货运动;工人在上海的日资工厂中组织罢工;新闻记者发表一篇篇义正词严的文章;甚至连妇女同胞也决定成立女界义勇军来保家卫国。这场大动员得到了国民党地方党部的支持。国民党一方面试图掌控这场社会动员,一方面又在

1932年日本军队对闸北的进攻
（Keystone）

1932年2月,中国难民拥挤在英美租界的入口处(版权保留)

第八章

革命的熔炉

在一·二八事变中被炮火炸毁的闸北工厂区（上图）和商业街（下图）

上海组织了囊括社会各界所有救国团体的抗日救国委员会。这场半官方的运动随着9月26日召开的市民大会而达到了顶峰。在老西门体育场，在上海老城的大街小巷，成千上万的学生、布尔乔亚、职员和工人高喊着反日口号，要求对那些不遵守抵制日货的人处以极刑。示威之后，即在治安巡警同情的目光下，沿着上海的主要大街举行了游行。

上海，作为抵制日货和学生运动的大都市，居住着3万日本侨民，这些人生怕自己的身家性命受到伤害，要求日本政府给予保护。为了避免可能成为军事干涉借口的任何摩擦，华界市政当局显得特别节制。在北站，请愿学生与警察之间爆发了多起冲突，请愿学生要求乘火车去南京，而遭到警察的阻挠。最严重的一次冲突发生在12月9日，15 000名学生将市长扣作人质，并组织起人民法庭对警察局长作缺席审判。

日本人一直认定国民党是抵制日货运动的主使者，这并非完全没有理由。1932年1月28日，日军攻打闸北华界，五个星期之中，日军遭到了国民党十九路军的顽强抵抗。工厂、民宅在炮弹、坦克和汽油弹的狂轰滥炸下被夷为平地，许多士兵和平民惨遭杀害。日军对这个人口稠密地区动用了最先进和杀伤力最大的武器：这在世界上也是首次。使用这种残酷手段预示了烈火与钢铁交织的暴风骤雨将在几年后摧毁欧亚的许多城市。

如果说侵略东北伤害了上海人的民族感情，那么闸北之战就直接危及到了城市的生存，但上海市民的积极参与并没有停止。支前援军和赈济救灾代替了以前的爱国游行。社会舆论认为由国联出面调解停火谈判是不能令人接受的。号召继续抗战的《生活》杂志，成为上海和中国所有期刊中发行量最大的杂志：15万份。1932年的夏秋，抵制日货运动又经历一次短暂的高潮。然而这次主要的组织者不再是各个商会、会馆和学生团体，而是秘密社会。恐吓取代了说服，谋杀和炸弹代替了示威游行。好像在充满暴力与悲情氛围的上海，任何运动都无法摆脱恐怖主义的厄运。

1931年的运动没有像1919年运动那样投入文化革命，也没有像1925年那样发动总罢工，它所具有的重要性在中国的历史文献里经常被低估，因为共产党人没有参与运动之中。这种重要性，如先前的运动一样，来自于各阶层民众的积极参与和社会动员的规模。其独特之处在于利用各种派别间的争斗，对中央政权施加影响。

国民党左翼领导人汪精卫反对蒋介石的立场就十分显眼，从两人之间争权夺利和如何对待地方分裂主义到意识形态上的交锋，从将领间的你争我夺到政治作

第八章

革命的熔炉

战,双方的对立处处可见。1931年的运动就在汪精卫及其派系成功迫使蒋介石暂时退出政府的内斗中起了关键性作用。国家高层领导人利用群众运动争夺权力是国民党时代中国政治生活的惯用手法之一。然而民众介入政治领域造成的结果往往是人事的改变,而非政策的改变。这就是1931年的情况。蒋介石的离开没有将中国拖入内战,而只是对领导层做了昙花一现的部分改组,因为他很快就重新夺回了作为政府首脑的大部分职权。

1935年至1937年,抗日救亡运动达到了前所未有的规模。点燃这场人民民族主义熊熊烈火的根本原因是日本侵占了东北三省,并阴谋将这些省份变成"自治地区",脱离南京中央政府,由亲日傀儡来管辖。1935年12月9日,北京的大学生再一次奋起抗议,作出迅速反击。他们的抗议运动很快得到了上海民众的热烈响应。

在许许多多的救亡协会中,最活跃的是文化界的协会,拥有近200名作家、记者和法学家。1936年1月,囊括所有救亡组织的上海各界救国会成立,拥有5 000名成员,可以动员两至三万示威者[17]。四个月后,20余省的代表在上海建立全国各界救国联合会。该联合会的领袖人物都是上海的精英,大多是著名的知识分子,如记者邹韬奋(1895~1944),1897年出生的经济学家、银行家章乃器,以及法学家沈钧儒(1874~1963)。1936年7月15日,全国各界救国联合会的领袖们注意到中国共产党提出国共再次合作的主张,于是发表公开信指出,消灭共产主义的政策已彻底失败,呼吁停止内战、一致抗日和保证言论自由。这封公开信在上海和在全国其他城市得到了极大的反响,但也加深了蒋介石的怀疑,他认为在这封公开信的背后有阴谋,是共产党为了自身利益而在操纵救亡运动。这种怀疑多少有些根据。自1935年中国共产党发表《八一宣言》,再次提出统一战线的政策后,上海共产党人就投入到日益高涨的民族主义浪潮中。他们告别了社会孤立,重新与工商界精英恢复接触,并加入许多救亡组织和团体。

然而,由日本侵华所激发的民族主义浪潮,绝非出自共产党的策划。全国各界救国联合会是独立自主的组织,1936年11月,该会就出钱出力支持上海日资纱厂的两万名罢工工人。对这种局面一无所知的蒋介石,顽固地推行对日妥协的政策,悍然逮捕了全国各界救国联合会的七位主要领导人,结果招致全上海乃至全中国的城市社会的反对。遭受囚禁的领导人被誉为"七君子",成为民族英雄,而要求民族和解和武装抵抗日本的呼声也愈发强烈。如果一个月后没有发生西安事变,蒋介石会作出让步吗?人们无法确定,因为在当时的中国,解决政治冲突往往通过武力。但全国救亡运动以其浩大的规模和声势,为和平解决西安事变和获得出人意料的结局创造了有利的心理与政治环境。

  在1930年代，深重的民族危机与救亡图存把曾在1919年五四运动中出现的社会正义、政治参与和捍卫民权的要求降到了次要的位置。的确，少数知识分子想利用全民动员来实现民主的事业。但这些热衷于选择自由民主第三条道路的人，所希望的是体制改良，而非制度的彻底改变。爱国主义热潮所孕育出的社会动荡与知识界的激情，对于国民党政权来说，有造成社会动荡的危险，国民党对此非常清楚。如果说这一时代的群众运动没有造成类似十年前那样的巨大动荡，那主要还是因为国民政府保持了高度的警惕。将维护政治稳定与独裁统治视为同等重要的蒋介石政府，绝对优先考虑维持社会秩序，并把秘密社会作为其可信赖的工具。

注释

① 鲁林（Alain Roux）：《Espace et politique dans la Shanghai de la première moitié du XXe siècle》，手稿，2002年1月，第20页。

② 参见谢诺（Jean Chesneaux）：*Le Mouvement ouvrier chinois, 1919–1927*，巴黎、海牙，Mouton，1962年版；裴宜理：*Shanghai on Strike. The Politics of Chinese Labor*。

③ 顾德曼：*Native Place, City and Nation. Regional Networks and Identity in Shanghai, 1853–1937*，第263~265页。

④ Jeffrey Wasserstrom：*Student Protest in Twentieth Century China: The View from Shanghai*，斯坦福，斯坦福大学出版社1991年版，第57、71页。

⑤ 裴宜理：*Shanghai on Strike. The Politics of Chinese Labor*，第70~72页。

⑥ 参见白吉尔：*Sun Yat-sen*，第344页。

⑦ Van den Ven, Hans：*From Friend to Comrade. The Founding of the Chinese Communist Party, 1920–1927*，伯克莱，加利福尼亚大学出版社1991年版，第59~64页；Steve A. Smith：*A Road is made. Communism in Shanghai 1920–1927*，里士满，Survey Curzon Press，2000年版，第13~19、24~25页。

⑧ 法国外交部档案，E 515-4类，第342卷，国外媒体研究选集，《Monsieur Naggiar》，上海通信。

⑨ 法国外交部档案，E 515-4类，第342卷，国外媒体研究选集，《Monsieur Naggiar》，上海通信。

⑩ 法国外交部档案，E 515-4类，第341卷，法国电车公司致法国外交部信，1927年3月27日。

⑪ 法国外交部档案，E 515-4类，第342卷，上海总领事那齐雅电报，1927年5月27日。

⑫ 鲁林：*Grèves et politique à Shanghai. Les désillusions, 1927–1932*，巴黎，法国社会科学高等研究院出版社1995年版，第59~60页；参见Honing, *Sisters and Strangers, Women in the Shanghai Cotton Mills, 1919–1949*；裴宜理：*Shanghai on Strike. The Politics of Chinese Labor*。

⑬ Brian Martin：*The Shanghai green Gang. Politics and Organized Crime, 1919–1937*，伯克莱，加

利福尼亚大学出版社1996年版,第113页及其后。
⑭ Patricia Stranahan: *Uaderground: The Shanghai Communist Party and the politics of Survival, 1927−1937*, Lanhan,牛津,Rowman et Littlefield,1987年版,第120页。
⑮ 魏斐德,*Policing Shanghai 1927−1937*,第146~147页,第371页注释97。
⑯ 关于1931年抵货经过和社会各阶层投入运动情况,参见 Wasserstrom: *Student Protest in Twentieth Century China: A View from Shanghai*,第174~175页;柯博文:*Facing Japan Chinese politics and Japanese Imperialism, 1927−1937*,剑桥,麻萨诸塞,东亚研究协会,哈佛大学,第32~55、330~342页;安克强:*Shanghai 1927−1937. Elites locales et modernisation dans la Chine nationaliste*,巴黎,法国社会科学高等研究院出版社1991年版,第83~86页。
⑰ Stranahan: *Underground: The Shanghai Communist Party and the politics of Survival, 1927−1937*,第197页。

第九章 秩序与犯罪

(1927~1937)

与共产党在1949年以后限制上海的作用所不同的是,1927年蒋介石的国民政府赋予了上海特别的重要性。这个政府从上海的银行家手中获取了大量预垫款项,但又不愿代表上海大资产阶级的利益,反而经常与大多数企业家发生冲突。如果说蒋介石对上海非常感兴趣,那只是表明他想把这座中国大城市变成城市的典范和国家现代化的橱窗,为了证明中国有保障大型都市发展的能力,以及赋予收回外国租界恢复中国主权的要求以合法性。

国民政府面临的挑战是严峻的,因为上海不仅是帝国主义的桥头堡,现代经济的大都市和革命的策源地,而且还是一座犯罪横行的城市。重建公共秩序,包括道德和政治的秩序,就落在上海特别市政府的肩上,但却遭到为控制民众和城市财政资源而挑战政府行政权的秘密社会的强烈反对。造成这种冲突的原因,就在于政府当局与秘密社会组织之间越来越紧密的合作。流氓帮会合法化并赢得尊重,而因受贿贪污变得腐败透顶的政府却落到被毒枭控制的地步。其后果就是:当秩序重建之日,也就是黑势力获胜之时。

大上海市政府

上台伊始,国民政府就表现出解决两大挑战的决心:一是城市基础设施落后;二是华界不安全的社会环境。自清末民初连续进行的华界社区改造,因1920年代军阀的专制暴力统治而被迫放弃。从此违章乱建的房屋比比皆是,完全无视安全规定。界内道路无论是长度还是质量都远逊于租界。公共交通也严重不足:闸北区根本没有公交车,穿越南市老城的有轨电车也无法与租界的电车线路对接①。

在这个时期,犯罪案件层出不穷:1927年,据华界市府统计发生了5 000件轻重罪案件②。这种高犯罪率与人口的快速增长直接相关。1930年,上海市人口约300万,租界与华界的人口几乎相等。伴随工业化与都市化而衍生的犯罪活动,由于警方各部门之间缺少协调,以及由于1920年代社会暴力运动的影响,变得日益严重。其间还要加上外国租界里弥漫着的赌博、卖淫和不择手段捞钱的不良风气。这种社会现象还因为财富的两极分化极为悬殊而更加恶化:1920年代初,新来的移民和流浪者估计在10万人左右③,随着政治与经济局势的变化,大量的失业者与游民使这类人数暴增。乞讨、敲诈、持械偷盗、绑架、暗杀、贩毒成为这些底层贫民的谋生手段。维护秩序的传统手段,如商团或连坐保甲都无法阻止犯罪率上升。袁世凯于1913年为市政现代化而成立的警察局也变成后来军阀手中的工具,专干不入流的勾当。

国民政府要重建华界的秩序,它同时打出两种旗号,一是以恢复传统的名义,一是宣扬革命的理想。在封建的中国,所有新的王朝在夺取王位掌握政权之后都要恢复秩序,巩固社会稳定和强调道德规范。蒋介石也将这类目标视为己任。在他看来,犯罪或世风日下只会导致政治上的激进主义。因此新生政权必须以提倡符合传统文化的传统和保障社会和谐,作为执政的最高目标④。然而,他在强调传统道德主义的同时,又称自己是中山学说的忠实信徒,孙中山的三民主义理论之首就是民族主义。在19世纪,洋人以中国物质匮乏和行政滞后为由,从清政府手中获取了特权和租界。现在结束特权和租界的时代终于到了。恢复华界社会秩序、改善基础设施与现代化行政,是为今后中国人管理这座大都市和取代既不受欢迎又无用的租界政府做出明证。

蒋介石政府还在上海推行了儒家文化理想和民族现代化规划相融合的城市政策。自1927年起,这种政策就由中央政府直接监督执行。上海和新首都南京一样,国民党的政策首先是建在权威原则之上,更确切地说是为了使权威得以贯彻。政府在推动地方官僚机构现代化的同时,于1927年7月成立上海特别市市政府。尽管国民党政权具有独裁特性,但在行动上还不能放弃与地方精英合作。这种曾使封建政权度过许多困难阶段的传统策略,在南京政权的最初十年里则是以行会主义形式来体现的。不容置疑的是,上海精英阶层已经丧失了他们自19世纪末以来所具有的公共事务管理人的角色,他们领导的机构也已成为市政府的附属单位,施展空间大为缩减。然而他们毕竟还在半官方组织内保持了不容忽视的权力,因为置身于国家机器之中有利于协调双方的行动和相互施加影响。

新的市府管辖范围涵盖大上海,除城内华人区域外,还包括周边许多村庄和

1927年的上海市政府

农村地区⑤。这是市政当局首次单独统辖上海城市的各个不同区域：在南边，是老城及周边地区；在北边，是闸北地区；西边是郊区的工人集中地带；以及黄浦江对岸荒凉的浦东地区。

由南京政府任命的市长拥有极大的权力。他领导着市府各部门和警察各单位，也负责指挥城内的驻军。他有权任免城市各级官员，而只对中央政府负责。新的特别市政府拥有很大的行动自主权，至少比市议会这个根据法理具有监督行政权的立法机构权力更大，而且从来不用选举。市府的小内阁全体成员由市长任命，其角色纯粹是咨询性质。在最初的几年里，拥有许多激进青年军人的国民党地方党部试图干预市府的决策，使其政策方向符合国民党所炫耀的革命理想，但不久党部就放弃了这种企图。因为一旦与市府发生争执，就必须到南京去，甚至有时要蒋介石亲自出面才能解决。

尽管裙带关系在招募人员中仍起着不小的作用，但毕竟市政的现代化使员工的素质有了改善⑥。30来位重要部门的负责人，年龄大多不到40岁，并且都拥有国内外高等教育的文凭。在级别较低的官员中，当地毕业的大学生、中学生占了全部1 500名员工中的一半以上。这个新市政机构的代表性人物，广东人吴铁城（1888~1953）曾受教于浸礼会教会学校，后又去东京明治大学就学。1910年，他与孙中山合作从事革命活动，并在1920年代初领导广州警察局，1929年，他进入国民党中央执委会，与蒋介石的关系非同一般。作为政界要人，他以精力充沛和手腕圆滑而著称：他从1932到1936年担任上海市长，恰好这段时间也是上海市政取得重要成绩的时期。

税制改革是行政现代化的一部分。1927年，十来种不同税收效益极差。一方面,直接税(主要是居住税)是建立在以前调查的基础之上,没有考虑到1920年代房价暴涨的因素。另一方面,各种间接税的征收(车辆、船只、家畜屠宰和烟酒交易等)一般都委托公所来执行,而公所却竭力缩小税额,甚至有时还挪用税款。为了收缴这些必要的资源,市府财政局对这种早已过时的制度进行合理的变革,推出统一税率的居住税税基,终止了与公所的委托合同,并委托市府相关人员直接征收间接税。对于这些变革,纳税人并不看好,因为这些变革不仅增加了纳税额,而且还使许多公务员闯入了公所自认为是体现自身价值的领域,不仅破坏了惯例,还损害了特权者的利益。市政府通过软硬兼施,一面进行谈判,一面利用警方胁迫,结果每年成功地增加了25%的税收,但还是入不敷出。

警务现代化是市政府优先考虑的另一件大事。为此,市府设立了公安局,拥有3 500名警员,其中大部分为旧政权服务过,也有在北方的军校和日本警官学校受过训的年轻警官⑦,目的是要创立一支拥有现代化武器装备,纪律严明,忠实职守的治安力量,以其专业性改变当地居民和外国侨民对中国警察所具有的极坏印象。公安局对警员不断地进行培训,配置了一座可存放4 000件武器的弹药库,统一了警察服装和制订了准军事化的规章制度。根据不同区域重新设置了警察分局和派出所,并配备电话设备。尽管市政府因此耗费巨资,但还是坚持进行这些变革。上海特别市市政府的重要性,使其像南京一样,有必要任命德高望重的人出掌公安局,如蔡劲军将军。

在北部郊区江湾创建新的市政中心,标志着市政府推动现代化和摆脱外国人束缚的决心。汲取了美国经验的设计规划也融合了民族建筑所特有的风格。1933年,新的市府大楼落成,随后大部分市政机构陆续搬到其中。也正是从这个被称作"模范区"的江湾镇开始,拉开了新生活运动的帷幕。

道德秩序与社会控制:新生活运动

为了对中国社会实行文化统治和追求思想意识的一致,同时符合中国的道德价值、社会规范和政治舆论,也适应日常生活举止以及政党活动,当局采取了强制手段:1928年制定的《暂行反革命治罪法》将传播一切有悖于三民主义的学说视为犯罪并予以惩罚,1930年的出版法赋予媒体检查官全权惩处一切敌视政权的出版物作者。但是,国民政府也要符合中国历代政权倡导教育的传统,也想教育百姓,重振精神和民心。这就是1934年初蒋介石和他的幕僚发起新生活运动的原因。

对这场冠以民族文化复兴的运动的性质,众说纷纭。保守派指控这场运动具有太多的西方价值观——自由主义、个人主义、民主——而1919年"五四"运动的知识分子就是要把这些价值观引进中国。新生活运动号召重建儒家规范,崇尚道德和社会伦理,宣扬集体利益高于个人和社会团体的利益。然而,这场运动并不是想要简单地复古,对某些愚昧陋俗也作出了批判,并且宣称从法西斯主义中寻求了一部分灵感,能够解决现代化过程中所产生的社会与经济问题,蒋介石本人就是法西斯主义最大的推崇者。在他的新生活运动演讲中,可以找到许多希特勒和墨索里尼曾不断使用的熟悉词汇:颂扬牺牲个人,以及对元首和国家的绝对忠诚。人们把这称作是反映文化主义与保守的现代化在撞击中产生的"儒家法西斯主义"⑧。

在国民党内部,民众的动员工作由秘密组织蓝衣社主导,该社纠集了一批绝对效忠蒋介石的党徒,通过全国性或地方性的各种社团开展活动。在上海,官方宣传虽然不像内地省份那样容易占领阵地,但国民政府希望这种对国际性文化和开放都市的挑战能够得到回应。新生活运动始于1934年4月,得到上海市政府与公安局的积极支持。各种表演与大型集会此起彼伏。推广新生活运动的协会很快拥有了5 000名成员⑨。学校的教授似乎成了当局重要的合作伙伴:他们中的许多人积极投入这场运动,有的是迫于职业的考虑,有的是出于从政的欲望;他们的驯服顺从与运动的主要对象和遭受审查的作家、电影家、记者的谨慎或敌视,形成了鲜明的对照⑩。

蓝衣社也向学界渗透,招揽了许多理工科大学的学生。新生活运动提倡的军事化生活在大学校园和中小学里最为明显:穿制服、体能训练、服从指挥、组织童子军。在市府和警方的帮助下,新生活运动的支持者试图向广大市民推广这种模式,并要求其执行归纳为"九十五条"的守则。上海人因此要做到不酗酒、不抽烟、不跳舞、不大吃大喝,为人真诚,注意卫生,不随地吐痰,站有站相,衣着整齐,等等。如果嘲笑这些文明礼仪的话,那就错了:因为这只是蓝衣社发起消灭"腐败分子"和其他社会"叛徒"的恐怖运动的前奏。

特务机构蓝衣社由戴笠(1895~1946)领导,他也是军统的负责人。从戴笠和上海警察头目蔡劲军合作中产生出一种专门针对自由知识分子的真正的国家恐怖主义。1934年11月13日,民权保障同盟成员、著名的《申报》总经理、上海临时参议会议长史量才在离上海不远的公路上惨遭暗杀,当时他正同妻子儿女一道从度假地乘车回家。由于警方的同谋,让凶手逃之夭夭;为了平息公众的愤怒,蒋介石向受害人家属发了封唁电,其实凶手就是他本人指派的。犹如许多由上而下的群众运动一样,新生活运动也受到了上海人的强烈质疑。几个月中,所有口号变得空洞无物,运动也越来越流于形式,到了1935年底,只得黯然收场。

国家与社会的相互交织

在国家与社会之间,中国的传统没有设置制度性的屏障。为了渗入和控制社会,历代政权所用的手段也随时代的不同而变化,不过中国的社会及其精英通常与权力中枢结盟,盼望政府能够符合他们的理想和维持社会的和谐。这种盘根错节的现象,远比合作更重要。当西方史学家用一些对抗性的措辞来分析国家与社会之间的关系时,中国的国家与社会却正在相互交织而很少对峙。清王朝灭亡后,这种局面的确有了变化,尤其在上海,1920年代出现的新的社会团体——商会、同业公会、工人工会——都要求自治和权利。但从1927年起,这些市民社会的萌芽遭到国民党的扼杀,国民党的法西斯式意识形态把社会组织观念看得至高无上,极端重视超越个人和社会阶级利益的集体性利益。正如人们所言,这是儒家学说和行会主义的混合体,但由于两者的最终目的不同,它们给国家与社会的结合所下的定义也不相同:儒家倡导人文社会与自然秩序之间的和谐,而行会主义则强调民族国家的强大。

从中国社会任由政权渗入的特性来看,并不能得出国家控制非常有效的结论。尽管现代化有所进展和市府官僚机构扩大干预,尽管发动宣传攻势和借助暴力,上海社会还是保持了自己的行动空间。如果说上海社会不愿也不能公开与官方对抗,但还是能够经常摆脱官府绕着走。即使必须要服从的时候,也要通过谈判才能得到妥协,并提出自己的条件。

长期以来,研究中华帝国史的专家通过分析当权官员中的文化精英和来自地方绅士阶层、代表社区利益的文化精英的作用,来研究他们之间相互影响的游戏规则。这些现象在共和时代仍然存在,上海也不例外。历史学家们并不努力识别它们,而是对阶级斗争和新兴的市民社会更感兴趣。隶属于上海市府的社会局和国民党上海市党部管辖的七大官方工会,长期以来被贴上"黄色工会"的标记,因为这些工会的活动并不属于无产阶级革命斗争的范畴。人们对于这些工会在民国初期所具有的代表性和战斗性也保持缄默⑪,就像以前一样,闭口不谈上海许多工人曾经认同国民党政权的意识形态和接受家长式统治政策的事实,或在工人斗争中,那些像哥老会、互助会等传统组织所起的作用。

同样,所有新产生的专业协会,如银行业者、教师、工程师、医生、律师等协会,并没有像某些史学家所希望的那样,成为新兴市民社会的依托:这些社团被国民党当作新的合作伙伴，他们的爱国主义和现代化计划也被纳入官方规划之中。这种一面是国家介入，一面是要维护社团自主空间、甚至要创立市民社会空间的奇怪组合，不久前才被揭示出来⑫。实际上，从1928年起，为了加强对地区性社团的控制，国民政府已经强迫这些组织到市府和国民党市党部去登记了。地方社团对此措施虽未持异议，但故意拖延不办：1936年，依法完成登记手续的团体不足一半（上海65个社团中，只有27个完成登记）。消极抵制和游走于政策边缘，使这些社团避免了与国家政权发生碰撞，也能够寻求妥协之道。许多负责监督这些地方协会的官员和警察加入了这些团体，并向当局说这些组织的好话。沿着官方干预在这些社会组织内部打开的通道，流通是双向的。社会局和国民党要求这些社团宣誓忠效三民主义：这种强迫依附政权的做法旨在确保所有的社会团体听话驯服，这样才能给予其更大的合法性。但地方协会和其他社会团体反对税制改革并取得了部分胜利，都可以证明国家权威的局限性。

在南京政府最初的十年里，具有绝对效忠特质的同乡会组织，为了生存也试图软化这种特性。这些团体采取不同的策略来开创一个真正的市民地带。他们借用官方用语，利用地方自治等说法，不仅把自己说成是捍卫行会利益的团体，而且还是孙中山所提出的宪政国家的基础。他们选出有社会名望的领导人，希望能够获得这些人士的保护，作为交换，就给足这些领导人"面子"和更大的影响力。他们善于动员公众舆论，一有机会就发动媒体宣传与开展请愿运动。在任何情况下，他们都打着民族主义的旗号，以救国的名义而不是为了保障人权，使他们的要求合法化。

由此看来，国民党为消除上海社会上一切反对势力所建立的控制体系，其作用还是相当有限的。如果说自1920年代起这种控制就大为加强的话，那么，一旦国家权力衰弱到不再能够管理这些社会机构时，这种控制必然难以为继，也会令人怀疑国家权威的执行力。

不相称的结果

如果参照上海市府承诺的施政目标——现代化、恢复公共秩序和收回外国租界，那么城市管理的实际成果可谓是乏善可陈。尽管在市政建设方面还是取得了一些进步，如道路延展，公交完善，闸北有了公交车，老城的有轨电车也与租界的电车接上了轨。水的处理和供应有了改善，电力生产也趋合理。市府还在统一学制、引进卫生法规、发展公共卫生基础设施等方面取得了一些成果。

第九章

秩序与犯罪

在中央政府的支持下，经过上海市政府的努力，外国人在上海的影响力受到一定程度的削弱。虽然租界章程尚未被修改，但中国当局还是收复了一部分曾被洋人夺去的权力。从1930年起，公共租界与法租界的会审公廨被完全属于中国司法体制的省市法院所取代。市政府还成功地恢复了对城外公路的控制，设立派出所和开始征税。为了与外国租界作对，上海市府发起一场消耗战，制造摩擦或困难，而且总是引用那些具有限制性的条约、条款来辩解，有时干脆就不予理会。现实主义与谨慎小心，使得外国人拒绝诉诸武力。但一而再、再而三的妥协使他们的特权越来越少。中国当局也由此获得了对租界事务的真正监督权，特别是开始提高对外国大公司的征税额，并且要求招收中国青年学生入学的教会学校和中外报刊进行登记注册。

不过，所有这些业绩与他们的勃勃雄心相去甚远。贫穷、肮脏、恶习和犯罪依然如旧，虽然对租界的骚扰恶化了外国侨民的生活环境，但没有太多损害洋人的经济利益，更没伤及帝国主义在上海的基础。上海市政府不能做得更好些吗？从她微不足道的施政成果中，可以找出许多原因，而有限的时间也不允许她实施更大的计划。政权内部的分裂、市府与党部之间的争斗、国民党内部派系的斗争，前后任市长的尔虞我诈，都常常使行政作为陷于瘫痪。与南京的密切关系并没有给上海带来多少好处。由于追随蒋介石歇斯底里的反共政策和让地方警察局配合戴笠的特工人员工作，上海市政府无心与犯罪做斗争，而是热衷于抓捕共产党⑬。

尽管不断扩大征税和增加贷款，但是财政资源仍然严重不足⑭。一部分责任在于上海市政府本身的人事臃肿（1935年仅市级部门就有员工2 200名），完全不符合管理上的需要，各个部门都遵照权贵推荐随意招聘人员，每个负责人也要安插亲朋好友。南京政府对上海市政府的财政困境并非不知情，但还是把应该属于中央政府处理的事推给上海。这就使上海市政府不得不在1932年对日签署禁止在上海城市与郊区驻扎正规军的停战协议后，承担起维护治安和保卫城市的3 000名武装人员的全部费用。上海市政府还必须在毫无中央政府财政援助的情况下，处理1932年日军侵犯闸北和北部郊区所引起的严重危机的后果。还要负责支援前线将士，救助灾民，收容难民，因为成千上万的民宅与商店被毁，几百间企业与学校变成废墟，公共设施惨遭破坏，50万人陷于失业的境地。尽管可以指望私营领域的努力，但城市重建和振兴经济的重任还是沉重地压在市府财政上，而财政来源已经因战争破坏毁掉了一部分税收。

如此局面足以使市政措施变得软弱无力。不过还有一个更棘手的难题摆在政府面前：无处不在的犯罪集团正在为了控制城市、经济和民众，公然与政府抗争。

犯 罪 盛 行

在封建王朝体制下，国家机器从未对中国社会实行过极端严密的控制。官员不足、疆土辽阔，使得政府的管理网络中出现了很大的空白地带，其中不仅宗室家族、宗教会道门、文人团体、商人会所一派欣欣向荣，而且强盗团伙和秘密社会也成了生活无着的人和反叛人士的收容所。上海人口的快速增长正是因为要承受不断涌来的移民潮，这些因贫穷而背井离乡的移民在上海结成了一个特殊的阶层，无视公权力，完全按自己的法则行事，他们的存在对形成城市下层社会很有利。贫苦的人并不是都会变成歹徒，但不管愿不愿意，这些人为了寻求保护或出于被迫，既成为犯罪团伙的敲诈对象，也是其后备力量。1920年至1930年代，属于各个秘密社会的歹徒人数约有十万之众。

在1920年代末，甚至是整个1930年代，上海的犯罪团伙借口为国服务和服从政府，一直试图渗入到党政机构之中。曾在19世纪支持太平天国造反的哥老会和黑道团伙，继续通过红帮的活动发挥其影响。不过红帮因在辛亥革命起义中所扮演的角色受到了中央政权的严惩，于民国初期失去了些地盘，并且还面临着青帮越来越大的挑战[15]。

虽然青帮自诩为大运河上贩卖私货和船员团伙的传人，但在上海出现还是19世纪末的事。青帮的生存建立在几十位"老头子"携手合作的基础之上，每个"老头子"都有视自己为王的亲信死党。由这些堂主所领导的各个堂口之间的关系也不稳定。1920年代初，上海有三个主要帮派。顾竹轩（1885~1956）的帮派主要在闸北和虹口一带活动，控制了那里的茶馆戏院，他也在黄包车夫和从苏北来沪当苦力的同乡中招收成员。"大八股党"控制着鸦片倒卖，其活动中心在公共租界。法租界是黄金荣（1868~1958）的地面，他又被称为"黄麻皮"，这是因为童年时出天花在脸上留下麻子而得名。黄金荣既是法租界巡捕房的包探，又集地面上的保护人和敲诈勒索的头目于一身。

青帮按帮内辈分来划分等级。加入青帮须有前辈推荐，入帮仪式仿效佛教剃度的礼仪。所有成员必须按照侠客的传统遵守帮规，勇敢忠诚，保守秘密。然而，尽管这些做法来自于传统，但青帮毕竟是一个地道的上海组织，其发展壮大与整个城市发展的大环境有很大关联。

1900年时的鸦片烟馆（Schirmann 收藏，版权保留）

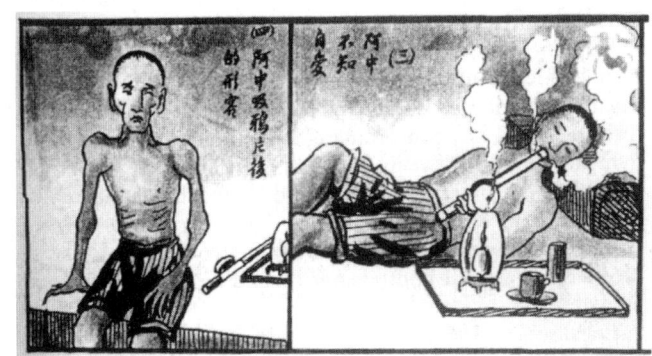

1925年时揭露抽鸦片陋习的国民党宣传画（法国外交部档案馆）

犯罪团伙活动猖獗是得益于三个各自为政的司法机构和华界与外国租界之间的争斗，因为只要穿过一条马路，换个区域，就能摆脱警方的追捕。西方列强实行的间接帝国主义政策也为犯罪团伙提供了额外的护身符。英国人和法国人一样需要中国人的合作来维持社会秩序。对英国人来说，他们必须发展自己的经济利益，最大限度地避免卷入政治或军事冲突；对法国人来说，他们希望像区政府那样管理自己的租界，但又心有余而力不足。出于同样的原因，外国大公司把许多贸易金融交易包给他们的买办去做，公共租界与法租界的警方也把大部分社会治安的任务委托给华人巡捕和暗探。然而，大部分租界的华人巡警都是青帮分子，有些人早先就是帮会成员，有些人是以后加入的。这种又是警察又是帮派分子的双重身份，既好管理又对他们的职业生涯有利，这可以使他们了解秘密社会和认识上司赏识的合作者，同时还能在同胞眼中加强自身的分量，甚至在敲诈勒索后能够逍遥法外。

鸦片与"犯罪肆虐"⑯

像全世界的黑手党一样,上海的秘密社会也靠干坏事为生。它充当一切不法行为,如走私、赌博、卖淫的保护人,并收取保护费。不过,在1920年代,秘密社会越来越深地涉足鸦片的买卖,从中赚取巨额利润。正是由于掌握了鸦片走私,青帮才能坐大和稳固自己的权势。

鸦片在上海所起的作用,就像是禁酒时期美国芝加哥的酒一样。不论哪一种,都属于禁止买卖之列。但由于存在着庞大的消费市场,刺激了走私泛滥,也让黑道分子拼命地要控制这一赚钱最多的市场。在上海,最主要的鸦片走私商是三鑫公司,名号虽显一般,但绝不是三金,对于那些控制鸦片走私的公司头目来说,是"一千零一金"。

1860年第二次鸦片战争后,进口鸦片合法化,直到19世纪末,鸦片进口是上海贸易发展的主要动力之一,之后又逐渐被国产鸦片所取代。20世纪初,清政府与西方列强达成协议,实行渐进式禁烟政策,直至1919年达到全面禁止进口与生产鸦片的目标。这项禁烟的政策使得走私鸦片价格暴涨,而当时垄断鸦片走私的是地方军阀和来自广东潮州的商人,以及黑社会混成的联合体。军阀方面的领头人物是浙江军阀卢永祥,他负责保障通往上海的鸦片运输安全;潮州商人负责囤积和销售,至于城里的青帮打手则负责保护安全交货,防止警方干预和其他帮派的打劫。公共租界成了鸦片走私的中转站:大八股党利用和租界巡捕房的特殊关

杜月笙,青帮头子(版权保留)

第九章

秩序与犯罪

系,拥有比其他青帮堂口更大的优势。但是巨额的利润引起了各方觊觎,使得军阀之间冲突频频,青帮内部争斗不断。

1924年,卢永祥垮台,公共租界当局发动了一次强有力的根除鸦片运动,使各种势力之间的关系大乱,鸦片走私的大本营也转移到了潮州商人聚居的法租界。从此,黄金荣利用他与外国巡捕房的特殊关系,在青帮内奠定了自己的地位。

从1925年起,法租界21家提炼和销售鸦片的企业得到了三鑫公司的"保护"。黄金荣和他的两个左右手张啸林(1877~1946)和杜月笙(1888~1951)是这间公司的掌门人。杜月笙很快就意识到了鸦片走私的重要性,并在鸦片走私中,开始了他传奇的一生。出生在浦东的杜月笙,原本是个目不识丁的农民,过着码头小流氓的动荡生活。自从结识黄金荣夫妇之后,他做了黄金荣小老婆的管家,并且毕生仰慕孝敬她。正是杜月笙与其他帮派头目和法国巡捕进行谈判,才使租界里的鸦片交货有了安全保障。他在公馆马路(今金陵东路)买下的首饰店,成了鸦片走私的司令部。作为杜月笙效力的酬劳,黄金荣把租界里的许多赌场、烟馆的"保护权"交给了他。至于张啸林,则擅长同中国军政当局打交道,同时也与地方新军阀孙传芳有着密切的接触。

最初,黄金荣的一套全是照搬公共租界"大八股党"的做法,靠拉拢行贿。三鑫公司赚的巨额利润(每年约5 600万元[17])足够支付中国军阀和法国警察大笔的贿赂。法国总领事魏尔登(A.Wilden)抱怨道:"1922年,我不得不解雇了一个警点的全部人员(一个警长和四个警察),这些人每个月从鸦片商手里收取500~1 000块现大洋:只是要求他们假装看不见[18]。"然而1925年,在法租界里交纳保护费几乎变成了制度,形成了一种鸦片包捐税的买卖。实际上,法租界的部分头面人物确信禁烟政策注定会失败,而且更加鼓励走私和腐败。他们请求公正廉洁的知名人士作保:"海关总督察建议全面废除禁烟令,设立国家专卖局,这也是本人的意见:只要中国还像现在一样……官商勾结生产鸦片,禁烟就将是个幻想[19]。"他们还以印度支那为例,那里的鸦片专卖局维持了殖民地的预算。但设立这样一个专卖局会遭到中国公众舆论的强烈反对,也会遭到在公共租界里开展禁烟运动的英美耶稣教传教士的反对。

因此,三鑫公司与法租界公董局的谈判维持着一种官方性质。正如众所周知的那样,协议确认了三鑫公司鸦片买卖的垄断地位,并得到法国巡捕房的大力保护,作为交换,三鑫公司每年向租界交纳1 000万元[20]。这笔交易完成后,杜月笙在租界的影响力大增,压倒了出身于上海显赫家庭、受到教会保护的中国天主教显贵们;在此之前,这些人还是历任总领事言听计从的顾问和公董局与当地居民之间的调停人。

两年后,杜月笙在"四一二"事变中起了关键性的作用,法租界公董局与其达成的妥协打破了原有的平衡。杜月笙的声望大为上升:他的权势压过了天主教显贵的势力,并可以同法租界当局一较高下。

青帮与"法国亲戚"(1927~1932)

1920年代末,青帮在法租界的影响达到了顶峰[21]。有组织犯罪的泛滥受到缺乏远见和权威的新任领事柯格霖(Edgar Koechlin)的纵容。这位在1928年12月接替那齐雅的总领事,根本无法抵御杜月笙和他收买的公董局与巡捕房的同谋所施加的压力。

此时的杜月笙已成名人。不仅是公认的青帮主要头领,而且连蒋介石也为了感谢他的鼎力相助,授予他名誉顾问的头衔,给他罩上体面的新光环。在法租界,杜月笙的权势有越来越取代公董局的趋势,过去他不过只是个听话的走卒而已。通过暴力和贿赂,杜月笙在法租界最重要的法国上层人物和行政官员中物色他的合作人。他是巡捕房总监费奥里的朋友,也是公董局董事维迪尔(Verdier)的朋友。在被他收买的人中,还有法国律师迪帕克(Du Pac de Marsoulies)。这位注重仪表,很有教养,在租界外侨与法国同胞中口碑甚佳的前殖民官员,却以公共利益等藉口,参与过许多令人不齿的活动:操纵彩票、走私军火和鸦片、投机房产,结果使他的名誉严重受损。自1924年起,迪帕克向总领事发起一场消耗战,他要争取巡捕房总监的位子。他梦想把巡捕房置于他这个有影响力的公董局董事的控制之下,以便谋取私利。在很大程度上是总领事那齐雅挫败了他的野心,1927年1月,那齐雅亲自任命了一个临时委员会来取代经选举产生的咨议会,并巧妙地将迪帕克排除了出去[22]。

依靠有权有势的朋友们帮助,杜月笙不费吹灰之力就获得了在租界垄断经营鸦片的新合约。1920年代末,鸦片买卖已经公开进行。只是由于英国人与美国人的反对才阻止了法国公董局接受杜月笙提出的新建议:向公董局和主要官员增加资助金额,并使之合法化,作为交换,对租界会审公廨通过的反鸦片法不予执行。租界公董局和青帮之间的勾结在不断地扩大。从此,法租界的保护条例涵盖了六家大赌场和许多规模较小的赌场。

不过,杜月笙并没有单靠贿赂来扩张他的势力。他在租界工会和商会中所具有的影响力,使他成为解决一切社会冲突的不可取代的调停人,当然是要根据他

第九章

秩序与犯罪

自身的利益来平息或激化这些社会矛盾。社会的稳定要靠他，租界企业的繁荣当然也要靠他。1926至1927年，他巧妙地阻止了革命罢工运动向法租界蔓延。在以后的岁月中，没有他这位斡旋先生的参与，微不足道的怠工都会酿成不可收拾的大祸。杜月笙在1928年和1930年调解法商电车公司的大罢工，就凸显了他对法租界当局和法国企业的重要性，而且还表明了青帮在租界工人组织中不断扩大的势力[23]。

法商电车公司成立于1905年，除了担负公共运输外（公共汽车、无轨电车、有轨电车），还负责供水供电，是法租界最重要的企业之一。该公司雇用员工1 700人，1925年组建了工会，吸纳了许多受到工头或青帮操纵的小帮派。1927年四月事变后，该工会清洗了一大批共产党员，但仍在国民党市党部所主导的官方改革的范畴内积极运作。不过，在随后的几年里，上海特别市市政府一再干预该工会与公司资方之间相互对立而引发的社会冲突，这就给了杜月笙调解三方矛盾的机会。在法国官员与企业家的眼中，杜月笙像是个不可缺少的经纪人、保障租界社会秩序的大买办。而在中国舆论和国民党的眼中，他是一位爱国的绅士。多亏了他的调停，上海市政府重新赢得了对辖区内的控制权。

不久，杜月笙在与法租界当局维持密切关系的同时，也加强了与上海市政府和国民党市党部的关系。这就是他能够在1928年12月和1930年6月两次解决造成法商电车公司瘫痪的大罢工的高明之处。的确，当时的局面很难控制。罢工群众在一些国民党激进分子的怂恿下，特别是受到工会中尚存的少数共产党人的鼓动，提出了有关工资和工会方面的要求，但是法国资方并不准备接受这些要求。然而，法方管理人员与中国劳工之间的微小纠纷都有可能演变成一场反帝运动，激起整个法租界（如1930年市政员工发起的罢工）、公共租界和华界工人群众的热烈响应。这中间还要加上国民党的不同派别抓住机会相互攻击，利用乃至激化法租界的冲突来达到整治对方的目的。杜月笙则行事谨慎和寻求妥协。当要舒缓工人的愤怒时，他就大把地撒钱：他出钱设立罢工基金，还不时替法国资方支付赔偿金与损失费。但是时机成熟，他就招来法国巡捕，大都是他以前的老板、现在的同伙黄金荣的手下，以及青帮打手，一举粉碎抗争活动。为了更好地控制工会，杜月笙不择手段地分化工会组织。为此他把电车公司的经营人员——司机和售票员——置于他的控制之下，放弃维修人员给共产党员徐阿梅去领导。1931年底再将徐阿梅逮捕关进了大牢[24]。

当时，杜月笙在租界的势力已不再是股神秘的力量：华人居民把他当作自己的领袖，法租界当局也给这位恶棍授予头衔和官位。为了赢得这种新的尊严，他必须把原来公董局的华董和中国天主教士绅排挤出局，因为在这些人眼中，杜月笙始终是个流氓和恶行昭彰的坏蛋。对杜月笙来说，要达到目的就必须不择手段，包括在1929年绑架法租界原来最受尊敬的华董之一魏廷荣；然而就在当年，法国总领事还是毫不迟疑地聘用杜月笙为公董局的华董。但杜月笙绝不像是个殖民政权的亲信人物，他为自己制定的角色是华人群体的发言人，支持所有民族主义的诉求。他利用租界纳税华人会来树立自己的合法性。1930年，他为纳税华人会有权参选公董局的华人董事席位向法国总领事提出请求，并获得了批准。

作为鸦片走私的枭雄，能够像控制帮会分子那样控制警察，能够煽动或舒缓工人们的愤怒，又是绅士阶层的头领，并深受国民党器重，杜月笙俨然成了法租界真正有权势的人。公共租界工部局和英国总领事馆对法租界的权力危机深感不安，法租界也成了上海西方帝国主义列强中最薄弱的一环。同样，在巴黎，也对如此削弱共和制度的做法提出了警告。1932年1月，当日本军队进攻上海时，宣布租界处于紧急状态，收复租界的活动就已经开始进行了。法国远东舰队指挥官、海军准将埃尔（Herr）为首的军事当局取代了文官行政机构。许多既称职又富有经验的官员获得了任命：梅礼霭（Meyrier）担任总领事，法布尔（Fabre）担任巡捕房总监。2月，杜月笙被要求辞去公董局华董的职位，一场打击鸦片的斗争又再次展开了。

法国人重新夺回对租界的控制并非一帆风顺。3月初，那些不能保护杜月笙的友人，如原总领事柯格霖、律师迪帕克在几天之内都神秘地因病暴卒。7月14日法国国庆前夕，法商电车公司的工人突然宣布罢工。新的法租界当局不得不作出让步，而杜月笙也是全身而退。他把三鑫公司迁出了法租界，当他把囤积的鸦片转往华界时，法国巡警提供了全程保护。

掌 控 华 界

从此，在国民党和市政府的积极支持下，杜月笙把所有的生意都向华界集中。国民党政权与青帮之间的合作，在上海乃至全国都显得那么亲密无间。杜月笙与国民党政权共同分享鸦片走私的暴利。这些钱可以用来剿共，这对蒋介石来说是重中之重。杜月笙本人也要运用这些钱来完成控制华界的布局，为自己买到政治与社会的名誉。杜月笙摇身一变成了上海的大亨和官场的重要人物，充分说明了美丽辞藻与现实之间的巨大反差。政府极力鼓吹的道德规范居然在一个大流氓身上得以体现，而禁烟局也为毒品走私继续提供后勤援助。道貌岸然的歹徒与罪恶累累的政府,为了维护各自的利益进行着同样的战斗。

1932年起,"法国亲戚"也为国民党和杜月笙联手垄断鸦片买卖让出了一条路。在理论上,禁烟政策仍然有效(始于1919年),甚至还更加严厉,这主要是受到政府中某些要员的影响,如宋子文。严厉的禁毒政策伴随着政府的垄断,直接正式地规范毒品消费以达到更有效地禁烟目的。事实上正相反,国民党政权利用垄断特权将走私鸦片的暴利敛为己有。在上海,杜月笙握有鸦片的专卖权,作为交换,他每月上缴财政部300万元[25]。另外每月付给地方当局(市府、警方、兵营)的保护费也在几十万元上下,但这些预付款比起他们的暴利来显得微不足道。

当时上海是亚洲乃至世界的主要毒品市场之一。每个月,上海从印度和伊朗进口约13万磅鸦片,此外还从云南和四川购进大量鸦片。这些鸦片在十来家提炼厂中加工,这些加工厂绝大部分设在华界的码头。鸦片成品中一部分供出口,一部分在本地市场消化,据统计,上海吸食鸦片的人有10万人之多[26]。依仗着政府签署的授权合同,杜月笙的生意从此一帆风顺。他所有的零售商都有官方营业执照,并受警察保护以防其他贩毒团伙骚扰。海关和上海禁烟委员会把没收的走私鸦片重新放到官方认可的渠道里销售,而杜月笙本人就是禁烟委员会的成员。政府对鸦片水货的打击更加强了杜月笙对市场的控制。从鸦片中攫取的庞大资源,无论对政府还是对青帮都是至关重要的,尽管有时会因为分赃不均而引起龃龉,但统治者与犯罪分子之间已经形成了极深的同谋关系。有时,小恩小惠可以维持友谊:正是出于这种考虑,杜月笙以保卫国防为名,向蒋介石捐了一个空军中队[27]。

国民党政权对这位大毒枭爱护备至,也协助杜月笙把他的势力渗透到上海社会的各个组织中,从各类工会到各家商会,从爱国慈善团体到市府议会。同时,他在这些组织团体中的活动俨然就把自己当成他们的代表,甚至是上海社会的保护人。他与政府一道给青帮以合法性,而这种合法性又进一步加强了他的社会行动主义立场。事实上,在上海政治、社会和经济生活的所有转折关头,都可以看到这位青帮头子的身影,可谓是无处不在,无所不能。随着国民党政权不断地给他委以各种官衔,杜月笙的权势也被固定化了:禁烟委员会常委、上海市商会常务理事、市参议会主席。杜月笙与国民党的CC派也维持着良好的关系,每次蒋介石赴上海视察,杜月笙都去拜见他。

在劳工界,杜月笙已不再满足于操纵工头和帮内兄弟,也不愿再充当调解冲突的和事佬。仗着在法租界获得的丰富经验,杜月笙深知重要的是控制住七家最主要的工会。邮电工会的主要领导人陆京士和朱学范都成了他的子弟。同时他配合市府社会局和国民党地方代表,参与制定解决工业企业纠纷的规则。这位和事佬成了正式的官方调解人,并且按照南京政府推行的行会制度行事。

1929年,杜月笙与一些实力雄厚的上海企业家共同创办中汇银行。如果说一些人,如大银行家钱永铭,是心甘情愿与青帮头子合作的话,另一些人则是在恐吓和要挟之下才被迫与其合作的[28]。这家新银行的主要作用是洗钱,把贩卖毒品、赌博与卖淫赚来的黑钱再重新流入正常的商业渠道。该银行坐落在爱多亚路(今延安东路)的一幢豪华的大楼里,装修工作是由上海最好的建筑事务所之一,赉安洋行(Léonard et Veyssière)负责。在二楼的宽敞办公室里,杜月笙谋划着怎样才能把他的势力扩展到整个上海商界。从1932年起,杜月笙通过这家银行加快了涉足金融业和控制全上海金融界的步伐。国民党政权推行的国有化政策也让他进入了上海许多最具盛名的大企业董事会,如中国银行上海分行,或全国轮船业公会,他参与规划的重点项目建设,有上海鱼市场。

由于杜月笙在爱国慈善领域中的作为,使他进入了上海绅士和大企业家的圈子。1931至1932年冬,当国民党内派系倾轧瘫痪了上海特别市市政府的运作、阻碍了采取措施对抗日本侵略的时候,杜月笙积极地投入到抵制日货运动、拥军和赈济灾民的活动中,使他的声望大振。他慷慨资助上海市民地方维持会,一个由上海精英组成的团体,由他和《申报》总经理史量才、总商会会长王晓籁担任负责人。随后,他继续赞助上海市地方协会,在面对危机扩大动员的过程中,该协会以当地资产阶级利益的代言人自居,成为政府最重要的谈判对象。为了让人们知道他的善行,他收买记者和报纸,1935年,他成为拥有三家日报和一家通讯社的报业集团的老板。似乎任何事情都无法阻拦杜月笙:1936年,他要进入传教士与基督教的圈子,为此他就接受洗礼,而部分观察家甚至预计他要谋求教会的高级职位[29]。如果不是因为爆发中日战争,杜月笙大概还会成为上海市长。至少他一直怀有这个计划,并且也得到了蒋介石的默许[30]。

1932年创立的恒社,是杜月笙施展抱负的新工具。参加恒社的人在财产和声誉方面都有一定的条件,几百名成员——企业家、政治家、记者或律师——保证了杜月笙与上海上层社会之间的接触。恒社代表的是一种可以公开的权力形式,而青帮及帮会的流氓只能代表隐藏的势力。这两个组织相互对称和互为补充,把上海整个社会紧紧地纳入他们的网络之中。1931年,浦东杜氏祠堂的落成典礼就成了社会各界向身跨黑白两道的强人杜月笙致敬的机会。在三天的庆祝活动中,8万名上海人前来向杜月笙表示祝贺。在庆祝仪式组委会的名单中,上海最著名的企业家的名字——虞洽卿、王晓籁——就写在青帮各堂口头目名字

第九章
秩序与犯罪

的旁边。浩浩荡荡的祝贺队伍在前往浦东之前，先在法租界的大街小巷游行一番，各级官员与流氓地痞混杂在一起，巡警和商人们并肩而行。蒋介石和他的政府部长、上海特别市政府、法租界公董局和外国商人们发来大量的贺电。献给祖先匾额的大字出自大文豪章炳麟之手。事过不久，祠堂内就建起了上海最大的吗啡提炼厂㉛。

除了在上海，还有其他的地方能够造就出如此的英雄神话吗？从身无分文变成百万富翁，从小走私犯变成爱国绅士和慈善家，从大毒枭变成国家最重要的人物之一，杜月笙的命运是与一个不受管制的现代化旋风所带来的城市命运交织在一起的。

注释

① 安克强：*Shanghai 1927–1937, élites locales et modernisation dans la Chine nationaliste*，第199页。
② 魏斐德：*Policing Shanghai 1927–1937*，第7页。
③ 魏斐德：*Policing Shanghai 1927–1937*，第25页。
④ 参见Wong Bin等：《Introduction: Shifting Paradigms of Political and Social Order》，载Wong Bin等编：*Culture, and State in Chinese History: Conventions, Accomodations and Critiques*，斯坦福，斯坦福大学出版社1997年版，第1~26页。
⑤ 有关大上海市政府的具体研究，参见安克强：*Shanghai 1927–1937, élites locales et modernisation dans la Chine nationaliste*，第5、6、7章 chapitres 5, 6, 7。本章是这些研究的深入和展开。
⑥ 安克强指出了市政机构主管人员任命中市长本人的籍贯所起的作用。
⑦ 魏斐德：*Policing Shanghai 1927—1937*，第53页。
⑧ 魏斐德：《A revisionist view of the Nanjing Decade: Confucian Fascism》，载 *The China Quarterly*，第150期，1997年6月，第394~432页。
⑨ 魏斐德：*Policing Shanghai 1927–1937*，第232页。
⑩ Xu Xiaoqun：《National Salvation and Cultural Reconstruction. Shanghai Professors' Response to the Nation Crisis in the 1930's》，载George C.X. Wei, Xiaoyuan Liu主编：*Chinese Nationalism in Perspective: Historical and Recent Cases*，Westport, Conn, Greenwood出版社，2001年，第66~69页；Xu Xiaoqun：*Chinese Professionals and the Republican State. The Rise of Professional Associations in Shanghai, 1912-1937*，剑桥大学出版社2001年版。
⑪ 鲁林：*Grèves et politique à Shanghai. Les désillusions, 1927–1932*，第9章。
⑫ 顾德曼：《Creating Civic Ground: Public Manoeuverings and the State in the Nanjing Decade》载Gail Hershatter等：*Remapping China: Fissures in the historical Terrain*，斯坦福，加利福尼亚，斯坦福大学出版社1996年版，第164~177页。
⑬ 魏斐德：*Policing Shanghai 1927–1937*，第132~138页。
⑭ 参见安克强：Sur l'insuffisance des ressources financières de la municipalité et ses causes, voir

Henriot, *Shanghai 1927–1937, élites locales et modernisation dans la Chine nationaliste*,第167页。

⑮ 参见 Martin: *The Shanghai green Gang. Politics and Organized Crime, 1919–1937*。

⑯ 参见 Guilhem Fabre: *Les Prospérités du crime. Trafic de stupéfiants, blanchiment et crises financières dans l'après-guerre froide,* éditions de l'Aube, 1999年版。

⑰ Martin: *The Shanghai green Gang. Politics and Organized Crime, 1919–1937*,第61页。

⑱ 法国外交部档案,E 515-4类,第336卷,上海总领事魏尔登1924年2月18日电报。每月付市政部门的行贿额:巡捕房头目约3 500元,法籍官员约150元至1 000元,华裔官员约40元至500元。这些人员的正式月薪为几十元至几百元而已。参见薛耕莘(Joseph Shieh): *Dans le jardin des aventuriers*,巴黎,Seuil,1995年版,第63~64页。

⑲ 法国外交部档案,E 515-4类,第336卷,上海总领事魏尔登1924年2月18日电报。

⑳ 有关烟馆的存在从来没有被正式确认过,在法国外交档案中也找不到任何相关资料。然而,某些保存在美国档案馆里的法文原始资料以及各种证据,尤其是法租界巡捕房原华裔警员薛耕莘的证词肯定了烟馆的存在。
参见 Martin: *The Shanghai green Gang. Politics and Organized Crime, 1919–1937*,第241页,第25页。

㉑ Martin: *The Shanghai green Gang. Politics and Organized Crime, 1919–1937*,第121~134页。

㉒ 有关迪帕克的形象和他的活动参见法国外交部档案,E 515-4类,第336卷,法国特命全权大使马泰尔(D. Martel)1925年2月10日的报告。

㉓ 参见鲁林: *Grèves et politique à Shanghai. Les désillusions, 1927–1932*,第6、7章。

㉔ 参见薛耕莘: *Dans le jardin des aventuriers*,第80~81页。

㉕ 魏斐德: *Policing Shanghai 1927–1937*,第260~263页。

㉖ Marchall, Jonathan:《Opium and the Politics of Gansterism in Nationalist China》,载 *Bulletin of Concerned Asian Scholars*,1976年7月~9月期,第34页。

㉗ Marchall:《Opium and the Politics of Gansterism in Nationalist China》,第36~37页。

㉘ Martin: *The Shanghai green Gang. Politics and Organized Crime, 1919–1937*,第191~192页。

㉙ Marchall:《Opium and the Politics of Gansterism in Nationalist China》,第38页。

㉚ Martin: *The Shanghai green Gang. Politics and Organized Crime, 1919–1937*,第38页。

㉛ Martin: *The Shanghai green Gang. Politics and Organized Crime, 1919–1937*,第32页。

第十章　海派文化与现代性理念

要真正认识上海的特性,除了需要研究上海的经济成就和社会演变,还要在蓬勃发展的"海派文化"中去找寻。海派,或"上海风格",是对现代中国的国际性商业文化的一种表述。最初,这种说法是指一种地方戏曲。到了20世纪初,这种表述的含义进一步扩大,不仅用来形容上海的日常生活,也可以用作文学或艺术的表现形式①。

海派经常受到中国传统文化卫道士的谴责,儒家文化精英一直认为经商是道德堕落和粗俗文化的根源②。在他们眼中,海派只是代表了一种堕落的文化,深受外国影响和重利贪财的腐蚀。许多文化精英的这种排斥态度也反映在他们敌视沿海地区出现的新的中国形态,而上海正是这种形态的象征。面对官方秉持的文官传统文化,上海以商人和有钱人文化来对抗,而对规范僵硬的北方文化传统,属于南方的上海更偏爱外国模式;不喜欢文人的咬文嚼字,喜欢时髦和大众的口味。相对海派而言,京派或"北京风格"承载了厚重的历史包袱。

不过,海派的定义不能仅以诋毁者简单的陈述来确定。如果说上海文化的西化是与商业化同步发展,那么海派所代表的绝不是单纯模仿外来的生活方式,而是有着更丰富的内涵。不论是日常生活举止,还是文化艺术流派,若没有中国公众的支持,任何趋势都无法立足。采用外国的模式要有个适应的过程,不管是对占主导地位的传统习惯,还是能否与原城市环境所产生的约束或憧憬相吻合,都一样。海派文化扎根于城市居民的日常生活之中。1920年至1930年代贬低海派文化的人有理由说上海的文化不伦不类,既不是中国文化,也不是西方文化。但他们的过错在于只看到上海文化对传统文化和外国模式的双重背叛,而具有丰富内涵的上海文化就是在多元文化的撞击下产生的一种绚丽多彩的文化。

在海派文化演变的过程中,使用大量的西方外来语自然会引起对帝国主义影响的争论。当时,排外的保守派、民族主义斗士和激进知识分子中的许多人都强烈地反对思想殖民化。1949年革命胜利后，中国的历史学家和许多欧美同行也撰文揭露外国影响所招致的不良后果。不过，1920年代至1930年代的上海人同样对西方文化中的现代性很感兴趣。西文的"moderne"首先在上海被音译成"摩登"并非偶然，而是专指那些新鲜和时髦的事物。对现代性的向往使这些外来词语具有了合法性，甚至把这些词汇当作本民族语言中的一种表达形式。让中国走向现代化，不正是要让中国重新富强光大吗？与上世纪改良主义者的观念所不同的是，对于上海人来说，现代性不是局限在工厂与银行，也不是局限于政治体制：现代性同样反映在各种新的生活方式，以及文化和艺术的创造中。

城 市 新 貌

海派文化的流行与上海的城市改造密切相关，这种改造就是要把上海变成可与西方大都市相媲美的现代化大城市。尽管市政的管理仍被分割（华界、公共租界和法租界），上海在20世纪已经有了统一的市容③。1912年，隔离华界的城墙被拆除了，取而代之的是环城马路。洋泾浜曾是公共租界与法租界的分界线，也在1914年被填平了。随着1900年公共租界的西扩和1914年法租界的西扩，租界面积急剧膨胀，1927年建立的上海特别市政府也统辖了17个区。东以黄浦江为界，西至大圆弧形的铁路线，租界和华界的市容相对协调。城区的划分不再依据政治和行政的标准，而像在所有的现代化大都市一样，是以功能性和反映不同行业的分布来划分的。

商业区位于公共租界的中心区域，沿着外滩和其内侧，开设了银行、房地产公司、保险公司和精品店。沿途拥有200多家商店的南京路是上海最热闹的商业大街。在这个到处是金融与服务业的地区内，从1900年起，每平方公里的人口密度就达6万人之多，人口不断地增长，土地价格更是扶摇直上。沿着各条大街修建起来的巨石与水泥合成的大楼，像是告诉人们这些大公司的实力和财富。

相对于金融业和商业密集的中心区域，许多工业企业就分散在城市的北部和西部地区，以及南市的周边区域，南边的老城和浦东。按照工业特性进行专业化划分和区隔在上海尚不具备。比比皆是的工厂作坊与商业店铺紧密相连，拥挤在街头巷尾。租界的扩张鼓励资产阶级大户人家向人口稀少的西区迁移，在更加空旷的土地上修建花园环绕的别墅和景色秀丽的园林式住宅楼宇。法租界以其幽静和绿化，成了最令人向往的区域，从1910年至1927年法租界的居民从11.6万人增至30万人④。两侧都是餐厅、咖啡馆和时装店的霞飞路（今淮海路）是上海最

第十章
海派文化与现代性理念

河滨大楼

上海里弄

花园住宅

工人住宅

优雅的马路,人们称之为"上海的香榭丽舍大道"。

像欧美国家的大城市一样,上海的工人聚居区都被移到城郊结合部:北面的闸北和东面的杨树浦,西面在公共租界边界的极司菲尔路(今万航渡路)一带及华界的曹家渡,南面分布在南市的周边地区。虽然一些工厂为员工修建了住宅区和宿舍,但许许多多的劳工和刚从乡下来的苦工不得不住在极简陋的房子里。许多人住在破船上,这些送他们来上海的破船就沿着苏州河或黄浦江的浦东江边随意停靠,甚至还有人在陡峭的河岸上打些木桩,把船壳翻过来扣在上面权当屋顶。

还有许多人在铁路沿线或码头工厂附近的空地上搭建的滚地龙和茅草屋中栖身。由于没有消防设施,这些简陋的棚户经常遭遇火灾,或遭警方拆除,但又不断地再搭建。这些棚户居民点代表了"穷人地狱的最底层"⑤。1930年代初,有15万人栖身于上海的贫民窟里,就像在亚洲或拉美国家的城市化过程中陷入极端贫困的百姓一样。

要了解上海现代化与西方化的面貌,应该把目光转向那些商业区和高级住宅区。20世纪初,由于建筑技术的进步,上海建筑业也发生了很大的变化。建筑市场上出现的新型建筑材料——钢筋、水泥、混凝土——有助于克服建筑上的许多难题,如沼泽性的不稳定地层问题,以及因地价暴涨开发商需要建造高层楼房的问题。1916年,一种新的工艺可以把地下打桩与浇筑钢筋混凝土板结合起来,就像一种漂浮的基座,上面的建筑重量可以更均匀地分散。正是这种工艺使建筑物的高度有了明显的上升,很快人们就建造了真正的摩天大楼。

从1920年到1930年,外滩的重建展现了举世闻名的景观。这些宏伟的建筑物证明了上海建筑师和工程师的聪明才智,在原有的土地上重建的大楼,以高度

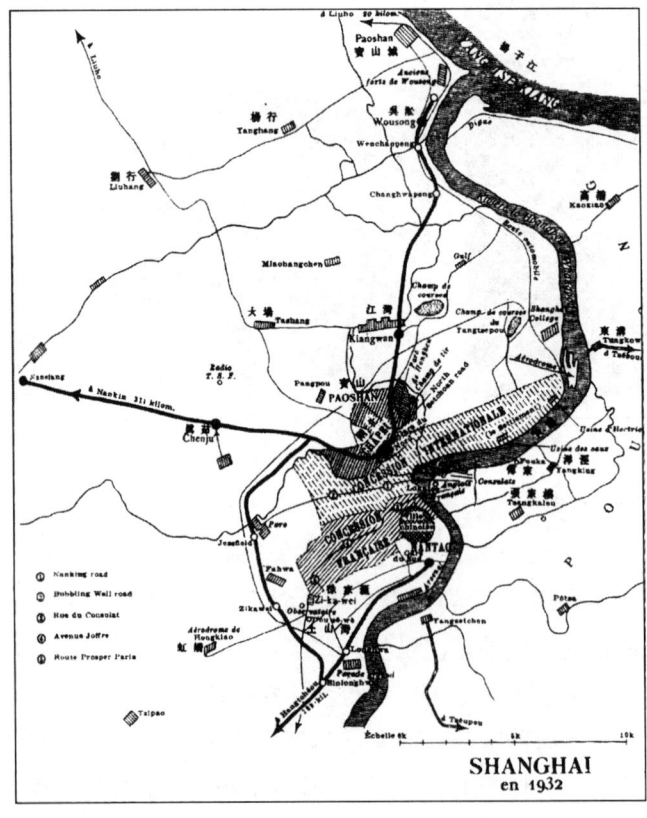

1932年的上海(Roger-Viollet)

索取空间取胜。这些建筑物也要满足安全舒适的新需求。英资企业的元老怡和洋行发起了这场重建运动。1920年,怡和洋行建造了新的公司总部:高度达25米的大楼采用新古典主义风格,柱廊环绕,五层的大楼房配备了首次出现在上海的电梯。字林报馆大楼(North-China Daily News)、怡泰大楼(Glen Line Building)和渣打银行大楼(Chartered Bank 中国旧称:麦加利银行)都是在1920年至1923年陆续建成的,华丽的廊柱,三角门楣和精巧的钟楼令人赞叹不已。由于地基建造技术日臻完善,建筑物的高度不断上升。在外滩新古典主义风格的建筑群中,最令人瞩目的是1923年完工的汇丰银行大楼。91米长的门面,54米高的圆顶,俯视全外滩,就像这家银行要控制中国和上海的金融界一样。

自1925年起,这第一波深受欧洲风格影响的现代建筑开始被垂直优雅的摩天大楼和丰富多彩的装饰艺术所替代。这种富有动态的建筑风格,源自新大陆,与上海的活力完全吻合。1927年落成的海关大楼就是这种过渡的标志性建筑。它既保留了多利安柱式正门,又在85米高的楼顶仿造了伦敦大笨钟式的钟楼。一年后,沙逊大厦(今和平饭店)又在12层楼上竖起了一座金字塔式的楼顶,外滩的景色尽收眼底。出入楼顶下华懋饭店的都是当地社会的名流和一掷千金的游客,

1927年建成的海关大楼,它意味着现代主义和装饰艺术在外滩得到了成功

在沙逊大厦顶上的华懋饭店是当时上海最豪华的饭店之一,就是今天的和平饭店

楼中还有维克多·沙逊爵士的私人豪华套房,他在上海资本家中堪称首富。

十年中,外滩的建筑物全部重建一新。不过地皮的缺乏阻碍了兴建新的大楼,只有中国银行在1937年搞到一块外滩的地皮。此后,上海的现代建筑在租界内四处开花,但大都不再是公司总部或行政机构,而是满足社会需要的建筑物:住宅、旅馆、商店、休闲场所与游乐场。大部分公寓楼房建在法租界的西部,因为那里的地价相对便宜。1931年至1937年,由法国和瑞士的建筑师建造的楼宇,都冠以法国省份的名字,多菲内(Dauphiné)、贝亚恩(Béarn)、加斯科涅(Gascogne)、庇卡底(Picardie)、诺曼底(Normandie)等。这些十来层的高楼,俯视着一片中国人的低平屋顶。这些公寓楼房线条优美,窗门排列纵横有序,陶瓷贴面使楼房更显得高雅,完全可以与欧美的现代化建筑相媲美。

豪华的大旅馆——公共租界的百老汇大厦(今上海大厦)和法租界的华懋公寓(今锦江饭店北楼)都是同样建筑风格。在所有的大旅馆中,最著名的是1933年建在南京路上、跑马厅对面的花园饭店(Park Hotel,今国际饭店),建筑师是原籍匈牙利的邬达克(Ladislas Hudec)。花园饭店楼高86米,是中国和远东第一座真正的摩天大楼。装饰精美的餐厅和酒吧大都设在这些豪华饭店的顶层。不过上海上流社会最优雅的聚会地点毫无疑问是法国总会,它是由赉安设计师于1926年建造的。面向花园的豪华正门、半圆形的中央平台、错落有致的落地门窗、精致的柱廊和用

第十章
海派文化与现代性理念

南京路上、跑马厅对面的花园饭店是上海第一幢摩天大厦（1933年）

花盆装饰的栏杆都令人赞叹不已。1990年代后，这里成了一家日本饭店。

从1917年起，所有的大百货公司都建在南京路的两侧。为了装饰这些物质文明的殿堂，百货公司的主人可谓用心良苦。面对面建造的先施公司和永安公司，都有许多廊柱和钟楼、塔楼，两幢大楼简直就是展现美术风格的典型样品楼。英法租界的城建改造和修建大量的游乐场所为上海的建筑师提供了大显身手的好机会。1930年代，在跑马厅西侧翻造的六层大楼，以其顶端的大钟楼而著称，很快就成了上海最主要的地标之一。法租界的跑狗场是个综合性的大型游乐场所，建于1928年，拥有占地7公顷的猎狗跑道、舞厅和饭店。几年后，跑狗场主人邵禄（Bourguignon Félix Bouvier）建造的网球场也对外开放，这座网球场的五层看台装有空气调节设备。

在西藏路与爱多亚路的拐角处，容纳了许多餐厅、舞厅、剧场和赌场的大世界是上海最著名的一处综合性游乐场。1924年改建后，大世界顶部的镂空塔楼常被那些输光了的赌徒当作自杀的跳板。在上海人引以为荣的30来家电影院中，最漂亮的要数1933年在南京路上建成的大光明电影院，可接待2 000名观众。

所有现代化建筑的四周都是中国人居住的砖木房，高度不超过两层。这些"摩天大楼"令中国人着迷。有些人嘲笑这些"大楼是为了对付黄浦江的潮水"；还有些人则认为这些大楼与己无关："这些地方与我们中国人毫不搭界"⑥，在当时的一本导游书中可以读到上面的话。事实上，能够进入这些现代建筑的中国人寥寥无几。对中国人来说，银行、大饭店、豪华住宅都是"陌生的地方"。不过专为消费和娱乐修建的新的公共场所，倒是经常看到富裕阶层或不太富裕的人、小市民，以及放荡不羁的文人和艺术家出没其中。

对上海公众和赌徒来说,跑狗和回力球是他们极为热衷的消遣。上图为跑狗券,下图为位于亚尔培路(今陕西南路)上的回力球场

商业街霞飞路。远处的高楼分别是华懋公寓(图左)和峻岭公寓(图中)

第十章

海派文化与现代性理念

消费的狂热

上海商业文化的腾飞可以追溯到1917至1918年首批中国大百货公司开张的时期。的确,中国的经商历史悠久。大商人的雄厚财力可以从他们穷奢极欲的生活中窥见一斑。虽然儒家的意识形态可以容忍财富,但决不鼓励炫耀奢侈。20世纪初,上海发生了变化。人们从此承认工商业对国家实力的贡献,商人与企业家得到了尊敬,外国租界提供的物质诱惑肯定了消费的价值。消费成了现代性的标准,并通过这种标准,区分出社会层次。

新的商品销售方式也加快了这种演变⑦。先施百货公司创办人马应彪和永安公司创办人郭氏兄弟都是广东人,都在香港和澳大利亚做过生意,然后来到上海开店。这些先驱者从在澳洲亲眼目睹的销售模式中受到启发,非常重视建造现代化多功能的商业大楼:他们用明码标价取代讨价还价,把商品放在临街的橱窗中展示,设立各种专卖柜,从食品到服装,从家庭用品到首饰和化妆品。他们训练数百名员工非常有礼貌地为顾客服务,并从1920年起引进了邮购服务、送货上门、优惠打折,商品促销和发放礼券等新的经营方式。他们的目的一方面是为了方便购物,扩展生意,另一方面是要使豪华商品或日常用品的消费,以及购买人们所喜欢的商品都当成进步的表现。在他们推荐的商品中,有些是直接从巴黎、伦敦或纽约进口的,也有些是依照外国式样在中国工厂里生产的。对于公众和批发商来说,这些百货公司的创办人扮演了创造的角色。他们把南京路变成了"购物的麦加",全国的楷模。

为了吸引老顾客,让他们了解进口产品的使用方法,刺激新的消费需求,这些百货公司就求助于广告。上海最早的广告出现于1905年,在英美烟草公司(British American Tobacco Company)的创意下,进口了先进的印刷设备,委托一些中国艺术家设计出能够激起中国同胞想象力的画面。日历就成了当时广告的主要载体。先在上海散发,然后向全国许多的企业、饭店及个人发送,结果这些广告日历获得了极大成功,英美烟草公司的销售额大幅度上升⑧。其他的中外企业很快竞相仿效,没多久广告的载体就呈现出多样化。在报纸上,带有评论的图画插页越来越多。各种广告招贴在墙上和电车两侧发起攻击,不过,旋转的灯光招牌则更能吸引路人注意:"绚丽多彩的霓虹灯似潮般地涌来……斑斓的色彩在空中狂舞,漫天都是酒、都是香烟……:请喝一口白马威士忌!万宝路香烟使抽烟人的喉咙更舒畅……⑨"

做成月份牌的法国罗彭酿酒公司的广告（巴黎现代史博物馆）

从30年代起,广播电台也同样播送广告。当时上海有30多家官办或私营的广播电台。但由于拥有收音机的家庭不多,于是企业就投资在戏院、茶馆等公共场所播放各种广播节目,以便增加听众人数,提高广告效益。最受欢迎的广播节目由演唱弹词的艺人主持,这种传统的表演,在叙述故事之前总要先唱上一段开篇,华丽考究的韵律,深受戏迷的喜爱。脱去高雅的形式,开篇拼命吹嘘消费的快乐,赞美那些正要去购物的女顾客:

"这些年轻的太太,涂脂抹粉亮丽照人。"

"她们都爱试穿新的时装。"

"她们都很时髦:烫了美丽的秀发。"

"她们像麻雀似地叽叽喳喳:每人都有自己的主意⑩。"

这些培养集体感觉的广告代表了一种物质文化的真正符号学。尽管这些广告推荐的物品和式样绝非大多数上海人所能接受,但人们还是能从中感受到一些令人着迷神往的图像。在1934年的新生活运动中,这种崇尚消费的思想意识受到国民党保守派政治家的强烈攻击,但效果仍然有限。以其人之道还治其人之身,

万年巧克力广告（Beudin 收藏，版权保留）

国民党当局也通过官方电台播放"开篇"，抨击租界的奢侈生活，以及那些"整日无所事事，只道时髦打扮⑪"的"摩登小姐"的游手好闲。新生活运动的支持者把豪华消费视为一种受到外国影响的奴化方式。上海的企业家、评弹艺人和广告商也很快地改变了立场，成为"国货"的狂热支持者，多用国货就必须要推广国货："在商店里，都要问国货；展现出你挽救民族和参加抗战的决心；不要让钱流向日本⑫。"

以爱国的名义抨击消费，又以同样的爱国名义为消费正名。在南京路购买绸缎的时髦女郎是为加强经济，也就是为中华民族在作贡献。在上海盛行的商业文化，是建立在追求西方式现代化的基础之上，与作为中国人的自豪感没有丝毫的抵触。在上海，世界主义和民族主义并不相互排斥，而是恰恰相反。

对外国影响的开放

外国影响对上海文化的渗透，激起了纯粹主义者、保守主义者、民族主义者和反帝革命者的一片鞭挞声。京派作家沈从文在他的诙谐作品《阿丽思中国游记》

中，对租界街道的楼房、橱窗和行人的古怪模样作了嘲讽。尤其是"摩登"的中国女子激发出讽刺诗人的灵感：她足登高跟皮鞋，套着肉色丝袜，满头的烫发。可惜她的胸脯不丰，头发不是金黄，鼻子也不挺直⑬。

租界里的光怪陆离常引起中国人的反感与仇恨。不过对外国模式的模仿和消化适应同样重要。如果说，曾经引起反帝人士和后现代主义继承者的猛烈抨击的这种文化适应被视为一种奴化过程的话，上海人似乎只是把它当作在寻求现代性的过程中必须要经过的一个阶段而已。1927至1937年是上海作为国际性都市取得重大进展的年代，也是民族主义空前高涨的年代。对于许多知识分子来说，外国的科技知识、法律规范和宗教仪式在上海社会中扎根是民族复兴不可或缺的一个阶段。各个领域里传播的新知识——科学、经济、艺术、技术和哲学——所引起的强烈求知欲就像18世纪法国百科全书派大师们一样的如饥似渴。中国人在引述这种巨大的文化普及工程时所用的词汇就是"启蒙时代"。

为了让城市居民掌握"新知识"，中国知识分子首先依靠的是印刷术，借用历史学家丹尼尔·罗歇（Daniel Roche）的说法，就是依靠"写作的力量"。在抗日

酒吧女郎与她的顾客

战争的前夜,86%的出版社集中在上海。出版事业的发展与各种贴近现实、符合大众口味的报纸杂志大幅增加密切相关。每家出版社,无论规模大小,都出版一份或几份期刊。1933年,上海出版的杂志有两百多种,几乎相当于全中国杂志的总和。在商务印书馆出版的杂志中,《东方杂志》是一份报道综合性信息的双月刊,印数约1.5万份。这份杂志刊载有关国际形势的分析文章、有关进化论以及弗洛伊德学说的文章,还有介绍改变日常生活的各项发明的文章,如介绍汽车、留声机、电影等等。

除了这些杂志以外,各大报纸还推出许多内容丰富的增刊和号外。这样的大报上海就有十来家,如《申报》、《时报》和《新闻报》。1935年,《申报》有计划地针对经济、国货、铁路、建筑业、电报、图书信息和文学等专题出版增刊;同时还有介绍戏剧娱乐、社交新闻和新鲜商品的地方增刊⑭。

创建图书馆也能推动启蒙思想的传播。商务印书馆就积极地参与这类活动:向公众开放馆藏图书,30年代初,商务的藏书达46.3万册,其中8万册是外文书。与之相比,当时的北平国立图书馆只有藏书371 750册⑮。为了配合创立图书馆,商务印书馆投入了大型百科全书的编辑出版,其目的在于向现代中国公民推荐那些被认为是必不可少的参考文章和知识动态,书价低廉,面向大众。这些百科全书中最重要的一套是1929至1934年出版的《万有文库》,共2 000卷。这套丛书的出版有利于两千来家新开张的民间图书馆丰富馆藏,一下子就购进数千册图书。当然这套丛书也有其局限性——主要以城市读者为对象,并且从实用的

大新公司开张

角度看，对外国"经典作品"和"现代专题"的选择也还有商榷之处，——但不管怎么说，这项工程很了不起。为了社会的发展，商务印书馆以顽强的毅力收集和传播必要的知识，这种贡献与法国百科全书派大师的成就可谓是不分伯仲。

两次世界大战之间，赴外国留学的中国学生越来越多。他们回国以后，对上海社会产生了不小的影响。如果说，一部分人、特别是从法国和苏联回来的留学生走上了革命道路的话，那么大部分留学生还是决定用自己的才智来规划个人生涯，同时以实用主义的方式为国家的现代化服务。中国的工程师与建筑师在引进国外设计与技术标准方面起了重大作用，这些新的标准改变了上海的面貌。第一代的中国专家大都于20世纪初在德国和英国大学里学习。1914年后，美国大学毕业的留学生也跟了上来。在1920至1930年代，建筑业逐渐本土化。1936年在南京路上落成的最后一幢百货大楼大新公司，就是全部由中国的建筑师和营造商建造的，其现代化的精美外观，无疑是当时最美的建筑之一。

曾在国外生活的中国作家同样在全国和上海的文坛上起着重要的作用。他们大多是在青少年时代就远涉重洋，而异乡的生活也培养了他们创作的激情。当他们在欧洲、日本或美国留学时，这些年轻的中国人发现了许多新的文学形式。他们与知名作家或评论家会面交流，结下深厚的友谊或者爆出异国恋情，有时也不免受到些屈辱。思想观念的形成与心灵的磨练是相辅相成的。这些经历使他们面对社会和生活产生了新的人生观。如果说某些人回国后表现得"自命不凡"⑯的话，还有一些人则成了游记作家和新式生活的模特。1921年从日本回国的诗人郁达夫（1896~1945）与郭沫若（1892~1978）知识渊博，对当代日本文学和欧洲浪漫派文学，特别是德国文学非常了解，翻译了大量的作品。四年后，东京大学毕业的留学生刘呐鸥（1900~1939）也在上海，并允许朋友们利用他的大量藏书⑰。

多亏了象征派诗人、多产翻译家戴望舒（1905~1950）的不懈努力，法兰西文化得以在上海大放光芒。戴望舒毕业于震旦大学，1932年留学法国。在法国的四年里，他受到阿拉贡（Louis Aragon）、马尔罗的热情鼓励，以及安田朴（René étiemble）的大力帮助，从法国向上海各家杂志寄回了大量的文章。返回上海时，他在行囊中装了数千册的书。在上海文坛上闪耀的另一位明星就是诗人和文学评论家邵洵美（1906~1968）⑱。他出身于上海富豪人家，留学英国剑桥大学，生活阔绰，喜好收藏西文书籍与艺术珍品，并在他的情妇、美国女记者项美丽（Emily Hahn）的家里接待客人。

这些来自精英中的文化传播者和他们言论超前的杂志只面向有限的民众。

而这些知识分子和艺术家的高雅世界主义也很快就被好莱坞电影作品中精炼的大众世界主义所取代。自1920年代起,也包括1930年代,电影成为文化消费的主要形式。大量开设的电影院就足以证明这种新的娱乐形式的普及性。上海的第一家电影院可以追溯到1908年。到了1937年,上海共有36家电影院[19]。租界里的豪华影院,如国际大戏院、巴黎大戏院(今淮海电影院)、大上海大戏院和大光明大戏院首轮上映的几乎全是外国影片,其中90%是美国影片。进口影片所展现的乐观主义、圆满结局和爱憎分明,使喜爱大众小说和戏剧情节的老百姓很容易接受。一踏进电影院,就有人向观众发放电影说明书。说明书中已将外国影片的剧情译成了中文,或做了简介:这些多少带有解释性的说明书很容易让另一个世界的故事深入人心,也有助于理解新的电影故事[20]。在这些制造梦幻的黑暗大厅里,上海人欣赏着西方的文明,或者,至少是感受到了好莱坞作品的魅力。在认识银幕英雄的同时,观众也看到了这些英雄的生活环境,看到他们驾驶汽车,看到他们面对大大小小的人生困境所采取的态度。好莱坞电影使中国观众在全新的角度下看到了女性身材的美丽,也冲破了对裸体和两性关系的传统禁锢。中国风俗中陌生的接吻也从银幕走到了大街上⋯⋯好莱坞让人们对高跟皮鞋、长筒丝袜和各种各样的仪器装置和性感的技巧产生了幻想。

电影画面对思想的冲击,以及传播西方生活方式的有效性,引起了国民政府的担忧。1930年代初,政府建立了许多审查委员会。但如何才能把蒋介石政权所认可的现代性和随之而来的有害影响区分开呢?审查官严禁色情裸体的镜头,但却赞同体魄强壮的赤身裸体,认为是民族振兴的希望和象征。对上海公众来说,这样的区别根本不存在。政府不能消除人们对色情的兴趣,就像无法做到让人鄙

南京大戏院

视消费一样。所谓提倡以高雅的体育活动——实为展示泳装美女的借口——来绕过这些禁令,与借捍卫"国货"鼓励购物的做法如出一辙。

上海国际都市的力量在于广大市民的参与,不论这种参与是自发的,还是经过思考的。外国的影响是指已被社会接受的影响,作为现代性的载体,一定会与当地文化相互碰撞和相互适应。要评估海派文化对日常生活的冲击还很困难,因为至今为止对这种演变过程尚未有过深入的研究,历史文献资料都倾向于揭露帝国主义及其罪行。然而,1932年席卷上海的金融与经济危机并没有使人们从南京路或电影院的白日大梦中醒来面对常常不如人意的现实。不过仅仅根据消费狂热就认为是创建了消费社会,仅仅根据好莱坞电影火爆就确定上海文化已经美国化,这样的结论是非常草率的。毫无疑问,当时上海的文化正在变化之中。如果不能断定上海所展现的文化形态就是西方的文化,但起码与全国其他地区的文化不再有多少相同之处了。

时 空 转 换

在生活中与洋人过从甚密的有闲阶级才对新文化感兴趣。那么其他阶级呢?在大街两旁或弄堂里聚居的小市民的生活似乎并不那么"现代"[21]。他们在煤炉上烧饭,在门口水斗中洗衣,出门乘坐两轮车或黄包车,要么干脆坐"11路公共汽车"(就是靠两条腿走路)。至于住在城郊地区或简陋棚屋中的工人,他们的首要问题则是生存问题!不过,即使最贫困的人也还是能够感受到乡下传统的士绅所陌生的城市文明的优越感。城里求生的条件再艰难,似乎也比乡下的悲惨生活好过些。在已经安顿下来的外来人身上,也会露出上海人的某种傲气,嘲笑那些新来的移民愚蠢。特别是把江北来的农民看成粗野的人,认为他们根本无法适应上海的生活——当然不是适应精英们的生活,而是指适应平民的生活,——这种看法完全是古老偏见的现代翻版。

海派文化的发展根据各个群体文化和经济水平的不同而有所差异。不过,现代性并不等同于财富,也不等同于教育。它的影响作用于整个社会:正是这种影响力使上海这个大熔炉运转了起来。街上流行着高跟鞋,大马路上跑着汽车,电梯用数十秒钟就从摩天大厦悄然而降:上海生活的快节奏证明了这种时空的变迁。自19世纪末,改良主义者接受了线性时间的思想,抛弃了王朝兴衰循环往复的传统时间观念,赞同达尔文物竞天择的进化论。几十年后的五四运动进一步使为生存而斗争的时间哲学在城市社会里广泛地传播。对于商界来说,"时间就是

第十章
海派文化与现代性理念

这张摄于1930年代的外滩街景中，集中了有轨电车、轿车、黄包车和自行车，以及步行的人，似乎象征着当时上海社会的不同阶层。

金钱"。宇宙和宗教的学说让位给了商业的目标。自然的时间，即日月轮回和季节更换，也受到了钟表时间的挑战[22]。这些大钟在公共租界随处可见，高耸在主要的建筑物之上：外滩的海关大钟与西边跑马厅的钟楼遥遥相望。员工要严格遵守公司的上下班时间；每天凌晨四点半，工人就被棉纺厂的汽笛声叫醒去上班；投机商的财富和命运也随着交易所的行情上下沉浮。

与这种新的时间观念密切相关的经济学理论并非畅通无阻，因为钟表的威力常常与习俗信仰发生冲突。采用西方的阳历并不能使注重宗教家庭节日的阴历消失。阳历说明不了哪天是婚嫁、出殡、远游和破土造房的吉日或忌日。企业主们继续在端午节或是中秋节来结账和偿还债务。由传统习俗的结构性时间和钟表工业预告性时间所造成的重叠都印在年历上，一面按西历来区分月份和星期，同时也标明传统节日的确切日期。

崇尚体魄和外表

与新的时间观念同时出现的还有对身体的新观念。在儒家或道教的理念中，只有强身健体才能长命百岁：这是对衰老的担忧。在上海，有关健康的新说法是如何才能保持强壮的体魄，并且整个家庭都谈论这样的话题[23]。许多大众画报都刊登胖乎乎圆脸婴儿的大照片，甚至还组织婴儿选美大赛。

身体健康的关键在于良好的卫生与家庭饮食习惯。大量的广告都是告诉人们要习惯使用牙膏或清洁剂，消费那些"既现代又科学"的食品，也就是说，借用了西方的营养学。虽然牛奶对于大多数中国人来说不易消化,但仍被推荐为达尔文进化论的"王牌"。体育是另一种强身健体的好方法,不仅对个人,而且对国家都有好处。实际上,1930年代国民党的宣传就明确指出,民族的振兴取决于每位公民的强壮体魄。在上海,足球和篮球是大学校园里的必修课,这与外国大学没有两样。在工作之余,中国银行干部员工的消遣活动,就是参加由银行组织的网球比赛或其他的体育活动[24]。大众杂志上为了迎合妇女健身的口味,也刊登身着泳装的明星或为脚踏车打气的女郎的大幅照片。

崇尚外形也是流行时装的现代性标准之一。女性杂志、好莱坞电影和霞飞路的时装店都介绍西方时装最新的流行趋势。对此,上流社会、电影明星、文学艺术界的风流才子趋之若鹜。1925年,中国早期电影明星杨耐梅穿了一件佩有闪光饰片的长裙,一时间就被热衷于上海上流社会生活的女子竞相仿效[25]。上流社会的年轻女士都喜爱名牌。

在服装方面,西式服装和中国传统服装相混合的装束特别显眼。如果说风流倜傥的才子们喜欢穿全套西装的话,那么大多数的上海人还是愿意下穿西裤,上套长衫。至于时髦的女性,人人都烫发,穿高跟鞋和旗袍,突现身体的曲线和开叉裙下的一双玉腿,而高高的领口却被紧扣。头发剪得短而直,胸部平平,身着黑色长裙的年轻女子,都是获得自由的知识女性,不仅崇尚新文化运动,而且还是易卜生笔下娜拉的追随者。

上流社会追求的时髦也是交际界女性所追求的:只要烫头发,涂口红,穿丝袜,就能把一位村姑变成夜总会的女招待。流氓们脚穿皮鞋,头戴呢帽,花钱买卖相。在郊区的工人聚居区,年轻的姑娘也梦想换掉长裤和小夹袄——乡下穷人的制服——穿上合身的旗袍。那些姑娘在厂里做工,和家人住在一起,把挣来的大部分薪水交给父母,剩下的一点钱积攒起来,偶尔满足一下自身需求。

"摩登女郎"

"海派,就是摩登女郎",一位当代观察家如此概括[26]。实际上这种看法可以理解为一种记载,由此表明女性在政治与社会生活、文学与艺术、生产与现代服务业中的角色不断加强。但这种概括似乎主要针对妇女在现代化中消费者的作用。

女性成了广告商的主要对象。各种杂志中精美的女人照片比比皆是,这些考究的内页照片引发了更多的商品,如美容化妆品和服装的热卖。事实上,"摩登女性"继续在家庭中承担着传统女性的责任,不过是在舒适的家居用品市场已然形

第十章
海派文化与现代性理念

成的背景下履行她们的责任。无论她们是否能够拥有这些新的产品,还是仅仅满足于在南京路精美的橱窗前驻足欣赏,现代的女性无疑都是连接社会与科技发明之间的最佳桥梁。

上海和其他地方一样,消费文化受到女性喜好的左右,追求现代性,首先是追求重建私人生活空间的家庭现代性。这场风气来自大资产阶级。在宋耀如位于虹口的别墅里,安装的浴缸数与摆放的钢琴一样多。尽管不同的收入导致追求程度的差异,但这股风气还是吹到了里弄。这些弄堂房屋狭小拥挤,几乎没有"公共"的地方,一点点空间要用来接待客人和摆放祖宗牌位。不同的房间不再分等级,只看面积大小、光线和私生活是不是方便。

如果女性是这场文化演变的主要支柱的话,那她们的立场和作用在上海社会所经历的现代化变革中也具有同样的重要性。在妻子关守家中、丈夫出入青楼的年代,夫妻关系只是要求妻子服从丈夫。在家庭中,婆婆的个性经常比丈夫更能左右年轻妻子的命运。在上海,为妇女参加工作、进入学堂和外出消费的确开辟了一定程度的自由之路。与此同时,原先常受到外来人口和住房条件困扰的许多家庭,也随着家庭结构的小型化重新稳定了家族成员之间的关系。夫妻间的性生活也增加了。男人开始不愿意接受父母为了延续香火而选来的媳妇,要自己寻找伴侣。就像孙中山在1915年要与宋庆龄结婚时所说的那样,他希望在自己的身边"有个伴侣和合作者"。纳妾已解决不了问题,因为"现代的"年轻姑娘已不再愿意做二房太太。

在文化艺术界,不论是革命者还是生活放纵者,自由结合是常事。这种摆脱婚姻束缚的自由,有时也给现代女性带来一种负面的形象,比如以玩世不恭的态度引诱男人,大把花男人的钱,小说家刘呐鸥就这样勾勒出这类女性的轮廓:"什么吃冰淇淋啦散步啦,一大堆啰唆。你知道做爱应该在汽车上风里干的吗[27]?"这是书中性情急切的女主角对殷勤的情人所作的道白。在上流社会中,婚姻仍是靠家庭包办。但在父母决定之前,会征求年轻人的意见,并让他们有机会相识:一起去公园散步,或到茶馆和电影院见面。婚礼仪式也改变了。白色的婚纱裙开始取代了大红的紧身衣和高耸的发冠。在租界的大饭店里举行婚宴也是对传统婚席的补充或求得大圆满。1927年,蒋介石与宋耀如的小女儿宋美龄结婚时,就选择在大华饭店(Majestic Hotel)举办盛大舞会。

在平民阶层,年轻人自己无法选择配偶。尽管里弄生活充满人情味,但邻居间和睦的关系很少促成婚姻。年轻姑娘通常要暂时回到乡下家中,在那里找个对象完婚。在上海的穷苦人看来,自主婚姻和可能由此产生的家庭破裂是一种充满风险的选择,所以婚姻还是维持传统形式为好。但对年轻女工来说,往往要等到一定的年龄才结婚,大多在25岁或30岁。原因是年轻女工要把薪水交给家里,父母也希望尽可能长地接受女儿赡养㉘。在女性的一生中,要用十来年或更长的时间从事职业工作,既要在车间里上班,时不时参加些社会活动,还需要花时间打扮和消遣娱乐,到了结婚生子后,繁重的家务劳动迫使她们不得不暂时或彻底停掉厂里的工作,留在家中。

新式娱乐活动

随着租界公共娱乐场所的出现——舞厅、夜总会、电影院等等,以往那种文化人休闲娱乐与老百姓消磨光阴之间的差异消失了。并存于市的文明高雅的茶馆酒肆和高级妓馆,逐渐被来自西方的大众娱乐方式所替代。前往光顾的人潮并不仅限于大资产阶级、花花公子和风流才子。对许多职员、小公务员或生活在弄堂里的大学生来说,经常出入这些游乐场所是他们接触租界洋人的好机会。从1927年起,公园也逐渐向中国人开放。只是外国人的俱乐部继续拒绝中国人进门,此外,还有钱的问题。

在公园散步是英国人的传统,既可锻炼身体,又可享受全家外出的快乐。当租界的公园对中国人开放后,尽管要花钱买门票,中国游客还是成群结队地涌进去。他们来公园里散步,并非只是为了呼吸新鲜空气,因为毫无意思的闲逛本来就不是上海人的习惯。这些公园不仅拥有或真或假的田园风光,还有多种休闲活动和新颖迷人的小花园。在树下,在池边,餐厅酒吧释放出异国的情调,茅盾笔下的一个主角说,这让他想起了塞纳河畔的咖啡馆㉙。

咖啡馆的流行,一面展现了异国风情,一面也在新建的娱乐场所中呈现了想象力㉚。同电影和汽车一样,咖啡馆也是一种现代性象征,一种闪烁着法兰西艺术魅力、精致的现代性。公共租界的联邦(Federal)咖啡馆和霞飞路上的文艺复兴(Renaissance)咖啡馆以及其他档次稍低一点的咖啡馆,在1930年前后遇到了豪华的卡迪尔(Theophile Gautier)和雷尼尔(Henri de Regnier)咖啡馆的激烈竞争。咖啡馆很受从日本回来的作家青睐,因为咖啡馆在日本早已普及,咖啡文明由于《咖啡座谈》和《咖啡店之一夜》㉛等作品而闻名。对年轻的知识分子来说,咖啡馆让茶馆失去了魅力。但在老城和工人聚居区,甚至就在租界,茶馆依旧是人来人往的地方:商人来茶馆谈生意,工人在茶馆准备罢工,老人在茶馆里聊天。

体育活动吸引了大批观众,如赛马、赛狗、回力球赛,不过,观众对竞技高

第十章
海派文化与现代性理念

在外滩的林荫道上散步,远处大楼是装潢豪华的华懋饭店(版权保留)

超的比赛并不感兴趣,而对与比赛同时进行的赌博十分热衷。他们往赛马、跑狗或者回力球手身上下赌。中国人的赌钱热情在这里可以合法地宣泄,比赛的组织者两头抽利,一面从赌资中赚取巨额利润,一面又在赌前提取佣金。1949年后,这种卑劣的致富行为受到新政权的制裁,把它视为帝国主义的剥削方式。

1920年代,电影被称为最大众化的娱乐形式之一。上海人特别爱看电影。每星期上演的影片都不一样。1935年,进口了350部影片,本地影业公司拍摄了72部影片㉜。追星热养活了专门关心明星私生活和艺术生涯的小报。女明星中最漂亮、最受观众喜爱的阮玲玉,受到两个不忠男子的欺骗,于1935年3月自杀身亡,年仅25岁,她的死让上海陷入一片悲伤之中:成千上万的人聚集在街道上向她的灵柩车队致哀。但把上海变为"东方巴黎"的,当首推上海灯红酒绿的夜生活。第一次世界大战结束不久,在霓虹灯闪烁的大马路上,舞厅、夜总会、爵士酒吧越开越多,歌女、舞女和招待女郎纷纷登场。在大部分娱乐场所里,消遣只是嫖妓的前奏而已。

长期以来被中国人视为下流低贱的舞厅,在第一次世界大战后,也成为上海社会受人喜爱的消遣场所之一㉝。任何机会都可以让人跳上一段探戈或狐步舞:慈善机构的活动、私人或官方的招待会。出入舞厅的人非常之多。在大饭店里,如花园饭店或华懋饭店,舞厅只是跳舞和社交的场所。洋人大班在这里与中国商界的要人和帮会老大交往。来这里的人都穿黑色西装和长袍马褂。在其他等级稍低的舞厅中,如圣乔治(Saint-George)、戴蒙特(Del Monte)或卡萨诺拉(Casanora)舞厅等,光顾者大都是中产阶级。在许多拥有舞池的咖啡馆、餐馆或酒吧,客人寻求的是身体接触的快感,或者有机会就与招待女郎发生性关系。上海拥有不同国籍和不同种族的招待女郎数千人,一般不超过25岁。其中有换上旗袍的乡下女子,也有漂泊到此的俄罗斯和其他欧洲国家的姑娘,以及日本女人和韩国女人,这些专门陪客跳舞的职业舞女,当客人进入舞厅时出示手中的舞票就可以同他们跳上几圈。

夜幕中这些舞女或"龙头"(上海地方俗语)遍布上海,搔首弄姿,展露青春魅力。所有的小报对她们都感兴趣,特别开辟了专栏,小说家与电影导演也从她们身上寻求创作灵感。面对嫖客,她们有一定选择对象和讨价还价的自由:在这方面,她们显得倒像高级妓女的传人。在物欲横流和醉生梦死的文化背景下,这些妓女的名声与卖淫观念的深刻变化密切相连。

第一次世界大战后,出现了大批西化的社会精英,新的公共场所也向妇女和年轻姑娘开放——公园、商店、茶室、电影院、舞厅,就业的女性日益增多,这一切都让陪酒聊天、挑逗卖唱的风月女子的活计变得陈旧过时。家境优越的纨绔子弟和生活放荡的文人与原先的文人早已不可同日而语,他们不要路边野花来陪伴,而是要找寻女学生和家境好的少女,好让他们的嘴里不停地呼唤"密斯"或"达令"。妓女除了提供性服务外,别的几乎什么也不懂,所以妓女这行越来越走下坡路。从那时起,"野鸡"逐渐成了淫业的主角,可在以前她们不过是娼妓中最下等的角色。

在跑马厅看台后(版权保留)

在耶稣教社会团体的压力下,上海工部局在1920年至1925年间,试图取缔公共租界里的1 700家妓院。不过这种取缔行动却使得这些妓院转入了地下,或干脆搬进法租界,因为法租界当局秉持容忍卖淫、适当控制的政策㉞。妓女们可以继续做生意。妓女的人数一直呈上升趋势:1920年代有1.5万人,十年后翻了一倍。在租界的中心区域、跑马场的南面和外滩的后面,以及朝虹口方向的街道中,出现了一个"卖淫黄金地段"㉟。虽然妓女无处不在,但也并非随处可见。妓女出没的旅店和妓院一般都设在小弄堂的房子里,离大马路不远,但也有段距离。

卖淫为堕落与犯罪提供了跳板。从妓女到老鸨,从老鸨到充当保护伞的黑帮,形成一连串敲诈勒索,非法监禁、绑架施暴和难以忍受的灾难。上海夜空里闪烁的霓虹灯可以让人们猜想到,在良辰美景的后面是怎样的一个可怕又可怜的黑暗世界。

上海的文学与文学在上海

人们常把上海比作巴黎,上海有商店、咖啡馆和舞女。但能不能做深一步的比较呢?上海在20世纪初叶中国的文学艺术创作上,是否也像巴黎在法国文化中所起的同样作用呢?福楼拜写道:巴黎,没有她"法兰西就没有心脏,没有中心,……也不会有思想㊱。"这里必须把文学和新艺术分开。在文学范畴内,中国拥有容纳各类地方特色文化的优良传统,但文化精英都集中在北京,而其他新的艺术门类,如电影,其传统还有待创造,它从西方寻找灵感。

在1926年到1927年,北京在军阀的统治下,动荡和暴力事件不断,京城的作家和知识分子纷纷迁往上海的租界里居住。一下子,中国文学界的重心南移了。1937年因日本侵华导致新的移民潮和上海文艺团体外移,文化精英集聚上海的现象才告终止。在租界生活期间,诗人、小说家、评论家进行了大量创作活动,尽管他们对当地文化背景并不了解,甚至持蔑视的态度。

在这些因躲避战乱而移居上海的作家周围,还有本地的作家。虽然他们中大部分人并非在上海出生,但全都参与了创建都市文化的工作,这种都市文化不仅改变了他们的生活方式,还影响了他们的文学创作。这种文化所面对的大众,所涉及的主题,以及运用的手段和孕育的憧憬,让都市文化的创作成了上海的一种特产。在北京作家的眼中,都市文化带有海派的烙印:重商、粗俗和非民族性。1933年至1935年海派与京派曾掀起了一场大论战,把他们之间的分歧与对立暴露在光天化日之下。

清末在上海出现的一种文学流派,五四运动的知识分子将其贬斥为"鸳鸯蝴蝶派"㊲。在这里,鸳鸯蝴蝶是男女爱侣的象征,也是此类文学作品中乐此不疲的主题之一。尽管受到精英的贬低,但小市民对这些作品却趋之若鹜,直到1930年代初,鸳鸯蝴蝶派始终盛行不衰。报纸上充斥着悲剧题材、情意绵绵的故事连载,如英国作家理查森(Samuel Richardson)的《克拉丽莎》(Clarissa)或法国作家小仲马(A. Dumas fils)的《茶花女》(La Dame aux camélias),这类作品的普及与都市资产阶级的扩大和作家社会地位的转变有着直接的关联。科举制度被取消以后(1905年),许多年轻文人已不能像他们的前辈那样,通过科举走入仕途,而是要靠手中的笔卖文为生。

从清末到民国成立,其间是个转折的时代,作者开始通过撰写文章来换取酬劳。从长江下游各省来到上海的年轻才子,与其说是被文学的光环所吸引,倒不如说是受到利益的引诱和喜欢过随心所欲的生活。他们从民间传说中汲取灵感,也从外国文学中获取启发,以简练的古典风格撰写不同的题材——游侠历险、警探破案、社会题材的小说,特别是爱情故事。他们将才子佳人的故事赋予现代的气息,男主角通常是怀才不遇、多情善感的才子,而女主角则是个娇弱病态的美人。这类作品有作家徐枕亚的《玉梨魂》,书中描写一位深受传统教育的年轻寡妇与一位观念前卫的女大学生,两者对爱情的角逐,年轻寡妇如梨花般温情脉脉,而女大学生像茶花般绚丽夺目。然而,一般来说传统会最终占据上风,读者在欣赏了新女性的魅力后,还是不愿冒类似的风险。这些矛盾的心态,正是社会转型期所具有的特点,作者与出版社都从中捕捉到了商机。在二三十年代初,年轻的中国电影业就继承了这种情节离奇、眼泪涟涟的文学风格。

在这期间,新文学的崛起使上海文坛发生了巨大的变化。自五四运动以来,新文学就在文坛上占有主导的地位。1915年,北京大学的知识分子掀起文化变革运动,上海却只是满足于在报纸上让时事评论家抨击传统文化,让善辩者用本地方言大谈科学与民主。但上海的文坛并不能摆脱新文学运动的影响。1921年,一群留日的年轻作家在郭沫若与郁达夫的带领下,成立了"创造社"。这些在五四影响下长大的年轻人既接受浪漫主义又具天生的反叛性格。他们学习西方诗歌的主题和写作手法,将人置于宇宙的中心。郭沫若㊳就写道,我是月亮的光辉,我是太阳的光芒。郁达夫的作品,就像他的生活一样,描写失望、厌恶和自我怜悯,这与诗人的境遇十分吻合。两位作家的成功使"创造社员"登上了中国文坛。他们和北京文化社团的对话仍在继续。在上海的生活并没有给他们带来什么特别的地方,相反却遭到京城文人的轻蔑,如鲁迅就把他们看作是一群迷恋美酒女人的"业余作家和白相人"㊴。

上海流行的都市文化在20世纪大量的中国文学中难道没有留下任何痕迹吗？难道没有像巴黎或伦敦那样，产生出一批描写上海值得炫耀的现代性，以及叹惜现代性异化的作品吗？这正是长期以来，不论是1949年以前还是以后，因对公众正统观念的忧虑而引起的占主导地位的评论。在民族主义和无产阶级价值观的名义下，所有致力于现代化的人都被遗忘。直至今日，人们才发现，他们的作品中蕴藏着美学，没有舍弃海派的重商主义或国际主义，而是超越这些观念，给予这些作品真正符合历史原貌的客观评述，因为致力于上海现代化的人是为上海唱赞歌的人㊵。

1925年，几位憧憬新生事物和对当代最新趋势感兴趣的文学青年相聚在震旦大学，他们与新文化运动作家最大的不同是其成员更适应都市的环境，更勇于在风格上创新。他们都受到1920年代初流行于日本的新感觉派影响，想通过该流派直接与欧洲的先锋派、表现主义、弗洛伊德学派、达达主义等文化流派接轨。

在这个小团体成立之初，可以看到刘呐鸥的名字。他出生于台湾的富有家庭（当时是日本殖民地），在东京攻读英国文学。在他周围有三个来自杭州的好友：戴望舒（1905~1950）、施蛰存（1905~2003）和杜衡（1907~1964），都是些不知天高地厚的20来岁的天才青年，耶稣会的神父非常希望他们能钻研法国文学。刘呐鸥不仅学贯东西，而且有钱，他帮助朋友研究各国文学的演变，资助出版他们的处女作。最后加入这个团体的是穆时英（1912~1940），是位年龄最小，也是最为杰出的作家。1932年至1935年，作为致力于现代化人士代言人的《现代》杂志，是当时最有影响的文学杂志之一。该杂志摒弃了五四时期的以教育为己任的文学形式，探索诗歌与小说写作的新形式，以当代西方作家为榜样，刊登他们的译作。

然而，除了他们崇尚世界主义和先锋主义外，现代主义者的独创性也使他们完全融入了这座城市。他们的生活方式，创作题材，写作手法，都与上海的大环境息息相关。他们的豪放不是纨绔子弟的那种放荡，因为他们中的许多人仍是"亭子间作家"㊶。他们很喜欢围着咖啡桌高谈阔论，经常光顾租界的电影院和跳舞厅。这些体验让他们有机会与西方世界接触，不管是真的接触，还是想象中的。有时，散个步就够了：黄昏时分，我漫步在绿荫蔽日的街道上，左边是高乃依路的进口（今皋兰路），上演着"西得"和"奥拉斯"的悲剧（*Le Cid* 和 *Horace* 是法国古典主义悲剧创始人高乃依于1636和1640年创作的悲剧——译者注），我的右边是莫里哀路，传入我耳中的是"伪君子"或"愤世者"（均为喜剧大师莫里哀的名剧——译者注）放荡的笑声㊷。

从楼顶小阁楼到亭子间，从巴黎到上海，作家与城市之间的创作关系并不相同。如果说巴黎爱闲逛的人也感叹跟不上现代城市的脚步，如果连法国诗人波德莱尔（Charles Baudelaire）也难过地看到"城市的容貌，变化得这么快，咳，比垂死者的心脏还要快"，而上海的现代主义者面对霓虹灯、小汽车、纵情娱乐和骄奢淫逸则显得激动不已。"在现代生活中，没有美，有可能吗？不可能！美一直在那里，只是形式不同。美虽然失去了她和谐的内涵……但我们仍为她感到震颤，为她陶醉㊸。"无论是单调还是神奇，都市风景无疑给作家提供了创作的源泉，小说的素材。穆时英就把他的作品定名为《上海的狐步舞》㊹，而刘呐鸥给他的小说集取名为《都市风景线》。

这些现代主义作家用想象未来的笔触描绘这座城市。在刘呐鸥的笔下，整个跑马场因看台上鼎沸疯狂的叫声鼎沸而震颤㊺。在穆时英看来，迎面扑来的特快列车，刺破夜空的灯光，就像"含着颗夜明珠，龙似地跑了过去"㊻。夜晚在快感的沉醉中摇曳："星期六晚上的世界是在爵士的轴子上回旋着的'卡通'的地球，那么轻巧，那么疯狂地，没有了地心吸力，一切都建筑在空中㊼。"灯红酒绿的马路，人声鼎沸的舞厅，昏暗迷人的电影院与高跟鞋、玻璃丝袜、涂抹口红一样，散发着色欲的激情。妖媚挑逗的女性无处不在。浓妆艳抹的身体与光怪陆离的城市浑然一体。娼妓裸露的大腿被比喻为海堤，由此想象"大汽船入港时的雄姿"㊽。同样是现代性有力象征的卖淫女郎与这座无法捉摸的城市释放出同样的魅力，经受着同样的失望。"上海。造在地狱上的天堂㊾！"穆时英这样大声地疾呼。但是上海的现代性，富有创造的动力，带领和推动着中国走向未来。

运用这种富有活力的观念，现代派作家展现了一种全新的写作技巧和风格。他们抛弃了经常使用的叙述形式和心理分析，借助于电影蒙太奇式的表现手法。他们简洁的文体，分离的句法反映出城市生活的匆忙。让我们和穆时英一起进入一家舞厅："当中那片光滑的地板上，飘动的裙子，飘动的袍角，精致的鞋跟，鞋跟，鞋跟，鞋跟，鞋跟。蓬松的头发和男子的脸。……酒味，香水味……㊿"现代派作家还运用电影特写镜头的手法，来渲染女性的美丽，或暴露种种的奇形怪状："一支萨克管正伸长了脖子，张着大嘴，呜呜地冲着他们嚷[51]。"他们也用从日本新感觉派那里学来的比喻手法来绘制他们的印象。他们还学习西方的小说家，对内心独白着墨甚深，不要任何标点符号。

为了描写新的文明，现代派作家创造了一种区别于传统和五四文学的小说形式。但他们为艺术而艺术的做法，首先注重的是探索感觉，对这种执著引起了许多秉持知识分子传统和道德力量的作家的反感。从1930年代中期起,现代主义流派被文学整体创作的高涨所吞没。随后,由于该流派的主要代表人物——刘呐鸥和穆时英——与日本人合作,使现代派威信扫地。

1927年至1937年的十年中,一场激烈的争论席卷上海:作家的作用和文学的功能是什么?这场冲突是因为政治与意识形态立场不同而引发。城市作为创作灵感之源的作用越来越淡薄,不过这个时期文学界的论战还是受到了上海大环境的影响。租界的相对安全使这些论战变为可能,国民党警察的压力和帝国主义的存在使这些论战更加激烈,也与救亡运动的民众动员直接相连。

随着郭沫若信奉了马克思主义,以及创造社成员的立场更趋激进,"文学的革命"变成了"革命的文学"。1927年四月事变后,蒋介石夺取了政权,在上海实行白色恐怖。为在1930年能够成立中国左翼作家联盟(左联)㊿,创造社加快了转变的过程。除了几位创始人,如鲁迅和茅盾之外,还有几位天才的理论家和论战家,如瞿秋白、胡风和冯雪峰,尤其是一批青年积极分子、共产党员和群众组织成员也聚集在左联的旗帜之下。左联是中国左翼文化总同盟的成员之一,在同盟内部,共产党人、共产党同路人、民主派人士和爱国人士互相合作,使共产党能够在国民党统治的大都市里保持一定的影响。左联要在文学中弘扬无产阶级思想和鼓励创作唤起中国民众阶级觉悟的作品。由于遭到国民党查禁,左联的活动基本处于半地下状态。其成员也遭受迫害,1931年,五位左联成员惨遭杀害。

靠着左联领袖鲁迅的崇高威望和顶着烈士的光环,左联努力要全面控制文坛,多次发动对亲国民党作家或独立作家的论战,不惜施以人身攻击。1932年,关于"第三条道路"的大辩论,就是维护文学或艺术创造自由的人,特别是现代派作家反对左联的论战。针对现代派作家杜衡所写的《勿侵略文艺》一文,左联批判这些效仿洋人的人,对自身的责任装聋作哑,只注意城市活动,从不关心传承中华文明的农村生活。尽管鲁迅作出了努力,但左联还是渐渐地被共产党干部所控制。

发表于1933年,被认为是茅盾代表作的《子夜》,就带有作者强烈的意识形态和政治参与的痕记。小说通过描写上海的环境、工人和工业界,资产阶级的荒谬、投机、腐败与犯罪,来谴责这种由外国人主导,走资本主义道路的现代化。作家敏锐的洞察力和创作能力胜过所有的左联作家。小说的第一章,讲述一个乡下财主坐着汽车穿越不夜城时所感受到的上海,作者对城市风貌作了精彩的描述。现代派作家所赞颂的所有现代性象征在这部书中都可以看到,但是意义截然不同,这些象征不是进步的载体,而是毁灭和死亡。汽车也同样是令人生畏的怪物,目睹了女性半裸的大腿、手臂与乳房,让这位老人心脏病发作,一命呜呼。但在茅盾的作品中,他对人物个性的描写和展现悲剧性的不同情节,都毫不回避左拉式自然主义的格式,也不掩饰他从马克思社会学说中所吸收的养分。

上海和新艺术

和其他领域一样,上海在艺术实践领域内,也以快速成功地吸收西方模式而闻名。的确,在上海,外国租界、社团的存在有利于这种移植。但这座城市的特性也使其易于接受这些模式,并力图同步发展,而不仅仅是借鉴模仿。

引进新的艺术形式比引进新的文学形式至少晚了10~20年,也与广大民众觉悟到现代化是符合愿望和不可避免的时代相吻合。如在艺术中加入工商文化的"上海风格",其成功多少应归功于来自西方的装饰艺术。资产阶级在这种风格中重新定位的同时,也把艺术的工业化作为对社会和国家需求的一种回报。上海"现代主义"的成功就是建立在艺术家、广告商、企业家和技术人员的卓越联盟之上。

除了那些政治与经济的考虑之外,还有一定的空间供掌握西方艺术手法的艺术家们自主地发挥。这类人在上海并不少,在1920年代,上海就有十几位经常出入巴黎画廊的画家,还有白俄人,以及后来从中欧及德国来沪避难的犹太艺术家,他们对上海业余或专业学生进行扎实的音乐训练。以文学先锋派为例,那些艺术家就围绕着像美术学院或音乐学院(1927年按德国模式创建),以及像"两个世界"画家协会或"风暴"画家协会一类机构周围组织起来。总之,在西方古典传统所揭示的各个领域中——油画、音乐会——上海的贡献与其他中心城市的贡献交相辉映:广东的岭南派是第一个向西方绘画影响敞开大门的画派;杭州的西泠印社也同样光芒四射,北京的亦然。

接受西方教育的音乐家和画家对海派文化的影响并不大。如果他们搞纯艺术创作的话,就要满足上海有限的公众。林风眠(1900~1991)在上海法语联盟(Alliance Française)里展出他的画作,并把画售与租界的外国居民。一些画家,像后来加入法籍的画家赵无极(1921~2013),就选择了留在或回到欧美国家继续他们的艺术生涯:他们从此进入到西方艺术流派之中,并以中国的美学和细腻丰富了西方的艺术。然而,也有些艺术家把他们的才华用在商业行为上——按空论家(1814年法国王朝复辟时期形成的空论派——译者注)的说法,这是低级趣味——他们参与了海派文化的定义和发展过程。

第十章
海派文化与现代性理念

自民国成立以来,倡导实用艺术的潮流从未间断[53]。这股潮流与许多杂志刊物密切相关,其中影响最大的是1934年至1937年发行的《美术生活》,收集了当时主要画家的作品。该潮流依靠上海与杭州美术专科学校的支持,涵盖了一个很大的领域:建筑、室内装潢、装饰艺术、瓷器、招贴画、广告和书法艺术。其目的就是要在社会经济现实与美术之间架起一座桥梁,摒弃艺术作者的传统观念,即一个艺术品不应具有任何的实用价值和商业价值。该潮流就是要拆除社会偏见在艺术家与手工艺者之间竖起的屏障。艺术的商品化应该振兴传统的手工业,普及美学价值,满足消费者的需要,就像满足生产商与中间商的需要一样。

上海资本主义的黄金时期是建立在轻工业与消费品生产的发展之上,这种认识非常合情合理,同时也是艺术家和企业家共同创意的结果。在专业性杂志的创办人中,可以看到岭南画派的先驱人物高剑父昆仲,以及和海外华侨关系密切的资本家伍联德。《美术生活》毫不犹豫地刊登上海厂家生产的产品照片。

在实用艺术中占主要地位的是广告。20世纪初问世的广告月份牌,在1920年至1930年代得到了迅猛的发展。最初,广告月份牌是借助进口的现代技术(石印术,彩色印刷),再把取材于传统年画的鲜花彩带配成背景,与当代人物相配合制作而成。第一次世界大战后,西方的影响日渐加强。为了满足需求,商务印书馆所出版的报纸杂志用大量的篇幅刊登广告,并委托一些外国画家来培训一组年轻的中国艺术家。他们中的一些人很快就崭露头角,办起了自己的广告社。几年后,在上海和杭州美术院校的专业科系里,这些未来的广告商就以类似装饰艺术的风格,运用熟练的几何图形、平面空间,曲线轮廓,创造了上海的广告风格。1930年代,广告成为上海经济的一个重要产业。广告创作者的作品在街道、报刊和专业杂志上都能看到。这些作品渗入了创作者特有的创意和笔法,为时尚产品增添了色彩。

尽管由专业服装设计师设计的时装价格昂贵,像西方一样,这类商品只为极少数有钱人所收藏,但他们的参与推动了设计业的发展。依据魏玛包豪斯设计学院(école du Bauhaus de Weimar)无线条设计理论设计的张德荣家具照片刊登在《美术生活》上供读者欣赏,就像豪华别墅的照片一样。对美观外形和实用功能的追求也反映在当地工厂的产品设计中,如茶杯、保温瓶或镜子。这些实用艺术的杂志伸入到建筑领域,刊登了一系列凸显豪华建筑的装饰与线条的特写照片:钢架玻璃窗或马赛克墙面。

在书画艺术中,最常用的是漫画,以简洁的线条和很少的成本揭批社会时弊。描绘舞厅的众生相——那些缠绕在自命不凡的纨绔子弟身上或紧贴在大腹便便的资本家身上的女人——就是为人乐道的主题,艺术家们对此发挥想象力,画出许多犀利刻薄又富有诗意的漫画。

上海是革命思想和爱国情感的摇篮。上海的进步知识分子要把新的艺术形式服务于革命,像文学一样,把这些艺术变成发动群众和宣传革命的工具。木版画的迅速发展就与这种战斗精神息息相关。事实上,木版画被称为是无产阶级的艺术形式[54]。在当代德国和苏维埃学派的影响下,木版画以精细的雕刻线条,强烈的黑白对比,创作出现实主义的画面,揭露资本家与帝国主义的压迫。虽然木版画是扎根于年画的民俗传统,但已完全脱胎换骨,特别是在鲁迅的推动下,他认为木版画是非常好的大众艺术,可以进入千家万户,制作快速,价格低廉。

早期中国电影的黄金时代

在1920年代,中国最早的故事片在上海问世,这些影片受到了传统皮影戏和文明戏的影响[55],以及模仿西方电影的一些手法。中国故事片的先驱者都集中在明星影片公司。据粗略统计,几年之内他们就拍摄了六十多部惊险片、言情片或色情片。很多剧情都取材于"鸳鸯蝴蝶派"的故事。以撰写这类文学作品闻名的包天笑(1876~1973)就是明星影片公司的主要编剧之一。推向观众的影片中还有经过改编的美国电影,如模仿卓别林的影片拍摄的《滑稽大王游华记》,以及许多武侠神怪的影片,在1928年形成了一股浪潮[56]。

随着1931年日军侵略东北和1932年1月日军攻击上海,民众的情绪和期待完全改变了。受到爱国浪潮激励的左翼知识分子掌握了电影生产的控制权。他们纵横于影坛,正好与中国电影最初的黄金时代相吻合。受聘于明星影片公司或其他由共产党直接控制的新的影片公司的进步电影导演和编剧十分关注影片的内容,力图通过影片反映社会的现实和鼓励民众反帝反资本主义。他们并不太担心技术的进步和形式的完美。虽然从1929年美国的有声影片就已闯入上海市场,但是中国的电影公司直到1935年还在继续生产无声影片。

除了个别的几部影片,包括1933年根据茅盾的著名小说改编拍摄的《春蚕》,几乎所有的电影剧本都是以城市为背景。对于城市现实生活而言,农村只是个令人怀旧和富有田园风光的地方。不过这些涉及城市生活的影片都被涂上了阴暗的色彩。富人们肆无忌惮地犯罪和腐败,与陷于悲惨境地、饱遭失业之苦的小市民生活形成强烈的对照。唯一的亮点就是描写军人的勇敢和爱国同胞的大公

第十章
海派文化与现代性理念

无私。

尽管这一时期的影片题材大致雷同,但还是让人可以看到一个活生生的、错综复杂的社会[57]。1937年由夏衍编导的有声影片《压岁钱》以上海的现代性为主题,讲述小酒馆的夜生活,女性的放荡魅力和股市的疯狂。故事以一位爷爷手把手地交给小孙女一枚银元作为压岁钱开始,再以这枚银元的辗转游历的经过,揭示了社会的现实和底层民众的生活。通过作者充满革命爱国热情的笔触,展现了对现代化,特别是女性自由现象的强烈的质疑。配合反对包办婚姻和反对家长制的斗争,充分表达对那些因贫穷而被迫卖淫和走向堕落的无辜姑娘的同情。1930年代的进步电影工作者认为,这些女性除了重做贤妻良母或接受爱国与革命的理想外,别无出路。

《野花闲花》是由孙瑜(1900~1990)编导的无声影片,完成于1930年,片中女主角是一位年轻的歌星,她在找回未婚夫后却失去了嗓音,然而也拯救了自己的灵魂。影片《神女》也宣扬同样的道德观,这部由吴永刚于1934年拍摄的无声电影表达得更为明显[58]。为了抚养幼儿,母亲被迫卖淫和犯罪,最终被关进监狱,而她为之献出了一切的幼儿也被一位富有爱心的学校校长收养。社会就这样可以预防毒化,家长制也得到了恢复。对于同样是1934年拍摄的电影《三个摩登女性》的编剧田汉来说,真正的"摩登女性"不是多愁善感的资产阶级女性,也不是难抵诱惑的女人,而是生活艰苦、充满阳刚之气的女战士。女性的解放应与男性的爱国革命事业连接在一起。

在最初的黄金时代中,上海电影的蓬勃发展象征着以外来艺术表演形式为己所用的最成功的试验之一。1930年代中国和上海的局势促使知识精英更加关注这种表演形式,以便将其化为思想动员和爱国斗争的有力武器。电影已不再是单纯的"眼睛的冰淇淋"[59]和换得观众一时开心的源泉,它在反映社会现实和作为信息载体的同时,已完全中国化了,没有了外来的特性,完全以其独有的特点让上海学派进入了电影艺术的历史。

面对内地、乡村和官僚体系,上海以及她所辐射的沿海地区虽然没有成功地形成巩固的政治和意识形态的力量,但还是显示出强烈的独特文化。与中国其他地方文化相比,海派所具有的重要性就在于她代表了一种新的国家认同模式。在这方面,上海的经验与香港、新加坡不同。20世纪下半叶,香港和新加坡在经济上的成就和西化延迟了文化的重新定位。而上海,早在1917年至1927年的资本主义黄金时期,就已经直接为1930年代的文化"鼎盛时期"做好了准备。

注释

① 参见李天纲：《"海派"，近代市民文化之滥觞》，载张仲礼：《近代上海城市研究》，第1130~1159页。

② 参见 Isabelle Rabut, Angel Pino 主编：*Pékin — Shanghai. Tradition et modernité dans la littérature chinoise des années trente*，巴黎，Bleu de Chine，2000年版，第1章，《Jingpai et Haipai》，第1~59页。

③ 有关第一次世界大战以后都市面目更新，以及在制度上技术上的更新条件等，参见Ged: *Shanghai Habitat et structure urbaine, 1842–1995*, 第4章,《Shanghai à son apogée》第165~250页；Françoise Ged, Emmanuelle Péchenart：《Shanghai: Images d'architecture, Unité diversité》，研究报告，巴黎，巴黎建筑学、城市规划和社会研究所（Institut parisien de recherche: Architecture, urbanistique, société），1996年，第96页；Nathalie Delande：《Une culture d'ingénieur. Origine de l'architecture moderne de Shanghai》，巴黎第一大学博士资格论文，1994年，2卷，第138页，第49页；Nathalie Delande：《Décor-déco: Shanghai 1920–1930》，载 *Perspectives chinoises*，1995年第3期，第46~52页。

④ 邹依仁：《旧上海人口变迁的研究》，第90页，表1。

⑤ 鲁林：《La vie quotidienne des Anonymes》，载安克强、鲁林：*Shanghai, années 30. Plaisirs et violences*，巴黎，Autrement，1998年版，第110~114页。

⑥ 李欧梵（Leo Ou-fan Lee）：*Shanghai Modern. The Flowering of New Urban Culture in China, 1930–1945*，剑桥，麻萨诸塞，哈佛大学出版社1999年版，第12~13页。

⑦ Wellington K.K. Chan：《Selling Goods and Promoting a New Commercial Culture: the Four Premier Department Stores on Nanjing Road, 1917–1937》，载高加龙主编：*Inventing Nanjing Road. Commercial Culture in Shanghai, 1900–1945*，伊萨卡，纽约，康乃尔大学，1999年，第19~36页。

⑧ 高加龙：《Transnational Origins of Advertising in Early Twentieth Century China》，载高加龙主编：*Inventing Nanjing Road. Commercial Culture in Shanghai, 1900–1945*，第40~46页。

⑨ 参见 Randolph Trumbull：*The Shanghai Modernistes*，斯坦福大学博士论文，1989年，第265~266页。

⑩ Carlton Benson：《Consumers are also soldiers》，载高加龙：*Inventing Nanjing Road. Commercial Culture in Shanghai, 1900—1945*，第124~125页。

⑪ Carlton Benson：《Consumers are also soldiers》，第97页。

⑫ Carlton Benson：《Consumers are also soldiers》，第109页。

⑬ 李欧梵：*The Romantic Generation of Modern Chinese writers*，剑桥，麻萨诸塞，哈佛大学出版社1973年版，第33页。

⑭ 胡道静，《上海新闻史的变迁》，载上海通社主编：《上海研究资料》，上海，1936年版，台北1973年再版，第379~397页。

⑮ Jean-Pierre Drège：*La Commercial Press de Shanghai 1897–1943*，巴黎，法兰西学院，IHEC，1978年版，第50页，215页注释47。

⑯ Guy Brossolet：*Les Fran?ais de Shanghai, 1849–1959*，巴黎，Belin，1999年版，第216页。

⑰ 参见李欧梵：*The Romantic Generation of Modern Chinese writers*，第87~92页；Trumbull:

The Shanghai Modernists,第111、35~36、107~143页。
⑱ 李欧梵：*Shanghai Modern. The Flowering of New Urban Culture in China, 1930-1945*,第7章。
⑲ 胡道静：《上海电影院的发展1907-1936》,载上海通志馆主编：《上海研究资料续集》,1939年版,台北再版第532~556页。
⑳ 李欧梵：*Shanghai Modern. The Flowering of New Urban Culture in China, 1930—1945*,第89~90、95~96、118~119页。
㉑ 参见卢汉超：《The Seventy-two Tenants'. Residence and Commerce in Shanghai's Shikumen Houses, 1872-1951》,载高加龙：*Inventing Nanjing Road. Commercial Culture in Shanghai, 1900-1945*,第133~184页；卢汉超：*Beyond the Neon Lights. Everyday Shanghai in the Early Twentieth Century*,伯克莱,加利福尼亚大学出版社1999年版。
㉒ Daniel Roche: *La France des Lumières*,巴黎,Fayard,1993年版,第3章,《Le temps et l'histoire》;李欧梵：*Shanghai Modern. The Flowering of New Urban Culture in China, 1930-1945*,第79页。
㉓ 李欧梵：*Shanghai Modern. The Flowering of New Urban Culture in China, 1930-1945*,第69、72页。
㉔ 叶文心：《Corporate Space, Communal Time: Everyday Life in Shanghai's Bank of China》,载*American Historical Review*,1995年2月号,第97~122页。
㉕ Michael Chang:《The Good, the Bad, and the Beautiful: Movie Actresses and Public Discourse in Shanghai, 1920s-1930s》载Zhang Yingjin主编：*Cinema and Urban Culture*,斯坦福,斯坦福大学出版社1999年版,第137页。
㉖ 高加龙：*Inventing Nanjing Road. Commercial Culture in Shanghai, 1900-1945*,第63页。
㉗ Isabelle Rabut, Angel Pino: *Le Fox-trot de Shanghai et autres nouvelles chinoises des années trente*,巴黎,Albin Michel,1996年版,第204页。
㉘ Emily Honig, *Sisters and Strangers. Women in the Shanghai Cotton Mills 1919-1949*,斯坦福,斯坦福大学出版社1986年版,第182~184页。
㉙ 茅盾：《子夜》。此处引文出自李欧梵：*Shanghai Modern. The Flowering of New Urban Culture in China, 1930-1945*,第30页。
㉚ 李欧梵：*Shanghai Modern. The Flowering of New Urban Culture in China, 1930-1945*,第17~22页。
㉛ 《咖啡座谈》是张若谷的文集。《咖啡店之一夜》是田汉的剧本。
㉜ 魏斐德：*Policing Shanghai 1927-1937*,第317页,注释28;安克强,鲁林：*Shanghai, Années 30. Plaisirs et violences*,第68~69页。
㉝ 李欧梵：*Shanghai Modern. The Flowering of New Urban Culture in China, 1930-1945*,第23~24页。
㉞ 安克强：*Belles de Shanghai. Prostitution et sexualité en Chine aux XIX—XXe siècles*,第319~339页；魏斐德：*Policing Shanghai 1927-1937*,第114页。
㉟ 安克强：*Belles de Shanghai. Prostitution et sexualité en Chine aux XIX-XXe siècles*,第226页。
㊱ Gustave Flaubert: *Correspondance générale*,巴黎,Gallimard,Pléiade,第4卷,第314页。
㊲ Perry Link: *Mandarin Ducks and Butterflies Popular Fiction in Early Twentieth Century China*,伯克莱,加利福尼亚大学出版社1981年版。
㊳ 李欧梵：*The Romantic Generation of Modern Chinese writers*,第190页。
㊴ 李欧梵：*The Romantic Generation of Modern Chinese writers*,第24页。

㊵ Trumbull: *The Shanghai Modernists*。

㊶ 参见李欧梵: *Shanghai Modern. The Flowering of New Urban Culture in China, 1930-1945*, 第32~33页。

㊷ 李欧梵: *Shanghai Modern. The Flowering of a New Urban Culture in China 1930-1945*, 第19页。

㊸ Trumbull: *The Shanghai Modernists*, 第19页。

㊹ Li Jin:《Le néo-sensationnisme et le cinéma chinois》, 载Isabelle Rabut, Angel Pino主编: *Pékin — Shanghai. Tradition et modernité dans la littérature chinoise des années trente*, 第298页。

㊺ elle Rabut, Angel Pino: *Le Fox-trot de Shanghai et autres nouvelles chinoises des années trente*, 第297~300页。

㊻ Isabelle Rabut, Angel Pino: *Le Fwox-trot de Shanghai et autres nouvelles chinoises des années trente*, 第192页。

㊼ Trumbull: *The Shanghai Modernists*, 第264页。

㊽ 李欧梵: *Shanghai Modern. The Flowering of New Urban Culture in China, 1930-1945*, 第215~216页。

㊾ Isabelle Rabut, Angel Pino: *Le Fox-trot de Shanghai et autres nouvelles chinoises des années trente*, 第191页。

㊿ Isabelle Rabut, Angel Pino: *Le Fox-trot de Shanghai et autres nouvelles chinoises des années trente*, 第196页。

㉛ Isabelle Rabut, Angel Pino: *Le Fox-trot de Shanghai et autres nouvelles chinoises des années trente*, 第196页; Li Jin:《Le néo-sensationnisme et le cinéma》, 载Rabut, Pino主编: *Pékin — Shanghai. Tradition et modernité dans la littérature chinoise des années trente*, 第283~318页。

㉜ 参见Wong Wang-chi: *Politics and Literature in Shanghai. The Chinese League of Left-Wing Writers, 1930-1936*, 曼彻斯特和纽约, 曼彻斯特大学出版社1991年版。

㉝ Carrie Waara:《Invention, Industry, Art: The Commercialization of Culture in Republican Art Magazines》, 载高加龙: *Inventing Nanjing Road. Commercial Culture in Shanghai, 1900—1945*, 第61~89页。

㉞ Laure Barbizet, Serge Vincent-Vidal: *Le contexte économique et social d'une production culturelle: la gravure sur bois dans la Chine des années trente et quarante*, 巴黎, 巴黎第八大学当代中国研究中心(Centre de recherches sur la Chine contemporaine de l'Université de Paris VIII), 1981年。

㉟ 参见 Zhen Zhang:《Tea House, Showplay, Bricolage: 'Laborer's Love' and the Question of Early Chinese Cinema》, 载Zhang Yingjin主编: *Cinema and Urban Culture in Shanghai, 1922-1943*, 第27~50页。

㊱ Marie-Claire Quiquemelle, Jean-Loup Passek主编: *Le Cinéma chinois*, 巴黎, 国立蓬皮杜艺术文化中心(Centre national d'art et de culture Georges Pompidou), 1985年, 第45、64页。

㊲ 参见Zhang Yingjin: *The City in Modern Literature and Film: Configurations of Space, Time and Gender*, 斯坦福, 斯坦福大学出版社1996年版。

㊳ 参见Zhang Yingjin:《Prostitution and Urban Imagination》, 载Zhang Yingjin主编: *Cinema and Urban Culture in Shanghai, 1922-1943*, 第162页。

㊴ Li Jin:《Le néo-sensationnisme et le cinéma chinois》, 第287页。

第三部分
（1937~1952）
一个时代的结束

第十一章 战争,沦陷和国际地位的终止

和巴黎一样,上海也在死亡与耻辱中陷入了战争的深渊。令人目眩的霓虹灯熄灭了。在第二次世界大战爆发的前两年,1937年7月,日本侵华战争爆发了。8月,上海就成了战场。狂轰滥炸和短兵相接造成了废墟累累。这座城市的遭遇预示了整个战争的残酷,以及数年后欧洲大陆和日本的命运,然而西方国家并没有重视这种凶兆。对哈瓦斯(Havas)通讯社记者罗伯特·吉兰(Robert Guillain)来说,当时的任务似乎就是向上海居民报道欧美发生的最新事件。在西方人眼中,这是一场亚洲国家间的战争,他们和上海的租界没有介入其中,或者至少在当时还没受到牵连。然而两年之后,中日战争就成了第二次世界大战的一部分。尽管上海在这场大战中并未承担什么重要的角色,但她也没能避免全球性的对抗所造成的严重后果:同许多其他城市一样,日军占领下的上海饱受贫困的蹂躏,交织着抵抗和投敌的困惑,以及为了单纯的生存欲望而忍受的种种妥协。

八年中,上海的生活受到国内外一系列军事冲突的影响。1937年日军入侵中国,两年后世界大战的第一场战役在欧洲打响。随着1941年12月8日日军对珍珠港的袭击,太平洋战争也全面爆发了。每个阶段的战争升级都使得局势进一步恶化。1937年8月到11月的上海战役是中日战争中最悲壮最激烈的一战,结果却以国民党军队的败北而告终,导致了上海城内中国人管辖区域的沦陷。由于国际条约的保护,上海的外国租界暂时避免了日军的入侵。这些租界形成了一个相对繁荣和自由的"孤岛"隔离地带,与中国内地切断了联系,也逐渐被投入战争或准备战争的欧洲城市所遗忘。

1939年9月欧洲大战爆发,在民主国家与轴心国的军事冲突影响下,这个丧失了西方帝国主义政治和军事支持的微型"孤岛"日益衰弱,根本无力对抗

来自日本的扩张压力。各种各样的妥协使得"孤岛"的自主权逐渐薄弱。在日本攻打珍珠港的数小时后,上海的日军攻占了公共租界,外国租界的国际地位就此寿终正寝。尽管法租界在1943年7月被正式撤销前一直在形式上维持着既有的自治,但实际上整个上海从珍珠港事件后就完全进入了被日军和汉奸占领的时代。取缔外国租界,这个曾使国民党的现代化政策生辉的理念和爱国民众的夙愿,却因为这场战争被附带解决了。在日本人的干预和强制下,租界消失了,这加速了上海城市的衰落和人民的苦难。曾经灯红酒绿的上海滩从此进入了"黑暗世界"。

淞沪之战和中国城被占领(1937年)

1937年8月13日开始的中国军队抵抗日军入侵的淞沪战役,其结果完全不同于1932年所发生的局部冲突。当时,居住在上海的日本侨民的数量已经迅速增长。在公共租界中,日本人社区的常住人口超过3万,是英国侨民常住人口的三倍以上,主要集中居住在苏州河以北人称"小东京"的虹口。自1932年日本的军事挑衅后,该区内驻有2 000名日军,配备坦克和装甲车,租界当局实际上已经失去了对该区的控制。日本在沪势力的迅速膨胀,使租界的英美领导人倍感忧虑,他们拒绝在上海工部局中增加日本董事的席位①。同样,这一局势也引起了中国居民的强烈不满,他们掀起了抵制日货的高潮和反帝示威运动。然而,导致国军攻打日本驻军的直接原因并非由于这种激烈的中日相互仇恨。事实上,是蒋介石本人决定利用上海的特殊地位来加剧自1937年7月7日日本侵略中国北方后所引发的民族仇恨。因为驻沪中国军队的装备和实力明显地比华北国军优越,而且外国势力在上海的存在很可能会使这场战役演变为国际性冲突,南京政府希望能从

八一三事变时弥漫在外滩上空的硝烟

这场较量中得利。

战斗在苏州河以北公共租界内的虹口与杨树浦地区打响,持续了将近三个月。初战之时,南京政府派了两个精锐师加入战役,使得中国军队在兵力上占据优势,逼迫日本军队向黄浦江边撤退。但是在敌军停泊在黄浦江上的30条舰艇的炮火轰击下,国军进攻部队又不得不后退。不久,日本派遣的九万名远征军登陆,日军重新获得了战场优势,并实施了战略包围。

尽管日军拥有武器上的优势和绝对的制空权,他们还是花了好几周的时间才攻占了苏州河以北的地区。一片房屋接着一片房屋,几近肉搏的战斗持续到10月末,直到据守在苏州河畔一座仓库内的数百名孤军奋战的英雄最终放弃抵抗为止。随后,日军从攻打南市的南部外围地区和中国人城区下手,进入了城市。受到日军包围的威胁,国民党军队向西面逃遁。其中有一部分士兵退缩到法租界境内,在那里他们被租界当局缴械和拘禁。11月11日,日本人庆祝他们在淞沪战役中取得的胜利,并占领了中国人城区和公共租界的北部地区——虹口和杨树浦。

这场激烈悲惨的战斗使中方的阵亡人数在10万至20万人之间,大片城区变成瓦砾废墟。记者罗伯特·吉兰记载道,闸北到处"千疮百孔,弹坑遍布,被暴雨般的弹片所侵蚀"。在城市的西部外围地区,日军追击着溃退中的国民党军队,"由泥巴竹子搭建的最小的茅屋村落都被雨点般的炸弹摧毁,一些弹痕累累的地区如同凡尔登战场一般"②。淞沪战役一打响,闸北、虹口和杨树浦的居民纷纷逃离已沦为战场的家园,试图穿越苏州河,进入对岸的公共租界避难。被称为"生命之桥"的外白渡桥也成了死亡之桥。曾有幸存者真实地记录了当时的惨状,"我感

1937年日本军队轰炸上海,闸北地区几乎全部被毁(Keystone)

到我走在被挤倒的老人和孩子身上……他们被践踏,被无数只脚踩扁"③。几周后,法租界入口处的栅栏前也挤满了来自中国人城区和南部近郊的民众。

对于租界的居民来说,这场战争只是他们站在屋顶和平台上出神关注的一场戏。在几星期中,他们注视着交战双方在"500米之内相互厮杀"。晚上,"当高雅的招待会结束时",晚宴者"身着无尾常礼服……和晚礼服",毫不迟疑地登上一座仓库的八层楼,小心翼翼地不让他们脚上"锃亮的漆皮鞋"踩在那些就地而眠的苦力们的身上,凝视着"充满血腥的烽火之夜"④。然而,外国租界并没有能够完全置身于外。1937年8月14日这个星期六的晚上,当中国军队的飞机轰炸停泊在黄浦江上的日本军舰时,数枚炸弹投到了外滩稠密的人群中和爱多亚路上。外国租界终于领教了黑色星期六的恐怖,三千多人死于非命⑤,"血流成河"⑥。

上海的外国租界必须立即应付迅速膨胀的难民潮。几周内,难民人数由170万暴涨至450万。市政当局、宗教团体、人道救援组织,中国的、外国的、国际性的,纷纷竭尽全力设置了200个难民接待站。学校、医院、剧场、寺庙、大学都安置难民入住。此外,更多的难民在街头门廊和空地上露宿。11月,租界已经无法承受更多的难民了。于是,在第一次世界大战中致残的耶稣会神父雅基诺·德·贝桑(Jacquinot de Besange),运用其卓越的组织能力和外交手段,在中国人的城区内积极倡导并设置了一个保护区,接待了25万逃难者。中日双方军队都承认这个"雅基诺区"的中立地位,他们等待着在次年,即1938年年度中逐步疏散这些难民。

战争把苏州河以北地区从公共租界的版图中切割了出去。在占领区和非占领区之间,戒备森严。外白渡桥变成了前沿阵地,守卫的士兵要求所有的过路人出示证件。无论是居民还是打工的,中国人或是外国人,走路的还是开车的,凡是想过桥的,都要服从检查,付买路钱。

当大批日本军队向中国内地进犯时,在上海占领区内,负责民间事务的日本皇军特务部开始设置各类机构,专门用于处理和当地居民间的关系。鉴于在中国北方占领区的经验教训,这些日本机构还纠集了几十位中国的大企业家,鼓动他们于1937年12月在沪成立上海市民协会,以便协助日本组建新的合作政府——上海市大道政府。(该政府成立于1937年12月5日,市长苏锡文。1938年4月28日改为督办上海市政府公署,苏锡文改任督办。——译者注)

上海市大道政府的市长是从当时仍为日属殖民地的台湾请来的,成员是一些小地痞流氓。大道政府从来无法正常运行。后来该政府被上海特别市政府取代(1938年10月16日——译者注)。市长傅筱庵是位银行家,长期以来敌视蒋介石。从1940年(11月)起,上海特别市政府在南京中央政府领导下运作,市长为著名的

第十一章
战争,沦陷和国际地位的终止

大量难民通过外白渡桥涌入公共租界,1937年(Keystone)

大汉奸、前国民党八位元老之一的陈公博。

虽然有日本特务部的大力扶持,但是上海特别市政府各机构和大道政府时期一样,还是很难执行其职权。于是这些机构就求助于暴力。他们召集了一批流氓歹徒,成立了人称"76号"的秘密警察和间谍机构(以所在地极司菲尔路76号而出名)。在日军的庇护下,76号的人员利用从大烟馆、妓院、赌场敲诈来的钱作为活动经费,同时大肆鼓励犯罪从恶,尤其是在沪西郊区一带。这片原本由公共租界的警方管辖的地区因此成为一处无法无天的地带,被当时的媒体称为"歹土(Daitu)"。

孤岛 (1938~1941)

与中国人居住区的贫困凋零形成强烈对比的是,苏州河以南的上海租界继续生活在纸醉金迷中。然而,这部分还代表着国际城市的上海只是处在缓刑期中而已,"沦陷,但尚未被占领"。在"小东京"阴暗街道的榻榻米上,在如同"虚幻的沙漠"的闸北,上海真正的主人正窥视着他们的猎物。租界里,"生活一如既往,人们还能听到光阴流逝的滴答声,但它很快就会停止,就像一只被人遗忘在沙漠里的钟表"⑦。

1938年到1939年间昙花一现的经济繁荣,并不能使人忘却租界的脆弱性。1937年以来的军事行动减缓了上海经济活动的节奏。该年日军对中国海岸实施封锁,次年又禁止外国船只驶入长江,切断了上海与内地市场的联系。从1937年6月至1939年6月,由沿海港口驶入的船只数量从649艘降到281艘⑧。上海城中为数一半的工业设备被摧毁,位于沦陷区内的中国工厂也被日军没收。

但是,租界内的经济活动在很短的时间内又得到了恢复。由于大批难民的涌入,扩大了市场的需求,同时大量的资金也涌入租界寻求庇护,因此银行资金充足。原材料都是进口的。由中欧逃难来的犹太移民提供了大批高素质的干部和技术人员。为了躲避日本人的检查,中国的企业家纷纷撤到苏州河南岸,使城市的工业重心向租界转移。各企业的规模虽然都缩小了,但生产却趋于多样化。安置在以往的民居中的作坊生产着各种各样的消费品:肥皂、胶水、玩具、家具、灯泡、钢笔、针织品、机械和电气设备。

这些企业的产品出路众多:在原法属、英属的东南亚殖民地内,由于战时宗主国的撤退,为新的供应商留下了大片市场,上海的企业就为这些地区提供产品;同时,他们也为西南的国统区和北方的共产党根据地服务,主要方式是设法利用众多的走私团伙和这些地区的市场沟通;他们还要供应中部省份,当时所有运往华中的国货都是在日本公司的垄断和监视下进行的。当然,这些企业主要的服务对象还是当地市场,上海500万居民的生活需要得到保障。到了1939年间,上海的生产力已经达到或超过了战前的水平,许多企业获得了大量利润⑨。

然而,在日军日益严厉的海岸封锁的威胁下,再加上通货膨胀,以及由汪精卫合作政府和日本占领军发行的纸钞造成的货币混乱,使得这种繁荣景象犹如昙花一现,没能持久。自1939年9月起,中日战争与第二次世界大战的结合减弱了上海在日后的多边冲突中的重要性。虽然就世界范围而言,上海已经与世隔绝和被人遗忘,但她还是不可避免地受国际形势的变化所左右。战争使得欧洲在远东地区的殖民帝国迅速崩溃,上海租界突然间失去了西方列强的管制,加速了她的衰退。战争也使得租界内各社团间的相互关系产生了巨大变化,逐渐分化瓦解了一个世纪以来"白种人"势力赖以生存的联合阵营。

第十一章

战争,沦陷和国际地位的终止

慕尼黑和维希对租界的影响

从此,租界的安全不再得到开埠条约中的受益者西方列强的军事保护。在以往的年代里,一些象征性的驻军,几艘停泊在扬子江上的炮艇,就足以维持租界秩序了。若有危机发生,各国政府就派遣远征军,增援当地的警察部队和志愿军。一般来说,在处理紧急事态时的主要军事负责人均由在公共租界中占统治地位的英国军官出任。

1937年7月中日战争爆发时,驻扎在上海租界的西方列强的卫戍部队仅有1 000~2 500人,他们既无能力也无意愿去保证租界的防卫。1939年至1940年间,英国和法国所遭受的军事挫折使得两国的威望扫地,远东和中国的西方帝国主义势力的根基也因此发生动摇。

为了避免日本在大战中倒向德国,公共租界当局只能以息事宁人的政策来面对日本的压力,以防止任何敏感事端发生。从谈判到妥协,上海工部局的权力渐渐缩小,公共租界的中立性也愈来愈差。位于租界内的国民政府的一些机构,如电报局、邮局、电台,都被日本人所控制。国民救国会各组织被查禁,一切在租界内从事抵抗运动的国民党人士被送交日本宪兵队,即当时的军事警察。不过,工部局还是成功地维持了新闻媒体的某些自由,并在1940年4月的市政选举中运用了合法的技术操作但非法的舞弊手段,阻止了日本代表人席位的增加。

在这场消耗战中,尽管不屈不挠的英国人想方设法去对抗日本的强大压力和阴谋诡计,但也仅仅能让租界苟延残喘而已。1940年8月,伦敦政府为了避免在日后必然会和日本发生的冲突中遭受失败的耻辱,下令从上海撤回最后一批驻军。9月,日本加入德、意轴心国联盟,国际局势更加动荡。1941年4月,由于不愿再承受由作弊的市政选举带来的风险,日本人强制工部局接受一个指定的市政委员会,其中英国人和美国人不再占有多数席位。

法国在1940年6月战败以后,成立了维希政府。8月末,日本占领了印度支那,这使法国对上海租界的控制比近邻的公共租界更软弱。根据1940年8月30日的协议,法租界必须把一切被怀疑亲国民党的中国抵抗人士送交日本人,必须反对一切反日反汪精卫政府的宣传,并且建立租界警方和日本宪兵队的合作关系。由法国维希政府任命的新任驻沪总领事马杰礼(Roland de Margerie)于1940年10月抵沪履职,开始执行与日合作的政策。法租界同意向汪精卫政府移交在1937年拘禁那些撤入租界的国民党士兵时收缴的全部武器,向日本人出让公董局的董事席位,同意日本人介入法租界警察局⑩等等,但最终还是拒绝向日本人移交蒋介石政府在战争初期暗藏在法租界内的250箱文件资料。

宗主国的衰退造成了上海租界的随之败落。当法国被入侵、伦敦被轰炸之时,移居上海的英法侨民社团中也存在着同样的毫无自卫能力的状况。然而,上海毕竟不是个普通的殖民地城市。当地的西方精英非常自豪的是他们用自身的力量建设了一个可与古老欧洲媲美的社区,而且比西方更加生气勃勃,更具有国际性,更加自主自治。这种使老上海引以为荣的"上海精神"难道不能在这场暴风雨中给予他们任何援助吗?

上海精神到哪去了?

19世纪以来,分裂的欧洲在象征着西方缩影的租界中往往呈现出异常的形象。构成上海西方社团的各国侨民都没有丧失其各自的爱国主义精神,但由于错综复杂的经济利益,侨居他乡的异族身份,以及共同享有的多种特权促成了他们之间的团结,以致所有形式化的外交联盟活动都成了多余。然而当第二次世界大战爆发时,上海精神不能再给撕裂的西方群体提供任何精神上的解毒剂。1939年9月,德国人在他们位于跑马厅内的体育俱乐部前升起了纳粹的旗帜,随后,欧美各国侨社立即展开了一场树旗大战,迫使上海工部局最终不得不禁止所有的插旗举动。

自大批不太富有、教育程度不高而社会背景各异的白俄与中欧犹太移民涌入租界后,上海的外国人社会失去了长久以来的和谐。1920年代初期,伴随着大批被俄国十月革命和内战驱散的移民的到来,殖民社会出现了第一次大分裂。这次移民潮的主要成员是白俄军队里那些死里逃生的人。十年后,日本入侵中国东北,又有大批居住在那里的俄国移民随之而来。总数将近2.3万人的俄国移民主要在公共租界北部和法租界的一些地段落脚。尽管他们中的技工、管理与军事人才服务于租界的各个机构,语言专家从事教育事业,艺术家投入当地的文化生活;尽管他们中的阿胥肯纳兹族犹太人(ashkénazes——此词源于圣经,中世纪时专用于指那些散居的德系犹太人,后用于泛指非地中海地区各国的犹太人族群——译者注)小企业主们成功地经营着咖啡店、餐馆和珠宝店,但是这个族群融入上海殖民社会的情况并不好。丧失了国籍,没有了财产,大批俄国移民堕落到和中国劳工争夺低贱的工作机会的地步。其中许多男人沦为罪犯,妇女从事卖淫。俄国移民常常遭到中国人的歧视,西方精英阶层也指责他们在亚洲人眼中破坏了"白种

第十一章

战争,沦陷和国际地位的终止

人的形象"。为了生存,他们聚集在自己的族群中,尽心于他们本族的宗教与文化活动。上海精神则与他们完全不相干⑪。

这种现象也同样出现在犹太人族群中。早在19世纪,一些犹太大商人,比如沙逊家族(Les Sassoon)、爱士拉家族(Les Ezra)或哈同家族(Les Silas)等都从巴格达、孟买到上海来经商,他们在战前已经全部成为公共租界寡头势力中的头面人物,而1938年后被纳粹从德国和其邻国驱逐出境的2.5万名犹太人则完全不同,他们流落到上海的租界后,唯一的特权就是可以享受免签证在租界避难。在1938年到1939年上海经济的短暂繁荣中,确实有一部分来自中欧地区的犹太人企业家、知识分子和工程技术人员发挥了他们的专业能力。然而,他们中间的大部分人仍只能聚集在公共租界北部的难民营里,依靠国际和当地的犹太人组织提供的救援来维持生活。尽管这批人为数不少,超过了1.8万人,但他们生活在租界的边缘地带犹如生活在社会的边缘,完全被自身的命运所左右,而没有和接待他们的城市共存亡⑫。

如果说白俄和中欧犹太人始终没能成为老上海移民社会的一部分,德国人则是在第一次世界大战期间就被赶出了租界。当时,中国在大战中站在协约国一边。公共租界工部局取消了德国人的董事席位,中止了德国人的治外法权,并把德国商人驱逐出去。虽然到了1930年代初,上海的德国侨民人数重新增长到近2 000人,但该族群仍然处于被隔绝状况⑬。他们的怨恨也许可以解释为何他们能够比较迅速地接受纳粹设在上海的机构及其附属组织(如青年组织、文化组织)。自1939年起,许多德国纳粹党负责人陆续来到上海,迫使上海的德国侨民完全屈服于柏林的政策;同时,这批人的到达也削弱了上海老侨民之间为抵制有损于他们的事业和生活方式的外来威胁而自然结成的联盟。在南京路跑马厅对面的国际饭店内,聚集着纳粹军事情报局阿伯维尔(Abwehr)的谍报人员,以及作为宣传机构并拥有各种掩护身份的特工人员的盖世太保。连纳粹党卫军的代表、外号"华沙屠夫"的秘密警察头目梅希格(Josef Meisinger)也在其中⑭。除了一部分德国外交官和生意人仍处于犹豫徘徊中,上海的德国社团几乎全部被拖入了纳粹政治的轨道中。然而,与其他西方人的决裂并没有改善德国人和其盟友日本人的相互关系,他们与日本人始终保持着距离,并且双方经常出现难以相处的局面。1941年10月,日本人逮捕了德国人佐尔格(Richard Sorgo 以间谍罪在东京被捕,1944年遇难——译者注),这一事件进一步扩大了双方间的互不信任。但此时此刻,种族主义已经远远不足以用于加固西方侨民的联合阵线了。欧洲出现的对垒和困境导致了上海外国人社团的逐渐衰弱,他们已经完全丧失了以往那种赖以战胜危机的自信和力量。

黑暗世界 (1941~1945)

1941年12月8日,日本因偷袭珍珠港而引发了太平洋战争,也带来了上海租界的末日。先是公共租界被立即接管,随后法租界也在1943年7月落入日本人手中。为了根除中国领土上的外国租界,国民政府的外交人员和广大民众曾进行了艰苦的斗争,然而租界的命运却由世界范围内发生的强权势力的抗争所决定。这场争夺并没有发生在中国和西方列强之间,而是发生在这些列强和日本之间,其直接原因应归于英、法在欧洲的败北和美国在太平洋战争初期的失败。租界的结束并不是中国人的爱国主义精神的胜利,也不能证明中国已经复兴并成为强大的现代化的主权国家,而只是承认了日本军国主义的强权。对于外国侨民来说,这是一个羞辱贫困时代的开始。同时,租界的消失进一步加深了中国人民的苦难,它剥夺了中国人曾拥有的一个远非理想的、但在抵抗日本野蛮侵略的斗争中多少显得有些珍贵的庇护所。

攻打珍珠港数小时后,日本军队就全面管制了上海公共租界。1941年12月8日拂晓,日本军舰向停泊在黄浦江上的最后一艘英国军舰贝特尔号(Petrel)开炮进攻。经过短暂的英勇抵抗后,遇难的英舰官兵们纷纷投入江中,试图在日军的炮火下游泳登上江岸。当时正在外滩沿岸的大酒店中的英国宾客们闻讯急速赶来,他们身上还穿着晚礼服就毫不犹豫地跳入浑浊的水中,奋力营救英国官兵⑮。这是整个太平洋战争中在上海发生的唯一的一场战斗。

日本士兵在毫无抵抗的情况下占领了外滩周围的建筑物,他们驱逐外交人员,没收或接管英美投资的企业。摆脱了西方人统治的公共租界又沦入日本人的手掌中。直至1943年8月2日,日本才把前公共租界移交给汪精卫政府,但这个象征性的举动丝毫没有触动日本在租界的支配地位。日本人仍然掌握着租界,就像掌握着上海其他各区一样。

用一位日军发言人的话来说,在日本占领公共租界的第二天,公共租界就开始被改造成"某种形式的集中营"了⑯。日常事务仍由工部局负责应付,但这时的工部局主席已由日本人担任,英、美董事也都被清除了。大部分的市政公务人员,包括英国人在内,被继续留用了几个月,部分人员的留用期长达一年,以便协助移交机构内部的各项事务。从1941年12月实行宵禁令和军事管制法后,上海居民普遍受到严格控制。所有的商业机构,包括夜总会在内,都必须在晚上九点

第十一章

战争,沦陷和国际地位的终止

打烊。所有的道路都竖起铁丝网路障,由日本哨兵把守,检查过往人员的身份证件,强迫行人向他们鞠躬行礼。所有的英、美侨民都被迫戴上红色的袖章,以示其"敌国侨民"的身份。日本人在前租界内还强制推行在其他中国人居住区内已经实行的保甲制度。这种重新启用的中国封建王朝的互相联保的户籍制最初起源于人口普查,它在每个人的身份证上注明居住地点,这也是居民入居该地区的官方证明。这种措施在打击恐怖活动中十分有效。一旦发生谋杀事件,整个相关的区域都立即被隔离,封锁可以维持数日,长达数周,直到罪犯被抓住为止。在此期间,隔离区内既无生活用品补给,也无医疗救护,该地区的居民有时甚至要冒死亡的危险⑰。

1942年末,日本侵略军开始拘禁敌国的侨民。短短一年中,就有8 000千名英国人和数百名美国人被关进设在上海周边地区的六个拘留营中。在一些知名

1941年12月8日,日军占领公共租界,日本国旗在外滩飘扬(Keystone)

人士，比如前上海英国侨民联合会主席休·科勒（Hugh Collar）的带领下，拘留营内的英国人和美国人都组织起来，以便更有力地战胜面临的贫困和羞辱，以及拥挤不堪的恶劣环境[18]。

1943年2月，日本人将"中欧地区的无国籍难民"也赶到虹口区"指定的范围"内集中管制起来，该地区原先已有不少犹太居民。在这块性质有些特殊的犹太人区内，1.6万名犹太人和10万名中国人混杂居住在仅仅2.5平方公里的范围内。他们的生活条件并不比集中营好，当然也不可能再差到哪里去了。

同样在1943年，接受维希政府管辖的法租界的法国侨民所享有的有限保护也被终结，日本人正式进入法租界。在1941年日军占领公共租界的次日，法国总领事马杰礼记载道，"法租界一切平静"，并附加日本当局决定"在已经确立的合作关系的范围内……尊重（法）租界的中立性……"然而在随后的几个月中，日本人的压力日益增强。1942年4月，法租界当局被迫接受了日本派驻到租界内的100来名日本宪兵，这些日本兵的任务是负责协助法国警察和"恐怖主义作斗争"，并且确保"监视敌国侨民和避免其财产的流失"。公董局还必须配合日方清点那些与英美资本有利益往来的法国企业的财产。从法租界的首脑做起，公董局在整个租界内推广日本人已经在中国人居住区和前公共租界内实行的保甲制度[19]。

1943年1月，南京政府向同盟国宣战，日本因此同意汪精卫政权收回在中国领土上的一切外国租界。同年2月，维希政府被迫在原则上同意向中国交出法租界的管辖权。法租界行政机构的骤然解体造成的棘手的难题，是如何安置它所雇用的400名法国人和1 000名安南人（主要担任租界警察），以及数千名中国人。由于战争断绝了上海和外界的交通联系，根本无法把这批外国人遣散回法国或印度支那。于是汪精卫政府只得在其机构中重新使用这些中国雇员和部分法国雇员，其他的雇员或被插入领事馆编制，或被安置在匆忙中建立起来的一个法国中心工作。安南警察则由军队负责，编入当时仍被允许存在的小小的法国卫戍部队的军营中。法国领事馆保存的大量秘密经费[20]使得上述的安置工作得以顺利进行，而且还能给予医院、学校和巴斯德研究院等机构一些短期资助，以及救济被剥夺了经济来源的法国人。法国总领事馆还利用这笔资金购得了租界当局的部分产业的所有权，并将它们转为法国国家财产，以免在中国收回租界时被没收。在当时的法国大使戈思默（Henri Cosme）的眼里，法租界的财产交割是在他们所能有的最有利的条件下进行的[21]。

剩下的只有降旗投降、并把公董局的钥匙交给上海特别市市长陈公博了。7月30日，在没有法国大使戈思默出席的移交仪式上，完成了上述程序。戈思默是

第十一章

战争,沦陷和国际地位的终止

法国政府委派到中国来和蒋介石政府交往的外交官,当然不可能与南京政府的代表有任何形式的官方接触。两天后,当日本人把前公共租界交给汪精卫政权时,整个上海市在行政上算是合并为一体了。前公共租界成为上海特别市的第一区,而前法租界则划为第八区。

法租界的被收回并不完全是法国在上海的势力进入没落阶段的标志。1945年3月,随着德国在欧洲的战败和法国政府的突然变更,日本人决定直接控制法属印度支那,断绝与上海法国领事代表的一切外交关系,并且收缴了租界取消后仍保留的小规模的法国卫戍部队的武器(共1 400人,其中880名安南人)。反抗是徒劳的,但是不战而降也是莫大的耻辱,尤其对军事首领而言。几个月后,法军驻沪司令因此试图自杀[22](他因被抢救而自杀未遂,几个月后还是去世了)。上海法国人的屈从和驻印度支那法国军队的抗日形成了鲜明的对比,不过后者虽然在人数上优越于上海,他们的反抗却也同样软弱无力。最后一次发生在上海法国社团中的事件充分证明了法国的彻底衰败:1945年7月,因法国军官继续把安南士兵关在法国驻军被拘禁的兵营里,723名安南人奋起反抗法国军官。他们公开发表声明表示支持越南革命运动,结果被安置在日军事当局的"庇护"下[23]。

无论是从司法程序还是从外交形式上来观察,收回租界的过程中确实存在着许多模糊不清的问题。比如就法租界本身的生存权而言,人们不禁会问:南京和维希这两个互不承认的伪政府签署的协议是否有任何价值,而这两个战争结束后就消失的伪政府所作所为是否应该被其后的合法政府所继承*。

尽管租界是在特定的背景下被取消的,但收回外国租界代表着上海历史上的一个重要转折。两年后,日本投降了。当国民政府在统一自由的上海建立新的市政府时,这种转折的意义才充分地体现出来。

沦 陷 的 上 海

在中国,就和在法国一样,被占领的历史都是根据战后占主流地位的政治导向和意识形态而撰写的。不过在中国,在痛斥那些唯利是图的汉奸的同时,抗战

---

* 日本投降后,一些在上海的法国人,包括新任总领事斐利浩(Filliol)根据文件的模糊不清而得出结论,认为1943年的收回法租界的条约无效。由于法国政府急于维持法属印度支那殖民地,这比拯救丧失的租界更使她忧虑,所以法国和蒋介石政府磋商,重新在1946年2月签署中国收回租界的协议。作为补偿,蒋介石同意根据《波兹坦公约》把进驻支那半岛北部的中国军队撤回国内。

英雄的事迹犹如神话般地继续散发着引人入胜的憧憬，恰似摩尼教对远景的崇敬。至于区别抵抗分子和合作分子的界限、甄别机会主义者或观望主义者的依据等众多类似的问题，则始终隐藏在各类复杂浑浊的内幕中而难以识辨㉔。在这里，所有对占领时期的回忆都被战争过程中接连涌现出来的革命业绩和不幸悲剧所掩盖。对于"黑暗时期"的共同记忆仅仅停留在日本侵略军的罪恶行径和共产党游击队的英雄主义，以及人民大众的苦难上。战时在中国人之间产生对抗性矛盾的焦点已逐渐被人淡忘。从共产主义胜利者的观点出发，国民党内部的抗日者和投敌者之间并没有太大的差异，无论前者还是后者都是反动派，而一个在"白区"从事地下活动的干部很可能就是隐藏的有能量的叛徒。

1937年中国败于日本后的局势和三年后的法国局势有着某些相似之处：一部分国土被敌军占领；退居腹地四川省的重庆、以蒋介石为首的自由中国政府与盘踞在南京、由日本人在1940年扶植的汪精卫合作政府之间的斗争；由于全民抗战的高潮导致了共产主义影响的迅速传播，以至两个完全不同性质的政府都把它视为洪水猛兽，尽管蒋介石与延安的共产党领导人签署了统一战线的协议。在上海，严厉执行的定量配给，黑市泛滥走私猖獗，不法牟利者的奢侈挥霍，还有暗杀、告密、逮捕、酷刑，所有这些比起巴黎来都是有过之而无不及的。

上海的沦陷时期有其独特的症状，这与历史传统和东亚文化有着不可分割的联系。日本军国主义的意识形态及其对外扩张的野心，与纳粹德国所持的并不相同。西方帝国主义势力在中国的存在，哪怕是没落的帝国主义，都会使中国爱国者的政治选择复杂化。共产党势力的扩大和对它的极度恐惧加强了重庆和南京这两个敌对政府之间的秘密接触，而不是在重庆与日本人之间。在法国，尽管维希分子的"抵抗主义"是如此地模棱两可，但这并不妨碍对该词的定义作一个相对明确的划分标准㉕。而在上海，"曲线救国"的论调大有市场，使得要两面派甚至三面派手法的策略成为合法。而支配这些做法的动机基本上是政治因素胜过意识形态，当然也往往被人际关系和私人利益所左右。上海的机会主义者胜利了。然而，机会主义也是某种意义上的行动主义。在上海，绝大多数民众在精神与物质日益艰难的条件下极力挣扎，只求生存而已。这种对残酷统治的表面屈从与投敌变节没有丝毫相同之处。即使这种屈服已经发展到把私人利益（个人的或更多方面是家庭的）置于国家利益之上的程度，但人们内心深处的仇恨和反抗的怒火并没有熄灭，只不过他们的发泄方式仅限于在私下议论或转弯抹角地表示不满。

第十一章

战争,沦陷和国际地位的终止

抵　　抗

　　日本的占领把上海排斥在全民抗战的主流之外。直到1937年为止,这座城市始终是全国的心脏,是所有的抗日运动和爱国团体聚集的中心,而她的沦陷则使她在刹那间失去了昔日的光环。上海似乎成了那些软弱无能、自私虚伪和贪图享受的各类人物的可疑的庇护所。其他的人都纷纷离开了这座城市,或者前往西部投奔自由中国政府,或者奔赴延安的共产党根据地。还有些人则逃亡香港,以免和敌人有任何接触。

　　然而,从1937年秋季起,在数月前开始的对日正面作战和大规模爱国动员热潮的带动下,上海的抵抗运动在国共两党敌后人员及其追随者、秘密社会帮团分子、知识界和新闻记者中间组织起来。四年中,这些抵抗分子展开了积极的抗日宣传和骚扰日伪汉奸等各种活动。从日伪当局接二连三的起诉和采取的镇压措施中,可以看出这种抵抗活动的有效性,而且这些行动无疑得到了被禁锢在"孤岛"中的外国侨民的大力支持。

　　上海的外国租界再一次也是最后一次在中国人民反对本国政权的行动中起了有利的作用。利用外国租界为基地,抵抗运动成员在郊区组织游击战,在城市中进行恐怖活动。他们把租界作为舆论阵地,怒斥日本侵略者和汉奸的滔天罪行。租界也成为受到威胁的知名人士的隐蔽场所,以及各种秘密组织的发源地。尽管这个时期的租界被称为"孤岛",但是她已重新成为各种形式的抵抗运动组织的汇聚中心,并且保护它们的正常运作。直到1942年至1943年间,日伪军控制了整个上海地区,这些抗日组织的活动才被彻底禁止。

　　上海周边地区的游击战是1937年中日上海战役的持续。国民党军队撤退的残部和以安徽为根据地的新四军部队,给日伪在上海的统治带来了极大的威胁,他们不断地破坏、骚扰各地通往上海的铁路运输网络,以致日军不得不在1939年动用大批军队和坦克去重建那些地区的秩序。

　　然而,重要的战场还是在上海市区内。抵抗运动的主要武器是恐怖打击和抗日宣传。隐藏在租界的秘密组织所发动的各类活动中,戴笠所领导的重庆的军统局扮演了主要角色。该军事情报机构雇用了上千名特工人员,由出身良好的外省籍军官带领。这些人员受中国传统教育的培育,脑子里灌满了各种传奇性的英雄主义㉖。该组织的主要目标是阻止日本人在上海组建市政府和汉奸中央政府,其战术就是暗杀所有赞同和支持上述预谋的中国人。从1937年9月到1941年10

月,军统局策划了150次类似的处决行动。

由于遇害人的知名度,这些连续发生的谋杀在舆论上引起了激烈的反响。1938年9月,唐绍仪倒下了。这位前部长和大使曾是日本人正在筹建中的中央合作政府的首脑候选人。唐是位业余工艺品收藏家,当他正在欣赏由乔装打扮成古董商的杀手送来的一只古瓶时,被杀手用事先藏在瓶中的利器刺死。1939年2月,轮到前驻法大使陈箓头上。他正坐在家中的沙发上庆祝新年,宾客围绕,一颗左轮手枪的子弹射中了他。1940年10月的一个晚上,伪上海特别市市长傅筱庵在自己家中被家庭厨师用菜刀砍死[27]。

在开展恐怖活动的同时,公共租界里的中国媒介也发动了前所未有的宣传攻势。1937年末,日本人以中立为由,强求工部局关闭了十来家中文报纸,其他三十来家中文媒体也遭破坏。然而,依照治外法权规定,外国的出版机构躲过了这场清查。在他们当中,有些报刊的反日立场非常坚定,如《中国评论周报》(*China Weekly Review*),该刊主编美国人鲍威尔(J. B. Powell)日后为他的立场付出了惨重的代价。但是自1938年起,日益扩大的反日宣传大多出自于"洋商报",即外国人管理的中文媒体。这些报纸由中国人编辑,但作为外国资产在外国领事馆注册,以此摆脱日本人的检查。这些报纸各自承担了重庆国民政府和延安共产党边区政府的发言人的角色,传播他们的通告和指示。因无法查封这些出版机构,日本人只能试图阻止这些报纸在租界以外地区发行。

从1938年起,爱国戏剧在法租界风行,成为抵抗运动的另一种形式。这场运动是由共产党敌后人员主导的。他们执行统一战线政策,联合那些富有民族尊严并且道德正直的知识分子一起斗争。法国文学专家李健吾先生(生于1906年)就是其中的一员。由于他和法租界当局保持着良好的关系,这位福楼拜(Flaubert)的崇拜者和翻译家写出了许多爱国主义的剧作。这些宣扬抗日精神的爱国主义剧作被搬上舞台后,很快就受到广大民众的喜爱,比如描述明末一群文人命运的《碧血花》就是其中的代表作[28]。

最著名的左派知识分子如郭沫若、茅盾等都在1937年秋季离开了上海,其他一些不太激进的知识分子则因家庭或财产的关系留了下来。为了避免与占领者接触的危险,许多人举家搬进租界居住。在相对安全的环境下,他们在租界里继续着他们的活动,并发展成为一个批评时政多于抵抗的社交圈子:他们在咖啡馆和公共浴室里、在家庭麻将桌上甚至利用婚礼聚集在一起,互相交流信息和情报,发泄对日本的共同仇恨,表示对解放的渴望[29]。这种既无能却又不甘屈服的态度在欧洲也同样存在着,比如一些朋友聚在一起讲述嘲讽占领者的"有趣的故事"。即使在斯大林控制下的苏联,异议分子们也常常利用厨房作为其联络和发泄的地点。

除了美国人鲍威尔和英国人伍德海(Henry G. W. Woodhead)等几位记者之外,租界的外国侨民在欧战爆发和日本加入轴心国后,并没有怎么介入这场与他们身家性命直接相关的战斗中。一方面是种族间相互隔离的意识仍在继续作怪,另一方面某些外国社团根本缺乏爱国意识。

白俄和中欧犹太难民是被剥夺了他们原有的国籍的。对于他们来说,过一天算一天,不存在任何投机性质的爱国主义或集体主义行为*。一些英国侨民加入了由丘吉尔在1940年创立的特种行动处,这是个在欧洲被占领地区从事抵抗和破坏活动的组织。这支没有任何中国成员的上海小分队显得毫无战斗力。1941年12月公共租界沦陷后,这支小分队就被日本人消灭了。

在法租界,一小部分戴高乐分子在批发商罗德里克·埃加勒(Roderick Egal)的带领下,于1940年8月创立了一个名为"仍是法兰西"(France quand même)的组织,吸收了60来个自愿兵,准备参加自由法兰西的军队㉚。1941年4月,埃加勒被逮捕,法国总领事马杰礼控告他挑动法国水兵开小差(维希政府对脱离法国军队的抵抗运动分子以临阵逃脱问罪——译者注)。于是,法租界的戴高乐派人士在督学夏尔·格洛布瓦(Charles Grosbois)和依据维希政府的反犹太人法律而被解职的前领事法庭法官高夫曼(Kaufman)周围重新聚集起来。但是由于局势"特别困难",他们的活动迟迟未能展开。据他们中的一位成员解释,主要原因是租界里存在着一个"重要的维希党派",而且当时有必要阻止"上海的法国人中已经出现的越来越深的裂痕"㉛。虽然这些戴高乐派人士曾经与重庆方面接触,但是他们似乎并没有和当地的国民党组织合作。法租界里的一些最坚定的抵抗人士纷纷奔赴非洲、意大利和法国,直接参加战斗去了。他们的经历只是上海历史中的一支小插曲。

合 作 分 子

在上海,与敌人合作的形式各种各样。主动合作者,是指那些直接加入敌方阵营、甘心情愿地协助敌人压迫百姓和搜刮当地财富的人。被动合作者,是指那

---

* 一些白俄被德国人入侵苏联的消息震惊,流露出对处于危难中的祖国的爱心胜过了他们对斯大林的怀恨,仍在上海活动的苏联特工就充分利用了这种爱国主义的情绪为他们服务。

些或多或少默认现状、以个人的能力留在战前负责的领域内继续参与日常事务的人。实际上,要分辨这两种人并非易事,就如在战后法院进行清除合作分子的审判时我们所感受到的那种难以判断的疑惑。因为被动合作可被视为机会主义的伎俩,也可被看作是单纯的求生本能,两者都带有妥协的打算。

与敌合作者迎合了日本人的需要。合作的形式根据东京和日本军方的指令不断变化,也根据日军在中国占领区的统治和战争进展状况作调整。日本占领初期,日本人把中原数省和上海当成次要地区,因为鉴于这些地区和华北的情况不同,日本还不急于把他们纳入日本帝国的范围。从1939年起,日本政府的政策转向了:它打算建立一种依附于东京的而且能够被中日双方接受的合作关系,而且使这种合作制度化和合法化,用于负责管理沿海地区,与重庆的蒋介石政府抗衡。但是这项计划毫无结果,于是日本人决定强化他们自己的占领势力。

直到1937年末,日本人才在已被政治和文化精英抛弃的上海找到了第一批合作者。由于缺乏市政办事人员,负责占领区民间事务的日本特务部只得去台湾招徕几个恶棍到上海市伪政府里充数。同时他们游说了当地的二十来位大企业主来捧场,旨在成立上海市民协会,重新启动政治活动。但在国民党特工暗杀了其中一位企业主后,其余的都惊恐万分,这个计划也因此流产。最终,日本人几乎只能指望在那些军阀时代就过时的老政客,一批既无声望又无权威、自1927年国民党执政以后就完全游离中国政治生活之外的人。1938年间,上海市合作政府拥有的唯一的名人是傅筱庵,前总商会会长和银行家。他因反对蒋介石而于1927年移居东北,此时坐着日本军用货车来到了上海。

1939年,汪精卫在和蒋介石发生冲突后离开了重庆,试图投靠日本人。作为国民党主要领导人之一的汪精卫归顺日本,使得汉奸的队伍得以重整旗鼓。和贝当元帅一样曾经有过辉煌时代,汪精卫(1883~1944)头上笼罩着长期革命生涯赢得的威望的光环,他追随孙中山,和蒋介石关系复杂,曾多次利用国民党左派的支持挑战蒋介石的权威。被日本人任命为伪中央政府的首脑,汪精卫于1939年5月到达上海。他拉了两个政治盟友一起叛变,一个是周佛海(1897~1946),曾是中国共产党创始人之一,随后投靠蒋介石,成为国民党主要理论家之一㉜;另一个是陈公博(1892~1946),也是投靠国民党的共产党早期领导人之一,蒋介石政府的前部长。1940年,陈公博担任上海市市长,在这个位子上待了四年,后被周佛海取代。

姑且不论他们在政治和学术方面的能量如何,这些重庆政府的叛徒在上海倒没有遇到什么竞争对手。1938年9月,褚民谊(1884~1946)投奔他们而来。褚曾留法学医，回国后在姐夫汪精卫的庇护下供事于国民党内。他投敌后被南京汪精卫政府任命为外交部长。1943年，褚民谊与法租界当局谈判收回上海租界事宜时，法方非常赞赏和肯定他的能力。

中国的精英分子中投敌变节者甚少，使得汉奸和他们的主子日本人转向冒险家、秘密社会和犯罪团伙中发展势力。正是这帮歹徒充实了市行政机构、伪"人民"委员会和76号的政治警察。杜月笙出走香港削弱了帮主对青帮的掌控，给各堂口的堂主留出了空间，许多人都为日本人效力。曾经以民族主义为本的秘密社会越来越被汉奸势力所吞噬。从这类演变中可以看到一种迹象，"以意识形态薄弱、而组织结构严密为特征的帮会团伙适应社会政治环境变化的能力特别强"㉝。新的秘密帮会分子完全没有其前辈人的那种儒家式的礼仪的约束。常玉清，外号常二吨（这个恶棍实际只有150公斤），屠夫出身，苏北青帮的头目之一。1932年日本人在短暂占领闸北期间就曾利用过他。1938年，日本人叫他重新聚集黄道会的千余名打手。几个月后，该会更名为安清会（亦称安庆会），公开宣称为青帮的传人和继承者。常玉清和他的追随者是南京政府对抗国共两党锄奸行动的反恐工具。他们驻扎在虹口的新亚酒店，把酒店的浴室改变成行刑室。这些杀手都是职业犯罪分子：谁给钱就为谁干。

汪精卫及其同党则不然，其卖身投靠日本人是经过政治上深思熟虑的。对衰弱不堪的中国军力的失望，对统一战线以及共产党人操纵统战的仇恨，汪精卫一伙把他们的希望建立在与日本人合作的基础上。对他们来说，拯救国家不一定要靠国民党重庆政府所主张的那种殊死抵抗，而应该寄希望于"一种合理的和平"和加入东京宣传的"东亚新秩序"。在他们看来，这种政治选择符合孙中山的理论，因为孙中山在逝世的前一天还在继续提倡"大亚洲"*范围内的反对西方帝国主义的斗争㉞。以他们长期服务于国民革命和国民政府的资历，汉奸首脑们自以为他们和蒋介石一样有权利决定中国的命运。自1927年国民政府成立后，国民党政权经历了多次宗派冲突。蒋介石执政的合法性经常被挑战，国家政权虚弱。好公民并不是那些遵纪守法的人，而是为了中国的利益尽力而战的人。踌躇不定、对忠诚的词义理解上的混乱可以对存在于重庆和南京以及重庆和上海的政治人物之间的各种关系做出解释，这些关联也使得抵抗运动和投敌合作之间的界限变得更为模糊不清。

中国合作分子所谓的爱国主义令人想起法国维希分子的论调。不过，和维

---

* "大亚洲主义"理论是孙中山于1924年在日本神户所作的最后一篇重要演讲的主题。

希分子一样,他们很快就失望了。日本人并没有把他们当作真正的合作伙伴,而只是将他们认作附庸,没有给予任何经济援助,让他们自生自灭。因此南京政府和上海特别市政府只能靠敲诈勒索为生,利用76号特务组织从位于他们控制的上海西区的赌场、大烟馆和妓院里大肆搜刮钱财。汉奸的形象等同于邪恶和犯罪。

面对国共两党有组织有系统的暗杀活动,汉奸们展开反暗杀行动,主要手段就是暴力。上海的外国租界变成了一个没有硝烟、但充满着恐怖气息的战场。自古以来的以牙还牙的规则在这里得到了前所未有的体现:"银行家对付银行家,出版商对付出版商[35]。"对立的双方中只要其中一方杀了人,对方就立刻以杀人作为报复手段。

投敌分子们没有能力对付租界内那些高质量的报纸,就委托76号特务组织暗杀新闻记者。在他们决定处决的人员黑名单上,仅1941年间就列有七名外国记者和80名中国记者。暗杀风潮此起彼伏:1938年六名记者遇刺,1939年到1941年间20名被暗杀。即使报馆都俨然成了堡垒,也难免越来越多的袭击。恐吓邮件携带着被砍断的手和手指寄到报社,被害者的头颅被悬挂在路灯下示众,或被扔进路边的排水沟。

针对银行家及其雇员的反恐怖行动的目的是为了控制租界的金融活动。因为自1937年后,国民政府的机构仍留在租界内。尽管南京政府强制发行了中央储备银行的新货币,但重庆的货币仍在租界内流通。此时,个别谋杀变成了集体杀戮,袭击变成了轰炸,暗杀小组演变为城市游击队。1941年3月21日夜间,为了报复中央储备银行的被袭击,76号特工闯进中国银行的职工宿舍,挟持128名雇员为人质。

汉奸以暴制暴的行动使得租界提供给中国抵抗运动者的有限保护越来越成为泡影,这个一碰即碎的庇护所最终在太平洋战争爆发之初消失了。通敌分子有了新的更大的活动天地,国共两党在上海的组织进一步衰弱。鼓吹东亚新秩序的宣传铺天盖地,居民们也只得屈服于残酷的现实。然而,尽管日本人做了一些象征性的举动,比如把租界归还给汪精卫政府等等,但汉奸在他们的后台日本主子的眼里已经失去了可信度。受挫折感和罪恶感所折磨,汪精卫和他的同伙暗中加强了和重庆的秘密联系。然而敌对双方实力较量的结果最终抹去了空洞的言辞。面对日军因战争的失利而加强的军事攻势,贪生怕死的投敌分子散布各地,但他们只是屈从无法逃避的现实而已,而且越来越多的人抱着单纯的求生欲望。

第十一章

战争,沦陷和国际地位的终止

生　存

对绝大多数上海居民来说,日本占领的威胁和耻辱使他们日益艰难的物质生活雪上加霜。而在相对侥幸的外国侨民中,许多人在1942年以后也体验到了饥饿和被驱逐的折磨。怎样才能在变成地狱的上海滩求得生存?

战争初期,上海经济还保留着一些活力。1938年长江下游的谷物丰收,尚可保证城市的粮食供应。大批难民和资本涌入"孤岛",使租界的工业生产也有了些起色。可是从1939年起,情况开始恶化,日本人决定切断上海与内地的联系,居民生活必需的大米因此得不到补给。上海对进口物质的依赖越来越大,进口数量逐渐上升,从1937年的30.8万吨增加到1940年的390万吨[36]。自1941年起,美国在太平洋地区实行贸易封锁,日本人也在中原地区加紧征调,使得上海居民的物质供应更趋匮乏。米价不停地上涨。于是在1941年至1942年间,租界内不得不实行配给制度,随后这一措施在所有的中国人区域内实行。然而该制度很难推行,因为分配的物质只能保证规定配给量的四分之一。从早到晚,人们在指定的供应点前大排长龙,争夺打斗无日不有。

黑市的存在弥补了市场供应的不足。不过从1942年起,日军为了保证日本军方和侨民的需求,对长江下游地区的大米加紧了控制,走私变得十分危险。然而,走私货物仍像涓涓细流在继续着。这种贸易活动恰似蚂蚁搬家:许多人骑着脚踏车,把少量的大米藏在随身衣服里偷运到上海。这些走私大米的价格是正常米价的五到六倍,而且并不是每个人都能买得到。上海的街头上从来没有这么多因饥饿而倒毙的人。严冬的早晨,一些人饿死了,另一些人起身收敛尸体,其中孩童居多。1942年夏季,横扫全城的伤寒和霍乱瘟疫更加沉重地打击了已经严重营养不良的上海居民。

不仅如此,上海还严重地缺乏生产原料和煤炭。电力也少得可怜。1937年至1944年间,电力生产缩减了80%。租界里的工厂被迫关门停产,1942年只有一半工厂勉强开工。停电现象已习以为常,街上的霓虹灯熄灭了,出租汽车也绝迹了。公共交通车辆每天只能运行几个小时,满街都是失业的人。由于物价飞涨,那些尚且保有工作位置的人的购买力也日益下降。饥寒交迫、通货膨胀和失业每时每刻都在滋养着暴力。横抢硬夺,敲诈勒索,调戏排队购物的妇女:对安全形成威胁的已不仅仅是手持刺刀的日本士兵和76号的恶棍了。

在这座趋于瘫痪的城市中,求生之道各种各样。有的依靠其社会地位,有的依仗自身的财富,有的仰赖其知名度,有的甚至仅靠道德的力量,而企业主则表现出其投机和适应的本能。战争和沦陷阻碍了生产,但早已习惯于在政治动荡的环境中生产的企业主们引导他们的企业做短线生产,想方设法减少损失,并且不遗余力地抓住机会,在物资匮乏的当口投机囤积致富。荣氏家族和申新企业的命运就显示了这种生存能力,他们有时甚至能在艰难的条件下发展企业。

1937年8月,荣家拒绝把他们在上海的七家棉纺厂迁往西部内地。他们以为中日之间的冲突不会持久,不愿打乱其生意网络。而且由于他们和国民政府关系一直比较紧张,更不情愿把企业搬到国民政府控制的范围内。结果几个月后,荣家位于日本占领区内的五家棉纺厂全部落入日本人手中。为了收回这几家厂,荣氏企业的掌门人荣宗敬同意加入旨在推动与日合作的上海市民协会,以便重振家族事业。对于荣宗敬来说,这并非他的政治的选择,而是中国商人在危难时期和任何掌权部门交涉的惯常做法。他认为"中国目下事实上已无政府",若他不出面保护他的企业,谁来保护[37]?然而,国民党特工对一切有知名度的通敌合作者的暗杀行动把他吓坏了,荣宗敬只得出走香港。几个星期以后就在那里逝世了。

一家之长的过世引发了荣家子侄们对企业集团主导权的争夺。这种世代交接和随之而来的资产分割,一般都发生在影响到中国大型家族企业存亡的紧急关头。然而在当时的战争和危机的背景下,各生产单位管理的逐步自主化却给荣氏企业的管理策略带来很大的灵活性。为了安全起见,位于公共租界的申新二厂、九厂在租界注册登记,成为外资企业,从而在1938年到1941年的"孤岛"时期有过一段相当繁荣的时期。申新厂不仅为本地市场生产,而且把产品出口到东南亚的欧洲殖民地,因为这些地方的宗主国忙于战争而断绝了对殖民地的供应。当时,上海的租界仍旧属于国际贸易网络中的一部分,还能够进口在中国已经无法得到的原材料和煤炭。生产增加,利益也增加,荣氏企业运用以黄金和外汇支付的股息进行再投资。

公共租界被占领后,荣氏企业在以支付大批款项和在两个厂中任命日本人为督察的条件下,被允许重新开工。但是时空已经不同,荣家企业无法在海外获得生产所需的物质,而且南京政府试图建立由国家控制的生产体系,申新纱厂正是该项独裁政策的目标。申新二厂和九厂只开动了20%的生产能力。荣家也没能让日本人发还的几家棉纺厂开工。他们把这些厂的机器设备拆卸下一部分,安装在新设立的工厂中,以这种作坊似的生产单位形式来躲避检查和逃税。

在与日本人和南京政府的周旋中,荣家表现得极为谨慎,绝对避免私人干预或者通过中间人协助处理任何事务。他们把位于汉口的纱厂统统转移到内地西部地区，成功地避免了这部分工厂被迫与敌人合作的耻辱。在蒋介石政府慷慨贷款的支持下，这些荣家企业确保了自由中国纺织品生产的主要部分。

分散家族企业，各自为政的自主经营使得荣家企业能够继续与两个敌对的政府同时打交道，不同的家庭成员承担了不同的角色。尽管荣家在战时的上海获得了巨额利润，但战后他们并没有被划入叛徒汉奸之列。事实上，是他们的忠诚使他们既没有投靠日本人或依附南京政府，也没有跟随蒋介石。具有深厚中国商人传统的荣氏家族的忠诚就是忠于他们家族和企业㊳。

知识分子所持有的是另一种传统。如果说儒家思想所提倡的观念引导他们中的一部分人投入了抵抗运动，那么另一部分人则信奉道家宣扬的学说，远离世俗，躲藏起来。他们清楚地记得，旧文人在不得不屈服于篡位的王朝或者入侵的外族时就自我封闭，独居无声。当然新一代的隐士们并没有归隐山林，而是躲进了里弄，把自己锁在自设的流放地中。"洋商报"和亲国民党的出版机构的被取缔，以及一部分大学和研究机构的西迁，导致了知识分子的新的出走风潮，也剥夺了留守者的谋生手段。这批滞留者毫无脱身之计："将要饿死的我们无力改变现状……我们感到是多余的人，成了生存的奴隶㊴。"在1938年到1940年间的风云变幻中，上海的知识分子变得异常小心谨慎。作家们纷纷改名换姓，改行打零工过活。当他们冒险地发表一些作品时，通常以隐喻的手法，借助家庭悲剧或历史插曲来表示其内心对国家的热爱。有时，他们的作品所具有的保护色彩过于明显。1945年春，作家李健吾被日本宪兵逮捕，他在酷刑下表现出的英勇气概，使他成了抵抗运动的英雄，而他追求的只是做一个正直的人。

有时候，那些"隐士"的消极抵抗和汉奸的软弱害怕几乎没有区别，他们中的大多数人仅仅为了几个钱就屈服于敌人的镇压和报复，或者经不起社会地位的引诱。因而，不必费神去思索与敌人合作的作家布哈希拉胥（Brasillach）（法国作家，投敌分子，1945年被处决——译者注）或者德里厄·拉·罗谢尔（Drieu La Rochelle）（法国作家，法西斯主义认同者，1945年因被指控为通敌合作分子而自杀——译者注）等人当年追随法西斯的过程，或者与敌人合作的愿望，或者引诱他们堕落的原因等等。离鼓吹新秩序的目标还差得很远，汉奸经营的主要的文学杂志《古今》已经发出了怀旧的呻吟："世间万事俱陈迹，空倚西风阅古今。"这些刊登在1942年3月发行的该杂志上的诗句中散发着幻想破灭的论调。这是份由南京政府资助的刊物，连汪精卫政权的最高层都从不掉以轻心，经常投稿，其中不乏带有难言的负罪感所导致的逆来顺受的悲观主义痕迹的作品。《古今》的负面情调触怒了日本人，1944年10月，日本人责令其停刊㊵。

外国侨民也同样试图生存下去，他们中的大部分人并没有过多地为爱国意识或理性所束缚。英国人、法国人和美国人都有被历史坑害的感觉，就像河中破碎的船骸似地被人抛弃。尽管危机日渐迫近，但他们在"孤岛"时期的生活还算容易，拥有各种特权，职业受到保证，家中奴仆成群，在中国货币大幅度贬值的情况下，他们享有的以外汇支付的高薪反使他们的购买力暴涨。1941年间，英美政府曾动员侨民家庭撤离上海，但大部分主妇都予以拒绝㊶。

公共租界被占领后，殖民社会逐渐瓦解。许多原先受雇于租界巡捕房的印度锡克人投靠了日军，他们认为日本人是西方帝国主义的摧毁者，是受压迫人民的解放者。在中英混血儿中有一些积极的通敌合作分子，他们因曾遭受的种族歧视而愤愤不平，比如生为混血儿的律师罗朗斯·肯特维尔（Lawrence Kentwell），虽然毕业于牛津大学和哥伦比亚大学，却从未被西方人的上海俱乐部所接纳㊷。对于另外一些在西方人社区边缘以非法交易和敲诈勒索为生的人，钱就是最重要的动机。曾到蒋介石身边尝试过运气的美法武器商伊莱尔·德·贝里埃（Hilaire du Berrier）加入了日本特务组织，协助出版多份纳粹杂志。

在一万名英国侨民中，大部分被困在上海（只有外交官被召回英国），他们最感担忧的是如何保住谋生的手段。这些人接受了以日本人的利益为上并在日本人的监督下继续履行他们在工部局、巡捕房、公共服务部门和私营企业中的职责。这种被动的与敌合作持续到1943年，当日本人决定拘禁所有敌国侨民并以中国人和白俄取代他们的职务时才结束。犹如中国人在他们的弄堂里、犹太人在他们的隔离区一样，集中营中的英国人和美国人*从此认识了饥饿、寒冷、疾病和侮辱；他们和日本人的关系完全是囚犯和狱卒的关系。

直到1943年7月法租界被取消，法国人一直置身于外。他们的平静是以法国总领事和公董局对日本人作出数不清的妥协退让为代价的。不过，每次妥协都经过了斤斤计较、讨价还价的谈判。维希分子总领事马杰礼是个反德分子，对日本也没有特别的好感。在他和法国大使戈思默的压力下，所有的法租界负责人和名人显贵都归顺了维希政府的贝当元帅。上海的（参与第一次世界大战的）老战士联谊会因被怀疑有同情戴高乐的倾向而被解散，并由贝当分子的战士荣军团所取代，几乎所有法国商会的成员都加入了这一荣军团。当时法国大使戈思默是被派驻重庆的，法国和汪精卫政府之间并没有正式的官方外交关系，而日本人对法租

---

* 与英国人不同的是，许多美国人能够获得遣散回国的待遇，只有百十来个美国人被拘禁在集中营中。

第十一章

战争,沦陷和国际地位的终止

界又采取间接的控制政策,因此法租界当局生存于重庆政府、汪精卫政府和日本人之间,活动空间受到很大的限制。

法租界公董局采取实用主义的策略,开始利用租界巡捕房首脑法布尔上校与前圣·希尔军校同窗、驻沪日本宪兵司令的私人关系,以及在沪的许多法国显要和南京政府外交部长褚民谊的关系,因为褚在成为汪伪外交部长之前曾是具有天赋的中法文化交流的推动者。针对具体情况,公董局每次运用这种关系都是为了试图阻止日本人的进一步蚕食,维护形式上的租界特权。在无法阻止日本宪兵队到租界搜捕的情况下,公董局争取到了派法租界警方参与执行任务的权利,即日军在计划行动时必须通知由警官马龙(Maron)指挥的警察分队。也正是利用了这种权利,有时在日方搜捕行动前法方就通知所涉及的人员逃离。在法租界,和在城市的其他地方一样,机会主义搅乱了一切原则,使是非变得模糊不清。

南京政府收回法租界之举,加深了这种模糊不清的局面。由于无力遣送失去了薪金保障的法国雇员回国*,法国总领事获得合作市政府的承诺,由市政府的机构雇用这些法国雇员中的三分之一人员,原薪保留不变,比中国雇员要高出许多。也正因如此,原法国巡捕房副总监罗兰·萨尔利(Roland Sarly)摇身一变,成了上海第八区的中国警察总监,管辖原法租界的所在区域。与此同时,还有一百多名法国人变成了汪精卫政府的公务员。上海特别市政府原已人满为患,新招募的法国人似乎也就没有什么太多的责任要承担。不过这次"和解"使这批法国人能够在没有过多的贫困和痛苦中熬到了战争的结束。但是他们中最优秀的那部分人则由于一个妥协接着一个妥协所造成的精神伤害,使得支撑他们的精神支柱和道德价值也随之垮掉了。

在沦陷的上海,有些人不仅活着而且还活得相当奢侈。租界的消失给战争初期那种疯狂的享受画上了句号。富人们不再整日沉湎于高级餐厅、赌场和西区的豪华夜总会,也不再被大世界的光怪陆离所吸引,或者在电影院中为成功的影片《飘》和《木兰从军》而尽情鼓掌。宵禁驱逐了夜间舞会,交通缺乏阻止了外出,停电妨碍了餐馆的经营,而且日军的审查制度也禁止了所有的美国电影和宣传爱国情操的中国电影的上映。

不过上流社会的生活和对豪华奢侈的狂热仍在持续着,但只限于在纳粹头脑、德国军官、意大利人、日本人、中国合作分子以及形形色色的冒险家中。在

---

* 法租界公董局雇用了400名法国人,加上家属,人数达千人左右。

霞飞路上，俄罗斯餐厅提供烛光晚餐，而苏梅尔王妃（Princesse Sumaire）*[43]在国际饭店的包房内举行鸡尾酒会，招待各色通敌合作分子。还有一位第一次世界大战中在俄国军队服役的皮克上尉（Pick，原名欧仁·科吉尼考夫–Eugène Kojevnikoff，生于里加），住在华懋饭店，以音乐家为职业掩护，替日本海军情报部门充当间谍。他是参与上流社会招待会的高手，永远受到明星般的欢迎。

1945年夏，大战胜利结束了。上海则仍然像沦陷时那样充满着浑浊和矛盾。日本人的投降让身居内地四川的蒋介石多少感到突然。共产党人要利用其有利
338 的形势接收这座城市。他们打算组织由驻扎在安徽和苏北的新四军和上海工人相配合的起义（起义日定在8月24日）。被指定为上海未来市长的是工运主要领袖之一的刘长胜，7 000名手工业者、技术工人和无业游民参加起义。但起义没有能够举行[44]：苏联政府刚同重庆政府签订了友好条约，不赞成这次起义。蒋介石随之要求汉奸市长周佛海留在上海，直到国民党军队进城。尽管美国人在四川与东部沿海地区建立了空中走廊，但国民党军队还是用了三周的时间才抵达上海。

在此期间，上海的命运悬而未决。日本人还在城中巡逻维持秩序。直到9月7日驻沪日军正式投降后，才被关进预备好的营地，以自己看管自己而告终。纳粹分子继续占有着没收来的漂亮的别墅，而几千名被拘禁的外国侨民等待着走出集中营。利用这段期间政权上的空白，一些法国侨民试图重新回到享受治外法权的时代：他们组成几个小突击队，开始测量前法租界的街道，并在法国同胞中进行政治的和个人的清算[45]。即使在象征性的意义上，上海也没有参与其自身的解放。远离正在震动世界的一系列重大事件，上海似乎在等待着历史能够重新想起她的存在。

478 **注释**

① 关于上海的日本社团，参见安克强（Christian Henriot）：《"Little Japan" in Shanghai: an insulated community》，载Robert Bickers，安克强主编：*New Frontiers. Imperialism's new communities in East Asia, 1842–1953*，曼彻斯特大学出版社2000年版，第146~169页；Mark R. Peattie：《Japanese Treaty Port Settlements in China, 1895–1937》，载Peter Duus, Ramon Myers, Mark R. Peatie主编：*The Japanese Informal Empire in China, 1895–1937*，普林斯顿，普林斯顿大学出版社1989年版，第181~186、190~191页；Josha Vogel：《Shanghai-Japan. The

* 苏梅尔王妃自称是锡克大家族的女儿（可能确实是），在上海过着名声不好的半上流社会的冒险家的生活，是当时的间谍。

Japanese Resident Association of Shanghai》, *The Journal of Asian Studies*, 第59卷, 第4期, 第927~950页。

② Robert Guillain: *Orient Extrême*, 巴黎, Le Seuil, 1986年版, 第41~42页。

③ Rhodes Farmer: *A Diary of Three Years in the China war*, 伦敦, Museuum Press 1945年版, 第42~43页, 转载于 Fu Po-shek: *Passivity, Resistance and Collaboration: Intellectual Choices in Occupied Shanghai*, 斯坦福, 斯坦福大学出版社1993年版, 第3页。

④ Robert Guillain: *Orient Extrême*, 第40~41页。

⑤ Fu Po-shek: *Passivity, Resistance and Collaboration: Intellectual Choices in Occupied Shanghai*, 第171页, 注释9。

⑥ John B. Powell: *My Twenty Five Years in China*, 纽约, The McMillan Co. 1945年版, 第301页。

⑦ W. H. Auden, Christopher Isherwood: *Journey to a War*, 纽约, 1939年, 第252页。这两个英国诗人在1939年5月访问上海。

⑧ Robert W. Barnett: *Economic Shanghai: Hostage to Politics, 1937-1941*, 纽约, IPR 1941年版, 第152页。

⑨ 唐振常等主编:《上海史》, 上海人民出版社1989年版, 第800~805页; Robert W. Barnett: *Economic Shanghai*, 第101~103页。

⑩ 法国外交部档案, 1939—1945战争类, E-维希分类, 第142卷, 戈思默(Henri Cosme)大使, 上海, 1940年7月31日; 第143卷, 戈思默, 北京, 1941年3月2日; 马杰礼, 上海, 1941年6月16日和1941年9月12日; 戈思默, 北京, 1941年8月29日; 法国外交部档案, 维希卷, 致法国驻东京大使, 1941年5月20日。

⑪ 参见Marcia R. Ristaino:《The Russian diaspora community in Shanghai》, 载Robert Bickers, 安克强主编: *New Frontiers.*, 第203~206页。

⑫ 参见David Kranzler: *Japanese, Nazis and Jews. The Jewish Refugee Community of Shanghai, 1938-1945*, 纽约, Yeshiva Universirt Press, 1976年版; 何弗兹(Françoise Kreissler): *Exil ou asile à Shanghai ? Histoire des réfugiés d'Europe centrale, 1933-1945*, 国家博士论文, 巴黎第八大学2000年。

⑬ 何弗兹:《In search of identity: the German community in Shanghai, 1933-1945》, 载Robert Bickers, 安克强主编: *New Frontiers.*, 第213~220页。

⑭ 参见Bernard Wasserstein: *Secret War in Shanghai*, 第90页。

⑮ J. G. Ballard: *L'Empire du soleil*, London, Victor Gollantz, 1984, 第30~31页, 作者在这本自传小说中对这难忘的一幕作了描述。

⑯ 参见Bernard Wasserstein: *Secret War in Shanghai*, 第102页。

⑰ 参见Fu Po-shek: *Passivity, Resistance and Collaboration*, 第121~122页。

⑱ 参见Hugh Collar 的见证: *Captive in Shanghai. A Story of Internment in World War II*, 香港, 牛津大学出版社1990年版; Arch Carey: *The War Years at Shanghai 1941-45-48*, 纽约, 1967年版, 第92~95页。

⑲ 法国外交部档案, 1939—1945战争类, E-维希分类, 第143卷, 马杰礼, 上海, 1941年12月9日; 第144卷, 马杰礼, 上海, 1942年4月3日; 马杰礼, 北京, 1942年10月10日; 马杰礼, 上海, 1942年11月5日。

⑳ 参见法国外交部档案, 1939—1945战争类, E-维希分类, 第144卷, 马杰礼, 上海, 1943年6月17日。

㉑ 关于归还法租界的准备和情况，参见法国外交部档案，1939—1945战争类，E—维希分类，第143卷，戈思默，北京，1943年4月17日和6月16日；戈思默，上海，1943年7月23日。政治司亚洲处记录，维希卷，1943年6月。

㉒ 关于A. J. F. Artigue上校自杀一事，参见纪业马（Jacques Guillermaz）: *Une vie pour la Chine. Mémoires 1937-1989*，巴黎，1989年版，第136~137页。

㉓ 关于这次造反事件，参见Artigue上校所作的一系列报告，法国外交部档案，1944—1955亚太类，中国分类，第14卷，上海，1945年6月4日和7月23日，1945年9月?日（原件无具体日期）。

㉔ 主要是一部分外国历史学家和在国外工作的中国学者，如Fu Po-shek，魏斐德（Frederic Wakeman）和Bernard Wasserstein等，从研究被占领的法国中得到启发，开始分析上海民众面对战争和失败导致的道德和政治上的困境产生的复杂的反应。

㉕ Henri Rousso: *Le Syndrome de Vichy 1944-198?*，巴黎，Le Seuil 1987年版，第38~40页。

㉖ 叶文心（Yeh Wen-hsin）:《Urban warfare and underground resistance: hero?sm in the Chinese secret service during the War of Resistance》，载叶文心主编：*Wartime Shanghai*，伦敦和纽约，Routledge，1998年版，第118页。

㉗ 魏斐德: *The Shanghai Badlands: Wartime Terrorism and Urban Crime, 1937-1941*，剑桥，剑桥大学出版社1996年版，第25、48、64、97页。

㉘ 参见Fu Po-shek: *Passivity, Resistance and Collaboration*，第74、77~96页。

㉙ 参见Fu Po-shek: Passivity, Resistance and Collaboration，第56~58页。

㉚ 关于"仍是法兰西"组织的基金会和活动情况参见R. Pontet的见证（该组织成员）:《En Chine. France Quand même, Comité de Français libres de Shanghai》，*Revue de la France libre. Les Comité de l'étranger (1941-1944)*，第126期，1960年6月，第20、22页。据R. Pontet所说，为自由法兰西军队征召的自愿兵达239人，但大部分人的资料都在日军进入公共租界前烧毁了。关于埃加勒的情况，参见Jean Cornille:《La résistance en Chine》，*Journal des combattants*，1947年4月26日。

㉛ 英国外交部档案，371 28335，附M. Le Rougetel的信，上海，1941年10月1日。

㉜ 参见Susan H. Marsh:《Chou Fo-hai: The Making of a Collaborator》，载Iriye Akira, *The Chinese and the Japanese: Essays in Political and Cultural Interactions*，普林斯顿，普林斯顿大学出版社1980年版，第304~327页。

㉝ William R. Rowe:《The Qingbang and Collaboration under the Japanese, 1939-1945》，*Modern China*，第8卷，第4期，第491~499页。引文出自第498页。

㉞ 参见白吉尔: *Sun Yet-sen*，第460~461页。

㉟ 参见BOYLE, John H., *China and Japan at War, 1937-1945. The Politics of Collaboration*，斯坦福，斯坦福大学出版社，1972年，第283页。

㊱ 安克强:《Rice, Power and the people: The Politics of Food Supply in Wartime Shanghai,（1937-1945）》，*Twentieth Century China*，第26卷，第1期，第43页。

㊲ 参见白吉尔:《Chinese National Entreprises and the Sino-Japanese War: The Shenxin Cotton-Mills of the Rong Family》，民国史国际研讨会提交论文，南京，1987年10月7日至10日。

㊳ 关于申新集团沦陷期情况，参见Marie-Chrisine Poncin: *Une grande entreprise Shanghaienne face à la guerre: La famille Rong et ses filatures de coton*，巴黎东方语言学院第三阶段博士论文，1985年；关于对商人的态度更全面的研究，参见Parks M. Coble:《Chinese Capitalists and the Japanese: Collaboration and resistance in Wartime Shanghai》,载叶文心主编:*Wartime Shanghai*,第69~76页。

㊴ 参见Fu Po-shek: *Passivity, Resistance and Collaboration*,第140页。

㊵ 关于《古今》杂志,参见Fu Po-shek: *Passivity, Resistance and Collaboration*,第126~154页。

㊶ Carey: *The War Years at Shanghai*,第109页。

㊷ Wasserstein:《Ambiguities of occupation: foreign resisters and collaboration in wartime Shanghai》,载叶文心主编:*Wartime Shanghai*,第34~36页。

㊸ 参见Bernard Wasserstein: *Secret War in Shanghai*,第41~44、110~113页。

㊹ 关于上海工人秘密武装的情况,参见E. Perry: *Shanghai on Strike*. 第117页;鲁林(Alain Roux):《Chine 1945-1949: la classe ouvrière dans une révolution à l'envers》,*Caniers d'histoire de l'Institut de recherches marxistes*,第28期,第8~44页。

㊺ 关于接收上海的缓慢和伴随而来的问题,参见白吉尔:《L'épuration à Shanghai(1945—1946). L'affaire Sarly et la fin de la concession française》,*Vingtième Siècle. Revue d'histoire*,第53期,第25~41页。

第十二章 返回革命潮流中

(1945~1952)

抗日战争胜利了。从这一天起,上海终于摆脱了日本侵略者的压迫。在战后新的国际关系中,中国已成为不可忽视的一员,消除了外国租界后重新整合的上海似乎已经准备好再次在世界范围内承担现代化的先锋角色。1946年夏,国共谈判破裂了,内战再次爆发,并有不可收拾之趋势。此时,上海城里已经露出一丝新的黄金时代的曙光。棉纺织业呈现出前所未有的繁荣,工会积极分子的活动更加自主,学生和各专业组织的激进主义更加高涨,知识界参与政治的结果促使上海市民社会胚胎的形成。

战后上海的平静,只是中国资本主义的最终崩溃和自由主义的尾声来临前的暂时的平静。她既不能抵挡内战的爆发,也无法承受通货膨胀和随之而来的专制措施。1947年至1948年间,上海的经济和社会再次瘫痪了。严重的危机是对国民党统治失败的惩罚,也导致了成长中的市民社会的流产。它使上海别无选择地接受了革命,也使人民相信从今往后只有依靠共产党才能实现现代化和民族振兴的理想。1949年5月,这座在长期的变革和斗争中曾经参与过、消沉过、也赞同过的城市,被以农民为主要成分的中国人民解放军占领了。

解放这座城市的顺利和阻碍这座城市融入革命新秩序的困难形成了对比。在中国大陆的社会主义形体内,官僚主义和排外主义又重新回潮。在此时的中国,没有给上海的国际性和企业精神留有空间。经过三年以统一战线为方针政策的谨慎整顿和镇反运动后,中国共产党人才真正成为这座城市的主人,担负起上海经济和社会建设的重任。

从梦想到幻灭 (1945~1949)

中国人民和世界上其他国家人民一样,把盟军的胜利当作是自由和正义的胜利,是和平和繁荣的保障。1945年8月,日本的战败使得不少中国人满怀实现深刻改革的愿望。在这一新纪元中,中国摆脱了一切不平等条约的重负,享有完全的主权,并且加入了世界强权的行列。重庆的自由中国政府被西方各国视为拥有全权的同盟者。作为联合国的发起国之一,中国获得了联合国安理会常任理事国席位,与美、苏、英、法并驾齐驱成为五大强国。经过战争考验的中国民族主义者在新的国际秩序中得到了应有的地位,作为中国爱国抵抗运动的象征的蒋介石,重新赢得了信任。

抗战的胜利给国民党首领蒋介石带来了空前的威望,也使国民政府执政的合法性再次得到承认。人们期望着蒋介石能够利用战后的形势革新政治体系,巩固民族团结,完成现代化、民主化的大业。在建设未来的宏伟事业中,上海准备随时担任主角。解除了殖民主义束缚的上海列入了中国大都市之列,成为这个巨大的急于迅速发展的国家的经济金融中心。正如国民党军队总司令何应钦将军向全世界庄严宣布的[①]:"现在我们是胜利了……不平等条约取消后,上海的一切主权,我国已完全收回。今后在上海,无论任何国的人民,都要同样遵守我国法令,不应再有任何特殊的地位。"

自从解除海上封锁后,上海港重新展现出她的优势和活力。除了1937年发生的激烈的淞沪战役外,日军在上海基本上没有别的大规模军事行动,使得上海能够在战时保存它的工业潜力,并有利于战后重建。1945年,上海棉纺织业的总生产能力基本上与1936年持平,即相当于130万枚纱锭[②]。没收上海的日本纱厂还能使这种潜能增加约一倍。日本纱厂的竞争已不复存在,中国纱厂拥有美好的前景。但是,这些乐观主义的设想很快就被接收日资产业后出现的无常的变化所否定。

1946年,蒋介石对上海市民发表演讲,右第一人是他的夫人
(Keystone)

接收还是劫收？战后国民党对原沦陷区的接收工作的定义，完全取决于人们在描述这段历史时所采用的词汇。听起来，这两个词汇的发音很接近，而对于目睹国民党军队和重庆的流亡者胜利归来的上海人来说，两者间根本就不存在区别。

　　1945年9月，一群好似美国南北战争结束后趁机去南方谋利的人陆续来到上海。从重庆回来的人都蔑视那些留在上海的同胞，因为他们曾经接受日本占领军的统治并与日本人合作。为了"洗涤思想意识上的污点"，国民政府要求知识分子和"日伪时期的学生"必须学习孙文主义学说和蒋介石的讲话。敌伪资产的没收为所有的弊端劣迹提供了充分发挥的机会。这项工作是在极其混乱的情况下进行的，无数机构插手其中，贪污盛行，为所欲为。各级政府官员都利用没收敌伪财产而自肥，他们拆除倒卖工业设备，洗劫仓库，以通敌罪名诬陷别人来达到巧取豪夺的目的。一些唯利是图的人还乘机大肆炒作战后仍然流通了几个月的中储券（汪精卫政府发行的货币），利用它和国民政府发行的法币之间的兑换率，从中获取巨额利润。享有这种汇率的恩赐，这些口袋里装满法币的重庆归来者，用极为便宜的价格从已经十分贫困的上海市民手中，买到了大量的动产和不动产。

　　所有梦想看到新时代到来的上海人，遇到的仍是一群趁火打劫的唯利是图者，所不同的是来者换了制服和国籍。上海社会到处怨声载道。蒋介石为此亲自下令，要求严惩国民党军官和公务人员的"荒谬行为"③。但是，这个政权怎么可能取缔所有的毒瘤弊病？又怎么可能展开一场符合前抵抗运动成员和战时受害者的要求的清洗汉奸运动，使正义得以落实呢？此时的蒋介石最担心的是共产党的威胁，其次是要尽量避免授予属下那些过多卷入国民党派系倾轧的将领们实权，因此，他想依靠日本人和汉奸在沿海各省重建自己的势力范围。

　　日本投降后，担任伪上海市市长的周佛海仍被要求留在任上，等候国民党军队的到来。直到一个多月后，1945年10月3日，周佛海才被逮捕并押解到重庆。1946年，在审判他的过程中，周佛海自我辩解说日本侵华期间他一直和重庆方面保持秘密联系，耍两面派手法。由于有关的惩罚汉奸条例中明确规定，对所有战时从事秘密抗敌活动的人一律采取宽容的态度，许多汉奸都趁机夸耀他们心中的爱国主义。不过周佛海最终没有能够得到宽容，因为他提供的重庆方面秘密联络人和唯一可能为他解脱罪名的人是戴笠。可惜，这个国民党情报机构头目于1946年3月因飞机失事摔死了。不过，蒋介石还是为这位汉奸市长减了刑，判他为终身监禁。

另外的两名上海大汉奸,1940年至1944年担任上海特别市市长的陈公博和褚民谊(收回法租界过程中南京政府的谈判代表)被处决了。但大部分汉奸还是逃脱了司法制裁。最为妥协的方式是让一些汉奸偷偷去了日本,还有一部分人被允许重返国民党阵营。从根据变化不定的法律条文对被审者的身份和行为作出裁定这点来看,那些被判决的人其实没有受到公正的司法审判。同时由于军方和各政治派别对法院施加的巨大压力,法院有时不得不表现出强硬的态度,比如对前法租界巡捕房头目罗朗·萨尔利*的司法诉讼就是个明显的例子。但在这场清洗合作分子的官司中,中国法院持有的强调国家主权和废除治外法权的愿望无疑起了很大的作用④。

1947年末,越来越把注意力集中在内战军事行动上的国民政府,几乎不再提及汪精卫政权,清除汉奸的司法诉讼因而告一段落,并且准备实行大赦。对汉奸的罪行和责任问题也没有真正提起诉讼。这场流产的清洗运动所导致的民众的失望,与外来接收人员滥用权力所激起的愤怒交织在一起。这些现状更明显地使人们感觉到改革的必要,但它们在当时还没有严重到动摇国民党政权基础的地步。

上海资产阶级的最后一把火

战后的上海盼望着品尝胜利的果实。1945年,上海的前景还算光明。随着海运的重新恢复,上海港再次显示出其在国际贸易中的重要位置。由于交通障碍,中国北方省份的原材料无法运入上海,因此大量原棉从美国、印度和巴西运抵港口,同时上海也向东南亚输出棉纱。1946年7月以后,上海的经济活动受到了内战扩大的影响,不过当时的主要战场在华北和东北,华东地区的局势还是对国民党有利。到了1949年1月,共产党军队取得了淮海战役的胜利,打开了通往长江三角洲的大门,这时内战的结果已经很明显了。上海通往华北和东北各省的交通被隔绝了,只能通过加紧在华南及东南亚市场的贸易活动作为补偿。

国民政府为重整国际贸易提供了方便。直到1946年末为止,外汇市场是开放的,官方的美金汇率也很优惠(2 020法币=1美元)。政府动用了大部分外汇储备来支撑这种汇率。这种做法虽然不够谨慎,但国民党认为依靠美国的支持可以使中国进入世界市场。由联合国(善后总署)向中国提供的低价生活必需品也源

---

* 经过三年的司法诉讼和两次上诉,萨尔利最终于1948年12月获判无罪释放。

源不断地运抵相对安全的上海港,并在当地分发。

日本竞争的消失有利于上海的重新起步。1945年,上海市政府没收的19家日本棉纺厂的总生产能力,高于上海的30家中国纱厂⑤。这些厂的命运在赞同国有化和支持私有化的两派之间展开了激烈的争论。以孙中山理论为指导的战后经济建设计划主张,国营部门和私营部门双轨并行,国营企业着重于基础建设和重工业,私营企业则主要是发展消费工业。上海棉纺织业要求把没收的日本纱厂交给他们经营或者低价出售,作为对他们在战争中所受损失的赔偿,但是国民政府予以拒绝。政府根本不愿放弃重新起动这些日本棉纺厂可能带来的巨额利润,因此把经营这些棉纺厂的权力交给了1945年11月成立的国营中国纺织建设公司。

上海经济领域中的主要部分棉纺织业重新呈现出繁荣的景象。棉纱需求急剧增加,价格上涨,大批高质量的进口原棉使上海私营棉纺织厂获得了丰厚的利润。1946年上海申新纱厂的利润达到了空前的水平,为销货成本的82%。但是作为棉纺业龙头的中国纺织建设公司的利润却被国民政府瓜分,用以补充军队和政府的预算。如同1919年至1921年间和1938年至1939年间曾有过的两次繁荣,上海资产阶级的第三次黄金时代也是产生在一种极不稳定的环境中。所不同的只是上海已不再是华洋杂处的城市,她的命运和中国的命运已经完全联系在一起了。

内战在华北和东北地区的全面爆发,使得上海的经济很快陷入严重的危机之中,也使得政治局势迅速恶化。为了填补军事支出导致的财政预算的巨额亏空,国民政府开始大量印发纸钞。从1946年到1947年,通货膨胀加剧⑥,政府因此采取的越来越严厉的控制措施压制了工业和商业活动的正常进行,却丝毫没有缓解通货膨胀的恶性发展。

1946年底,外汇自由兑换被中止,进口量随即下降。国民政府实施了配额制,把企业急需的生产原料进口完全置于当局的控制之下。1947年2月政府又颁布了限制物价和冻结工资的法令。可是国民政府的限价措施只在上海市区内严格执行,不包括其周边地区,以致周边地区不愿再向上海市场提供低价大米。自我惩罚随即而来,饥民的骚动和黑市米价的飞涨迫使国民政府又不得不做出让步措施,其结果是通货膨胀愈发不可收拾。为求自保,上海市民们大肆抢购外汇和黄金以及一切可以议价的商品。囤积居奇和投机倒把取代了一切正常的投资活动,生产成本也愈发沉重。

为了阻止通货膨胀的恶化,国民政府成立了各种监督委员会,以便控制管理

第十二章
返回革命潮流中

国民政府的末日——通往银行的路
（Henri Cartier Bresson摄，Magnum）

必需品的供应、生产和销售等各经济运转环节，然而这些措施约束了工厂的生产活力。上海的企业家开始纷纷把资本和设备向境外转移。

1948年夏季，战火已经临近长江三角洲，上海也陷入剧烈的通货膨胀所引起的社会危机中。有时价格在一天之内就会暴涨30%，人们只见标签上的价格不停地跳跃上升。流通货币的面值都在10万元以上，连小费也要以百万元计算。印刷厂已经来不及印钞票了。只要不是以物易物的商品，哪怕买件小东西都需要大量钞票。皮箱和提篮取代了人们习惯使用的钱包成为装钱的工具。上海已经临近经济全面崩溃的边缘了。国民政府终于意识到这场危机的严重性，于是采取了一项极端措施：从1948年8月19日起，所有的货币停止流通，由金圆券取代法币，兑换率为300万元法币等同1元金圆券。

这是一场全国范围内的货币改革，伴随着一系列具体措施，目的在于稳定物价，阻止囤积居奇，降低利息率和重建民众的信心⑦。但是这项改革也只有在上海被真正实行，蒋介石之子蒋经国被授予全权，前往上海地区监督货币改革。蒋经国采取粗暴的方式对付资本家和不择手段的牟利者，其结果使他越来越愤怒。在他的领导下，上海的货币改革变成了某种意义上的大规模群众运动。为了压制被喻为"大老虎"的大资本家们的气焰，蒋经国依靠效忠于他的准军事化组织。载重卡车在城里到处行驶，激励有钱人交出他们的财富，并随时准备搬运。然而蒋经国觉得这些威慑还不够，于是就关押了3 000来名生意人，其中包括一些名人，如杜月笙之子、申新集团的荣鸿元等。在这种白色恐怖的震撼下，投机活动稍有收敛，物价也平稳了几个星期。

然而，上海"只是无法控制的通货膨胀的汪洋大海中的一个限价的小岛"⑧。

不过国民政府还是背弃了自己的宗旨,再次大量发行纸钞,并允许烟酒价格上涨(取消烟酒公卖),扼杀了这场货币改革。上海民众人心惶惶。在没有外援的情况下,囤积居奇,投机倒把再次卷土重来。1948年10月末,国民政府正式放弃限价政策,所有的重振经济的努力因而告终。此后,上海的经济活动仍在迟缓地进行,城市的各种资产纷纷外流,而上海的市民则等待着共产党军队的到来。

中国自由主义的尾声

上海资本主义最后的黄金时代,出现在一个值得注意的相对自由的短时期内。在此期间,知识界、学生和工人利用政府暂时的宽容,建立起更为自治的组织,以维护自身利益,介入公共论坛和政治生活。尽管中国经历了半个世纪的内外战争,混乱和专制并没有能够完全扼杀市民社会的胚胎,这个滋生于现代资本主义实践、受益于知识界多元化思维、衍生于民族认同的结果。但是这种宽松的局面并没能持久。早在共产主义者宣布国民党的死刑之前,即自1947年中期以后,国共两党军事力量对比的转换和经济形势的加速恶化,促使国民政府采用专制的手段来抑制新生的社会组织和反对民众的社会参与。

各个时期之间出现的自由局面相互呼应,尽管是如此的短暂,但它们使上海的社会和历史生辉,充分证明了上海独特的社会结构以及不失时机表现自己的能力。1945年至1947年间的自由阶段曾露出希望的曙光。当时,外国租界的结束似乎解除了所有的帝国主义西方民主化和现代化强加于上海的重负。1945年,永远自我标榜不同于欧洲老牌强权的美国,这个自封为非殖民化、自由、正义和民主的捍卫者,被大部分中国人视为保护国和朋友。处于民望顶峰和拥有完全合法性的国民政府的内部似乎也完全接受了自我改造的主张。雨后春笋般出现的各种政党和工会组织、频繁的示威游行和罢工活动赋予上海无穷的生命力,人们甚至看到妇女运动的再次崛起,这个自1920年代大革命浪潮和1930年代儒家伦理道德回潮以来被抛弃被遗忘的群体的觉醒。

工人运动的复苏和自主,是上海社会重新获得活力的重要标志之一。1941年日本占领公共租界后,上海的工人运动曾偃旗息鼓。在解放这座城市时,上海的工人阶级没有任何参与活动,但日本人撤离后,他们走到了政治舞台的前沿。战后的上海涌现出了更多的工会,罢工更加频繁,当时主要的活动局限在争取互助金、养老金和消费合作的范围内。仅在1945年8月至12月间,他们就组织了406次罢工。各类工会成员大约共有80万人,占上海总人口的20%。他们的队伍已经基本上不包括童工，而技术工人的比例随着第二、第三代工人的增加而大幅度增加。工人阶级进一步成熟了，不再是生活在城市和农村之间的松散的打工群体，这些示威游行表明了他们正在组织起来，高呼着口号行进在市中心的外滩和霞飞路上。

工人阶级的自主性也变得越来越强，越来越难以被人操纵。在曾被国民党和日本侵略军严厉压制的劳工阶层中，共产党的影响非常微弱。战前官方允许成立的各工会的基础，因国民政府内迁重庆和青帮势力的衰落而垮了，但战后工业生产的复兴，使得工人重新聚集起来，连资方也不得不做出些许让步。国民党政权企图再次掌握工会组织的政治控制权，但是由于内部各派系间激烈的倾轧，以及前青帮属下的秘密社会组织的分裂而没能如愿。利用这些分裂的局面，工会组织致力于捍卫自身的利益和实行内部民主化管理。1946年春天，各企业工会负责人的选举在相对自由的情况下进行，身份不同的积极分子进入了工会的领导层。从1945年到1947年，频繁举行的罢工和请愿斗争的胜利，体现了工会的新生。1946年3月，上海棉纺织业的工人们获得了根据生活指数上涨增加工资的权力，以及其他的社会福利，如产假、医疗保障等等。这些权益不久就推广到上海其他各大企业中。

一些工会多元化体制的出现，有利于共产党人融入其中。共产党人放弃了1930年代的理论，采取积极参与的策略，渗入到不同的工会基层组织、互助会和宗教团体等组织中，同时也把其影响扩大到公共服务领域（如有轨电车、煤气、电力、邮局）和大商家的专业工人中，不过并没有进行革命动员。部分摆脱了国民党监管的新工会运动走出了"上海式的英国工党主义"⑨，争取成为合法的反对派。瞬息剧变的通货膨胀促使工人们团结起来，在购买力逐日下降的社会中为了生存而斗争。1947年春，工人们举行一系列示威游行，反对冻结工资，并且赢得了恢复浮动工资的胜利。

看到工人团结的力量，国民党放弃了容忍政策。出于对内战形势变化的不安，国民党下令禁止罢工，并对无法控制的工会运动采取镇压行动。随着社会矛盾的进一步恶化，国民党逮捕共产党积极分子和镇压非法罢工的手段也越来越粗暴。1948年2月2日，上千名军警前往上海申新九厂对付罢工工人。在冲突中，3名年轻女工遇难，数百余人受伤。为了替军警的镇压行动寻找借口，国民党当局指责共产党操纵了这次罢工⑩。但1948年8月货币危机引发经济崩盘后，国民党也丧失了执政的合法性，为共产党积极分子的活动提供了条件。工人中的共产党员越来越多，当中国人民解放军进入上海时，工人党员已达5 000人以上。这些积极分子都是秘密党员,依照共产党在军事胜利前夕采取的路线方针,工人党员竭力保存工厂的设备,以便在不久的将来移交共产党。当国民党政权注定要灭亡之时,工人们再次走上街头争取社会救济,可惜这次自发的风潮没能演变成请愿运动。上海的工人在摆脱了对国民党的依附后遭到了镇压,而共产党则因其战略是建立在动员农民参军的基础上,也和他们保持一定的距离,因此上海的工人阶级在上海归附革命的过程中没有起到政治上的作用。

知识界加入政治斗争的行列使上海社会呈现出活力。中日战争期间,蒋介石不得不利用全民团结的力量来抗战,并希望这种联合能够巩固他的统治地位。他不仅和中国共产党人一起建立了统一战线,而且在1938年成立的国民参政会上就此向经济和文化界的精英许下过诺言。尽管缺乏实权,国民参政会仍然成了辩论重大政治议题的论坛,受到媒体的关注。这些自由言论支持抗日战争,维护了民族团结。为了更好地促进国共两党和解,大部分小政党结成了中国民主同盟。在抗战结束时,这些自由民主派的人士认为,实现民主自由和国家现代化的时代已经来临。

抗战期间在国统区孕育出的这些愿望在胜利后成为强大的主流意识,左右了沿海城市的舆论动向。一些独立的小团体、权威性的杂志和有影响的人物以宽松的形式聚集在中国民主同盟周围。这种组织形式和性质遭到了国共两党的双重否认,被称为第三条道路(中间路线)。然而这第三条道路在上海大有市场,美好的前景总是非常鼓舞人心的。1946年1月,蒋介石表示要把总统制转变为内阁制,结束一党专制和成立联合政府。但是由于蒋介石和共产党人之间继续存在的根深蒂固的互不信任,和国民党内部各派别间激烈的倾轧,以及极端保守派首脑顽固地敌视一切改革,使这美好的设想脱离了正常轨道。于是国民党单方面决定1946年1月的协议不再有效,成为一纸空文。内战在中国蔓延,自由主义者的处境也越来越困难:共产党人批评他们的等待主义,而国民党则把他们视为共产党的"同路人"。中国民主同盟试图使国共和解的愿望成为不可能实现的使命。1947年,中国民主同盟的活动被禁止,但一份《观察》杂志继承了它的理念。

大量涌现的社会团体和出版物使得战后几年成为中国现代政治思想最活跃的时期。其间《观察》杂志和编辑储安平占有重要地位。储安平以他的成就、勇气和才能为中国的知识分子创立了不偏不倚地观察评论社会的传统。即使在今天,仍有许多知识分子遵循着这个传统⑪。这本闻名全国的《观察》杂志汇集了众多名作家和北京的大学教授的稿件,深深地植根于上海社会中。

储安平,1909年出生于江苏省,在上海和北京完成学业后赴英国伦敦经济学院深造。旅居伦敦期间，他对英国社会进行深入的了解，研究法制国家和言论自由等基本原则，从中看到英国强大的基础和振兴中国之路。战后他在复旦大学任教，1946年9月，他创办《观察》杂志，得到了上海和外地数十位著名知识分子的合作和支持，其中有民盟成员，如理论家张东荪和社会学家费孝通⑫。来自各种政治背景，拥有不同的政治目标和见解，这些知识分子纷纷集合在《观察》的旗帜下发出要和平、要自由、要现代化的呼声。即使他们对多党制和联合政府不再抱有幻想，但还没有放弃敦促国民党重组的要求。从各自的角度出发，他们都具有出自中国文人传统的忧国忧民的观念，同时他们也是议会制的"坚定"反对派。《观察》成为中国自由派的象征性的杂志，在最大程度上宣扬了这些理念。

这本周刊每期发行量达6万本，在上海和长江三角洲各个城市中拥有很多读者，其中包括教授、学生、自由职业者、公务员、小市民和所有的饱经通货膨胀之苦和憎恨贪污腐败的人。尽管国民党高层对该杂志施加的压力逐日沉重，《观察》杂志一直出版到1948年12月，竭力坚持守正不阿地批评国民党政权和揭示共产党极权的立场。

第三条道路是条崎岖狭窄的路。随着共产党人的胜利逐渐明了和国民党政权的镇压日益严厉，这条路也变得越来越艰难曲折，有时进了死胡同。例如，张东荪产生了自由和现代化不能并存的想法。在谈及苏联模式的计划经济时，他相信，计划经济是唯一能够保障经济快速和理性发展的方法。他承认如此的计划经济会对政治自由产生制约，但他还是期望作家和艺术工作者能够在这种制度下享有文化创作的自由⑬。对照共产主义取得的胜利，张东荪还为众多的自由派人士指出了一条道路，一种民族主义者比机会主义者更能够接受的概念，即经济和社会的权利要高于公民权利，建设国家就是要以牺牲个人自由为代价。

在自由民主事业上，通过《观察》这类杂志对公众舆论进行动员的效果并不比小型民主党派中的知识分子的直接投入更大。中国自由主义的这种软弱取决于社会环境、人文素质，以及国家政治文化等因素。它的失败如同资本主义的失败，是由上海和中国其他地区之间的鸿沟造成的。因为在上海，自由主义者并非如此软弱无力。知识分子的号召在无数次的反内战、反压迫、反饥饿、反贫困的示威游行和集会中都得到了回应。在自由派人士和示威群众之间，青年学生起着连接作用。长者思考，幼者行动。无论是前者还是后者，共同分担着对教育目的和方法的担忧，直到1947年，国民政府对他们的个人身份地位以及他们对当局推行的政策所持的反对立场没有做出任何反应。当共产党执政时代到来时，学生们的表现就比他们的良师益友更加成熟、更为兴奋。

学生运动在1945年重新显露出来。该年12月,作为对昆明反内战示威游行的响应,无数上海学生走上街头示威。和工人运动一样,上海的学生运动也表现出相对的自主性。连年的战乱摧毁了国民党对国统区学生运动的控制体系,国民政府在一定的范围内对学生运动采取了宽容姿态,条件是这些青年活动分子必须事先提交动员活动的主题,比如民族主义等这类符合政府意愿的口号。但当国民党感受到学生高涨的激进主义所引起的威胁时,它立即依赖于警察的干预,并在校园和学生组织中安插秘密眼线,挑动三民主义青年团和它的追随者与激进学生对抗。

一旦重新开始,上海学生中的激进主义者很快就占据了社会运动的前沿阵地,并像战前一样主张各界联合。40年代末学生的大规模示威活动并不都发源于上海:1946年12月的运动是从北平蔓延开的,而1947年5月至6月的运动则以南京为中心。但这些运动扩散到上海时,就变得更为激进,并具有全民族的意义。上海学生不仅有能力协调全国各大城市的示威活动,还懂得把他们自身的忧虑(学习和考试制度等)和民众的社会经济请愿连在一起。1948年春发动的一系列反政府示威游行也是"反饥饿"的抗争,因为他们关注到经济衰退和通货膨胀所带来的痛苦⑭。

战后上海的学生运动继承了1919年五四运动的特点,学生们成了社会的代言人。他们也重复着前辈的有效的抗议方式:在十字街头发表演讲,向当局递交请愿信,罢课罢考,占领校舍和公共场所⑮。然而历史不可能重演。五四时代的青年学生曾作为比他们稍微年长的知识分子的代言人,而战后的青年学生则信赖他们的先辈,信赖二三十年代成长起来的理论家。可是政治上的共视并不能完全填平代沟。当1948年学生运动变得越来越激进、越来越倾向共产党时,代沟引发了分裂。隔代之间的敌视重新暴露,导致了在以后的政治运动中不少学生揭发自己的老师和知识分子的局面。

上海的学生运动因其自发性和政治化而受到极端化分裂的冲击。外国租界的消失和抗战的结束使上海学生失去了联合各界力量的重要的主题,成为最容易受国共两党操纵的社会群体。每当合法的学生社团组织集会时,三青团的人员就组织反示威,共产主义积极分子则努力引导学生激进分子遵循共产党的策略,双方难以妥协。虽然所有的学生团体都在高喊"打倒帝国主义",然而在一部分人眼里,帝国主义是指美国,而另一部分则认为是苏联。

战后大规模的学生示威行动往往是由突发事件引起的,1947年1月的那次即如此。当时上海反对"美军士兵的暴行"的抗议活动,是针对北京发生的一起女生被强暴事件的反映。但这场运动是与广大民众的反美情绪直接相关的,因为中国人民对废除19世纪以来的不平等条约后新帝国主义势力仍在中国享有的垄断和特权深恶痛绝。在上海,大量的美国商品与中国产品的激烈竞争,引起了中国企业家的强烈不满,民众掀起了国货运动的热潮。当时无须谈及恢复治外法权,驻华的美国大兵就可以在特别协定保护下,不受中国司法机构的审判。外国侨民也保持着豪华的生活习惯。直到共产党胜利前夕,对于他们来说,内战只是中国数十年来反复发生的战乱之一而已,并没有太多地影响到他们在上海的事业。一位澳大利亚记者就这样写道:"外国人很难意识到他们生活在中国……而不是在公共租界[16]。"

1947年五六月间的"反饥饿,反内战"大游行,却不是由特定事件引发的。它是在恶性通货膨胀和经济混乱影响了全市人民生活的前提下发生的。自5月20日南京的军警与向中央政府递交请愿书的学生们发生严重冲突后,上海陆续成立了支持受难者的后援会,继而上海军警突然袭击大学校园和宿舍进行镇压,上百次的抓捕行动标志着上海学界和政府之间的关系彻底决裂了。在大规模的示威游行中成立的上海学联也被查禁,被迫转入了地下。

1948年4月到6月,"反压迫,反饥饿,反对美国援助日本"的社会运动是在冷战初期和经济严重恶化的背景下爆发的。学生们向社会大众揭露美国决定援助日本重建工业体系,中国舆论对日本军国主义可能复活的状况表示强烈不满,尽管蒋介石本人也反对美国援助日本重建,但仍被学生们指责为华盛顿的傀儡。此时的学生们已彻底丧失了对国民政府的信任,不再相信这样的政权可以建设一个新中国。从此,他们把实现这一理想的希望寄托在中国共产党的身上,他们倾向于共产党的原因是爱国主义胜过意识形态。取得军事上胜利的中国共产党也不希望各城市再发生新的动荡,他们极力创造有利条件,以便即将到来的政权的转移。所以在1948年秋季后,上海各大专院校内恢复了相对的平静,这表明了共产党人已经完全控制了学生。

共产党攻克上海前夕

1949年春,上海已是一座苟延残喘的城市。靠着美援勉强为生,她面对的是贪污腐败的官僚体制和半成熟的市民社会。与内地完全隔绝,上海犹如外国人陷入大混乱一样在挣扎着,继续着自己的梦。正常的生活在这里已成为不可能,任何喜剧在这里都变成了悲剧。最微小的交易都要支付上亿元,以物易物成了最普遍的买卖方式。大资本家纷纷移居香港,国民党高官则举家迁往台湾。许多白俄也纷纷在菲律宾的协助下移民别国,以避免重蹈30年前逃离共产党统治的覆辙。从上海开出的最后几班火车、轮船和飞机上,挤满了因害怕新政权的到来而仓皇出逃的人。但大多数上海市民却满怀好奇地、毫不在乎地静观事态的演变。上海人说:"呒么事体!"⑰几个月前共产党军队已经进入北平和天津,政权的更换是在平静有序中进行的,因此增强了民众对共产党的信心。许多外国侨民也很乐观。在英国驻沪总领事馆看来,"中国的政权只会落在那些维护国家利益的人手中",他们认为新政权自然会尊重上海的外国侨民的利益⑱。

上海的新闻管制是在1949年4月21日解放军发动渡江战役时开始的,也就是在民众已经意识到共产党大军即将到来的最后时刻实施的。所有的人都明白,抵抗是不可能的。几个月以来,蒋介石一心只想着把军队撤退到台湾去,他甚至暗中策划了抢运位于外滩的上海中国银行的储备黄金。整个行动是在深夜进行的,国民党军队封锁了中国银行的周边地区,以确保资金的安全转移。一排排苦力把装满黄金的箱子逐个运到一艘停泊在黄浦江边的货船上。

新闻审查机构极少走漏共产党军队进攻的消息(版权保留)

但是国民党政权还想保住面子。4月22日,淞沪警备司令部颁布军事戒严令,于是加紧搜捕共产党人,不管是真的还是想象的一律抓,处决的人数剧增。上万名军纪涣散的国民党士兵以保卫大上海的借口进入了城市,其间他们的长官还不断收到鼓舞士气的宣言,蒋介石也在四月末承诺"上海将抵抗到底,决不退缩"。预防解放军攻击的准备工作在继续进行着,国民党军队在上海城西设立了一道长达50公里的防线,但是这堵"上海墙"就和马其诺防线一样,起不到任何作用。当解放军的大炮已在城市周边打响时,上海的最后一批国民党官员还在挂满彩旗的外滩举行有军乐队伴奏和儿童合唱团参加的阅兵式。然而1949年5月25日拂晓,在解放军先头部队攻进上海的前夕,他们全部仓皇逃出上海城。

1949~1952年的上海

曾有不少人预言,如果不是共产党摧毁上海,就是上海毁灭共产党。中国革命是在农村中发展成熟的。共产党干部和农村士兵对城市怀有本能的不信任感,而对上海人的不信任则纯粹是敌视。大城市里存在着党的纲领中所批判的一切:资本主义的胜利,帝国主义的狂妄和世界文化的衍生物。当时的华东局书记饶漱石说过:上海是寄生虫的城市,是罪犯和难民的城市,也是冒险家的乐园⑲。他甚至建议要把500万城市人口中的一半迁移到中原地区去。

但上海毕竟是中国革命的摇篮之一,1921年中国共产党就诞生在这里。上海不仅拥有中国的第一大港,而且也是重要的工业基地和作为革命领导阶级象征的工人无产阶级的集中地。因此新中国的建设离不开上海,尤其是在共产党政府急切关注的经济恢复中更需要上海承担重要的角色。由于这座城市所具有的双重性,即政治上的复杂性和经济上的有效性,因此共产党领导人的第一步就是采用温和政策,利用统一战线来恢复生产潜力,并允许社会和政治等方面存在某些偏差。

上海的解放没有遇到太大的抵抗。5月25日凌晨,解放军的先头部队进入上海,占领了国民党军队遗留的据点。上海的警察出来迎接人民解放军的到来,市政府挂起了欢迎的标语,教堂也敲响了节日的钟声。前一夜在国民党戒严令管制下入睡的市民,次日在共产党的天下醒来了。政权的更替进行得非常有秩序,前者在后者到达前几小时全部逃离上海。上午9时,商店按时开门营业,生意买卖照常进行。没有恐惧,也没有热情,上海市民只是好奇地看着身穿绿色军装、脚踏布鞋的年轻战士们,他们的严明纪律与国民党军队失控的逃跑和抢劫形成了强烈的

国民党军队溃退：一位军官等待着撤离上海的火车（Henri Cartier Bresson 摄, Magnum）

对照。尽管这些战士是有生以来第一次看到摩天大楼和电梯[20]。

新政权很快开始运作了。借助于在前红色根据地和东北、华北已解放地区所取得的经验，共产党各权力机构全部按部就班。在解放初期，军管会主导一切市政。第三野战军司令员陈毅将军（后为共和国元帅）担任军管会主任和上海市市长，负责监督接管上海市政和经济各部门。同年8月，为了确保市政府和广大人民群众的联系，陈毅市长召开了上海市各界人民代表大会。

1949年10月，共产党在全国取得了普遍性的胜利，上海市政机构被纳入新的中央政府领导之下。根据地区级别，上海归华东军政委员会管辖。按照共产党的组织制度，每个政府部门都设置了党的委员会。派驻新的上海市政府各单位的干部均来自第三野战军，其中大部分人出身苏北地区。然而，所需干部的缺口仍然很大，新政府中的留用人员达原国民党上海市机关人员总数的80%。

陈毅将军是位杰出的军事将领，掌管了被他攻克的上海的市政大权。这位新市长曾于1919年至1921年间在法国的米其林工厂勤工俭学，他始终保留头戴贝

第十二章

返回革命潮流中

上海军民庆祝解放大游行（版权保留）

雷帽、口嚼烟蒂的习惯。抗战时期，他在江苏地区领导共产党的军事活动。1948年，他参与指挥了国共内战中最大的一次战役——淮海战役，率领解放军打过长江，扫清了通往上海的道路上的障碍。陈毅是四川人，这位从1945年起就担任中共中央委员的"外来红色领袖"，确保了共产党对上海的控制。直到1954年赴京担任重要职务为止，陈毅始终是中央政府在上海的忠实代理人，他严格执行来自毛泽东主席[21]和党中央的一切指令。

由于身兼众多职务，陈毅市长把城市的日常管理事务交给了他信赖的副手潘汉年。潘汉年，1906年出生于江苏省，1935年赴莫斯科前经常从事上海左翼文化团体活动。回国后的第二年，潘汉年参与在国共两党间建立统一战线的工作，在抗战期间曾领导上海地下党的活动。面对戎马生涯的陈毅将军，潘汉年是位共产党白区工作的代表人物。他的知识分子的文雅与军人的直率形成了对比。陈毅是共产党最高军事指挥官，深孚众望，而潘汉年具有丰富的统战工作经验，熟悉上海社会各界人士。两者相辅相成。

上海平静地解放了，但是，投入新政权各项规划中的人却很少。和青年学生中充满热情地融入共产党的活动的积极分子相比，干部和激进分子的人数就很有

253

限,这部分在解放军进城时转为公开活动的人员的总数大约在9 000名左右。为了扩大政权的社会基础,新上海的主人们成立了许多群众组织,磨练他们的宣传机构的能力。工人们重新集合在上海市总工会的旗帜下,由前地下党负责人之一刘长胜担任领导。1950年2月,上海市总工会已拥有上百万会员,妇女联合会拥有30万名会员,而共产主义青年团成绩不大,只在学生中发展了六万名新团员。这些社会团体组织游行、表演和政治学习。新政权另一项更为现实的计划,是于1950年至1951年间在上海成立约2 000个居民委员会,其主要目的是发动无业群众参加各类居民管理和公共安全活动,动员对象是退休人员、失业群体和家庭主妇。

所有的协会组织和各种委员会都受到共产党的监督。维持秩序成了媒体宣传的主题。上海的宣传机构主要由八份报刊组成,其中最重要的是《解放日报》,发行量达10万份。每天这些报刊上刊载的标语都被转抄在街道、工厂、行政机关的黑板报上,并且组织居民和工作人员在政治学习时进行讨论。电台和电影所起的宣传作用还很有限:美国电影仍被允许放映,但场次越来越少。最吸引观众的是从苏联进口的影片或国产影片。在努力进行的社会动员中,相对于公共秩序、安全和爱国主义等词汇,革命词汇用得比较少。城市大街上悬挂的革命先驱者孙中山先生的画像和毛泽东的画像一样多。不过,一切事物都在谨慎地按部就班地开始变化。

根除犯罪和色情业,重振社会道德,这是以往的统治者——不论外国人还是中国人——从来没能实现的庞大计划,而在共产党执政后立即全面展开了。首先是向黑社会势力作斗争。1949年7月,上海市公安局下令解散秘密社会组织。对这些组织操控的活动——黑市、投机、卖淫和贩毒等进行了快速有效的打击。在新政权成立之初的几个星期内,2 000多名走私犯被逮捕。民众应邀参加在市中心跑马厅举行的公审会[22]。

反卖淫斗争的手段没有如此激烈。妓女被认为是资本主义剥削制度的牺牲品,要求她们离开被查封的妓院,或返乡或重新择业。为保险起见,一些皮条客也自行放弃了这种赚钱的买卖。嫖客因害怕而大幅减少,赌场、舞厅、烟馆也纷纷关门停业[23]。

艰苦朴素的风气逐渐形成。大商店的橱窗变得平淡无奇。身着西装的人一天天减少,而穿着中山装的人越来越多。最有抱负的上海人开始学习使用新的政治词汇,也掌握了"干部"和"人民大众"等词汇的含义。为了配合正式公文中的修辞简化和消除文言体例的需要,只有掌握新的词汇并理解其含义才能使每个人

第十二章

返回革命潮流中

修女们在共产党军队进城前撤离（版权保留）

"驾驭书写语言"㉔。虽然这还不是革命的清教主义的胜利，但至少令这座城市改变了颜色，披上了道德主义的面纱。

外国人的急剧减少也同样改变了城市的面貌。尽管还有人存在，但他们变得更加谨慎。许多西方人没有等到解放军进城就离开了，最多的是美国人。自1948年11月美国驻沪总领事建议侨民小心谨慎对待时局后，美侨就纷纷撤离了上海，其中包括商人和传教士。到了1949年5月，美侨的人数从4 000人减少到1 200人㉕。相反地，英国人几乎全部留了下来，"如果可能的话，我们不会放弃上海。作为社会群体，我们感到这里是自己的家。对于我们，这里不仅仅是个贸易的场所㉖。"但为了谨慎起见，他们大都把妻子儿女送回英国。

除了美国在华企业被共产党没收外，其他的外国企业仍在低速地运转。作为报复，美国冻结了中国在美国的资产。由于新政府的法令只发行中文版本，而不是像取消公共租界后仍维持使用的中英文双语版本，外国企业和新政权之间的关系变得复杂起来。此外，外国老板必须付给雇员高薪，却无权解雇员工。他们既无法获得出境签证也不能关闭企业，只能依靠外国总公司汇入的资金来维持。他们必须放弃自己的漂亮别墅，这些楼房一幢一幢地被征用。1950年1月，伦敦政府对中华人民共和国的承认也没有给上海的英国人带来所期望的改善。而其他西方列强并没有模仿英国人的做法，大部分国家只满足于在难以确定的局势下保留他们的领事馆和精简的外交使团人员。1949年末，尽管上海的外国人仍然欢庆圣诞和新年，一边喝着威士忌一边跳着舞，但实际上他们的处境和人质差不多。

受到外国资助或外国人管理的教会和教育机构同样生存在前途渺茫中。1949年的共同纲领承认宗教信仰的自由，但官方的政策是宣传三自原则（自治、自养、自传),和准备成立受新政权领导的爱国教会。上海的两座教会大学,基督教的圣约翰大学和天主教的震旦大学都被置于严密的监视之下。

在圣约翰大学,纪律严明的解放军士兵进驻校园并没有引起任何问题,但激进的学生连续组织召开一系列的全校大会,控制了学校的教学和生活秩序。因无法正常教学,美籍教师在共产党进城的当年就全部离开了上海。在震旦大学,学生们夺权的情况与圣约翰大学差不多,但却遇到了校方强烈的抵制。这种抵制反映出天主教会想要显示其代表罗马教廷和教会等级制等神权的愿望。1949年冬,数百名信仰天主教的大学生放弃了与共青团积极分子的对抗,也放弃了介入学校的管理事务,专注于宗教信仰范围内的斗争。他们联系各天主教学校的2 000名学生和信徒,重新聚集在外国传教士、中国神父和曾为前震旦毕业生的上海大主教龚品梅的周围。1951年初,震旦大学被政府接管,由爱国天主教会管理。外国传教士们仍被允许留在学校继续教书,但是抓捕行动也越来越频繁。第一个被捕的是为震旦大学培养学生的徐汇公学(collège Saint-Ignace,圣依纳爵公学,今徐汇中学)的校长。1952年中国的大学院系调整时,该校的一部分并入了上海第二医学院[27]。

中国共产党在掌握政权以后,没有采取与过去一刀两断的策略,没有出现血流成河的局面,上海在逐渐地变化,通常并不明显。这种承前启后的政权交替,反映出共产党新政权的政策既灵活又谨慎。

统一战线的战略

毛泽东认为,团结党外各种力量的统一战线是共产党革命的"三大法宝"[28]之一。1949年,他依靠统一战线顺利地完成了中国沿海城市的政权更替。这种政策适合解决非常具体的问题:由于缺乏富有管理经验的干部,共产党号召私人企业家继续管理其所在的领域。1949年3月,毛泽东在中共中央七届二中全会所作的报告中指出:"中国的私人资本主义工业……是一个不可忽视的力量。"刘少奇在当年四五月间与天津干部的谈话中也重申这种看法。这个观点被正式纳入1949年9月通过的共同纲领之中,作为新政权的章程要求,在经济建设中应做到"公私兼顾"和"劳资两利"。

与1917年俄国十月革命不同的是,中国革命没有消除企业家阶级,而是利用他们为政权服务。这项由特定环境决定的策略在新民主主义理论中找到了一些依据,即号召在党的领导下建立各阶层人民最广泛的联盟。不过,只有"民族"资

第十二章

返回革命潮流中

产阶级,就是那些既没有与外国帝国主义也没有与国民党官僚集团合作的企业家,才被认为是人民的一部分。事实上,1949年间,几乎所有与新政权合作的生意人都被贴上"民族资本家"的标签。这个政治等级不符合任何经济与社会的标准,只是为了把这种部分人认为反常的联盟合法化。

为什么许多上海资本家愿意和共产党干部合作?是出于对国民党的憎恨还是出于宣传中所说的爱国主义情操?可能都有。但也可能是为了维护他们自身的利益。已经习惯在政治经济动荡的环境下经营的资本家极其注重眼前的利益,随时准备好与当权者讨价还价,而不在乎当权者究竟是谁。统一战线政策是建立在许多相互作用的基础上的,不能简单地看成是为了让政权渗透到一个既自治又消极的社会中所做的努力。

获准加快经济重建步伐的上海,被选定为统一战线政策的落实对象。1949年,上海拥有工业企业约2万家,华资私营商号约12万家。由于中共地下党自1948年起发动的保护生产设备运动,由于国民党军队的迅速撤退,上海的工厂在人民解放军进城时没有受到太大的损失,但经济形势并不乐观。连续几个月中,工厂运转缓慢,并普遍受到货币危机的影响。内战切断了上海与内地市场之间的联系。1949年6月26日国民党海军对通往上海的水路实行严密封锁,导致上海港瘫痪。更为严重的是,1950年2月6日国民党的飞机轰炸杨树浦发电厂,引起了能源供给的严重困难。在同一个月中,中央人民政府采取了稳定货币措施,也致使经济复苏减慢了速度。在所有的困难之外,还有不断发生的工人争取权益的斗争。尽管政府提倡采取稳健措施,但仅在1949年7月中就发生了2 000多起劳资冲突。

新政权的领导人在不改变生产关系和社会结构的情况下,努力发展工业生产。他们对现有的国营企业加强监控(主要指1945年从日本人手中没收并实行国有化的棉纺厂),并成立各类机构支持私营企业。这种援助有助于企业恢复生产,但也使政府权力渗入到这些企业中。

为了获得资本家的合作,在许多熟悉上海社会情况的干部的配合下,潘汉年发动了大规模的公关活动。在配合者中,有曾经从事地下活动的广东人许涤新,他负责和从重庆返沪的工业家进行接触;还有作家、记者出身的周而复,他以这段政权更迭时期为背景创作了著名的小说《上海的早晨》。从1949年6月2日起,潘汉年陆续邀请上海工商界的主要人士谈话,要求他们恢复正常生产。此后,他对待这些资本家犹如"朋友"一般,用上海方言和他们自由地交谈,并和他们分享相同的文化乐趣。宴席结束时,他还会毫不迟疑地为宾客们唱上一段京剧。当他会见永安公司的老板郭棣活时,特意安排自己的夫人出席。因为潘夫人原籍广东,又是银行家的女儿,与同是广东人的郭家有着长期的来往。

潘汉年运用极强的说服力和人格魅力与企业界的头面人物打交道,希望透过这些人把他的影响扩展到所有的企业家中。不过许多大资本家在共产党进城之前就已经离开上海,有的避居香港静观局势变化。直到1952年为止,香港和上海之间的通道始终是畅通的,在港的许多自以为是临时移民的生意人,仍经常往来于两大城市之间照应他们的生意。潘汉年成功地说服了他们中的一部分人,把已经转移国外的资本和设备重新运回大陆,但也有些资本家返回上海后,因对新政权再次失望而重新出走并一去不复返:代表人物就是荣家申新企业的主要负责人荣尔仁,他"自信不比工人阶级落后"[29]。

共产党因此非常重视就地培养新的具有影响力的人物。作为合作的回报,共产党给予工商界大家族中留守上海的小辈更好的政治待遇和经济利益,这些人都是代表家族在沪看守那些无法转移国外的家产,如郭棣活,以及荣尔仁的同父异母兄弟荣毅仁[30]等。共产党也培养部分中小企业的老板,甚至在被业主放弃的工厂中挑选技术人员或工会会员作为"资方代表",代表业主管理工厂。政治的想象力取代了社会经济的现实,这些人填补了统一战线中缺少的一个环节。

随着统一战线政策的推行,这项政策的落实方式已经超出了人际关系和组织餐会的范围。两大群众组织也担负起动员和监督企业主的责任,即上海市工商业联合会和作为民主党派的民主建国会。上海市工商联取代了先前的市商会和市工业会。从1949年8月到1951年2月,她创立的过程长达18个月。在此期间,陆续对以前的组织结构进行调整以适应新政府的要求,更新了领导阶层,并根据统一战线政策把各大企业主的职权制度化。民建是与上海市工商联并行的政治组织。两个组织中的成员和领导人都是同一批人。不过,工商联注重的是经济和财政方面的问题,而民建则主要进行政治宣传和教育工作。

共产党干部主持的宣传和感化活动都伴随着具体的措施,市政府和其他官方机构以签发生产订单的形式来帮助企业。在解放军进城后的几个月中,为了拯救濒临倒闭的企业,政府签订了数千份合同。官方还通过中国人民银行以贷款的形式帮助企业:1949年贷款总额为980亿人民币,1950年春季已经增加到2 440亿人民币,其中三分之一的信贷由棉纺织业获得。上海市政府还试图帮助私营部门稳定工人阵营,在不同的行业中成立"劳资协商"委员会,协调解决劳资冲突。政府还给工会施加压力,希望他们少提些要求,甚至建议工人主动降低工资,以便工厂能够继续从事生产。

由于这些措施的落实，市民恢复了平静，也由于政府实施重新开通铁路和稳定货币的政策，上海的工业生产因此复兴：1951年工业生产超出1949年水平的60%。其中私营企业起了重要的作用，产品占工业产量总数的87%（1949年占83%）。上海私营企业相对迅速的增长与全国范围内私营企业生产的萎缩（从1949年的65%下降到41%）形成了对比。从1951年末起，上海新创办的企业数量超过了倒闭的企业。1952年，大部分棉纺厂都获得了盈利，并向股东分派了红利[31]。

共产党对统一战线工作有着长期积累的丰富的经验。1951年私营企业全面开工了，资本家的财源滚滚而来，共产党干部和上海资产阶级友善相处。1949年革命的进程就和其他许多革命一样，新旧政权中的部分精英分子正在开始融合。对此，共产党的反应是激烈的，并向上海社会表明了新政权的真实性质。1950年秋季中国出兵参加朝鲜战争，党的政治路线也加速转为强硬化。

社会进入新秩序

1951年至1952年间的镇压行动是针对上海社会、自由化知识分子和私营企业主的。在西方看来，这仅仅表明了专制政权的本质和它想通过各种方式行使权力的愿望，包括使用暴力和恐怖手段。然而，中国的历史学家却不断证明这是一场党和人民反对资产阶级特权和权力的斗争。

在上海，当时尚未被完全控制的社会活力能够证明政府是从维护政权出发而进行镇压的。1951年，统一战线政策所引起的意识形态、政治和社会等方面的偏差使得从中央到地方的某些干部的立场更加强硬，他们反对和旧时代精英的结合，哪怕是临时性的合作。不过许多现实问题仍被新政权忽略，如城市人口开始大幅度增加，从1949年的500万上升到1952年的620万。

在增加的人口中，三分之二的人员是从农村出来寻找改善生活条件的。共产党干部中有人想把上海人口的一半迁往农村，但被遣返的农村移民和支援内地建设的技术人员只有几万人，而随着难以阻挡的移民潮进城的人数远远超过了离沪的人数。这些移民构成了庞大的失业群体，使得成立于1950年的上海市劳动局根本无法控制劳动力市场。工人们经常变换工作，尤其是那些刚从农村来的不能适应工业生产纪律的年轻人。老工人们也批评为了社会重建和支援抗美援朝而强加给他们的斯达汉诺夫式的工作节奏（斯达汉诺夫运动是苏联第二个五年计划期间开展的提高劳动生产率的运动——译者注）。在劳动市场上，专业干部的需求量成倍地超过所能提供的数量，然而这情况并不利于教育部门在大专院校内落实毕业生的分配工作。因为学生们不拥护分配政策,他们出于热情而赞同新政权,但他们也没有忘记组织请愿和抵制抗议的学运传统[32]。

随着新政府逐步掌握学校、医院、媒体和出版社的领导权,许多小市民阶层的人也成为领取月薪的公务员。在政治、经济和社会各方面晋升渠道趋于减少的情况下,这种公共事业内部的调整是有其优越性的,况且在传统上公务员生涯是受到尊重的。出于民族主义意识,为了国家主权和现代化这个共同的目标,许多知识分子和自由职业者牺牲了大量的物质利益和个人名利。

然而,部分作家和艺术家尽管信任新政权,但仍拒绝遵照党的宣传口号从事创作。自1949年革命胜利后,人们重新激起1930年代初曾使左翼知识界振奋的辩论,当然这种辩论也曾在1942年延安整风时期造成了知识分子的分裂。在对新政权表示忠诚的同时,上海成为那部分提倡在一定程度上的保留言论自由的人们的基地。他们重新聚集在共产党文人、上海市文联负责人冯雪峰和其同路人胡风的周围。胡风当时还在党的宣传媒体上发表不同声音,并表示要走一条《西游记》里"孙猴子钻进铁扇公主肚子里"的路[33]。由于他在文学界享有盛誉,和鲁迅交情深厚,他还受着暂时性的保护。虽然不是所有的知识分子都有胡风的胆量,但许多人还是在职业创作中执著地运用从西方学派那里学到的工作方法。这种做法并不是他们反对政治权力的尝试,而是为了避免属于他们各自所有的工作能力受到伤害。

大批天主教徒继续秉持着其宗教信仰。由于宗教课程被取消,以及类似圣母军(Légion de Marie)这样热忱传教的机构被严密监视,忠实的教徒们就组织成许多小型团体来宣讲教义。这些分散的活动并没有被当局立即发现。采取这种策略,教徒们成功地动员起来反对成立统一的爱国教会。在他们看来,人民民主专政是对宗教信仰的威胁。

私营企业主也认为人民民主专政对独立自由经营构成了威胁。随着经济形势的好转和私营企业的蓬勃发展,企业主在市场上的交易量扩大了,因而忽略官方订单,以拖延和草率来应付。他们认为官方的包工订货占用了他们的时间,应该全面恢复生产和贸易的自由。企业主们还想方设法地试图摆脱1950年12月颁布的新税法的束缚。为了扩大对私营企业征税的效益,新政权开始制定税基并要求企业申报资产额。鉴于各种监督的实施,这项政策还算有效率。但是上海的偷税漏税现象仍然十分普遍,包括一部分和新政府合作的企业主[34]。

为自我保护起见,企业主对干部采用请客送礼的方式以求建立良好的个人关系。对于中国的商人来说,这只是生意场上的传统做法。而根据共产党的意识形态判断，这就是行贿收买。有时私营企业主还合谋对抗监督管理。在公开的团体协会以外，他们组成许多小团体，称其为学习会、联谊会、讨论会等，这些小团体的成员每周相聚在餐馆茶社，商讨采取一致态度对付干部的压力。这类有组织的聚会也被视作秘密的反政府活动。

  为了清除隐藏的敌对势力，从1951年起，党中央发起爱国主义教育和遵纪守法的群众运动，矛头直指反革命分子、资产阶级知识分子、滞留的外国人、基督教徒和腐败的官员。1952年春，资本家也被划为斗争对象。社会的裂痕对1949年以来共产党的胜利没有产生任何影响，但革命还没有完全成功，因为党的宣传是要创造一个理想的平等社会。为了实现这一目标，共产党决心支持群众要求变革的愿望，组织发动大规模的群众运动，打破了工会、妇联、共青团等组织各自的界限。遵照毛泽东在1943年首次提出的群众路线和建立密切党群关系的原则，这些运动号召群众充分领会党中央的各项指示，并努力落实到行动中。政府的这种方式通过各级机构层层推行，使广大人民群众直接参与政治生活，但这意味着把每个个人完全纳入党的方针路线的做法仅仅停留在表面的执行上。

  为了响应国家的号召，1951年到1952年间，上海接连不断地发起群众运动。第一场运动是执行1951年2月政府法令的镇反运动。四五月间，上海的镇反运动开展得如火如荼。首先镇压的是现行反革命分子：间谍、特务和犯罪团伙分子，不久就开始针对前国民党政府官员、前外资企业和外国行政机构的雇员、在西方接受教育的记者、教师和忠实的天主教徒等等。根据群众的揭发，展开了有组织的追捕行动。从4月27日晚到28日晨，在这一夜之间上海就逮捕了上万人。紧接着就在挤满民众的体育场对被捕者进行公审。审判大会一般是由地方最高的党政负责人主持，人民陪审员必须明确的不是这些人的个人行为，而是他们案情所属的类别。这些审判大都以宣判死刑而结束：4月30日处死293人，5月31日208人㉟。几星期后，当新政权处决了真正的或隐藏的对手时，恐怖气氛平息了。

  受到惊吓的人民群众顺从地参加了随后的运动，血腥味减少了，但目标更加明确。1951年11月，思想改造运动开始了，指责知识分子中的改良主义者和自由主义者，要他们进行自我批评，并在意识形态再教育大会上公开忏悔。与此同时，针对党政干部中的贪污行为所发动的三反运动也全面展开，这些干部为他们的行为辩解，称作是"为了落实统一战线政策和发展社会关系的必要的行为"㊱。

  城市社会中日益增长的贪污受贿已经成为共产党领导人必须重视的严重问题，他们不能忽视资产阶级在干部的堕落中扮演的重要角色，所以在打击贪污腐败的同时开展了打击行贿者的五反运动。不过对这场运动的意义和目标，高层领导人的意见并不一致。对五反运动存在着两种看法,最为激进的言论是:"党已经被资产阶级意识形态和影响所侵蚀……依靠资产阶级将会导致背叛工人阶级"㊲,而根据党中央采取的稳重策略,应该是"依靠工人阶级,团结守法的资产阶级及其他市民,向违法的资产阶级开展一个大规模的……斗争"㊳。这种观点表明,统一战线政策要持续下去,但在执行中要有更多的限制性。这种不明确的说法使得地方干部在具体执行政策中出现了随意理解新政策的状况。

上海是私人企业主和产业无产阶级的集中地,也是统一战线政策重要的实施地,所以五反运动呈现出特殊的局面。从最初阶段的稳重转向后来的激进,这些都是上海人民和地方干部自发行为的结果。但上海毕竟对全国的政治和经济具有十分重要的影响,以致党中央认为有必要重新掌握上海的运动。

上海的运动在1952年1月中旬开始,比华北和东北地区稍晚一些。根据特定的程序,上海的地方干部邀请工商界人士"自己反自己"。上海市工商联必须鼓励其成员坦白交代,自我批评和组织讨论会。为了做出榜样,许多工商联的主要领导人作了自我交代,如没有按期完成国家的合同、泄露经济秘密、贿赂干部,以及私藏外币转移资金等等。但他们的交待显得犹豫不决和思想混乱:"请干部吃饭,是不是行贿呢?""我们私营与私营之间做生意,给佣金,是不是行贿呢㊴?"大部分生意人对这场运动与其说心怀不满,不如说无动于衷。当人们要他们交代问题时,他们大都是欲言又止,避重就轻,或者运用他们学到的新词汇来应付。

1952年2月4日,一切都改变了。上海市工商联在这一天失去了对运动的领导权,运动陷于过火和混乱中。形势的突变似乎与党内斗争有着某种关联。"个别老同志也存在'左'的情绪,想趁机消灭资本主义,实行社会主义……当时支持乱斗资本家的,就有市总工会的一位负责人"㊵。这些干部的观点在工人中具有很大影响,陈毅市长不得不采取较为激进的政策,颁布了四条规则,命令私人企业的负责人和主管人员不得擅自离开工作岗位。上海工商联也受到了清洗。布告、横幅标语、讽刺漫画和高音喇叭传播着新的口号:"老板,你交代了吗?"在这种狂热的气氛中展开了"人人揭发㊶"的运动。压力越来越大。老板们被关在办公室里,没完没了的问题和交代,许多人跳楼自杀。2月末,200多人被逮捕,48人自杀未遂,34人死亡。被派往上海视察的财政部长薄一波认为,运动是在没有领导……的情况下进行着,工人、店员的每一个斗争,……都使领导的被动性愈陷愈深㊷。

这段激进的过程没有持续太久。经济困难和失业人数逐步增加。中央政府决定暂停上海的五反运动,一个月后再根据严格规定的程序重新组织和开展运动。上海市市长保证决不搞例外,犯有错误的资本家将受到处罚。但群众也应该区别守法资本家和不法资本家。为了不使生产受到影响,展开批判是必要的,但不是无政府主义。

五反运动在上海重新启动,这一次是在党的严格指导下进行的,并采取了许多预防措施来疏导群众的参与。首先是派遣检查组进入企业做深入的调查。这些工作组的成员大部分是共青团和工会成员,由从事统一战线工作的干部陪同,任务是对受到指控的资本家的情况进行核查。303个大资本家受到了特别的待遇,他们被召集到位于外滩的和平饭店,在他们的"好朋友"潘汉年的引导下进行批评和自我批评。这种限定的相互批评旨在确保上海主要的资本家的生存,维系今后私营部门和政府之间的合作。但中小企业主则要直接面对群众的人身攻击。这种差别待遇是为了消除地方干部对生产陷入瘫痪的担忧,同时也反映了党中央的总路线,即并没有打算放弃统一战线的政策。

4月30日,《解放日报》宣布上海的五反运动"获得了全面的胜利"。受到精神和肉体创伤的资本家们终于度过了这次难关。由于无力支付巨额罚款和补缴税款,他们只得向官方银行申请贷款,或者请政府机构签订合同。劳资协商会议全面推广,共产党基层组织负责人在企业中的作用越来越大,取代了资本家掌管企业的权力。这场运动除了对定性为"基本守法户"的上海主要大资本家实行宽大处理外,还为半个多世纪以来资产阶级控制上海经济命脉的历史画上了句号。

资产阶级的衰落在上海市工商联和作为其组成部分的各同业公会组织中也充分地显示出来。从此以后,这些同业公会的主要功能(如确定价格、买卖方式、调解等等)都被纳入市府相关机构的职权范围。切断了与社会基础的联系,上海工商界的领导人变得越来越依附于官僚主义。今后他们的正当性只取决于他们和干部的个人关系以及他们在党政机构中的地位。

上海的大资本家不再反对进入官方机构。1949年至1950年新政权建立之初,他们试图采取的是谈判方式,而不是服从,但他们没有努力把中小企业拉到他们一边。他们没有维护中小企业的利益,没有表现出上海工商界领导人应起的作用,而是只想保护自身和家族的利益。为了能够获取特权和回报,他们同意和新政权合作。至于那些小企业主,他们成了五反运动的主要对象。尽管资产阶级的衰落是由于党的干部运用了既灵活又强硬的政策,但还是说明了上海社会的分裂和这个社会中最现代化的那部分人的价值观的转变,即他们在家族利益和官场诱惑间徘徊。

为了抑制知识分子无约束的即兴批判和企业主经营的随意性,新政权还将继续发动群众运动。不过社会活力已经受到了伤害。1951年到1952年的运动,结束了人民解放军进城以来上海享有的受到监督的自由制度。鉴于反对新政权的敌人还远远没有被肃清,上海要向所有的不反对政权但也不愿服从政权的人作斗争。极权主义的强制行为在上海出现。当经济重建完成、社会重新起步时,上海开始了她的共产主义大都会的新命运。

注释

① 参见白吉尔:《L'épuration à Shanghai(1945—1949)》,第35页。
② 参见王菊: *Prospérité et déclin de l'industrie cotonnière de Shanghai, 1945-1949*, 法国社会科学高等研究院博士论文, 巴黎, 1997年, 第15、307页。
③ Suzanne Pepper, *Civil War in China. The Political Struggle 1945-1949*, 伯克莱、洛杉矶、伦敦, 加利福尼亚大学出版社1978年版, 第20页。
④ 参见白吉尔:《L'épuration à Shanghai(1945—1949)》,第35~39页。
⑤ 参见王菊: *Prospérité et déclin de l'industrie cotonnière de Shanghai*, 第29页。
⑥ 1945年至1948年上海批发价指数变化:

Septembre	1945	100
Septembre	1946	1 475
Septembre	1947	12 534
Mai	1948	142 468
Juillet	1948	755 165
Août	1948	1 368 049

资料来源: Lloyd E.Eastman, *Seeds of Destruction. Nationalist China in War and Revolution, 1937-1949*, 斯坦福, 斯坦福大学出版社1984年版, 第174页。

⑦ 参见 Eastman, *Seeds of Destruction*, 第5章《Chiang Ching-kuo and the Gold Yuan Reform》。
⑧ 参见 Eastman, *Seeds of Destruction*, 第5章《Chiang Ching-kuo and the Gold Yuan Reform》, 第189页。
⑨ 鲁林(Alain Roux):《Le Guomindang et les ouvriers de Shanghai(1938-1948): la déchirure》, *Le Mouvement social*, n°173, octobre — décembre 1995, 第69~95页。
⑩ 鲁林:《La tragédie du 2 février à la filature Shenxin n°9: une grève de femmes?》, 载白吉尔主编: *Aux origines de la Chine contemporaine. En hommage à Lucien Bianco*, 巴黎, L'Harmattan 2002年, 第58~67页; E. Perry, *Shanghai on Strike*, 第125页。
⑪ 1998年上海重新出版了储安平著作全集。
⑫ 关于储安平和《观察》的创刊,参见 Peter Ivanov,《The Miscellany of China's Political Spectrum, 1945-1950》, 载 Roger B. Jean: *Roads not Taken, The Struggle of Opposition Parties in Twentieth Century China*, Westview Press, 1992年版, 第171~188页; Noël Castelino: *Les intellectuels non engagés et l'opinion publique en Chine*, 法国社会科学高等研究院第三阶段论文, 1983年。
⑬ Noël Castelino,《Zhang Dongsun. L'évolution d'un social-démocrate de 1919 à 1945》, *Cahier*

d'études chinoises, n°5, 巴黎东方语言学院1986年版, 第133页。

⑭ 关于学生运动的情况, 参见Jessie Lutz,《The Chinese Student Mouvement of 1945-1949》, *Journal of Asian Studies*, 第31卷, 第1期, 第102~103页。

⑮ 关于学生的抗议活动, 参见 Jeffrey N. Wasserstrom, *Student Protests in Twentieth Century China. A View from Shanghai*, 斯坦福, 斯坦福大学出版社1991年版。

⑯ 参见 Barber, *The Full of Shanghai*,（伦敦 McMillan 出版社1979年第一版）, W. and J. Chatham, Mackey重版（无日期）, 第113页。

⑰ 参见 Barber, *The Full of Shanghai*, 第29页。

⑱ 参见 Barber, *The Full of Shanghai*, 第60页。

⑲《经济周报》, 1949年8月25日。参见 Richard Gaulton:《Political Mobilization in Shanghai 1949-1951》, 载 Christopher Howe 主编: *Shanghai. Revolution and Development in an Asian Metropolis*, 剑桥, 剑桥大学出版社1981年版, 第35~65页。

⑳ 关于人民解放军进入上海的详细情况, 参见 Barber: *The Full of Shanghai*, 第144~159页。

㉑ 参见 Heath B. Chamberlain,《Transition and Cooperation in Urban China: A Study of Leaders and Organization in Three Cities, 1949-1953》, 载 Robert A. Scalapino 主编: *Elites in the People's Republic of China*, 西雅图和伦敦, 华盛顿大学出版社1972年版, 第256~257页。

㉒ Barber: *The Full of Shanghai*, 第160~161页。

㉓ 安克强:《La Fermeture: The Abolition of Prostitution in Shanghai, 1949-1958》, *The China Quarterly*, 第112期, 第470~473页。

㉔ Gaulton:《Political Mobilization in Shanghai, 1949-1951》, 载 Christopher Howe 主编: *Shanghai*, 第56页。

㉕ Mark F. Wilkinson:《The Shanghai American Community, 1937-1949》, 载 Bickers, 安克强主编: *New Frontiers*, 第245页。

㉖ 英国总领馆申明, 1948年末。参见 Barber, *The Full of Shanghai*, 第60页。

㉗ 参见 Jean Lefeuvre: *Shanghai. Les enfants dans la ville*, 巴黎, Casterman, 1956年版。

㉘ 参见白吉尔, 王菊:《Du capitalisme au communisme: cadres et entrepreneurs à Shanghai de 1949 à 1952》, 载白吉尔主编: *Aux origines de la Chine contemporaine. Mélanges en hommage à Lucien Bianco*; 白吉尔:《Les capitalistes shanghaiens et la période de transition entre le régime Guomindang et le communisme》, études chinoises, 第8卷, 第2期, 第7~30页。

㉙ 中流:《荣尔仁先生谈生产》,《上海工商》, 第1卷, 第5期, 第5页。

㉚ 参见 Robert Loh: *Escape from Red China*, 纽约, Coward McCoan 1962年版, 第118~119页。

㉛ 参见 Christopher Howe, *Employment and Economic Growth in Urban China, 1949-1957*, 剑桥, 剑桥大学出版社1971年版, 第13页; Katrin E. Sears, *Shanghai's Textile Capitalists and the State. The Nationalization Process in China*, 安娜堡, 密西根大学博士论文, 1985年, 第120页。

㉜ 关于上海1950年代初人口增长以及由此导致的就业市场问题, 参见 Howe: *Employment and Economic Growth*, 第33~34页。

㉝ 参见 Merle Goldman: *Literary Dissent in Communist China*, 剑桥, 马萨诸塞, 哈佛大学出版社1967年版, Atheneum出版社1971年重版, 第132页。

㉞ 参见 Wang Shaoyang:《The Construction of State Extractive Capacity. Wuhan 1949-1953》, *Modern China*, 第27卷, 第2期, 第129~261页。

㉟ 参见纪业马: *Le Parti communiste au pouvoir*, 巴黎, Payot, 1972年版, 第32页。

㊱ 参见白吉尔,王菊:《Du capitalisme au communisme》。

㊲ 参见白吉尔,王菊:《Du capitalisme au communisme》。

㊳ Kau, Michael, John Leung 主编: *The Writings of Mao Zedong, 1946–1976, Armonk*, New York, M. E. Sharpe, 1968年,第287页;薄一波:《若干重大决策与事件的回忆》,第1卷,第164~165页。

㊴ 荣毅仁:《一个自我改造的运动》,《上海工商》,第3卷,第2期。

㊵ 薄一波:《若干重大决策与事件的回忆》,中央党校出版社1990年版,2卷,第1卷,第171页。薄一波当时是财政部长,经济重建工作的主要负责人之一。中央派他去上海观察五反运动的进行情况,他在书中对这运动作了详细的叙述。

㊶ John Gardner:《The Wu-fan campaign in Shanghai. A Study in Consolidation of Urban Control》,载 Doak Barnett 主编: *Chinese Politics in Action*, 西雅图和伦敦,华盛顿大学出版社1969年版,第477~539页,书中引文出自第510页。

㊷ 薄一波:《若干重大决策与事件的回忆》,第1卷,第170~171页。

第四部分

共产党领导下的上海

第十三章　上海地位的变化

当人民政权进一步巩固并选择了苏联的发展模式时，曾长期与国家命运休戚相关的上海，如今已经与其他省份别无两样，各种冲突斗争都是为了巩固中央政权。

在毛泽东时代，上海对国家的发展贡献巨大。但即便上海是计划经济体制的重要支柱，也不能成为领头的城市，因为这种角色要留给首都北京。政治地位的滑落，信贷资金的不足，都使上海不可能具备社会主义的大气派，也正是因为这些原因，上海没有能力除旧布新，建造宽敞气派的大马路和冰冷的斯大林式建筑。

与某些人的预言相反，上海并没有击垮共产主义，而是接受了共产党的领导。共产主义也没有摧毁上海，而是改变了上海。在这个面貌几乎没变的城市里，产生了新的经济与社会体制。然而，一旦放松控制，比如在某些时期高层内部出现了冲突时，一些带有旧上海特点的社会活动痕迹就会重新浮现。在"文化大革命"初期，1966年至1967年的冬季，上海学生的示威和工人造反队的罢工就再现了地方抗争的传统。

计划经济的支柱

自从共产党政权建立以后，上海就同全国其他地方行政区域一样，并入了严格的自上而下的政权体系之中：上海作为省级的直辖市直接受北京的领导。在中央集权的体制下，各省与中央政权的关系是上下隶属的纵向关系。所以在接到北京的指示后，上海必须在全市范围内严格地执行。相反地，各省市之间的横向关系却经常为了防止各自地方利益受损而相互摩擦，上海也因此不再是江浙皖的老大哥和共生体，1949年以前与这些省份的金融、商贸及人口交流渐渐消失了。

从此，上海的历史就取决于中央政府的政策。总的来说这项波动不定的政策对城市的发展无益,因为1953年参照苏联模式制订的第一个五年计划强调发展重工业,限制了城市化的进程,也为了降低建设基础设施的费用。北京如此地重视钢铁生产和重工业,就是希望弥补历史遗留下来的地区发展不平衡,并消除以往沿海地区的加工工业所享有的优惠:第一个五年计划规划在重点城市中将建设156个的大型工业生产项目,没有一个项目分配给上海。

但是这种战略需要大量的资金,创造就业机会又十分有限,所有这些困难很快就使人们对苏联的模式产生了质疑。从1956年起,毛泽东在他《论十大关系》的报告中强调,不要为了发展内地而牺牲沿海地区,也不要为了生产资料的增加而忽视消费品的生产。因此第二年给予上海的投资额度就达到了380亿元(旧币,折合今人民币380万元——译者注),超过了第一个五年计划头四年的投资总额①。第二个五年计划也采取了同样的原则,但由于发动"大跃进运动",计划的原则没有被落实。

建立在发动群众基础上的"大跃进运动",是一项专断的战略,由于在农村中的大力推行导致了灾难性的后果。然而,毛泽东并没有低估财政投资和高科技的重要性。他指出,必须"两条腿走路",也就是说,以不同的方式来促进不同领域的发展。从1957到1958年,国家的工业投资从120亿元增至210亿元(占国家预算的51%),从事现代重工业生产的工人也从450万人增到1 750万人(不含小高炉生产人员)。上海从这些大规模的财政投入和劳动力的增加中得到了实惠。在权力下放的同时,资源也得到了增加,上海的工业发展在市政府的领导下加快了脚步:1958年,上海自豪地对外宣布,在建的工业项目有698个②。

但是缺乏控制的放权会导致很大的浪费,这种情况不久就受到了陈云的批评。他指出,国家应该是"一盘棋",国家的发展应由中央的计划来引导。1961年,政府又提出"调整巩固"的新政策,这项政策恢复了某些合作机制,并赋予地方相应的自主权。这样,上海依靠各级富有才干的经营者,取代了1960年被召回国的苏联专家,重新向前冲刺。

但是好景不长。自从中苏关系破裂、美国加紧侵略越南以后,中国已感到孤立和威胁。出于战略上的考虑,毛泽东再次回到忽略城市建设的工业化政策。从1965年起,向内地山区迁移许多生产单位,提出建设"三线"政策,目的是为了防备任何假想敌可能的攻击。自此,上海不仅没有再创办新的企业,反而是工业萎缩,几百家工厂迁往内地③。第二年,"文化大革命"的风暴与"三线"政策交织一起,限制了上海的发展。直到1976年毛泽东逝世,上海在城市建设方面几乎无所作为。

第十三章
上海地位的变化

在某种程度上，中央的财政预算是靠国营企业的收入，所以上海以其拥有的大量国营企业，理所当然地成为政府财政的最大来源。据统计，从1950到1979年间，上海向中央上缴的财政收入超过了上海自身市政预算收入的13倍。一般是将税收的87%上缴北京。

和这种奉献并存的是以农养工的经济体制给城市带来的优惠。这种以农业资源投资工业的做法，是根据国家制定的价格剪刀差，用低价格的农产品来养活城市和保障轻工业原材料的供应，再将工业产品以高位的价格卖给农民。如果这种价格差距增加了企业的收入，那么控制这些企业的政府收入就更多。上海的运作"就像是一块国家预算的海绵，大口地吮吸着农村的资源"④。

技术人员与生产设施也同样要作出贡献。首先，动员人力物力迁往东北，加强那里的重工业，然后再转向西部，一项五年计划中就把西部的工业化列为优先的项目之一。在几年之内，上海企业中的17万名技术工人和3万名工程技术人员被转移到内地⑤。1960年代初，厂矿内迁的节奏有所放慢，待"建设三线"的政策一出笼，大规模的内迁又重新开始。此外，从1949到1976年，上海大专院校培养的工程技术人员不断地被分配到内地。这种有组织的人才流失，使得上海企业的技术力量有所下降。

上海政府的投资方向主要集中在生产领域，却忽略了基础设施的建设——交通、设备和住房。这种生产性投资与非生产性投资之间的不平衡在"大跃进"期

毛泽东在时任中共上海市委第一书记柯庆施（右二）的陪同下，到上海第一棉纺织厂观看整风大字报

间显得尤为突出（84%对16%）。的确，北京并不太注意上海的城市建设，可令人奇怪的是，上海地方的领导人也同样不在意。直至1978年，上海的政治负责人一直妨碍城市的建设，在他们心目中，最要紧的是保证完成北京要求的税收额，为了让中央放心，他们就经常支持那些有违地方利益的政策。1954年至1965年主管上海的市委书记和市长柯庆施，与毛泽东的关系良好，并得到毛泽东的大力支持。他的政治生涯引人注目，也是北京对他在上海的表现所给予的肯定。

作为重要的经济文化中心，上海在全国保持了一定的影响，但这种影响在当时重大的政治与意识形态冲突中只不过是个筹码而已。在"大跃进"时期和其后的"文化大革命"中，上海显露的极"左"思潮就反映了上海领导人的极"左"面目。在中国，省级干部一般都起着上传下达的作用，必须要在党的要求与他们负责的地方利益之间作协调。在上海，市府的领导人首先是中央政府的代表。

规模宏大的工业基地

从1949年起，上海的一部分经济活动就已萎缩。上海也不再是金融贸易的中心。计划经济的确立使许多服务行业不复存在，剩下的都划归行政部门管理，办公室代替了有限公司。不过相反的是，工业领域却继续蓬勃地发展，上海第二产业的生产毛值从1952年的52%上升到1975年的76%[⑥]。在这期间，工业生产的年增长率为10%，略低于全国年增长率的11%。因此，上海在全国生产中的比重就相对出现了下降趋势，从1952年的19%，降到1971年14%。

这种跌幅反映了全国工业化的巨大成果，而并非是倒退。上海25 600家私人企业也走出了1952年五反运动的困境，在第一个五年计划初期仍保证了工业产值的63%。私营经济领域的维持，即便是加强了控制，还是与为了计划经济的成功所付出的努力不相称，同样也不符合政府的理论模式。北京的新的政治路线是要向社会主义过渡，号召生产结构的彻底转变和建立一种依赖大型生产企业的国家资本主义。

1955年底，上海开展了公私合营的运动，到1956年1月结束。这场运动由资本家自己牵头，在党政干部的领导下组成工作小组，声势十分浩大，在运动中人们呼吁："爱国的民族资本家应该勇敢地走上社会主义的道路。"在几个星期之中，大型企业都成了国营企业，或在国家控制下的公私合营企业，规模较小的企业则通过合并转变为集体企业[⑦]。

上海的国营企业或归中央部委直接领导，或隶属于上海83家国营公司的领导,这些国营公司负责监督、管理和协调本地区各行业的生产单位——市级的或区县级的——尤其是具有对这些企业的管辖权。最重要的集体企业也同样受到严密的监管,其管理方式与国营企业无太大差别,只是员工待遇稍低。不同的主管部门负责原材料供应和产品销售。管理者在现场只负责解决生产上的问题。

上海的公私合营与推行厂长经理负责制是同时进行的。这种效仿苏联模式的责任制,取代了由国家指定的个人领导负责制和1949年后设立的委员会负责制。代表企业工人、资方、技术人员、党的干部的委员会可以在企业管理上起一定的民主作用,而采用厂长经理负责制却有助于在生产体系中滋生官僚主义。

国有化使党和国家有能力加快整个生产机器的运转节奏,达到国家领导人确定的发展目标。在上海,则是反映在工业部门的多样化。重工业持续增长,产值从1952年的20%增长到1970年的52%⑧,炼钢厂、石油提炼厂、化工厂和发电厂的建设如火如荼。在"大跃进"期间,这股建设浪潮更是空前。产值的增长主要靠建设大型生产单位来推动。大炼钢铁在上海也搞得热火朝天,到处都是手工操作的小高炉,但这些小高炉和别处的一样,完全是无用之功,很快也就不了了之。

依靠上海市府执行的巩固政策,"大跃进"留下的危机很快就过去了:上海的生产能力在1960年代又开始增长,工业结构也趋于平衡,并成为全国第二个冶金

1956年1月,上海工商界代表荣毅仁(左一)、胡厥文(左二)、盛丕华(左三)带着公私合营申请书进入上海市工商界公私合营申请大会会场

上海的中小私营商店经申请批准，均改为公私合营

上海全面完成社会主义改造以后，时任全国人大常委会副委员长的黄炎培（左中）于1957年5月来上海了解情况

第十三章
上海地位的变化

在"大跃进运动"中,城市街道工厂以极为简陋的设备土法炼钢

中心。1960年中苏关系破裂,但上海利用从欧洲和日本人手中接管的许多工厂,很快就发展出新的产业部门,如制造化肥和发电设备。

在十来年中,上海改变了她的工业布局。即便在老上海还存在不少工厂,但更多地是把分布在全市各个角落的工厂作坊向工业区迁移,如西北方的闸北区,东北方的杨树浦,或原来老城的南市区,留出空地建设住宅。一旦有了条件,也就是从1956年调整产业布局开始,市政府就试图对工业生产做出更合理的安排。在初期阶段,一些带有危险性的企业被迁到郊外。随后,又在近郊规划出专门的工业区:北部的彭浦和大场,将成为钢铁冶金中心,西部的桃浦,主要是接纳制药厂和化工厂,石油提炼厂则建在距离黄浦江出口不远的高桥⑨。

1958年12月,上海依照苏联经验,通过了建设卫星城的计划,与之相配合,向郊区外迁工矿企业的规模进一步扩大。在上海四周的几十平方公里范围内,选择了七个地点建造卫星城。与以往不同的是,上海人并不想创建新的城市,而是倾向对原有的城镇进行大规模改造:东南部的闵行,从1960年起,就成了锅炉、涡轮机和水泵的制造中心。由于缺少资金,这项雄心勃勃的计划很快就搁浅了。在因"文化大革命"中断了一个时期后,1970年代末重新启动了以前的计划,在南部的金山建造大型化工联合企业,在北部的吴淞宝山建造大型钢铁企业。

1970年代末,上海四周已经拥有许多个工业生产集中的工业区。然而,这种调整工业布局的努力并没有获得适当的财政资助,而是常常遇到因上下关系不顺

由江南造船厂设计制造的中国第一台万吨水压机,曾是新中国重工业发展的标志性成就之一

"民主五号"客轮的服务员杨怀远热心为旅客服务的"小扁担精神",曾是上海市民学习的榜样

和经济管理部门各自为政所造成的行政障碍。1990年代初,市中心80%的土地仍被工厂占用,因为在进行工厂外移和落户郊区的同时,小型的生产组仍旧在市中心不断出现;这些单位通常属集体性质,主要是为了吸纳多余的劳力,在"大跃进"时期,伴随着"城市人民公社"的建立,这类生产组也遍地开花。与"城市人民公社"不同的是,这些生产组在"大跃进"结束以后继续存在,并遍布城市各个角落。1960年代末,市中心人口密度达到每平方公里4.5万名人,还有上万家的工厂,这种不同功能的混杂引发了许多棘手的难题⑩。

城市建设被迫停止

共产党政权终止了上海野蛮的房地产市场和以炒作地皮、操纵房价飙升的投机行为,以及因修建工厂和棚户屋所造成的城市秩序混乱。从1949到1950年,城市土地收归国有。为了处理日常事务和合理利用土地,上海市政府成立了土地管理局、房地产管理局和城市建设局等不同的管理单位。上海并不缺乏专家。但1949年的城市规划还是国民党时期准备的计划,所以没有实行,1953年苏联专家协助制定的城建规划也没有执行⑪。城市建设不是第一次五年计划的优先项目。

然而,应该让大上海活起来,解决旧政权遗留下来的问题,如城市人口膨胀和空间不足等问题。从1949到1957年,上海市人口从500万增加到700多万。严格的人口控制政策使上海市人口在60年代初回落到650万⑫,在以后的十年里,甚至一度不到600万。在这段时期,上海的面积进一步扩大:1949年,上海有20个城区和六个郊县,面积80平方公里;随着上海面积的不断扩大,到了1958年,上海的面积达到了5 910平方公里,包括人口密度低的农村地区和城区。如果把上海的城市人口、农村人口和周边城镇人口加起来的话,上海市管理的人口达到1 000万。

许多项目正是在这个范围内规划和实施的。外迁企业和重划居民区,以郊县农产品供应城市之需,布建交通线路。不过市府下属的行政机构(城区、郊区和远郊县)为了自身利益常常互相扯皮,再加上农业用地(属集体所有)与城市用地之间的法律地位不同,所有这一切都不利于上海与其郊县之间的互惠互利。最大的障碍还在于财政资源的不足影响了上海市政府的非生产性投入。为了政府的生产性政策,牺牲了市民的需求。在前30年中,城市基础设施的维修费仅占市政预算的3.85%,住宅投资比例也差不多相等⑬。修复损坏的市政基础设施和确定城市的规模都要由北京决定。实际上,上海能在计划经济体制下生存的这一事实本

昔日的跑马厅于1955年1月改建为人民公园、人民广场。图为已经通车的人民广场大道

身,就说明了上海仍旧承袭了历史留下来的生存本领,其中主要的,无疑是地方行政官员的适应能力,可以在旧瓶中灌上新酒。

没有拨款,上海就必须更好地利用自己的资源。租界时期建造的供水管线和下水道得到了延伸,扩建了南市老电站和在郊区建设新的电厂,使电力供应增加了三倍。由于缺乏资金修建地铁(计划早在1958年就已制定),市政府就大量增加公交线路和购置公交车辆。

外滩的建筑群在外国公司撤离后改成新政权的办公用房。外滩最壮观的一幢建筑就是汇丰银行大楼,此后是上海市政府所在地。公安局把负责管理交通的部门安置在东方汇理银行大楼。渣打银行大楼成了纺织品进出口公司的办公楼。同样,原先中外有钱人的别墅也成了高级领导人的住宅。1950年代初,陈毅市长住在原法租界公董局一位公董的洋房里。后来毛泽东的妻子江青在上海逗留期间,住在蒋介石的妻舅、前国民政府部长宋子文的故居。

极少有新建的马路能与原租界里的大街相媲美。外滩取名为中山路,霞飞路改名为淮海路,南京路依旧保留原路名。在跑马场的原址上,建造了公园和人民广场,这些并没改变多少城市的面貌,只是在都市的中心保留下一块绿洲和一个空旷的场地供人们举办各种政治性集会⑭。唯一宏伟的建筑是50年代中期在延安路建造的展览馆,笔直的线条,层层圆柱和尖形塔楼,高耸的尖顶,使这座大厦成为斯大林风格的典型建筑,也是中苏短暂友谊的见证。

老上海的里弄依然如旧。与高雅地段的建筑完全不同,里弄的功能是提供廉

第十三章

上海地位的变化

1965年11月起担任中共上海市委第一书记的陈丕显

1965年12月起担任上海市市长的曹荻秋

价的住宅,但在这些纵横交错的小巷里开办了许多集体所有制小手工工场,而非私营性质。市中心的面貌也变化不大。1970年代末,重新回到上海观光的外国游客被这种时光倒流感到错愕。除了大楼顶上飘扬的旗帜、安放的红星与标语外,所有的高楼都凸显着资本主义和上海国际性的过去。上海人自己好像也没有觉察这种无声历史的存在,青年人对上海的过去就更不了解了,还有的人心中感到是耻辱或压抑。保存下来的洋式楼房,更确切地说是尚未拆掉的城市遗产,并不引人自豪,而是令人尴尬,充其量是漠不关心。

与新中国政权执政理念格格不入的上海城市格局之所以继续存在,只不过是因资金缺乏造成的大量问题之一。这也不是最严重的问题。其他的问题,特别是住房匮乏,已造成人民生活的困难。1949年,上海的住房已严重不足:包括"滚地龙"与棚户区在内,住房面积约为2 300万平方米,即人均住房面积为4平方米左右⑮。即便把没收的外国人和反革命分子的住房重新分配,也不足以改变住房紧张的局面。虽然在一栋老别墅中安置十来户人家,把客厅分隔开来作为公用,把车库和配房改成卧室,但还是没有足够的有产阶级住宅来分配给城市的住房困难户。特别是1950年代初期人口猛增,大批的新移民涌进了上海。

作为主要的上海土地所有者和房地产唯一的管理者,上海市政府为了解决住房困难启动了许多建设项目。这些建设项目持续了近15年,耗资4.87亿元;增加了800万平方米的居住面积,在近郊或远郊建造了一批新的住宅区。目的是要降低市中心的人口密度并依不同的行业重新进行功能性划分。

第一次建设规划始于1952至1953年。当时革命形势一片大好,政府建造社会住房的承诺也开始得到兑现。首先计划在老工业区附近,城郊结合部的农业用地上建造九个"工人新村",如在闸北和杨树浦,拆除300个简陋民居点。每个新村的楼房都是4~5层,可以接纳40万名居民。当时总共建造了2.2万套住房,每套面积约30平方米。当我在1957年10月第一次访问上海时,参观了1952年兴建的曹杨新村,那里安置了一些原先极其贫困的家庭。"在新村灰色的建筑物里,住了3万人,楼房与楼房之间由绿树成荫的小路相连接。我们参观了其中的一个套房:三间不大的套房,住着六口之家。楼梯口的厨房供三家主妇使用[16]。"

由于缺少公共汽车和其他大众运输设施,新村之间,新村与城市之间的交通十分不便,这些现状也印证了公共权力机关的沉重负担。新村的建设在40年中从未间断,只是根据资金情况调整建设速度。楼房的高度在慢慢地提升,舒适度也有所改善。如果厨房部分仍常用来作为共用的地方,那么独用的卫生设施已不再稀奇。1973年,76个新村占上海全部居住面积的四分之一。住宅建设成了政府的一项主要投资[17]。围绕着城市四周的田地里耸立起一幢幢色泽单调,形式划一的楼房。这些建筑物还是达到了设计目标:以最低廉的价格,分配给尽可能多的家庭居住。从这个意义上看,新村的建设计划是成功的。

1958年,与全力发展工业项目同时进行的卫星城建设计划的结果就大不一

上海第一个工人新村——曹杨新村于1952年动工兴建,1954年落成。图为市各界人民代表参观新村

样。伴随着生产单位向外迁移，周围的居民区也要随之搬迁。这样就在新建的工厂周围出现了不少中等规模城镇。这些新的居民点距离上海都比较远，为的是不要被迅速扩展的郊区所吞没。当时的城市政策提倡把近郊变成大面积蔬菜种植基地，在距离市中心20公里到70公里的远郊兴建卫星城市[18]。这些卫星城并不按照居住型市镇来设计，而是要在特定的新工业区周围兴建，人口不超过30万~40万人，并按照社区设施和不同工厂的职工家属来划分居住区。居住区与工业区之间则由绿化带来分开。

在上海，城市的版图不断扩展，有利于实行建设卫星城的政策。由计划制定者设计的七个卫星城市与江南市镇的分布相吻合。作为第一个卫星城市的闵行就被安排在重型机械工业区的周围。1958年，闵行新区的建设获得了国家大量的投资、特别是修建了连接上海的四车道公路。当时的媒体曾作出大量的宣传报道，鼓励人们到新市镇来安家落户。夸奖这里空气清新，蔬菜新鲜，供应充沛，住房宽敞（人均9平方米）。尽管如此，在闵行上班的工人中只有四分之一的人同意迁来家属，其他的人仍然愿意住在上海，每天长距离跑通勤。这些犹豫不决的人一方面考虑闵行缺乏社会基础设施和交通工具，另一方面也担心学校的教育质量不够好。为了孩子们的前途，这些家庭更愿意把孩子送到好的学校里就读。不过，当时一个家庭需要两个人、或更多的人挣钱才能养家，卫星城地处偏远，生产单位特别专业化，若在那里安家，妻子或长大的子女要找到工作都不容易[19]。

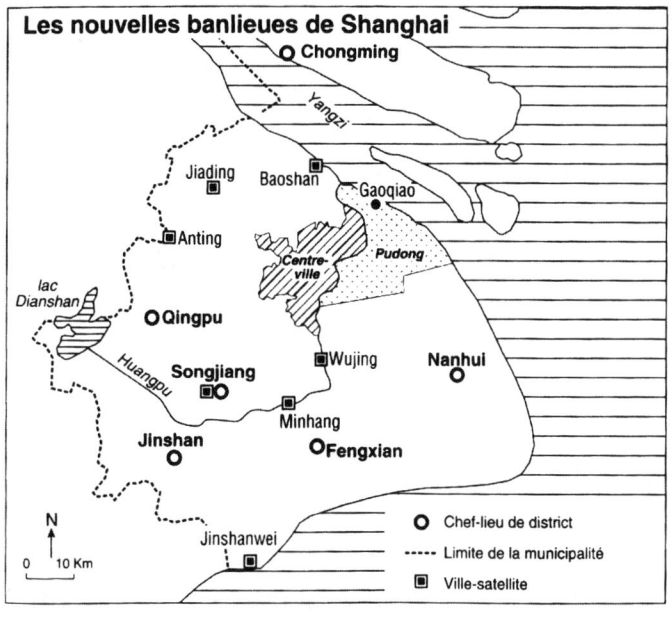

上海新郊区

"大跃进"以后,卫星城的建设因缺乏资金不得不停了下来。"文化大革命"则完全中断了这项建设,直到1970年代初才又恢复,但始终困难重重。根据1990年的人口普查,上海七个卫星城的总人口仅有68万人,不到上海总人口的10%。而且这些居民并非是从市内迁来,依籍贯推断,他们是来自邻近浙江与江苏的农村。

尽管作出了巨大努力,上海的住房问题还是没有解决,甚至日益恶化。1957年,人均居住面积已降至3平方米以下*。当时,一百多万人还生活在棚户区或茅草屋里,直到1970年代末,人均居住面积才大体上恢复到1949年的水平。与其他因非生产投资不足所造成的困扰相比,长期严重的住房不足就显得更为严峻,对上海人民的生活影响很大。1980年,13万家庭没有住房,超过40万的年轻人,虽为合法结婚,但因没有住房而不得不分居[20]。创造一个作为政权的象征和视窗的无产阶级社会,比把上海改造成为重工业的基地还要难。

严格控制下的社会

把上海变成无产阶级的大本营,就是要擦掉资本主义的过去,清算所有的剥削者,发扬已经成为新的"国家主人"的工人阶级的伟大作用。上海的工人阶级并非共产党政权所缔造,但毕竟是在她的领导下,有了大幅的成长**,而且取得了前所未有的社会地位[21]。工人阶级地位的提高,使许多运气不佳的人难以跻身于工人行列。失业者和刚从乡下来的移民,不久就与那些对社会主义感到失望的极少部分混在了一起。他们的不满情绪,以及另外许多人的不满情绪都在1957年的"百花齐放"中得到了宣泄。

1956年5月2日,毛泽东号召"百花齐放",要求党在执政中应该更加谦虚谨慎。经过几个月的鸣放和辩论后,短暂的自由化局面在1957年春天就消失了。但各种不满表现得如此强烈,以致中央决定结束八个星期的试验,发起了一场规模巨大,声势严厉的"反右"斗争。对于这场运动,历史学家们特别注重政治的层

---

* 在《The Attic, Memoir of a Chinese Landlord's Son》[阁楼上下]一书中(伯克莱加州大学出版社,1996年版)作者曹冠龙以充满诙谐怜悯的笔触描写他的父母与四个孩子在革命胜利后来到上海,全家住在一个阁楼里。一家人靠梯子和一个天窗进出阁楼,因为这比走楼梯还来得容易。低矮房顶无法摆下任何家具,只能放垫子和煤炉。空间是如此的狭小,每天夜里,一家人横七竖八地睡在那里不能翻身,因为稍微一动便会惊醒一家人。

** 工业化进程创造了新的就业机会,上海的工人数从1949年的50万增加到1957年的77万。

第十三章
上海地位的变化

上海的文艺工作者响应"双百方针"的号召,把创作重点转向工农兵。图为作家巴金在工厂指导工人阅读和欣赏文学作品

面:党内的派系斗争、意识形态和官僚主义的冲突。在历史学家看来,社会的混乱并不重要,因为政府早已取消了社会的自主权,所以在历史的演进中,社会的影响已无足轻重。不仅如此,当时社会与经济的严重困难,甚至没有引起持不同意见的知识分子和自由派政治家的特别关注,这似乎表明了在社会不满与政治诉求之间并不存在因果的关系。政治框架的一时错位还是能够刹那间显露出社会的现实,要在平时,这种现实会被官方的控制和舆论所掩盖。

"百花齐放"时期的上海社会与政府官员所宣扬的劳动者天堂形象并不吻合。首先是作为领导阶级的工人中出现了不满情绪。1957年春,上海甚至出现了一波罢工风潮。绝大部分的罢工发生在公私合营的企业里,因为这些企业的员工没有获得国营企业工人的同等待遇。这些自发的抗议活动主要是为了增加工资,改善地位和获得良好的社会保障。在罢工者中,学徒们的表现最为坚决,他们反对延长学徒期和只能领取过低的工资。临时工们也起来反对不稳定的工作条件。工人们抱怨说,罢工行动完全没有得到工会支持,工会已成为单纯的管理机构,"他们是官员的喉舌,行政领导的跟班"。不过整个罢工过程并没有出现任何明确

息影多年的周璇（左二）于1957年6月重登影坛

1953年6月，人民银行向市民发还解放前存入旧银行的存款

的政治诉求和批评。在不同行业或不同年龄段的劳动者之间，经常发生横向的严重冲突，反而暴露出分化工人群众的裂痕㉒。

对于"资本家"来说，与其说是对社会主义感到失望，倒不如说是怀念过去的岁月。1956年的国有化运动使他们失去了自己的企业（但还保留了商标和革命胜利后赋予他们的资本家地位），作为补偿，他们可以按照资产比例领取定息。虽然调查委员会经常低估他们的资产，但大企业主们得到的定息足以保证他们过着舒适的生活，这是上海的广大人民群众根本无法与之相比的。不仅如此，他们中的许多人还受聘继续在自己原先的企业里工作，以私方代表的身份，领取比政府派驻代表高得多的薪水,而且他们是在官方代表的领导下工作。两者之间的和平共处并不容易,官方代表时常被指责不懂业务,而以前的老板又被夺了权。这些"资本家"对受人轻视而感到不满。1957年3月,他们的愤怒终于爆发了,原因是他们中间一位曾是某家制药厂的老板遭到了原是学徒、现任厂长的殴打。他们要求获得"更平等的待遇",要求给"政治上改造好的人"恢复职权,提高工资,将支付定息的年限从7年延长至20年。

先前的小老板们——小店主、个体手工业者——所受到的待遇更差,他们的处境常常很艰难。靠那点菲薄的定息根本难以养家,可头上的资本家标签又使他们难以找到工作和加入工人队伍。他们的愤怒并非针对政府,而是冲着与政府结

1957年7月,毛泽东在上海与文化艺术界人士交谈

1957年7月3日,复旦大学批判王造时教授(前左二)的"反党言论"

盟毫不顾及他们命运的那些大资本家。他们认为,商界的情况比1949年前差不了多少:"大鱼吃小鱼。"

　　1957年春天,北京的知识分子和学生针对政治与意识形态等问题扮演着重要的角色,而上海知识分子和学生却恰恰相反,表现得相当谨慎。但这并不意味着他们的结果会好一些。1957年,上海的大专院校决定削减入学人数。当大学之门重新关起时,人事臃肿的各种行政机构也降低了招收名额,许多高中毕业生由此感到前途渺茫。至于已经踏入大学的学生,抱怨所承受的意识形态压力太大,不满毕业时的强行分配,因为分配的工作常常与他们的专业无关,而且工作地点距离上海太远。上海青年人的这些苦恼表现在许多方面,但绝没有达到北京知识分子那种名副其实的激烈程度。在"百花齐放"过程中,北京原自由派知识分子的领袖们,诸如储安平,都纷纷发表讲话,而上海的知名人士却仍然活在1955年反击胡风运动的阴影之下。共产党的老同路人胡风,在一份由他起草的报告中揭露了文化界官员的教条主义和不宽容的态度,结果被指控为"勾结国民党和美帝"而锒铛入狱。这场运动使胡风的朋友与同事都受到了牵连,尤其他在上海的许多朋友都未能幸免。1956年,政府对知识分子的态度有所缓和,但他们还是心有余悸,不敢相信。在"百花齐放"运动开始后,上海的大部分知识分子保持沉默,担心是个陷阱,或者政治路线会突然转向。

　　这种担心果然应验。在"自由化"的鼓舞下,各方面来的批评相当猛烈,以致达到动摇政权的危险程度:各种派别纷纷聚合起来。1957年6月初,共产党的政策发生180度的大转变。"反右"斗争把几十万人送去劳改,粉碎了在爱国主义基础上建立社会共识的理想。这场社会骚动并没演变成政治大动员,而且发泄不满和北京的自由派知识分子、民主党派领导人所持的不同政见没有关系。这种社会抗争的弱化,与中国社会的特性和政治体制有很大关系:社会分割,受到社区利益左右,无产阶级专政也不再允许类似1920年代到1940年代间那种临时性统一的大规模的群众运动。

　　1957年也是政权与社会两者之间关系的重要转折时期,甚至超过了1949年。在6月份发起的反右运动中,几十万知识分子、干部和专家被一纸行政命令送去劳动改造,因为新通过的劳动改造条例允许这样做。这种完全不受司法制约的劳改制度,是加强社会控制既有效又灵活的工具。

　　为了有效管理,政府采取了三项行政措施:登记户口、粮食配给和工作分配。户口制度要求每个家庭将全部家庭成员向公安机关登记。户口登记制使每个中国人必须在其出生地生活和就业,而不能随意迁徙他处;换句话说,这种制度是把农民固定在乡村,将城市居民固定在所居住的城镇。从此,每个人的命运就被出生地所左右。这种制度安排主要是同粮油供给和其他食品的配给制相配合。在城市,相关票证定额、定时发给有常住户口的居民,没有户口的居民只能转向自由市场或黑市;这部分人找工作越来越不容易,因为劳动局的招工指标只分配给常住户口居民。

上海的人口控制特别严格。人口的增长是市政府面临的主要难题之一。1950年代初期,上海在创造就业机会和住宅建设方面取得了不可忽视的成就,但因为人口增长过速,使取得的成就很快就消失了,一方面是大量农民进城(1949至1957年,新移民高达180万人),另一方面是人口的自然增长:上海以46‰的人口生育率居全国各省之首。限制人口过速增长显然是非做不可的事。

1957年,上海制定了第一个人口发展计划,将城市人口设定在700万人的水平,并且要减少外来移民。伴随着阻止农民进城安身的户口制度,还开展了有步骤鼓励城市居民下乡的计划。开始时,主要是将刚到上海不久的移民送回乡下,特别是无业人员和民工。1955年,约有85万人被送回了农村。1958年,又有50多万人被动员回乡(占人口的7%)[23]。整个1960年代,这种下乡运动一直在进行。在即将启程的列车上,返乡的工人、干部与知识分子、甚至整个班级的中学毕业生前往农村种田当农民。直至"文化大革命"前夕,迁出人口的数量已逐渐减少,但还是超过进入上海的移民人数。

上海高度重视人口控制还反映在1957年起实行的限制生育计划。所有的企业领导和居民委员会都要参加宣传人口政策和预防超生的活动。出生率持续下降,在1970年代中期,出生率跌至9‰,同样人口自然增长率也随之下降(从40‰降至3‰)。上海对出生率的严格控制与全国其他地区在这方面所遇到的困难形成了鲜明的对比,表明了上海民众对人口政策的认同,也显示了上海人普遍受到的良好教育,渴望保持和改善自身的生活水平,以及保障孩子们的前途[24]。

1949年革命胜利后成立的各区县劳动局,从一开始就缺少权威性,加上自身任务不明确和资源不足,常被市政府指责为缺乏效率。自1957年起,随着国营企业的发展和下放经济管理权限,劳动局的功能也随之加强。从此他们在为毕业生分配工作、招聘临时工或正式工方面拥有了更大的权力:国营企业必须通过他们来招工;如果企业需要从农村来的民工作为补充劳力,就要在劳动局的监管下,由企业与相关的农业合作社(随后是人民公社)协商,签订合作合同。此外,劳动局还要严格把关,不让城里人的正式就业机会受到影响。

除了各级行政机构从上到下的"纵向监控"外,还有各单位内部的"横向控制"。每一位职工的私人与职业生活都会受单位同事和住地居委会的监督。一位曾当过居委会负责人的女士解释说,居委会的成员通常是上了年纪的妇女,或是家庭妇女,或已退休,像她一样,文化水平都不高。在当地党员干部的领导下,这些居委会的任务就是组织好社区生活,注意管区居民的政治态度,提高每位居民的政治觉悟。据她说,居委会成员的人缘都不太好。大家都不太信任她们,指责她们是包打听,只要她们一走近,居民便不聊天了。作为近郊一幢居民大楼的负责人,这位老太太要照管200位居民,每天都忙着开会。尽管有四位积极分子协助她,每人负责看管大楼的一个单元门,但她还是时常无暇料理家务和照顾自己的家。她们的主要责任之一,就是注意大楼及其附近是否有形迹可疑的人或陌生人出入,要参加打扫卫生和打预防针等活动,鼓励年轻媳妇采取避孕措施,还要对犹豫不决的丈夫做说服工作。尽管有党的干部支持,居委会主任的职权有时行使起来还是不容易。比如她就说服不了一位寡妇让出独占的套房,因为这位妇人不愿与子女和孙子辈共居一室,睡在狭小的厨房或阳台上。这位主任也没能使一个不断吵闹的家庭恢复平静,男方是个行为不端的工人,女方是个见识不多的乡下姑娘。所有邻里间的私生活,在社会主义道德和社区和谐安定的名义下,没有一样能逃脱她的眼睛[25]。

在这样的管理下,上海给人的印象是平安无事。与广大的农民和其他城市相比,上海人的运气就是生活虽然清苦,但起码大家的生活水平都差不多。1965年一位受聘来沪教英语的澳大利亚青年专家颇为惊讶地发现,上海是个"简朴的城市,与其说是个大都市,不如说像个大城镇",上海人"对他们的城市建设感到自豪,对未来充满了天真的信念"[26]。在平等的表面下,新的不平等也在滋生,这种不平等并非取决于财产的多寡,而在于社会地位的高低,这种差异可以直接影响到利益和待遇。

新的不平等

1949年革命胜利后建立的社会秩序中有享受特权的人,他们是现实社会的一部分,也有受到排斥的人。有些社会死角仍存在着一些从旧体制遗留下的不平等。

像所有共产党国家一样,掌握权力的人有形成另一种阶层的趋势。部分党员高级干部有他们的生活圈子,住在特别配给的住宅内。他们可以在特供商店购物,把孩子送到最好的学校里就读。从此,部分老革命就只关心生活的舒适和自己家庭的前途。他们养尊处优,例如外国语学院的副院长周先生,是位延安时期的老干部,每到星期四,都不见他的踪影,以躲避院方规定的体力劳动[27]。占据主流意识的平均主义观念,让中国的干部们比其苏联同行要谨慎得多。经常展开的批评与自我批评运动,虽然使干部们容易受到不公正的伤害,但也由此更加谨慎行事。不过,直到1966年"文化大革命"初期,上海的干部队伍相当稳定,论资排辈,而且也不更换。

上海人数庞大的工人也是现实社会的受益者,政府不仅让工人当家作主,而且还与干部们团结一致[28]。事实上,重工业的发展和大型生产企业的建立,出现了一大批国营企业全民所有制的职工,他们占中国工业领域劳动力的40%,因为上海是许多大型国营企业的所在地。除了工作职位是终身制,全民所有制职工的工资也相对较高,还享有奖金、保险和其他社会福利(医疗保险和退休金);他们还能享受福利分房和子女就学、入托等优惠待遇,而其他所有制的劳动者在享受这些福利时就明显稍差。全民所有制的职工队伍不仅不接纳非常住户口的居民,就连具有常住户口的人也越来越不容易进去。事实上,随着1949年以后出生的青年人进入劳动市场,在1960年代中期,全民所有制企业的招工名额远远不能满足求职者的需要。

上海与中国所有的大城市一样,同生活水平密切相关的福利待遇主要依赖各企事业单位的内部分配。单位已成为所有员工的职业生涯和家庭生活的基础[29],在这里形成了党群之间相互依赖的关系。尽管存在行政级别的差异,但党组织还是可以通过党内有理念和干劲的积极分子在单位里发挥影响力。由这些积极分子对单位内部的工作安排、晋升、奖励和福利分配等提出方案。他们也参与管理职工的档案,这类文件依据每位职工在工作时间和日常生活中的表现,以及各种政治会议上的态度,记录下他们在工作、道德与政治上的变化。能引起领导的重视是改善自身生活的最好方法。虽然各种约束无处不在——每个企业内部都有保卫部门,直接受公安局指导,但在总体环境贫乏的背景下,党的各级领导还是能够利用协作关系和客户网络,把工作单位变成职工福利待遇的直接源泉。劳动者对工作单位的忠诚也是对领导们家长式管理的回报。这些领导非常注意强化干群关系,为了本单位职工的福利,不惜与其他生产单位或食品消费品管理部门直接进行谈判。

工作单位因此就成了与政权休戚与共的优秀工人的大本营,政府也把他们变成一种特殊的社会等级。不过体制外的人总比体制内的人多,而且会越来越多。

"大跃进"后的那几年困难时期,工厂的就业岗位锐减,大量的多余劳动力被排斥在劳动市场之外,或者接受较差的工作条件和不理想的所有制单位。

1950年代中期,大规模的上山下乡运动就已展开,到了1964年,上山下乡又掀起了新的高潮。当时动员的对象主要是中学毕业的待业青年[30]。市府的各级领导多次主持召开大会,在数千名青年人面前,表彰即将奔赴远方参与社会主义建设的青年人,一面帮助农民提高文化知识水平,一面学习农民的革命精神。在高亢的气氛下,几百名与会者当场就写下了奔赴农村的决心书。通过由居委会、共青团、派出所和当地学校的代表所组成的委员会的大力动员,各个居民区里都涌现出许多上山下乡的志愿者。在学期结束之时,中学和大学都公布一批申请下乡的学生名单。在北站,各个学校申请下乡的毕业生聚在一起,与家人郑重地告别。许多人动身去新疆和西北荒凉的边境地区工作,仅在1965年,就有5万人去了新疆的军垦农场。但是,围绕着这些出发者的热情气氛,并不能掩饰家属们的担忧,他们不知自己的孩子如何在那遥远的渺无人烟的远方生活。

对于拒绝上山下乡的青年,他们在上海的前途似乎并不乐观。部分人有幸被招进了"大跃进"时代开办的集体企业。在上海,这类集体性质的企业规模很小——1963年,其职工人数平均为32个人,通常由区县政府管理,工资也不高,也

上海三百多名中学毕业生于1957年8月下乡落户,他们的口号是:"做新中国第一代有文化的农民"

第十三章

上海地位的变化

1963年7月，曾任八路军三五九旅旅长、时任国家农垦部部长的王震将军（右一），到上海为赴新疆参加建设的知识青年送行

不能保证员工享有国营企业员工同样的福利待遇。寻找工作的青年人也可以去当临时工。临时工有的按日计薪，有的也签订短期合同；不管怎么说，他们从事的都是些报酬低的体力劳动，与农民工为伍。

农民工制度是在1960年代初期出台的。根据双方的需要，城里的企业（无论是国营的还是集体的）可与人民公社协商签约招募农民工。这些农民工不能在上海长期定居，还要把部分收入上缴原来的人民公社。他们的工资收入比其他工人要少很多，而且没有任何社会保障和福利。企业聘用农民工起初是由于生产旺季的需要。后来，从1964年起，遵照国家的指示，利用农民工作为固定职工的补充可以减少人事成本。这项政策还旨在消除城乡差别，提高农民工的业务能力和有利于掌握技能的固定工向内地迁移。在实践中，这项政策引起固定员工的不满，认为自身的职位可能会受到威胁，城里待业求职的人也不满意，而农民工则妒嫉其他所有制单位员工的劳动福利条件。

在新社会的外围，一些多少保留了先前资产阶级特权的角落仍然继续存在。一些"红色资本家"不仅从政府领取养老金，有的还是政府的受薪人员；而且还收取海外家族企业的分红,所以他们保持着富裕的生活水平。不过,他们都非常谨慎,不愿露富㉛。更令人惊奇的是郑念的情况,这位大地主的女儿和前国民政府外交官的遗孀,在1960年代初期仍继续生活在摆满古老银具瓷器和英文书报的宽敞住宅里。家中有好几位长期照管家务的老佣人,而她则照顾女儿;这位女儿在上海最好的学校之一市二女中毕业后,成为电影演员,放松时就弹奏"肖邦的小夜曲",消遣是玩弄她的波斯猫*。

并非所有的上海资产阶级都像她那样生活,也不像她那样在中外银行存有巨款。不过在大专院校里,旧社会的知识分子通常能够保留教职(根据水平高低由领导分配工作),有些人还能保留他们的职位,如上海外语学院的英语系主任,他很少在办公室,而是全身心地翻译英国作家乔叟的作品全集;上海音乐学院钢琴系主任的情况也差不多,埋头为学生参加国际大赛做准备㉜。这些知名人士不仅对政府没有任何妨碍,而且还能用其专长,所以他们的生活得到了相应的保护。只有接连不断的大规模群众运动才会威胁到他们,把他们当作群众批判的靶子。这些知名人士在1951年的镇反运动、1955年的反胡风运动和两年后的反右运动中都受到了不小的冲击。但在最初十年的暴风骤雨平息后,他们的生活都恢复了常态。

1949年的革命彻底改变了上海的社会,并将城市居民身份所体现的集体优越性变得更加平等。上海的社会由共产党员和他们的拥护者所主导,为他们与广大产业工人的利益发挥着作用。在某种程度上,原先的精英即使仍然存在,但已不能再发挥任何的作用,不过他们的孩子学会了在新体制下的生活,由于这些孩子的学业优异,所以能够进入最好的学校,与干部子弟一起学习。被排斥在社会主流之外的,是那些集体单位的员工、临时户口或没有户口的居民,以及上山下乡人员。社会的稳定取决于广大人民的拥护和人人遵纪守法,上海看不出有成为激进主义思潮堡垒的迹象。

---

* 由于物资供应困难,饲养宠物在当时明令禁止。郑念写了一部关于她在上海的详细生活和"文化大革命"所带来的痛苦的小说《生死在上海》(Life and Death in Shanghai, London, Grafton Books, 1986;百家出版社1988年内部发行版)。郑念生于1915年,1935年到1938年,在伦敦经济学院留学。随后她跟随丈夫一起去澳大利亚工作,夫妇俩在那里生活到1948年。1949年革命胜利后,她丈夫担任了壳牌石油公司上海办事处的负责人,这是极少数能在上海保留办事处的一家外国公司。1957年,郑念的丈夫去世,她受公司聘用,担任经理助理和翻译,直到1966年关闭办事处为止。在"文化大革命"中,她被指控为间谍而关进监狱,度过了六年多的牢狱时光。出狱后,她才获悉她的女儿已被红卫兵殴打致死。她的回忆录,以聪明睿智和人道精神重现了"文化大革命"许多残酷的片断。

"文化大革命"和上海"激进主义思潮"

1965年11月,上海的媒体发动了第一波针对毛泽东政治对手的攻击;1966年11月,也是在上海,工人第一次大规模地卷入了造反运动;1967年春夏之际,同样是在上海,社会局势比全国其他地方早一年恢复了相对的平静。

上海之所以引起关注,是因为这里的派性斗争没有演变成大规模的武斗。人们没有动用重型武器相互攻击,也没有发生尸横遍地的景象。还有,直到毛泽东逝世为止,极"左"势力一直在上海兴风作浪。实际上,上海的党政机关从来就忠实于毛主席的路线,坚决支持"无产阶级专政下继续革命"的学说,说得再确切些,就是要扫除一切不忠于毛泽东意志的领导干部。被称为"上海帮"的上海依仗与毛泽东和"四人帮"之间的密切关系,成为"文化革命小组"的试点城市和京城以外的基地。

"大跃进"失利后,党内高层的政治斗争日趋激烈。这些领导人为了恢复生产和稳定社会秩序,提出了相对自由的实用主义政策,他们并没有反对毛泽东,再说以毛泽东如日中天的威望和魅力根本就碰不得的,不过他们还是没有贯彻毛泽东发出的大搞阶级斗争的指示。感到在党内说话不灵以后,毛泽东马上转向人民群众寻求对其革命理念的支持。既然在北京指挥不动中央机关和北京市,市长彭真与他的意见相左,于是毛泽东就选择从上海发起反击。

为什么是上海?这种选择本身就说明了上海的部分领导人不断地向毛泽东本人及其政策表示忠诚。他们中的主要代表人物是上海市委书记、市长柯庆施,1965年4月,他的突然去世对毛泽东是个不小的打击。他的继任者曹荻秋也是个忠诚的共产党员,但他的管理者性格让他不能接受空想社会主义的政策。真正继承柯庆施遗志的是原先在市委宣传部工作的张春桥和姚文元。

张春桥作为宣传部部长,竭尽全力地整顿知识界。他配合毛泽东夫人江青,拼命诋毁传统京剧、声称要把帝王将相赶下舞台,同时又大力推广现代题材的革命京戏。1963年,他在上海组织了一次现代京剧的观摩会演。在他的周围聚集了一批年轻的文化官员,文学批评家姚文元就是其中的一位,在历次恫吓知识分子的运动中,他都以僵硬的教条主义和激烈的攻击语言而闻名[33]。

1965年11月10日,姚文元在上海一家报纸上发表了《评海瑞罢官》的文章,充当了打响文化革命第一枪的枪手。这篇打着文学历史评论旗号的文章,经过江青的修改,矛头直指北京市市长彭真。毛泽东用了六个月的时间,最终扳倒了这位强势的领导人,"文化大革命"才能真正展开。

在上海,所有大专院校都动员起来,积极响应毛泽东在1966年5月16日发出的通知号召,向"隐藏在党内的中国赫鲁晓夫"作斗争。校园里,批判大会接连不断。学生们猛烈地批评学校的干部、校长和教师,指责他们只知埋头学术研究而不关心政治。在第一批被打倒者的行列里,就有曾与姚文元发生过争执的一些人,特别是反对将音乐"政治化"的上海音乐学院院长㉞。像北京的高级领导人一样,上海市市长也在鼓励参加文化革命的同时,派出了由忠诚干部所组成的工作组到校园里指导运动,以防止这场运动向反党的方向演变。

8月,毛泽东在他审定的"十六条"中批评派遣工作组的做法,并明确指出,"文化大革命"的目标是"打倒党内走资本主义道路的当权派",同时还要扫除"四旧"(旧思想、旧文化、旧风俗与旧习惯)。这样一来,红卫兵立刻就把文化革命从校园带到了街头。上海和北京一样,大中学生纷纷成立红卫兵组织,并从中招

1966年8月24日,"红卫兵"在静安寺焚烧寺庙收藏的经书

收人员组成毛泽东思想宣传队,对资本主义制度的代理人实施红色恐怖。他们敲锣打鼓四处散发传单,张贴标语,发表街头演讲,高呼革命口号。他们截住发型或穿着看似时髦的路人并拳脚相向:"为什么穿尖头皮鞋?""为什么穿紧身裤?""为什么留大背头[35]?"他们砸毁了几乎所有的西方殖民建筑遗留下的装饰物,洗劫了宗教寺院里的祭品祭物,还冲进博物馆寻找"封建余孽的作品",对原资本家的住宅大肆抄家。8月30日晚上,30来名男女中学生到郑念家中抄家,在整个过程中,他们把珍贵的瓷器打得粉碎,倾倒抽屉里的首饰和冰箱里的食物,以及书架的书籍,还不时对女主人破口大骂和拳打脚踢[36]。据统计,15万个家庭遭到红卫兵的抄家,没收的财物有金银首饰45万公斤,珍珠玉石15万公斤,美元和其他外币的价值约330万美元,等等[37]。

暴力、侮辱和自杀层出不穷,红卫兵横行的这个夏天与以往年轻人参与的群众运动截然不同,毛泽东思想上升到了至高无上的地位,毛主席语录无处不在,甚至连自行车的车把上都有他的语录!但斗争的对象始终没变:前有产者、前资本家、老知识分子,以及所有与国民党和外国人发生过不同名目接触的人。上海市长曹荻秋不明白,或者是不愿明白,"文化大革命"针对的竟然是党的本身。在为红卫兵提供必要物资(墨水、纸、毛笔、高音喇叭和卡车)的同时,他还要保护本地干部免遭殴打的厄运。复旦校园里少数异常积极的激进分子,指责市政府走的是"只打死老虎"的错误路线,将运动引入歧途,但他们既不规劝年轻人,也不说服人民群众要继续相信党和党的主要代表——上海市的市长。

在8月、9月和10月,北京的红卫兵连续三次来上海"煽风点火",让他们的上海同学走上革命的正确道路。这些北京人掀起大串联,交流革命经验,让数以百万计的红卫兵行进在公路上,拥挤在火车站中。他们责备上海学生:"为什么如此温良恭谦让,缺乏起码的革命斗志?"他们教上海同学如何用皮带抽打受害者。受到如此的训斥,上海的红卫兵也开始大打出手,仅在9月份一个月中,就有354人被打死,704人自杀[38]。在大学校园里,激进的学生为了争抢"黑材料"而大打出手。这些个人档案记载着干部的言行,就像普通群众档案一样。他们希望从中找到有用的材料来指控这些干部,这也是他们反对官僚主义的主要武器之一。从一所大学到另一所,从复旦到交大,到二医大,成立了一些协调性的新组织,如"红革会"、"红三司"和"炮司",这三个组织都与北京的红卫兵关系密切。

直至"文化大革命"的领导人终于认同了革命不应破坏生产的原则,红卫兵才得到指令不得进入工厂串联。然而,在11月,北京红卫兵还是冲破了禁令,在地方激进分子的配合下,进入上海的工厂宣传革命,鼓动工人走上政治舞台,从而开

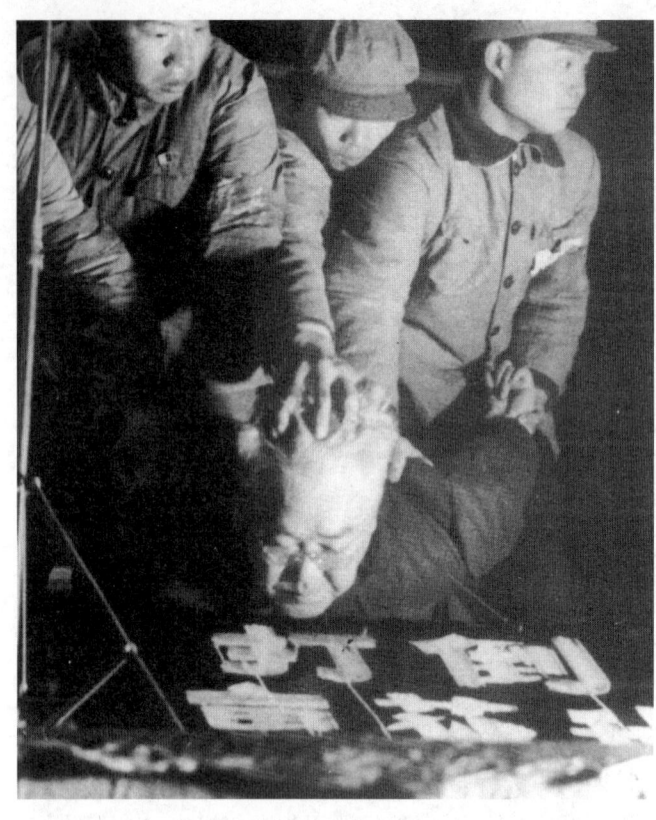

1969年1月15日,非法夺取上海市党政领导权的"造反派"野蛮批斗市长曹荻秋

始了"文化大革命"的一个新阶段。11月6日,他们协助成立了上海工人革命造反总司令部(工总司),很快地就在最底层的工人、学徒和临时工中吸收了几十万名成员。当上海市长拒绝承认该组织时,几千名工总司成员拦截了一列火车要赴京请愿。11月10日,他们的列车停靠在安亭车站(上海郊区),在那里爆发了决定性的冲突。从北京赶来的张春桥,取代了市长曹荻秋,并同意了工人们的要求。从那时起,工人的作用越来越大。12月3日,在《解放日报》事件"爆发时,工人们就用暴力冲进报社大楼解救被群众围困的红卫兵;随后,他们取代了大学生,成为"文化大革命"的主力军。

这一系列的事件使市政府的权威丧失,也激起了民众的愤怒。为了反击"工总司",他们成立了一个保守型的工人组织,即"赤卫队",聚集了80万名成员,绝大部分都是国营企业的固定工人。两个工人组织之间的磨擦不断,车间空空荡荡,市政府也陷入瘫痪。然而,北京的"中央文革小组"很快就对上海的工人造反派表示支持:12月9日,"中央文革小组"发出指示,号召全国的工人要与红卫兵一道进行斗争,12月26日,一份正式决议又大批农民工制度,责令相关单位给予经济补偿和重新录用所有失去工作的人。一时间,上海不同所有制的工人纷纷提出工资要求,不惜借助罢工来达到目的。不知是软弱无力还是作为同谋,各级干部接受了所有的要求,并发放大量奖金和提高工资。

上海的工人阶级大举重返政治舞台是上海"文化大革命"的特点之一。在无产阶级专政建立了25年后,工人们的抗议证明了上海社会仍然保存着惊人的首创力和动员力。那些在工厂街头相互攻击的激进分子与官方宣传中勤勤恳恳的劳动者没有任何相似之处。在"工总司"的旗号下,聚集着许多来自北方省份的青年造反者,他们大都出身贫寒,在棚户区里长大,生活的拮据使他们没有机会受过多少教育,说话粗鲁,总认为受到上级领导和社会的亏待[39]。他们就像戴高乐将军1968年在巴黎指出的那样:是一群"败类和社会渣滓"。在他们中间,也有几位知名人物,在这场"文化大革命"中充分地表现了他们带头闹事的才能。就像王洪文,这位参加过朝鲜战争的复员兵和共产党员,于1935年出生在东北的一个农民家庭里,复员后,他被分配到上海国棉十七厂当机修工,以后被提升到保卫科工作。比他年长十岁的对手耿金章也是北方人,出身于山东的贫农家庭,同样是党员和复员军人,不过他在加入解放军之前,曾经当过国民党的兵。1957年,他受雇于上海纸浆厂,由于好色和口无遮拦,一直得不到提升。在大跃进期间,他抱怨:"干部大吃大喝,可农民除了跳井,还能有别的出路吗[40]?"持保卫上海市委立场的"赤卫队"都是些规矩的老工人、企业的基层干部、上海的本地人、劳动模范和积极分子,这些人所在的企业领导都受人尊敬,也为他们谋求各种福利。至于要求增加工资和改善工作条件的上百万罢工工人,则大都是学徒工和合同工、其中当然也有老职工和正式工*。

所有这些工人的动员证明了,即便是在专制的束缚下,一个社会仍要继续生存,继续发声,继续怀有希望。但后来发生的种种事件也同样表明,除非受到各种政治力量的操纵和利用,否则这样的运动对历史的进程并不能起什么推动作用。

上海群众的行为并不符合极"左"派的愿望:他们的动员与其说是反对修正主义,不如说是为了改善自身的生活条件。这些自发运动的发展会导致社会失

---

* 这些关于工人造反派社会轨迹的分析源自裴宜理和李逊合著的《无产阶级的力量:"文化大革命"的上海》。不过,我们并不赞同这部专著的理论性结论。她们对上海的激进主义划分为三种类型:一是社会边缘阶层造反者的激进主义;二是被利益关系驱使的保守派的激进主义;三是请愿罢工者的激进主义。如此划分似乎太过系统化。受到社会遗弃的感觉、既得利益群体的团结和劳动者收入过低的苦衷,都是构成造反派工人分为不同派别的动因,也是每个立场不同的组织都有很多人加入的原因。

序。他们摆脱极左当权派控制的行为,马上就被极"左"派指控为是受各级官僚的操纵。这期间,恰逢国庆节,大批参加庆祝集会的人还是涌进商店去消费他们刚刚到手的额外报酬。

带有经济性特征的罢工蔓延很快。先是从上海港的工厂开始,到了1月初,就蔓延到铁路系统。水、电供应也不正常了。整个局面向总罢工的方向演进。银行资金也已严重短缺。近郊农村对城市的供应越来越少,根本无法应付因上百万红卫兵到沪串联和上万名青年从新疆倒流回城所产生的人口压力。"中央文革小组"推行的政策和群众自发性的示威请愿,使得所有公共权威消失殆尽,也让经济陷入瘫痪。市政机关已完全无力应付这种局面,尽管张春桥身负北京的授权,并得到当地驻军的支持,还是很难树立他的权威。造反派在工矿企业、行政部门和教育机构夺权的越来越多。基层干部都被清除,由经常更换成员的夺权委员会替代㊶。在各个城区,居委会也被居民推翻,并指责他们把青年人送往新疆的做法。

造反派的人数超过百万,派别林立。"工总司"因多次分裂而削弱,获得的民众支持也十分有限,但"工总司"得到了张春桥和头头王洪文的支持。"赤卫队"的人数更多,但该组织在市委垮台后势力迅速下滑。12月28日,2万名赤卫队成员和10万名"工总司"成员在康平路爆发了严重冲突。"赤卫队"在失利后,几十万名成员投向了对手阵营,与耿金章为首的造反派合流。除了"工总司"以外,许多造反派组织都反对张春桥,指责张春桥出身不好,是长期为旧市府效力的职业官僚,以及他依靠军队进行的整顿政策。"怀疑一切,打倒一切"就是他们提出的口号㊷。群众是得到了充分的解放,但还远未成为极左派篡党夺权的跳板,群众梦想的是一个不受国家权力控制的社会。

张春桥来上海的使命是恢复秩序,但不能阻止群众大鸣大放。这个棘手的使命让他费尽三寸不烂之舌做说服工作,并将所有反对复工和不遵守纪律的人打成是反革命分子和反对毛泽东的敌人。他把造成混乱局面的责任归罪于前市委领导人,令他们不得不在群众面前做充满羞辱的自我批评。1967年1月9日,张春桥发出一份"紧急通知",要求停止罢工,放弃经济诉求,并交还数周前拿到的额外奖金。与此同时,他还号召当地驻军要确保秩序和安全。虽然军队不能付诸武力,但也四处布防,守卫银行、电台和机场。2月5日,张春桥试图成立一个类似1871年巴黎公社形式的"上海人民公社",将他的权力合法化。

"文化大革命"期间,"巴黎公社"经常被用来当作毛泽东的马克思列宁主义战略的合法工具㊸。像"巴黎公社"社员一样,追随毛泽东的极"左"派也号召打碎一切国家机器(所不同的并非是资产阶级的国家机器,而是共产党的国家机

第十三章
上海地位的变化

1969年3月,由"造反派"把持的"上海市革命委员会"取代了上海市人民政府

器)。他们要建立直接的群众专政,摒弃一切行政权和技术管辖权。在毛泽东大反苏修并开辟了一条史无前例的道路的时候,他借用马克思和列宁赞扬的历史插曲,把他的做法与革命传统的继承融合在一起。然而,如果毛泽东利用"巴黎公社"作为意识形态的武器,那么这位国家领导人树立这块革命样板就显得过于深思远虑、过于实际了。如果他从来没有类似的想法,那么上海的经验很可能让他就此打消这种念头。

在各造反派组织代表的协商下,"上海人民公社"运转起来。根据不同的日子和不同的议题,参加协商的造反派人数与派别也变化不定。许多反对张春桥的造反派组织没有加入这个公社,公社在民众中的支持率也很低。因此,毛泽东拒绝支持,但还是充分信任张春桥。在毛泽东的建议下,2月24日中国第一个"革命委员会"在上海成立了。这种群众、军队和党(没有被冲击或被解放的干部)三结合的新体制逐步就向全国推广。

得到了毛泽东的正式承认,以张春桥为首的"革命委员会"大权在握,张春桥马上推行他的恢复秩序和解散群众组织的政策。所有与他作对的造反派组织都被解散。过于独立又过于强势的二兵团(即"上海工人北上返沪第二兵团",或

"工总司北上返沪第二兵团"——译者注)头目耿金章于2月25日被逮捕。8月4日,在铲除了上海柴油机厂的造反组织"联司"后,最后的抵抗也被粉碎了。"上柴联司"是该厂派性斗争的产物,集拢了所有厂内不满王洪文和"工总司"的人,这个组织因反对"工总司"而被排斥在新体制之外。"说我们攻击上海革命委员会,事实呢?市革会无理镇压革命群众……这就是我们炮打它的理由"㊹。在经过了8小时的刀棍武斗后,王洪文的造反派在军队的配合下,打垮了"联司"。从此,张春桥便能毫无顾忌地实施他的整顿政策。

从新疆倒流回沪的青年被送回了原先的国营农场,农民工也被动员回乡。以前的干部——尤其是基层干部或中层干部——都要交份检讨,以便得到平反和恢复原职。新的居委会也重新建立。虽然反对派尚未彻底消失,但是四分五裂,分散在基层单位、工矿企业、机关、学校和街道。揭发张春桥的传单仍然不断地出现,指控他不搞阶级斗争,要求回到革命的"大乱"㊺。张春桥的政策也遭到干部自身的抵制,一些党的书记、工厂管理人员、学校的校长都不愿再走上领导岗位,免得成为下次群众运动的靶子。他们以官方口号自嘲"斗争—批评—改造",实际上是"斗争—批判—下台"。

尽管困难重重,上海还是在1967年夏恢复一些平静。上海没有像全国许多大城市那样发生可怕的流血冲突。1966年冬季所发生的重大事件毕竟产生了深远持续的后果。在以后的十年里,上海完全置于"四人帮"势力的控制之下。1971年上海恢复市委的时候,张春桥担任了第一书记,而姚文元就成为他的第一

1967年8月4日,在"造反派"的挑动下,上海柴油机厂发生了严重的武斗事件

第十三章
上海地位的变化

副书记。由于他们身兼全国性职务（他们均为政治局委员，并在1973年进入政治局常委会），这两人被召回北京，上海的管理大权就交给了王洪文。王洪文利用机会在市府内大肆提拔安插亲信。有些人蹿升之快，被人称做是"坐直升飞机"。王洪文还把手插入所有的工会组织，在1973年工会重组以后，组建了一支上百万人的"工人民兵"，配备了重武器，并且只服从市委的领导。一切都在为毛泽东百年之后做准备，"四人帮"就能够依靠上海来夺取全国的最高权力。

工人们的造反虽然改变了社会，但他们本身的地位和待遇并没有得到改变。与1949年革命胜利后的变化相差不大，"文化大革命"并没有使上海的无产阶级掌握政权㊻，而社会则在"文化大革命"中承受着剧烈的震荡。公共安全和社会秩序并没有完全恢复，保障社会自身和谐的共识就更谈不上。感到失望的工人，担惊受怕的干部，幻想破灭的青年，沉默不语的知识分子，整个社会被割裂成相互陌生的群体。在工作单位里，多少获得平反的"文化大革命"受害者与仍然在位的打手之间很难相处。"文化大革命"所造成的气馁和玩世不恭表现在不遵守纪律，目无领导和不思进取等许多方面。在工厂里，职工经常以旷工或磨洋工来消极对抗各种权威。在基层，派性一直不散，这种派性已经完全失去意识形态的内容，而仅仅是个人恩怨和眼前利益冲突的表现。日常生活中也明显感受到这些经济与社会的困难。上海人用于购买食物、服装、日用品的时间越来越多。他们越来越多地尝试或不得不去"走后门"，也就是说，求助于黑市或者行贿。整个社会陷入崩溃的边缘。

1976年9月9日，毛泽东逝世，"四人帮"顿时土崩瓦解。许多忠于毛泽东的党政军高级干部与江青及其同伙划清了界限。上海一直是"四人帮"的主要窝点，尽管在10月初"四人帮"被捕后，上海并无反应，北京还是派出军队来预防上

"文化大革命"中，外滩的林荫道一直是"大批判专栏"十分集中的地方。图为1967年9月时的外滩

1976年10月22日,上海市民集会游行,"热烈庆祝粉碎四人帮"

1977年5月18日,上海召开批判"四人帮"及其在上海的余党马天水(右)、徐景贤(中)、王秀珍(左)反革命罪行的大会。图为大会场景

海工人民兵和工会的任何举动。上海的激进主义随着"文化大革命"领导人的下台而消失了。不过,给上海留下了不佳的声誉。1978年,重掌政权的邓小平以及改革者仍然对上海缺乏信任。

注释

① Fung Ka-iu:《The Spatial Development of Shanghai》,载 Christopher Howe: *Shanghai, Revolution and Development in an Asian Metropolis*,剑桥,剑桥大学出版社1981年版,第283~284页。

② Roderick MacFarquhar: *The Origins of the Cultural Revolution.*, 第2卷. *The Great Leap Forward 1958-1960*, 牛津大学出版社1983年版, 第164页。

③ 参见 Peter T. Y. Cheung:《The Political context of Shanghai Economic Development》, 载 Y. M. Yeung, Sung Yun-Wing 主编: *Shanghai. Transformation and Modernization under China's Open Door Policy*, 香港, 香港中文大学出版社1996年版, 第64页。

④ Lynn T. White III: *Shanghai Shanghaied? Uneven Taxes in Reform China*, 亚洲研究中心, 香港大学1989年版, 第9、13、30~31页。

⑤ François Gipouloux: *Les Cent Fleurs à l'usine. Agitation ouvrière et crise du modèle soviétique en Chine, 1956-1957*, 巴黎, 法国社会科学高等研究院出版社1986年版, 第28~29页。

⑥ Victor Mok:《Industrial Development》, 载 Yeung, Sung 主编: *Shanghai. Transformation and Modernization under China's Open Door Policy*, 第203页。

⑦ 上海工业产权结构演变:

	国营和公私合营企业	集体所有制企业	私营企业
1952	228	37	25 613
1962	3 529	5 280	0

资料来源:《上海统计年鉴》1993, 1994。

⑧ Victor Mok:《Industrial Development》, 第200页。

⑨ Fung Ka-iu:《The Spatial Development of Shanghai》, 第286~287页。

⑩ Roger C.K. Chan:《Urban Development and Redevelopment》, 载 Yeung et Sung 主编: *Shanghai. Transformation and Modernization under China's Open Door Policy*, 第302页。

⑪ 参见 Françoise Ged, *Shanghai Habitat et structure urbaine, 1842-1995*, 第7章,《Le logement (1949-1979). Une pénurie de longue date》。

⑫ 参见 Christopher Howe:《Industrialization under conditions of long-run population stability: Shanghai's achievement and prospect》, 载 Howe 主编: *Shanghai. Revolution and development in an Asian Metropolis*, 第153~187页。

⑬ 参见 Guilhem Fabre:《Le réveil de Shanghai. Stratégies économiques, 1949-2000》, 载 *Courrier des Pays de l'Est*, 第235期, 1988年1月, 第16页; Françoise Ged,《Le logement (1949-1979). Une pénurie de longue date》, 第308页。

⑭ 参见 Shanghai Municipal Tourism Association: *Tour of Shanghai's Historical Architecture*, 上海, 河南美术出版社1994年版。

⑮ Christopher Howe:《The Supply and Administration of Urban Housing in Mainland China. The Case of Shanghai》, 载 *The China Quarterly*, 第33期, 第73~97页。

⑯ Marie-Claire Bergère:《Choses vues en Chine》(2), 载 *Techniques, Art, Science*, 第17期, 第18页。

⑰ Bruce Reynolds:《Changes in the Standard of Living of Shanghai Industrial Workers 1930-1973》, 载 Howe: *Shanghai. Revolution and development in an Asian Metropolis*, 第233~234页。

⑱ Fung Ka-iu,《Satellite Towns: Development and Contribution》, 载 Yeung, Sung: *Shanghai. Transformation and Modernization under China's Open Door Policy*, 第323~324页。

⑲ Fung Ka-iu,《Satellite Towns: Development and Contribution》, 第327~328页。

⑳ Lynn T. White III:《Shanghai's Horizontal Liaison' and Population Control》,载 Yeung, Sung: *Shanghai. Transformation and Modernization under China's Open Door Policy*,第430页。

㉑ HOWE, Christopher,《Industrialization under Condition of Long-Run Population Stability: Shanghai's Achievement and Prospect》,载 HOWE: *Shanghai*,第151页,表6.6。

㉒ 参见 Gipouloux: *Les Cent Fleurs à l'usine. Agitation ouvrière et crise du modèle soviétique en Chine, 1956–1957*,第202页; Elizabeth Perry:《Shanghai's Strike Wave of 1957》,载 *The China Quarterly*,第137期,第1~27页。

㉓ Lynn T. White III,《Shanghai's Horizontal Liaison' and Population Control》,第423页。

㉔ Lynn T. White III,《Shanghai's Horizontal Liaison' and Population Control》,第426页,表17.2。

㉕ 《My Neighborhood. City Life and the Resident Committe》,载 B. Micheal Frolic: *Mao's People. Sixteen Portraits of Life in Revolutionary China*,剑桥,马萨诸塞,哈佛大学出版社1980年版,第224~241页。

㉖ Neale Hunter: *Shanghai Journal. An EyeWitness Account of the Cultural Revolution*,纽约,Frederick Praeger,1969年版,第9~10页。

㉗ Neale Hunter: *Shanghai Journal. An EyeWitness Account of the Cultural Revolution*,第50~52页。

㉘ 参见 Andrew Walder: *Communist Neo-Traditionalism: Work and Authority in Chinese Industry*,伯克莱,加利福尼亚大学出版社1986年版; Andrew Walder: *Chang Ch'un-ch'iao and the January Revolution in Shanghai*,安娜堡,密西根大学1978年版。

㉙ 参见 Walder: *Communist Neo-Traditionalism: Work and Authority in Chinese Industry*。

㉚ Lynn T. White III:《The Road to Urumqi ... Pre-Rustification from Shanghai》,载 *The Chian Quarterly*,第79期,第481~510页。

㉛ 参见 Barry M. Richman: *Industrial Society in Communist China*,纽约,Random House,1969年版,第12章,《Communist China's Capitalists》。

㉜ Neale Hunter: *Shanghai Journal. An EyeWitness Account of the Cultural Revolution*,第45~46页; 郑念（Nien Cheng）, *Life and Death in Shanghai,* Londres, Grafton Books, 1986年版,第75页。

㉝ 参见毕昂高,Yves Chevrier 主编: *Dictionnaire biographique du mouvement ouvrier international. La Chine*,巴黎,éditions ouvrières, Presses de la FNSP,1985年版,第737~744页。

㉞ 参见 Andrew Walder: *Chang Ch'un-ch'iao and the January Revolution in Shanghai*,第13页。

㉟ 郑念: *Life and Death in Shanghai*,第85~86页。

㊱ 郑念: *Life and Death in Shanghai*,第86页,第3章,《The Red Guards》。

㊲ 中国银行统计数据,参见裴宜理,Li Xun: *Proletarian Power, Shanghai in the Cultural Revolution*, Boulder, Colorado, Westview Press, 1997年版,第12页。

㊳ 参见裴宜理、李逊: *Proletarian Power, Shanghai in the Cultural Revolution*, Boulder, Colorado, Westview Press, 1997年版,第10~11页。

㊴ 裴宜理、Li Xun: *Proletarian Power, Shanghai in the Cultural Revolution*, Boulder, Colorado, Westview Press, 1997年版,第43~46页。

㊵ Hunter: *Shanghai Journal. An EyeWitness Account of the Cultural Revolution*,第225页。

㊶ T. White III:《Leadership in Shanghai 1951–1969》,载 Robert A. Scalapino 主编: *Elites in the People's Republic of China*,西雅图,华盛顿大学出版社1972年版,第359页。

㊷ 参见 Andrew Walder: *Chang Ch'un-ch'iao and the January Revolution in Shanghai*,第62页。

㊸ 参见白吉尔:《La Chine. Du mythe de référence au modèle d'action》,载 Jacques Rougerie 等

主持：1871. *Jalons pour une histoire de la commune de Paris, Assen*（Pays-Bas），Van Gorcum & Co,第512~535页。

㊹ 裴宜理、李逊：*Proletarian Power, Shanghai in the Cultural Revolution*, Boulder, Colorado, Westview Press, 1997年版,第139页。

㊺ Lynn T. White III:《Leadership in Shanghai 1951–1969》,第359~360页。

㊻ 这是裴宜理和李逊著作中的结论。

第十四章 重振雄姿

(1990~2000)

1978年,邓小平再次复出后,带领中国走上了彻底改革的道路。他所制订的"四个现代化"政策,其本质就是实事求是,旨在加快经济发展和提高人民的生活水平。计划经济的范畴大为缩减,取而代之的是市场法则。社会的每个成员重新获得了施展抱负的空间。从此,中国向外国的产品、技术和资本敞开了大门。

改革开放很快就取得了成功。在1980年代中期,农村的非集体化使农业生产有了大幅度的增长,价格逐步放开和赋予企业部分自主权也促进了工业生产的成长,创立"经济特区"对引进外来资金和技术十分有利。尽管伴随着改革也出现了一些混乱,但在1980年代末,这些措施还是成功地开辟了混合经济的新时代。富有海纳百川和经贸传统的上海,似乎得到了改革开放总设计师的特别钟爱,要使上海成为改革开放的先锋。但在最初的十年中,上海不仅停滞不前,而且还成了改革开放列车的尾灯。

改革列车的尾灯

1979年,当改革的列车启动时,的确有不少的理由阻碍上海登上列车。首先是极"左"的遗毒尚未铲除。从1976到1978年,邓小平为了重新复出,曾与打着毛泽东旗号的继承人进行了不懈的斗争,对"四人帮"在上海政府机关安插的大量亲信也不信任。虽然撤换了约三分之一的干部,但上海对改革的政策仍有抵触①。因此,邓小平就依靠其他的省份,尤其是南方的省份来实施他的计划。

上海在全国的政治舞台上缺席的状况一直持续到1985年。随着重组上海的领导层和任命江泽民为上海市市长,这种局面终告结束。1926年出生于江苏的江泽民毕业于著名的上海交通大学,在开始他的工程师和行政官员生涯之前,曾留

第十四章

重振雄姿

由著名企业家刘靖基担任董事长的上海市投资信托公司于1981年7月成立

时任中共上海市委第一书记的陈国栋(右一)和上海市市长的汪道涵(右二)向获得重大科技成果奖的科技人员颁奖

学苏联,并在1983年担任电子工业部部长。在上海,他聚集了一批和他一样受过高等教育的干部和专家,其中湖南人朱镕基很快就起到了最主要的作用。比江泽民小两岁的朱镕基也是位工程师。他毕业于北京著名的清华大学,但在1957年被错误地打成"右派"并被开除出党,他的职业生涯经历了很长一段时间的低谷期。1979年,他获得平反,在中央政府的经济管理部门担任过不同的职务。1988年,他接任上海市市长职务,江泽民则担任上海市委书记。不过,这些精力充沛知识渊博的新领导人并没能为上海争取到任何的机会,因为当时的中央领导人还没有把上海的改革发展放在优先的地位。这并非出于政治上的不信任,因为新的领导班子已获得中央支持,而是出于改革开放整体战略的考虑,以及政府眼前急需

1985年7月,中共上海市委书记芮杏文(右一)、上海市市长江泽民(左一)与环卫工人一起清除乌镇路垃圾码头的垃圾

解决的各种问题,使得上海的改革局面变化不大。

邓小平推行的改革是渐进式的改革。选择走阻力最小的路线,迂回式前进,避免与保守派之间发生冲突和减少既得利益者的反对声音,所以先在沿海地区实施改革。1979年,选择了遥远的南方省份广东和福建,作为建立"经济特区"和发展非国有化企业的试验地区。首先在农业、小型工业企业和服务业领域进行改革,并未触及体制的核心部门,也就是那些直接与国家生产命脉以及工人阶级命运息息相关的国有大型企业。由于上海和中央在政治与地理上接近,以及在计划经济体制中的支柱地位,上海不能成为带头改革的地区之一。改革在上海取得成功的难度更大,风险也更高。

"维持现状",还可以从上海向中央上缴大量的地方税收中得到解释。实际上,伴随改革的权力下放,不仅在行政层面,而且在税收上都允许地方政府截留其收入中的相当部分用于地方投资。然而,上海多年来上缴的地方收入保证了中央收入的六分之一②,如果上海削减上缴份额,国家的财政状况就会不稳定。所以直到1980年代中期,上海的税收压力一直没有减轻,继续将税收的80%以上上缴北京。

上海因此而停滞不前。当率先从改革开放中受益的地区已经出现10%、甚至

1986年9月，上海恢复股票买卖。图为代理"延中"、"飞乐"股票买卖的工商银行静安区营业所门前

超过12%的年增长率，上海的年增长率还没有超过7.5%。上海对国家财政的贡献在下滑，在全国工业生产中的比重也从1978年的12%滑落至1990年的7%[③]。1984年，江苏省超过了上海，1988年，广东省又走在了上海的前面。除了上述原因外，上海发展的相对迟缓还有三个主要原因：外资投入薄弱，国有企业没有改革和私营企业的发展不足。

在改革的最初十年间，外国投资者在上海不能享受到与南方经济特区同样的优惠：税务减免，方便通关，地方政府投资基础设施的建设。因此，从1978至1990年，上海吸纳的直接外资仅为22亿美元（广东则超过了120亿美元）[④]。1987年，具有绝对优势的国有企业仍然保证了上海工业生产的98%，同时也束缚了进一步的增长。生产单位所承担的相对高的工资和社会福利，使得生产成本居高不下。正式工享受的"铁饭碗"或职业终生保障制造成国有企业严重的人浮于事，机构

中美合作生产的MD-82飞机于1987年6月20日在上海完成总装

由上海设计制造的"长征3号"运载火箭正在安装

时任国务院总理的赵紫阳（中）于1985年11月在上海宝山钢铁公司出席一期工程投产庆祝仪式

第十四章
重振雄姿

李国机律师事务所于1988年5月开业

黄浦区于1988年10月10日举办的"小型商业企业拍卖"活动,吸引了众多市民

的臃肿和官僚主义的僵硬管理扼杀了创造性,也使产品无法适应市场的需求。国家给予企业一定自主权的规定,取代了将盈利税金全部上缴国家的陈规,而且提供银行的贷款资助,但这些并不足以改变企业的经营风格。将近三分之一的上海国有企业是亏损企业,但这些亏空可以得到政府的补偿:1987年,政府要用大约六亿元来维持上海企业的运转;到了1990年代初,这笔费用则扩张了五倍⑤。中央因此决定在上海创建若干个特大型生产企业,如宝山钢铁公司和与德国大众汽车公司合资的汽车制造厂,但情况并未好转。与此同时,严格的审批程序和高达80%以上的税率也阻碍了私营企业的发展⑥。

上海人对他们的城市状况并非无动于衷。许多知识分子、行政官员和企业的管理人员纷纷发表意见来维护上海的利益。这种举措非同寻常,因为维护这些利益通常是政府内部的事,需要在各种机构和工商管理部门之间进行磋商。这种民间的辩论通过媒体反映到了决策层⑦。主要的发言者是隶属于上海社会科学院的研究人员或前政府官员,以及市人大各委员会的专家。他们在各种研讨会中讨论问题,例如"我们应该建设什么样的上海"?并把他们建议发表在上海社会科学院的《社会科学》月刊和全国发行的《世界经济导报》上。他们对中央给上海规定的角色提出了批评;对北京新的大规模城市建设也很羡慕。他们要求给予上海更多的自主权,他们确信,只要让上海放手大干,肯定会取得与南方省份同样的成功。他们希望上海为国家作出贡献,不单单是遵照中央的要求不断地增加产量,而是要引进新的技术来实现经济的现代化。他们以上海辉煌的过去为荣,呼吁重建上海的企业精神。

局限于政府机关的这场社会讨论,并不意味着产生了一个公共平台,让政府官员和社会代表能够自由地对话或争论。实际上,所有为上海的利益仗义执言的机关和个人都从属于党的领导,只有当他们的才能得到了正式认可才具有合法性。这些上海利益维护者所发表的意见在相当程度上得到了地方干部的认同,所以他们能够继续发表意见。上海市委机关报《解放日报》上发表的矛盾性文章,显示了官方立场的暧昧:1980年在为上海的"不足"感到惋惜后,第二年就突然来了个180度大转弯,批评起上海人的自私和"傲慢"。

比起专家学者的大胆批评,上海企业所遇到的困难就显得更为严重,以致中央改变了对上海的改革所持有的谨慎立场。改革省份的竞争,以及这些省份越来越不愿意向上海供应原材料,认为自我消化更为划算,这一切都阻碍了上海众多企业的正常运转,在企业收入下降的同时,上缴北京的资金也减少了。为了扭转这种局面,中央同意上海实行一定程度的改革。

第十四章

重振雄姿

建设中的虹桥开发区（1992年12月）

　　这种不全面的改革并没有起到什么作用，1982年创立的"上海经济区"，由于缺乏行政与财政的支持，在1990年便销声匿迹了。1984年，上海被宣布为14个对外开放的沿海城市之一，并在上海西郊的虹桥、南郊的闵行和漕河泾建立了三个小型"经济技术开发区"。1985年，一项税制改革降低了上缴中央的地方收入比重，但这并没有给上海带来任何好处，因为减税的效果被企业收入的下降而抵消了。1988年，上海终于获得了与江苏、广东同样的合同税制。上海市政府的收入和自主权都得到了加强，但仍未能完全弥补与先进省份之间的差距。在中央推动改革开放的前十年中，上海不仅获益不多，而且出现了发展速度放缓的局面，城市的基础设施始终得不到更新，生产机构依旧受到思想保守的官员控制。这条巨龙似乎在中国飞速发展的沿海一带找不到自己的位置。

龙　头

到了1990年代，改革出现了新一轮的飞跃，上海也终于被确定为改革发展的中心和"龙头"地位，这条龙不仅象征着长江流域，而且在更广的意义上是代表着整个中国经济。重返国家发展第一线的上海正处于一个政治环境大变动的时代背景之中，1989年春夏北京那场政治风波的平息，使国家政权重新恢复了稳定。

邓小平对改革的成果没有产生任何的质疑，他重掌思想与政治方向后，不仅不受那场风波的影响决意继续改革，而且还要加快改革的脚步。1992年1月到2月，这位年事已高的领导人到深圳经济特区做了一次极具象征意义的旅行，在那里他为改革开放事业、发展私营经济和开展国际合作做了充分的辩护。他批评某些干部的保守迟疑，用他的访问给予南方成功的发展模式以合法性。他还强调了在新一轮改革开放中上海应起的作用："上海在人才、技术和管理方面都有明显的优势，辐射面宽。回过头来，我的一大失误就是搞四个经济特区时没有加上上海。要不然，现在长江三角洲，整个长江流域，乃至全国改革开放的局面，都会不一样⑧。"早在1990年2月，邓小平在上海期间就鼓励上海领导人要加快上海的发展。1992年春天传出的信息在10月召开的"十四大"上成了鼓舞人心的国策。

上海得到高层领导人谅解的重要原因之一，就是香港局势的变化。香港居民在港岛举行空前的大游行和新任港督彭定康无视北京的独断专行，都使中国领导人担心这股抗议思潮会蔓延到紧邻英国殖民地的南方省份。慎重的做法是把改革中心从广东和福建向距离较近、政治上易于控制的上海和长江下游地区转移。

1989年6月9日凌晨，10万上海工人在街头排除路障，恢复正常的社会秩序

第十四章

重振雄姿

在1989年9月16日举行的上海文化艺术节上,市长朱镕基(右一)与市政府、市人大、市政协的领导人同声高唱廉政歌

欧美客商在闵行经济开发区考察投资环境

　　从此,承认上海的重要性就成为党内各种力量所达成的共识。从1979年改革开放以来,邓小平就不断地鼓励下放权力,发动地方政府来挫败反对市场经济转型的保守派领导人。当北京风波发生后,邓小平就转向上海寻求支持,转向没有动用武力就解决问题的市委书记江泽民和市长朱镕基,二人因此很快就调入中央。1989年6月,江泽民就任中共中央总书记。1991年4月,朱镕基被任命为副总理,1998年3月,又升任为国务院总理。这批上海干部的晋升充分肯定了上海在国家生活中的重要地位,也为上海实现经济腾飞提供了尽可能的帮助。

　　1990年,中央政府批准位于黄浦江右岸的浦东新区开放计划,该计划能使作为国际大都市的上海再次复兴。为了加快浦东的发展,政府通过"十项优惠政

1990年9月10日,上海市政府举行新闻发布会,向国内外宣布浦东开发开放的相关法规文件

策"。其中大部分内容已在其他的经济特区内实行,如税务减免或外商海关豁免权。不过有些政策是专为上海制定的,或者只有深圳可以与其共享,尤其是建立保税区、允许外国银行设立办事处,对外国资本开放超级市场或其他服务业等领域。同年,上海创立了享有与深圳同样优惠政策的股票交易所。1995年,北京又制定进一步的鼓励措施,允许在浦东设立分行的外资银行经营人民币业务。接着,中央政府还指定上海作为大型跨国集团投资设厂的地点,其合同谈判由中央负责,例如1997年在上海兴建的通用汽车有限公司和1998年的克虏伯不锈钢有限公司。

在这种推动下,上海的经济呈现出惊人的发展:增长速度加快,产业结构重组,浦东新区也初具规模。从1992年起,上海的经济增长率赶上了南方的省份:1995年,超过了14%,直至世纪末,也从未低于10%,而当时亚洲的经济危机使中国的经济增长率降到7%~8%。这种飞跃得到了大量涌入的外资支持:1999年,上海各行各业所吸纳的外国直接投资高达360亿美元。同年,中外合资企业的产值占上海工业生产总值的39%。法国和日本的大型百货商店在市中心干道两旁相继开张,超级市场则建在离市中心稍远的地方。房地产开发商蜂拥而入,尤其是香港房地产商,60来家跨国企业在浦东挂牌⑨。外国银行纷纷返回上海,香港汇丰银行在上海重建中国营运总部格外地引人注目⑩。在争先恐后前来上海的境外投资商和企业家中,有3 000多名台湾人。在2002年1月台湾当局解除向中国大陆投资的部分禁令后,他们的人数继续在增加⑪。

经济的增长还伴随着经济产业结构的重组。1998年,上海的服务业占地方总收益的48%。上海证券交易所是第三产业迅猛发展的象征。1997年,该交易所迁

第十四章

重振雄姿

首届上海市市长、国际企业家咨询会议于1990年3月6日召开

杜邦公司成为浦东新区第一家中美合资企业(1992年4月)

入浦东一幢27层的大厦中,不仅拥有最现代化的设备,而且资金积累快(1999年为1 280亿美元),参与交易的上市公司数量也超过了深圳,1996至1997年的成交量超过了香港[12]。虽然工业领域的重要性有所减弱,但仍然是上海经济的重要基础之一。在邻近省份的竞争下,上海的纺织业在走下坡路,但六个"支柱工业":钢铁、能源、石化、汽车、电讯和家电,都被政府定为优先发展的产业。新的制造业也出现了:集成电路,电子元件和电脑软件。信息产业还仅占当地总收益的7%,而上海的领导人还希望把上海变成位于长江下游的中国"硅谷"[13]。

与中外合资企业并存的国有企业确保了绝大部分的工业生产。遵照中央的指示,上海市政府选择了对国有企业进行改革,以保证其生存和加强竞争力,而没有采取放开私营经济自由发展的策略。从1992年起,上海开始了"现代企业体

1990年12月22日，上海证券交易所开业

1997年12月，市长徐匡迪为上海证券交易所浦东新址开业击锣

制"改革的试点工作，减少国家在所有制和企业管理方面的介入，将企业改造成为股份制公司，实行经理人负责制；金融控股公司负责保障国家资产不流失并使之增值，同时决定企业的兼并或破产。自1996年，一半以上公营领域的资产按照新的体制进行管理，并引入一些更为灵活的措施，使产业结构调整更方便。

不过企业并没有完全脱离国家的控制。这些新的控股公司负责人实际上都是从原来的干部中挑选的。他们关心最多的不是使生产更为合理，也不是如何使他们管理的资产增值，而是如何维持就业岗位和社会安定，以便获得对其日后升迁至关重要的上级的肯定⑭。上海的私营企业不仅承受着外资企业和国有企业的双重竞争，还要面对行政部门的那些带有歧视性的政策。不论是银行贷款还是旨在融资的企业上市，都要排在国有企业的后面。虽然私营企业数目庞大（超过6

万),但规模一般都很小,所从事的行业也主要集中在餐饮或劳动服务业。

浦东与再现辉煌的城市

从1990年起,在黄浦江的东岸开始陆续兴建了一片片居民区,以及新的码头和工厂。城市的东扩一方面是为创建新的国际经济中心创造条件,一方面也是为了解决阻碍上海发展的一些严重的城市问题。

孙中山先生是第一个提出建设"东方大港"的人,他主张在太平洋岸边兴建深水港口,利用上海的外港,令黄浦江改道,让浦东和外滩合为一体。在他看来,这项计划能够解决黄浦港一直面临的江水冲积问题,也能在消除外国人海运通道的同时,最终消灭外国的租界。国民政府的城建专家曾多次提到该计划,尤其是1946年上海制定城市整体规划的时候,这项计划又被拿出来讨论。1949年以后,这项计划就无人再提起了,到了1980年代初,上海的干部们才又在小范围内重新讨论过这项计划。在得到中央同意后,1990年开始动工兴建。

尽管这些项目是从"梦想建设现代化强国的士绅"[15]那里获得的灵感,与孙中山原先的计划大不相同,但还是证明了所有这些规划者不仅对上海的未来都充满信心,而且也认为是为了吸引国际投资必须要做的事情。1990年的计划雄心勃勃。由于动用了数额庞大的资金,并得到了中央的支持,加上地方干部勤奋地工作,这些项目的目标部分得到了实现。在一块177平方公里的土地上,划定了四个优先发展的区域:外高桥保税区、与之配合的是长江口湾上一个新的深水港;金桥工业园区,张江高科技园区和外滩对面,黄浦江右岸的陆家嘴金融中心。为了实现这些规划,不仅要整治浦东,而且要发展连接新区与上海之间的各种通道,因为两者之间隔着宽约400~500米的江面。不到十年,大部分工程就竣工了。

现在浦东与浦西之间有好几条江底隧道和南浦大桥、杨浦大桥相连接,细长的桥身优雅地展现在上海的蓝天下。为了连接这些大桥,在浦西兴建了47公里长的双向道高架内环线,创造出了一个上下两层的上海。从高架路上远眺,川流不息的车流和老上海的建筑都淹没在城市高大的楼群之中。那些钟楼,楼房的圆顶,甚至展览馆那高耸的斯大林式尖顶都只能隐约可见;唯有新建的摩天大楼耸立在地平线上。2004年,内环线外将建外环线。这条新的道路长达90公里,环绕着610平方公里的区域,在北边以四车道的隧道直达浦东,在南边则由新的大桥连接。在贯穿南北的地铁一号线建成后,紧接着在1999年又修建地铁二号线,连接市区西郊的虹桥和浦东。

1993年全长7 658米的杨浦大桥即将建成通车

1993年12月,上海的标志性建筑之一"东方明珠"电视塔正在进行封顶作业

第十四章

重振雄姿

在浦江东岸,号称浦东香榭丽舍大道的世纪大道,长5公里,宽100米,直达陆家嘴金融区。这条大道于2000年春天完工,随后位于浦东东南方海岸边的新国际机场第一座候机楼也告落成。这座宏伟的建筑,顶部呈浅蓝色,弧线形地向外延伸,精美的犹如一只展翅欲飞的海鸥。长江口兴建的一个巨大的深水港,能够容纳许多艘万吨级以上的轮船停泊,而且还要把上海建成世界上最大的集装箱码头之一,其造价估计为120亿美元,整个工程已在2002年春季动工。

浦东开发计划以其磅礴的气势,曾一度引起许多观察家的质疑,在十年之间就变成了现实。伫立在黄浦江边陆家嘴的高楼大厦与外滩的大楼隔江相望。首先映入眼帘的是高430米的"东方明珠"电视塔,其造型宛如一支矗立在发射台上的火箭。在其身后,200多座大厦林立,其中最高的是金茂大厦,其金字塔形的楼顶距地面高度达420米。

浦东的开发对浦西的城市建设产生了巨大影响。新区基础建设所采用的融资模式引发了房地产投机热潮,也撕破了上海城市建设的统一布局。实际上,中央与地方政府的投资,以及国际机构的贷款(世界银行和亚洲发展银行),远不能满足动辄上百亿美元工程费用。差额就以批租土地使用权的收入来填补,租期为30~80年不等。城市的土地在1949年革命胜利后就已收归国有,根据1987年颁布的法律,转让土地使用权成为可能,市政府有权依据需要批租土地并从中受益。由于城市中心可批租地稀少,被上海发展前景吸引来的外商又对办公用房需求甚殷,结果使得楼价飞涨:从1992年到1998年,上海市政府批租土地的收入就

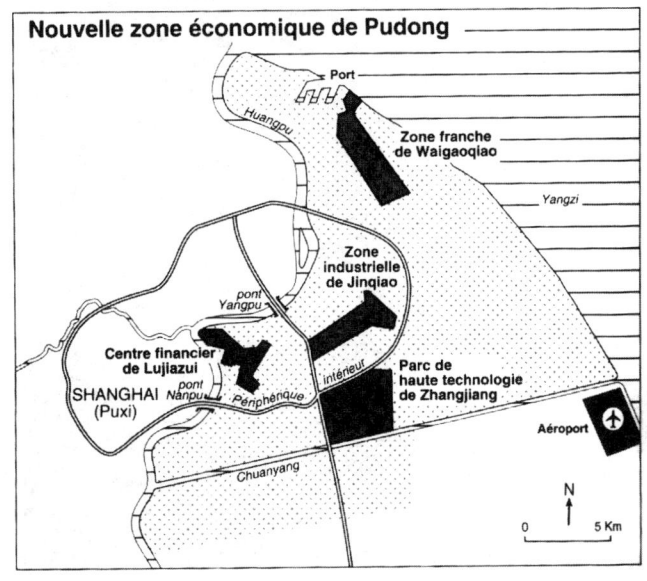

浦东经济新区

达120亿美元。许多外国地产开发商购得了土地。一些香港公司希望能像1960年代他们在香港炒作房地产而暴富那样,在上海重新炒作投机。上海本地的公司(包括国有企业)更显得迫不待及,不仅动用自身资金投资房地产,而且还向银行借款以期能在投机中获利。结果从1992年至1995年,上海建造的商用大楼就相当于香港40年来所建造的写字楼的总和⑯,大宾馆与豪华住宅则难以计数。高楼大厦在南京路上林立,一座规模宏大的综合商贸大厦也在原先天主教传教士聚居的徐家汇开张。

建造新楼必然拆除旧房。但对于要动迁的居民来说,没有留给他们足够的考虑时间和选择余地:区县有关部门采用说服和强制搬迁等方法,将居民搬迁到郊区的住宅区,这些地处郊区的住宅楼宇是由在市内购地的房地产开发商负责兴建的。在十年中,上海以惊人的速度和相对小的阻力,完成了城市中十分之一家庭的动迁工作⑰。的确,这些被动迁的家庭都获得一定数额的资金补偿和住房面积的优惠:为他们建造的新居都比原先的老房子更为宽敞,设备更好,他们原先大都

在城市住宅大改造的热潮中,这位家住东交通路225弄31号的少年站在破旧低矮的家门口,迷茫的目光中带着一丝期望(图片选自郭博:《正在消逝的上海弄堂》)

是住在非常简陋的"棚户"屋中。这种大规模向城外公共交通尚未完善的地区移民,当事人经常很难接受并再三地试图抵制搬迁,其原因不仅是对故居岁月的留恋,还有邻里长期相处的温情。媒体对此大都保持沉默,也说明了市政当局实施城市改造的坚定决心。

1990年代上海的发展,是中央和地方展现坚定意志的结果。今天,上海得到了中央政府的积极支持,引进外资的必要性和放手地方发挥积极性都在上海日新月异的变化中得到了体现,而在1949年后的一段时期,北京却经常对上海的发展踩刹车。为了防止出现偏差,上海市政府还采取了一系列措施:在上海的外资企业需要办理的各种手续比中国其他任何地方都要烦琐;而且,上海各区县政府有权执行租赁权的转让,所申报的各项计划也要受到上海市相关的专业技术部门的监督(城市规划、经济和统计等部门),这些部门负责保证所有的规划要符合中央制定的大政方针。但在人际关系厚重的背景下,这些预防措施并非一直奏效,既不能避免空话连篇也避免不了铺张浪费。之所以在1996年能够制止建造办公楼和大旅馆的投机风潮,是因为市场的作用和房地产价格的下跌,而不是任何官方的介入。

新 上 海 人

从1980年代起,"四个现代化"的政策打开了上海社会更新的道路。十年后,社会主义的市场给了上海真正的自主性。不论是私人生活还是职业生活,以及团体活动,中国人重新获得了自由。"四项基本原则"是不能逾越的底线,执政者对此毫不含糊,在此"禁区"之外,党和国家在许多领域的政策措施都相当宽松,有

经常有中外青年在上海的国际礼拜堂举行基督教婚礼

上海的老年戏迷也喜欢在公园里引吭高唱

1995年,上海的癌症患者俱乐部正在为生存5年以上的病友庆祝"五岁生日"

利于中国社会的自我更新。

从来没有这么多的上海人希望利用经济增长和宽松体制所带来的各种机会。1993年,上海的常住居民为1 350万人,其中950万人居住在市区。人口的自然增长在城市人口增加中起到的作用十分有限:独生子女政策成功地使出生率下降(1993年和1994年甚至出现了负增长)。反之,灵活的户口政策又在一定程度上恢复了合法移民。如果再加上非合法性移民:即未经统计,没有暂居证的打工者,外来人口可能高达200万~300万人。

总体来说,居住在城里的上海人是有福气的人。1991年,人均年收入达到了6 000多元,是除了深圳特区外全国最高的。十年后,上海的人均年收入达到了

8 700元⑱,不过差距也拉开了,收入高的达到1.5万元,低的为3 700元。富有的人是在外资企业中工作的青年毕业生:他们所领取的工资是他们父母在国有企业中所得收入的2~3倍。还有一些股市玩家、"大款",他们的成功是在一个规则尚不健全的市场上,利用获得的内部消息获利,而不是依靠灵敏的投资嗅觉。还有一些人利用自己的地位或官场上的关系而发财。私营企业则要受到各方面监督和支付许多通关费用,所以经营者发大财的不多。

在社会底层,外来劳工就不得不从事劳动强度最大、报酬最低的工作。为了几百元的月薪,他们在建筑工地上拼命干活,或用一根绳子吊在几十米的空中刷洗高楼大厦的玻璃幕墙。刚到上海的农村姑娘,有的当保姆,有的从事既艰苦又没有保障的工作,每日工作时间长达14个小时,不仅违背劳动法,而且月薪非常低廉。还有越来越多的原国有企业的职工,随着企业结构调整而被迫下岗。从1990至1998年,约有100万人下岗,其中大多数是在不景气的纺织行业工作的妇女。不过这些失去工作的人并没有完全被抛弃:市政府按每人每月230元标准发放补贴,并且开办了几百个培训中心对他们进行培训,以使他们能尽快重新就业。不过,无论是他们受教育的程度还是工作经历,都让他们无法胜任新型经济重要部门的工作职位:他们一般都是在技术要求不高的餐饮业或服务业中寻找再就业的机会。还有些人有时就在街道上做小买卖,卖些食品或从事小修小补的修理业务,所有这些方法都无法使他们改善生活的品质,也失去了原单位曾给予他们的社会地位。

不过,大量的国有企业工人保住了他们的就业岗位和薪资,而且还利用晚上或周末,到私营企业打工,赚取报酬。他们清楚地认识到,与他们国企职工身份相关的优惠福利迟早会消失,国有企业正在卸下承担了半个世纪的社会责任,不再全额负担医疗费用,退休金和福利分房。上海市政府也着手实行一种新的养老金制度,资金由用人单位和员工共同承担,1994年以来,工作单位开始放弃单位住房的房产权,鼓励住户们购买⑲。正是通过这些措施,到市场上购买新商品房的人大幅增加,越来越多的上海人成了自住房屋的所有人。

上海的部分技术工人就这样正在变为中产阶级*。对于他们来说,消费就好

---

*根据中国社会科学院在2002年1月发表的《当代中国社会阶层研究报告》,全国中产阶级的人数约一亿人,占城市就业人口的50%左右,按照这种比例,拥有550万城市就业人口的上海,就有275万人属于这个新的社会阶层。如果再加上他们的家庭,估计上海的中产阶级占950万常住人口中的三分之一强。

比是对定量配给和物质奇缺年代的报复㉑，也是展现现代化的方式：在一个仍然具有平均主义色彩的社会里，新的消费模式所具有的文化象征意义并非体现社会的差别，而是象征着上海正在融入全世界的当代社会之中。隔代人之间的代沟与隔代人收入的差别同样明显：无论是在城郊的迪斯科舞厅消磨夜晚，还是去麦当劳吃汉堡，大把花钱的青少年与专爱购买昂贵家电产品的人一样，都要从这个社会中得到最大的满足。

上海人又重新拾起了他们祖辈在1930年代就产生过的憧憬：拥有舒适居所中的幸福之家。房地产商的广告大肆炫耀绿荫中豪宅的魅力和舒适性，为了使消费者在喧嚣的闹市中萌生出清凉"绿洲"的幻想㉑。不过，只有极少数的上海人能够买得起如此的豪宅，大多数需要购买新房的人，即便到了1990年代末，还是希望能享受优惠的低位房价来打破1994至1996年房地产的投机泡沫。但眼下的上海人已经有能力要让人均住房面积达到至少9.6平方米的标准㉒。"当人们搬进空屋时，都要进行装修……有些人要是看到一种时髦的风格，马上就跟上，就又要重新装修……钢筋水泥是住宅大楼唯一的壳体……人们忙着锯木料，装管线，东敲西打……各种噪声此起彼伏，没完没了，无处躲避，令人难以忍受……这是种令人痛苦万分的噪音㉓。"伴随着这股装修热的还有家用电器热。在前几十年间，每个家庭仅仅想拥有一台缝衣机和一辆自行车，到了1980年代，家庭需求变成了电冰箱，洗衣机，彩色电视机和录像机。再过十年，人们又开始购买微波炉和空调。

中国人喜欢全家一起到饭店用餐。生活水平的提高也使各色餐馆像雨后春笋般出现在城市的各个角落，这些餐馆与二三十年前那种木桌木凳、菜色单调，食堂式的小饭店完全不可同日而语。至于快餐连锁店，像麦当劳和肯德基，之所以大获成功并非在于所提供的菜肴，而是连锁餐厅的氛围。宽敞明亮，轻柔的音乐，色彩鲜明的桌椅，使所有走进餐厅的人可以感受到现代社会的气氛。父母带着孩子来此就餐，也是为了让他们认识明日的世界。这些父母都在"文化大革命"的艰难岁月中长大，今天为了他们的独生子女，还有什么不能做的呢？他们平均每个月为孩子花费600元，相当于一个人的月工资：糖果、衣服、智力玩具、电子游戏，请专人辅导英语、电脑和钢琴，简直要什么有什么。在家里说了算的小"皇帝"们也是所有公共场合特别关怀的对象：各大百货商店和快餐厅都为他们开辟了游乐专区㉔。

上海人恢复了以往那种讲究穿着的传统，抛弃了"文化大革命"期间非穿不可的无产阶级蓝布制服。妇女重新注重化妆打扮，增加了大街小巷的色彩。这是对公共租界英国裁缝的怀念？还是对霞飞路法国时装店的留恋？上海的风格就是以讲究品位和恰如其分而著称。无论是去上班还是逛街，都穿时髦的衣服。高领开衩的旗袍一般是妇女在过节和参加典礼婚礼时才穿，让她们能有机会展现优雅的风姿。在结婚仪式上，新娘子常常要换上四五套服装，从白色婚纱到旗袍，然后再换晚礼裙。对于那些财力有限的夫妻，可以到婚纱店或照相馆租借结婚服装和首饰，用来拍摄新婚照。

自从1993年第一家出租结婚用品的照相馆"维纳斯"问世后，这类照相馆大量涌现，并提供不同的服务项目，包括美发、美容、组织婚宴、出租带司机的婚礼车，等等。这一切的花费不菲：仅拍摄新婚照的费用就相当于300美元左右，有时还要翻倍。但对于年轻的夫妻，特别是刚刚订婚的年轻人，都想把自身的美貌永远保存下来，拍完新婚照，他们的幸福就有了印证。双方父母通常都会赞成拍摄订婚或结婚照，连他们也对只能用单调的黑白照片记录下当年的婚礼场面感到遗憾，照片上两人目视前方，没有任何背景衬托，就像在拍身份照。所以不少老夫老妻抵不住诱惑，也要重拍婚纱照，不过这次是浓妆艳抹，布置鲜花并要摆出浪漫的姿态。在他们激动的面容上，虽然留下了时光的痕迹，但还是在镁光灯下幸福地微笑着，似乎要寻回那失去的岁月[25]。

娱乐、金钱与自由

从1997年起，随着收入的提高和每周五天工作制的实行，上海人终于能够享受休闲生活了。这是个多么大的变化！想当初，他们在业余时间必须参加政治学习，或忙于家务，没有任何家电设备可以减轻他们的劳作。今天的上海人很喜欢到环境舒适的大街上散步、购物、跳舞和观看演出。也有越来越多的上海人利用周末去周边的松江、嘉定、南翔或苏州游览[26]，领略江南小镇的魅力，观赏古塔、寺庙和庭园。他们到离上海西部五十公里的淀山湖上泛舟划船，沿着港汊河道，或在古色古香的小镇里散步。受到异国风情的吸引，他们还去松江佘山，参观耶稣会在1930年建造的大教堂。

夜生活又重新活跃起来。色彩绚烂的霓虹灯将上海的夜空装点得流光溢彩。各种价格、各种品味的卡拉OK、舞厅、迪斯科舞场人头攒动，在光线柔和的舞厅中，中年人伴随着华尔兹或探戈的节奏相拥起舞；在迪斯科舞场上，身着皮衣抹着浓妆的青少年在震耳欲聋的高分贝中尽情地扭动；在南京路或淮海路的豪华舞厅里，有从香港来的唱片播放师来回地忙碌，仅门票就要上百元；居民区的青少年在附近的小夜店里用十分之一的价格就能消磨一个夜晚㉗。

酒吧女郎也重新操业。她们像1930年代的"前辈"一样,大多是来自外省的年轻女子,由一位"妈咪"领着陪同客人饮酒,有时还会提供更多的服务。每位小姐都梦想嫁给做生意的人,最好是找个把她当作"金丝雀"包养下来的海外华人,住在豪华的公寓中,每月两万元的赡养费,并享有充分的自由,当包养的人不在时,还能养个"小情人"。毒品也重新出现:在上海,约有两万人吸食从新疆或云南偷运来的海洛因。一粒摇头丸要价200元,对于大多数夜游神来说还太过于奢侈。不管怎么样,只要他们一走进舞池,就像所有在场的人一样,前仰后合地疯狂摇头㉘。

这类现象有必须遵守的规则和不可逾越的底线,否则,就会遭到逮捕,送往教养所,若是屡教不改者,就要被送往劳改场,对于那些龌龊场所的老板,他们的店门就被永远地关闭了。尽管不时展开例行检控和大规模"清扫"行动,但仍不足以完全消除丑恶的现象,不过还是能够防止其扩散,也使当地的流氓团伙不能像1930年代的青帮那样,用暴力控制色情行业。上海作为改革的龙头和样板,始终置于中央的监督之下,绝不允许出现像南方的深圳或海南岛那样的偏差。

"让一部分人先富起来!"这是邓小平在提出他的改革计划时,向中国人民发出的号召。上海人对此心领神会。他们将毛泽东所期望的毫不利己、专门利人的"新人类"归入冷宫。金钱成了主宰,支配着全社会的生活。为了挣钱,大家拼命地工作,不惜兼任2~3个工作。证券交易所里人头攒动,一半的上海人都拥有股票。以权谋私、行贿受贿成了发财的手段。金钱对婚姻观念的影响同样很大:最理想的未婚夫应是腰缠万贯的人。研究人员放下了研究,埋头从事赚钱,以至名闻遐迩的研究所落到后继无人的地步,只有一些年迈的教授和少量的博士生。

为了适应新的需求,一直引以为豪的上海教育体系同样发生了变化。中等技术教育与传统高中教育展开了竞争。大学里,专业的设置出现重大调整:文学、历史专业被缩减,经济、国际法、外语、电子信息、生物工程等专业成为热门。1978年出现的民办学校率先引进了新的学科,高薪聘请优秀教师授课,学校的经费来自高额的学费。不过精英教育和财政赢利并不是少量民办学校独有的特性。公立重点学校或重点中学不仅录取的是出类拔萃的学生,而且大部分公立学校还千方百计地提高学费来弥补市府津贴的不足。不论是小学还是中学,九年的义务教育并不能仅仅指望学生家长缴纳的有限学费,学校还要开展各种经营活动来增加预算。学校向一些公司出租场地或楼房,或与企业合作,提供咨询和职业教育服务。相反地,各类大学从1995年起全部改为收费,学生交纳的学费占到学校支出的30%左右㉙。为了满足经济增长的需求和青年学子对未来的向往,上海努力地维持优良的学术传统,对青年一代来说,接受好的教育就意味着将有能力争取高薪的职位和赚取高收入。

个人主义滋长与追求物质享受是同时发生的现象。在1980年代,某些社会群体,尤其是大学生,相当活跃,1985年秋强烈抗议日本帝国主义,1986年冬又发起追求民主和自由。该年12月下旬,五万名大专学生集聚于人民广场,在要求改善待遇的同时,还要求政治上的自由化。这场抗议活动很快蔓延到北京,结果造成胡耀邦在来年的1月份辞去了党的总书记职务。1989年5月,虽然上海的学生响应了北京学生的诉求,但上海的工人并没有闻风而动。当时上海的领导人江泽民和朱镕基很快平息了学潮,没有发生任何流血事件。1989年以后,上海人和不少中国人一样,想的是怎样才能发财和照顾自己的家庭,也就是越来越多地为自身利益着想。

从1980年代起,党在意识形态上的政策趋于宽松,儒家道德又重新成为社会决定性的力量。党员干部并没有试图减缓这种演变,他们认为儒家道德的重建是一种消除社会重负的方法,如经常被忽略的老年人赡养问题,就可以托付给孝顺的子女去做;同时也是恢复伦理道德的好方法,不仅是另一种有别于马列主义理论的思想源泉,而且对社会秩序毫无妨碍。不过,与此同时,经济的繁荣和对外开放也在社会上掀起一股追求自由和个性解放的风气。"性"不再是禁忌的话题,婚前同居不再是犯罪,离婚的人也越来越多:1998年,有1.3万对夫妻离婚,其中大部分原因是出自婚外情、性生活不和谐或性格差异。反常的是,在革命胜利50年以后,这种生活习俗上的新自由并未受到执政党政策方面的阻力,而是受到了再次复活的传统观念的冲击。至少,任何人都可以匿名利用24小时开放的心理咨询热线,自由地畅谈心理问题。打咨询电话最多的是年轻人,他们渴望得到指点和帮助,在追求个性解放和维持家庭稳定之间找到一种平衡点[30]。

海派的幽灵

在20世纪最后的20年间,上海的干部们逐步意识到了城市文化遗产所具有的价值。于是,他们努力地保存这部分遗产,使之有利于经济的发展,重新展现19世纪上海就已具有的魅力,在黄浦江边吸引外国人和他们的资本,绝非仅仅是出于怀旧的情结。与经济增长的计划相配合,保护文化遗产并使之获利是政策思考的重点:重新光大"海派精神",为贸易和旅游业服务,每年来沪旅游的游客已超过百万。

保护文化遗产的计划的确拯救了一定数量的建筑物,这批建筑物在1991年的城建规划中曾被作为拆除的对象。不过这项政策在执行过程中有不少随意性,这就是在保护性建筑和周围旧屋改建之间出现大量风格断裂现象的主因:比如徐家汇大教堂和邻近巨大的商业中心之间,外滩的新古典建筑群和其面临的黄浦江之间修建的高架路,等等。1991年的城建规划也对需要保留的区域进行过普查,但对于眷恋老上海的人来说,更新这些旧区毕竟令人感到惋惜。老城南市区的北部就这样被改造成了舞台背景式的街区:街道加宽方便旅游车出入,拆除低矮平房建造多层的商业大楼,大楼的正面都是精工细作的飞檐翘顶。这处仿古的城区成为上海的旅游名胜之一,每逢节假日,来这里游览的人高达50万。望着这些仿古建筑,人们甚至可能会产生一种念头,那就是把老城的剩余部分都拆掉,盖起一片新的高楼大厦会更好些[31]。南京路步行街的改造工程极为成功,两旁的大型百货商店都是二三十年代的建筑。但一想到在卢湾区原法租界内拆除了那么多的里弄,只是为了建造配有人工湖泊和豪华商店的休闲中心,又怎不叫人唏嘘不已呢?在陆家嘴建造新的曼哈顿可能会比重现"东方巴黎"的传统更容易些。

上海的干部们对文化抱有极大的兴趣,同时也把文化当做漂亮实用的工具。在许多场合,他们注重的是现代性,而非历史的真实性,在这点上,可谓是真正忠于"海派精神"。自1990年代中期起在上海建造的雄伟建筑就充分证明了他们无论如何要体现他们的意志,要让这座城市闪烁出与其经济实力相符的艺术文化光环。这种努力在人民广场表现得非常突出:一处宽阔的水泥广场曾在50年间作为群众集会的场所,用了六年时间,到2000年,变成了上海文化艺术的中心,先后造起了博物馆、市政大楼、大歌剧院和城市规划陈列馆。外观形似巨鼎的博物馆,其诞生与博物馆馆长、副馆长的才干和意志密切相关。两位六十来岁的馆长得到了上海和北京的政府官员的支持,并从海外华商和美国的基金会获得资助来建造装修这座被专家称为"世界上最美的中国艺术博物馆*"[32]。在博物馆的对面,大歌剧院是座用钢铁和玻璃建造的美丽建筑,屋顶由六根柱子支撑,音响设备也是最先进的科技产品。

这些崭新的辉煌建筑与上海相对迟缓的文化生活形成了不小的反差。不论是绘画、音乐、电影或文学,上海都没有像北京那样群英荟萃,也许是对国际艺术潮流的开放,上海比北京晚了十年,或者是常常被指责为傲慢的地方本位主义使她比较喜欢资本的国际性而不太喜欢外地人的乡土气[33]。

---

* 这是纽约大都会博物馆亚洲艺术部负责人对上海博物馆新馆的评价。

第十四章

重振雄姿

在上世纪二三十年代,不满"海派观念"的人强调海派太过商业化和屈从大众趣味,的确,"海派"之风还体现在其他领域,例如色情文学。畅销书《上海宝贝》讲述了一个不可思议的爱情故事,经常与外国人交往的上海放荡女子,从酒吧到迪斯科舞厅,过着乱性与吸毒的生活[34]。2000年,该书遭到禁止,作者周卫慧还被指控涉嫌抄袭。这位27岁的漂亮姑娘只是要增加轰动效应和成功。周卫慧是否真的抄袭了另一部内容相近的作品《啦、啦、啦》呢?在中国的网站上,一直争论不休。不过,她大概是从二三十年代现代派作家的作品中获得了灵感,尽管她叫不出这些作家的名字。作者以描写都市、灯光、喧嚣和人群来烘托色情场景,令人想起了1930年代的作家刘呐鸥或穆时英的作品,但与他们强烈的形象思维完全不可同日而语。作者刻意参考上海的租界和那个年代的背景,或许是想在作品中融入海派文学的传统,但看来还是种托词,这种在文中加些体面的文学修辞的方式,是色情作品经常使用的手法。

上海的复兴蔚为壮观。十年中,一座新城拔地而起,老上海的痕迹大都已在城

外滩正在重新成为国际金融街

市景观中消失。尽管上海的历史在前40年中被逐渐淡忘,可到了今天则正好相反,人们不断地谈到上海的历史,不断地进行渲染,用来验证中国现领导人为上海的角色所做出的正确选择:即,成为21世纪世界经济金融大都市的角色。在科技不断创新和经济全球化的时代,上海能胜任这种角色吗?她能否重新找回上海在蒸汽船航行时代和殖民帝国时期曾经有过的优势呢?迈入21世纪,人们将拭目以待。

1899年从浦西外滩看浦东陆家嘴

1992年从浦西外滩看浦东陆家嘴

1999年从浦西外滩看浦东陆家嘴

第十四章
重振雄姿

注释

① Peter T. Y. Cheung:《The Political Context of Shanghai's Economic Development》,载 Yeung, Sung: *Shanghai. Transformation and Modernization under China's Open Door Policy*,第69页。

② Ho Lok-sang,Tsui Kai-yuen:《Fiscal Relations Between Shanghai and the Central Government》,载 Yeung, Sung, Shanghai. *Transformation and Modernization under China's Open Door Policy*,第154页。

③ Sung Yun-Wing:《Dragon Head" of China's Economy》,载 Yeung, Sung: *Shanghai. Transformation and Modernization under China's Open Door Policy*,第181页表7.3; Victor Mok,《Industrial Development》,第200页表8.1。

④ Sung Yun-Wing:《Dragon Head" of China's Economy》,第186页表7.5。

⑤ Peter T. Y. Cheung:《The Political Context of Shanghai's Economic Development》,第54页。

⑥ White III: *Shanghai Shanghaied?*,第26页。

⑦ Lam Tao-chiu:《Local Interest Articulation in the 1980》,载 Yeung, Sung: *Shanghai. Transformation and Modernization under China's Open Door Policy*,第123~152页。

⑧ Pamela Yatsko: *New Shanghai. The Rokey Rebirth of China's Legendary City*,纽约,John Wiley & Sons,2001年版,第22页。

⑨ *Moniteur officiel du commerce international*,第1406期,1999年9月9–15日;参见Léon Nagy:《Pudong ou Shanghai — Rive droite: nouvelle vitrine de la Chine》,载 *Perspectives chinoises*,第68期,第28~36页。

⑩ 1950年代初,资深的外国在华银行重新迁回香港,恢复了他们19世纪中叶在港的业务。

⑪ *South China Morning Post*,2001年9月28日;*Far Eastern Economic Review*,2001年11月22日,第36页。

⑫ Yatsko: *New Shanghai. The Rokey Rebirth of China's Legendary City*,第60~61页。

⑬ *The Economist*,2000年12月2日,第85页。

⑭ Christopher A. McNally:《La marche en avant de Shanghai, prélude à une nouvelle étape des réformes》,载 *Perspectives chinoises*,第43期,第33~39页。

⑮ Kerrie McPherson:《La nouvelle zone de Pudong et le développement urbain de Shanghai: une mise en perspective historique》,载安克强,Alain Delissen主编:*Les Métropoles chinoises au XXe siècle*,巴黎,Arguments,1995年版,第208页;*Françoise Ged, Shanghai*,巴黎,法国建筑学院(Institut français d'architecture),丛书:《Portrait de ville》,2000年版,第51~52页。

⑯ Robert C.K. Chan:《Urban Development and Redevelopment》,载 Yeung, Sung: *Shanghai. Transformation and Modernization under China's Open Door Policy*,第316页。

⑰ Yatsko: *New Shanghai. The Rokey Rebirth of China's Legendary City*,第33页。

⑱ J. Bruce Jacobs, Hong Lijiang:《Shanghai and the Lower Yangzi Valley》,载Devid S. Goodman, Gerald Segal主编:*China Deconstructs*,伦敦和纽约,1994年版,第225页;Yatsko: *New Shanghai. The Rokey Rebirth of China's Legendary City*,第94页。

⑲ 参见Lu Hanlong:《To Be Relatively Comfortable in an Egalitarian Society》,载Deborah S. Davis主编:*The Consumer revolution in Urban China*,伯克莱,加利福尼亚大学出版社2000年版,第133~135页;Valérie Laurans:《Logements et confort à Shanghai》,载*Perspectives* *chinoises*,第68期,第37~46页；*The Economist*,2000年9月30日,第77页。

⑳ *The Economist*,2002年1月19日,第51页。

㉑ David Fraser:《Inventing Oasis: Luxury Housing Advertisements and Reconfiguring domestic Space in Shanghai》,载Davis: *The Consumer Revolution in Urban China*,第25~53页。

㉒ Yatsko: *New Shanghai. The Rokey Rebirth of China's Legendary City*,第33页。与1990年相比,人均居住面积增加3平方米。 这种增长的实现主要依靠把市中心的居民迁往都市边缘地区。

㉓ 《新民晚报》文章。引文出自Fraser:《Inventing Oasis: Luxury Housing Advertisements and Reconfiguring domestic Space in Shanghai》,第25~26页。

㉔ Deborah S. Devis, Julia S. Sensenbrenner:《Commercializing Childhood: Parental Purchases for Shanghai's Only Child》,载Davis: *The Consumer Revolution in Urban China*,第54~79页。

㉕ *International Herald Tribune*,2001年6月27日。

㉖ 参见Françoise Ged:《Les environs de Shanghai》,载*Chine. Guides Bleus*,巴黎,Hachette,1998年版,第712~714页。

㉗ James Farrer:《Dancing through the Market Transition. Disco and Dance Hall Sociability in Shanghai》,载Davis: *The Consumer Revolution in Urban China*,第233页。

㉘ Yatsko: *New Shanghai. The Rokey Rebirth of China's Legendary City*,第186~187、195~197页。

㉙ Grace C. L. Mak, Leslie N. K. Lo:《Education》,载Yeung, Sung: *Shanghai. Transformation and Modernization under China's Open Door Policy*,第390页。

㉚ Kathleen Erwin:《Heart-to-Heart, Phone-to-Phone: Family Values, Sexuality, and the Politics of Shanghai's Advice Hotlines》,载Davis: *The Consumer Revolution in Urban China*,第145~170页。

㉛ Grançoise Ged:《Shanghai: du patrimoine identitaire au décor touristique》,载*Les Annales de la recherche urbaine*,第72期,第79~88页；Grançoise Ged: *Shanghai Habitat et structure urbaine, 1842–1995*,第54~55页。

㉜ Yatsko: *New Shanghai. The Rokey Rebirth of China's Legendary City*,第142页。

㉝ Yatsko: *New Shanghai. The Rokey Rebirth of China's Legendary City*,第158~168页。

㉞ *Shanghai Bady*,译自中文,巴黎,Philippe Picquier,2001年版。

尾声：迈向21世纪的上海

20世纪末上海的复兴，不论多么壮观，还是引发了一些思考。目前依赖政府介入的经济增长是否会阻碍上海未来的发展？中国其他地区的腾飞是否会对上海形成竞争，削弱上海在全国或国际上的优势？曾被长期忽略的上海企业精神能否在新的一代上海人中重新开花结果？

1999年9月，由《财富》杂志组织的全球论坛年会在浦东召开，上海所体现的中国特色的社会主义吸引了世界上350家跨国企业的代表前往出席。受邀的国际人士不仅欣赏上海取得的巨大成就，而且表示要支持上海的发展。不过从中国与会代表的选择——由政府指定的200位国企领导人——到上海市新闻办对新闻稿的过滤，可以看出新官僚体制模糊不清的特征。在这些21世纪的上海企业家中，看不到独立的资本家和带动港台经济起飞的中小企业家的代表，有的却是党的书记和遵照上级指示转入商界的国营企业领导人。上海证交所的运作也体现了这种政商结合的折中体制。公司上市需要经过中央相关机构的批准，获得批准的几乎都是国有企业，一些长期亏损的国企公司继续在股市交易，股价随着政府将扶持这个或那个亏损企业的传言而起伏。代表上海经济发展成功的似乎是官僚主义的有效管理。例如，职工下岗的方式不像别处那样粗暴，配合下岗职工的措施使社会负面的影响降至最低，没有出现类似东北、湖南、四川等地发生的那种冲突。企业依附于党和国家确实有不少缺陷，因为企业的成长要依赖于优惠政策，在政策尚未透明的情况下，就很难预测企业的未来。

加入世界贸易组织后，中国承诺要使自身的经济体系与国际经济体系接轨。不过目前尚不能预见中国政府如何落实这些承诺，也不清楚地方政府如何支持中央做出的承诺。在上海，国有企业是否要进行改革？依靠各种关系网的国企干部是否要竭力保住企业的特权和专营权呢？从上海对中央的一贯态度上可以看出，上海显然是支持第一种假设，不过国有领域所特有的重要性，以及各种利益关系和权力的得失,都使上海不能排除第二种假设。

中国其他地区的改革所取得的经济成就,特别是沿海地区,都在逐步削弱上海的重要性。上海似乎已无法重新获得像1949年以前那样的绝对优势,那时的上海是一个在落后国度中的现代性孤岛。今天上海所面对的是全国的竞争。随着上海土地价格和工资水平的提高,投资者越来越向长江三角洲的其他城市转移:苏州和昆山都吸引了大批台湾和西方的投资商,各类企业拔地而起。不过,在一定的时期内,这些城市的发展还只能加强地方的实力,和面对其他沿海省份的竞争。因此上海必须要与"黄金海岸"合作,这条海岸从广东直到山东,拥有全国四分之一的人口和确保了全国一半以上的工业生产。虽然中央政府支持上海,但上海还尚未盖过香港,估计要超越香港也并非易事,香港自1997年成为特别行政区以来,还一直保持着英国人留下的经济与司法制度。

新一代的上海人是否重新找回了先辈那种开放的意识,海纳百川的能力和风险意识,答案似乎不那么肯定,而老一辈的上海人则是依靠上述的观念创造了他们的财富和整个城市的发展①。上海人口正在老化,这是出生率下降和寿命延长的结果。1999年,超过六十岁的上海人口达到17%,到2020年,将会达到37%。除此之外,独生子女政策使孩子被家庭所束缚,在没有兄弟姐妹的情况下,他们将必须独自承担赡养家庭和老人的沉重责任,这些责任是由于社会转型时期保障体系不完备所引起——养老金,医疗费用等问题。大量独生子女的另一个后果是家族网络缩小,而上海历史上资本主义的"黄金时代"之所以取得成就恰恰是建立在家族团结合作的基础上。随着老化的增长,独生子女承担的照顾六个长辈的责任就越大,不能再像以往那样依靠成员众多的大家庭了,上海的新生代似乎缺少

曾任中共上海市委第一书记的陈丕显(中)与时任中共上海市委书记的吴邦国(右一)、上海市市长黄菊(左一)在一起

尾　声

迈向 21 世纪的上海

风险意识。他们中的大部分人仍在公营领域里工作。他们大都不愿冒险,即便要"下海"了,之前也是考虑再三。如果丈夫在私营领域里工作,妻子则坚持在公营单位工作,反之亦然。或者同一个人身兼数职,一面在国有企业上班,以保住职位和工资,同时又为中外合资企业或附近的乡镇私营企业中打工赚取报酬。上海管理人员的聪明才智使他们成为市场的宠儿,薪水也高。不过,人们可能会问,是否长期以来因体制形成的因循守旧没能使他们固有的冒险欲望转变为企业精神。经历了如此多的磨难,为什么他们不首先考虑重新找回既有保障又舒适的生活呢?

禁止人口流动的户籍管理制度也阻碍了人力资源的开发,而在上个世纪,上海的飞跃从人口流动中获益匪浅。上海许多大企业家都是来自广东、浙江或其他省份的商人,他们的同乡会馆曾是造就上海资本主义的一股重要力量。阻止外来移民迁入的户口制度,虽然使上海避免出现像其他亚非大城市中那种贫民窟遍布的现象,但也妨碍了城市劳动力的更新,使城市居民过于封闭。改革开放带来的数百万流动人口,二十多年来为上海提供了不可缺少的劳动力,但是他们的存在无助于培养企业精神。缺少经济实力和职业培训,这些移民无法融入当地社会,除了做小本生意之外,不太可能成为企业家。

作为世界贸易组织的成员,中国已准备统合劳动力市场,重新恢复人口的自由流动。2001年8月,中国政府宣布将在五年内逐步取消户籍制度。上海能否因此重新吸引外省的成功人士呢?答案并不肯定,因为沿海省份的企业家已经在当地施展他们的聪明才智,还有一些企业家不满上海人的傲慢态度,宁愿前往受到欢迎的城市去发展。比如深圳,二十多年中接纳了全国各地的数百万移民。上海民众头脑中维护既得利益的保守观念似乎只能适应本地开明官员的管理。可以想见的是,上海的成长不会效仿香港的模式,但可能是新加坡的发展模式,即由官方主导,人民紧随其后。

不过上海并非像新加坡那种城市国家,孤悬于半岛顶端,三面环海。上海虽地处海边,却是全国重要的地缘政治中心,在一个富有航海、贸易和国际性的中国与一个权力集中、思想正统、幅员辽阔的中国之间,在蓝色中国(沿海文明——译者注)与黄色中国(中原文明,即传统文明——译者注)之间,扮演着极其特殊的协调角色。上海同南方沿海城市一样接受西方的影响,但上海的接受程度不彻底,自发性也有限。19世纪以来,上海出现的许多新生事物——如贸易,政治或经济的机构,艺术实践——均经过香港和广东引进。1949年以前和1978年以后,顺着沿海地带,从南到北,掀起过对外交流的大潮,带来了外国的影响和现代化观念。广东的地理位置,位于陆地与海洋的交点,十分有利于广东人与外国人交往,广东人的实用主义又促使他们攫取对外交往的好处,让自己获得发展。不过当年广东人在同胞眼中,不像是新时代的传递者,而是像卖国变节者,也就是说他们放弃了作为评价中国人德行的传统准则:效忠皇上和国家,服从官吏,赞同正统思想。作为西化和现代化先驱的广东人,没能让全国步他们的后尘,反而在变化中丧失了自我并滋生出分离的倾向。

上海则完全不同,不仅扎根于大陆,同时也面向海洋。上海在19世纪到20世纪的上半叶始终与中国内地和文化传统紧密相连。这方面上海远超过广东,更甭提香港。尽管外国租界曾给与这座城市不小的自主权,但上海从来没有游离于中央政权的意识形态与行政体系之外,尽管有时形式不同。长江三角洲,中国资本主义的摇篮,也是为封建王朝、国民政府和中华人民共和国奉献了许多最优秀的领导人和管理人才的地区。自19世纪末,文人官员和现代精英在上海建立了紧密的关系,形成了支配社会的阶层,即绅商阶层。在接受广东人引进的新生事物的同时,上海人又将这些新事物就地改造,使之更适合于向全国推广,把舶来品变成了中国的现代特色。

20世纪末,中国再一次对外开放,发展速度惊人,不过地区间的发展极不平衡,这会对民族凝聚力产生一定的影响。当前的现代化是要达到富国强民和加强政权合法性的宏伟目标,党和国家维护统一大业上的立场十分明确,坚持运用公断、控制、宣传等方法,但在必要时也不排除武力。为了更好地服务于国家的现代化,中国政府决定实行市场经济制度,靠行政命令的做法已经过时,甚至可能会阻碍经济的发展。在这种形势下,上海在中国现代史上的合法性与协调作用就显得更加重要。人们曾多次评论上海与香港、广东之间为争夺财政经济优势所做的竞争,但是在沿海走廊的各端,每一个地区似乎都强调要担负起自身特殊的和互补的作用。当民间的创造性在南方充分发展时,上海还能重新成为野蛮资本主义和政治文化传统相撞并调和的场所。

上海的命运,就像中国的命运一样,有赖于政治体制的改革与完善。如果政治体制是在社会经济力量的推动下逐步地实现民主化,上海就要更加依靠上海的企业精神。在这个过程中,上海还是以混合式体制主导当前的发展,并继续利用自身的优势发展壮大:外商云集,地理位置优越,历史的传统和独特的文化。

在中国进入世贸组织后,与拥有雄厚资本和先进技术的跨国集团合作,上海企业势必将置于无限制的对外开放的国内外市场的竞争中。由于上海地处广袤的长江三角洲,她的地理位置自19世纪中叶以来就是发展的重要原因之一。上海是中国主要的大门,她不是沿海几个被四周的山岭所包围的平原的出入口(例如南部和东南部的港口就是这种情况),而是为全国人口众多,地域宽广的部分省份提供了对外联系的通道:四川、湖南、湖北、江苏。总之,在北京的官场传统与广东的买办传统之间,上海代表的是一个半世纪的盛衰所创造的另一种传统,即驾驭西化,因地制宜,自我完善,改造社会——这也是十几亿中国人民所感受到的现代性的传统。中国人民正在努力学习这种传统。

注释

① Wong Siu-lun,《The Entrepreneurial Spirit: Shanghai and Hong Kong compared》,载 Yeung, Sung: *Shanghai. Transformation and Mode rnization under China's Open Door Policy*,第 25~58 页。

大 事 记

1839~1842年	第一次鸦片战争。
1842年	签订《南京条约》,上海开放与西方通商。
1844年	中法签订《黄埔条约》。
1845年	首次颁布《上海租地章程》和划定英国租界地。
1849年	上海道台划定法国租界的地界。
1853~1855年	小刀会占领上海城。
1854年	重议《上海租地章程》(即《上海英法美租地章程》):准中国居民居住租界并组建租界行政管理部门。
1858~1860年	上海未卷入第二次鸦片战争。
1860~1863年	太平军进攻上海和周边地区。
1863年	英、美租界合并,设公共租界。
1864年	公共租界会审公廨成立。
1865年	香港上海汇丰银行上海分行开张。
1865年	李鸿章创办江南机器制造总局。
1866年	公布《上海法租界公董局组织章程》。
1869年	苏伊士运河开通。
1870年	第一条连接上海、香港和伦敦的电报线路开通。
1879年	上海圣约翰大学创建。
1882年	上海外国租界铺设自来水供应管线。
1883年	上海外国租界内安装电力照明系统。
1890年	李鸿章创办中国第一家机器棉纺织厂——上海机器织布局。
1895年	《马关条约》准许外国人在上海和所有通商口岸任意设厂。《申报》创刊。

1896年	上海第一所中国人创办的大学——南洋公学成立。
1898年	北京"戊戌变法"失败。
1898~1900年	北方各省掀起"义和团运动"。
1901年	清廷颁布施行"新政"。
1902年	上海震旦大学成立。
1903年	上海"《苏报》案"。
1904年	上海华界成立商务总会。
1905年	废除科举制度。
	孙中山在东京组建"同盟会"。
	抵制美货运动。
	上海城厢内外总工程局成立。
	复旦大学开办。
	江苏教育总会成立。
1908年	上海至南京铁路正式运行。
	上海外国租界内有轨电车线路建成通车。
	上海首家电影院开业。
1911年	上海投入共和革命之中；成立上海沪军都督府。
1912年	孙中山在南京宣布中华民国成立。
	上海拆除老城城墙。
1913年	革命领袖宋教仁在上海北站被暗杀。
	上海拒绝支持反对袁世凯的"二次革命"。
1914年	第一次世界大战爆发。
1916年	袁世凯死亡,中国开始了军阀混战的时代。
1917~1921年	上海经济大发展。
1917年	上海第一批大商店开张营业。
1919年	北京爆发五四运动。
	5~6月,上海在五四运动中,学生罢课,商人罢市,工人罢工。
1921年	中国共产党在上海成立。
	文化团体"创造社"成立。
1925年	上海爆发五卅反帝运动。
1926年	香港上海汇丰银行外滩营运总部大楼建成。
1927年	3月21日,上海工人起义,创建一个临时革命政府。

	3月26日,国民革命军开进上海。
	4月12日,蒋介石发动镇压革命工会和屠杀共产党人的政变。
	4月18日,蒋介石在南京成立国民政府。
	7月7日,上海特别市市政府成立。
1928年	华懋饭店建成(今和平饭店)。
1930年	中国收回海关管理权。
	"中国左翼作家联盟"成立。
1931年	9月,日本入侵东北。
	上海发动抵制日货运动,成立"上海抗日救国会"等组织。
	青帮集资为大亨黄金荣修建黄家花园,占地二百余亩。
1932年	1月,日军攻打上海闸北区。
1932~1935年	上海陷入严重的经济危机。
1933年	修建花园饭店,开业时定名为国际饭店。
1935年	货币改革,中国宣布放弃银本位制。
1936年	5月,"全国各界救国联合会"在上海成立。
	12月,西安事变。第二次国共合作形成。
1937年	7月,中日战争全面爆发。
	8~11月,上海战役,日军侵占了上海华界地区。
	上海大批工厂迁移内地。
1938年	国民政府内迁武汉,后再迁往重庆。
1939年	9月,第二次世界大战爆发。
	上海因米荒发生暴乱。
1940年	3月,汪精卫在南京成立伪中央政府。
	6月,法国战败,签署停战协议。
	10月,伪上海特别市市长傅筱庵被杀死。法国新任驻沪总领事马杰礼把法租界纳入法国维希政府管辖中。
1941年	12月8日,日军偷袭珍珠港。
	太平洋战争爆发。
	日军占领上海公共租界。
1942年	上海英、美侨民被拘禁。
1943年	1月,西方国家宣布放弃依据19世纪对华条约所享有的在华特权。

2月,上海设立犹太人隔离区。

7月30日,汪精卫伪政府收回法租界。

8月,日军将上海公共租界移交汪精卫伪政府。

1945年　3月9日,日军攻占印度支那半岛。驻沪法军兵营被缴械拘禁。

8月14日,日本投降。

9月10日,蒋介石的国民党军开进上海。

1946年　《观察》杂志创刊。

12月,学生发动抗议美军暴行的示威游行。

1947年　2月,通货膨胀,冻结工资。

3月,"民主同盟"被取缔。

5~6月:学生发动"反饥饿、反内战"的示威游行。

1948年　2月:暴力镇压上海申新九厂工人的罢工。

4~5月,学生发动"反饥饿、反对美国扶持日本"的示威游行。

8月,金圆券改革,严厉打击投机活动。

1949年　5月25日,人民解放军进入上海。

1949~1951年　在统一战线方针下重建上海经济。

1951年　春季,镇压反革命运动。

秋季,知识分子思想改造运动。

1952年　五反运动。

上海开始建造工人新村。

1953年　第一个五年经济建设计划。

1954年　反胡风反革命集团运动。

1956年　1月,上海公私合营运动。

4月,毛泽东发表《论十大关系》报告,上海掀起工业化热潮。

1957年　春季,"百花齐放,百家争鸣"运动。

6月,"反右"运动开始。

1958年　"大跃进"运动。

上海城市规模迅速扩大。

开始建设卫星城市计划。

1961年　"大跃进"运动结束。实行调整政策。

1965年　开展建设大三线,上海许多企业迁往内地。

11月,"文化革命"开始。

1966年	5~6月：发动学生参加"文化大革命"。
	8月，红卫兵走上街头闹革命。外地红卫兵上京进行革命串联。
	11月，红卫兵与工人结合，成立"上海工人造反总司令部"。
	12月，罢工罢课闹革命。
1967年	1月，上海市政府权力被造反派夺取。
	2月5日，成立"上海人民公社"。
	2月26日，成立"上海市革命委员会"。
1971年	恢复"中国共产党上海市委员会"。
1973年	王洪文重组"上海工人民兵"。
1976年	9月9日，毛泽东逝世。
	10月，粉碎"四人帮"集团。
1984年	上海被列入中国沿海十四个对外开放城市。
1985年	江泽民担任上海市市长。
1988年	朱镕基担任上海市市长。
1989年	5~6月，发生北京天安门风波。
	6月，江泽民担任中国共产党总书记。
1990年	中央政府批准实施浦东新区计划。
1992年	邓小平南巡。
	经济改革重新起步。
	上海被视为经济发展领先的城市。
1993年	朱镕基担任国务院副总理。
2002年	1月，中国加入世界贸易组织。

◀ 参 考 书 目 ▶

一、西文资料

Archives du Foreign Office（FO）, volumes 371（28333, 28334, 28335）（janvier-août 1941）, volume 391（2704, 31677）.

Archives du ministère des Affaires étrangères（MAE）, Série Guerre 1939-1945, sous-série: Vichy-Asie, volumes 143, 144. Série Asie-Oc anie 1944-1945, sous-série Chine, volume 14.

AUDEN, W.H. et ISHERWOOD, Christopher, *Journey to a War*; New York, 1939.

BALLARD, J.G., *L'Empire du soleil*,（trad. de l'anglais）, Paris, Denoël, 1985.

BANISTER, Judith,《Mortality, Fertility and Contraceptive Use in Shanghai》, *The China Quarterly*, n°70（juin 1977）, pp.255–314.

BARBER, Noël, *The Fall of Shanghai*（1ʳᵉ éd., Londres, McMillan, 1979）, réed. Mackay, Chatham, s.d.

BARBIZET Laure et VINCENT-VIDAL, Serge, *Le Contexte économique et social d'une production culturelle: la gravure sur bois dans la Chine des années trente et quarante*, Paris, Centre de recherches sur la Chine contemporaine de l'université de Paris VIII, 1981.

BARNETT, Robert W., *Economic Shanghai: Hostage to Politics*, New York, IPR, 1941.

BERGÈRE, Marie-Claire, *La Bourgeoisie chinoise et la révolution de 1911*, La Haye-Paris, 1968.

—— *L'Age d'or de la bourgeoisie chinoise*, Paris, Flammarion, 1986.

—— *Sun Yat-sen*, Paris, Fayard, 1994.

——《Choses vues en Chine》(2), *Techniques, Art, Science*, n° 17 (avril 1958), pp.11-20.

——《La Chine. Du mythe de référence au modèle d'action》, in 1871. *Jalons pour une histoire de la Commune de Paris*, sous la direction de Jacques Rougerie, et al., Assen (Pays-Bas), Van Gorcum et Co., pp.512-535.

——《Chinese national enterprises and the Sino-Japanese war: The Shenxin cotton rnills of the Rong farnily》, communication présentée au colloque international sur la Chine républicaine, Nankin, 7-10 octobre, 1987, publiée en chinois:《Zhongguo de minzu qiye yu Zhong-Ri zhanzheng; Rongjia Shenxin fangzhi chang》(China's national industry and the Sino-Japanese war: the Rong family's textile company) in Zhang Xianwen *et al.*, ed., *Minguo dang'an yu Minguo shixue shu taolun hui lunwen Ji* (Collection d'articles sur l'étude des archives de l'époque républicaine et sur l'histoire républicaine), Beijing, Dang'an chubanshe, 1988, pp.533-544.

——《Les capitalistes shanghaiens et la période de transition entre le régime Guomindang et le communisme (1948-1952)》, *Études chinoises, volume VIII*, n° 2, automne 1989, pp.7-30.

—— et Wang Ju,《Du capitalisme au communisme: cadres et entrepreneurs à Shanghai de 1949 à 1952》, in Marie-Claire Bergère, éd., *Aux origines de la Chine contemporaine. Mélanges en l'honneur de Lucien Bianco*, Paris, L'Harmattan.

——《L'épurationà Shanghai (1945-1946). L'affaire Sarly et la fin de la concession française》, *Vingtième Siècle. Revue d'histoire*, n°53 (janvier-mars 1997), pp.25-41.

BETTA, Chiara,《Marginal Westerners in Shanghai: the Baghdadi Jewish Community, 1845-1931》in Bickers Robert, et Henriot Christian, ed., *New frontiers. Imperialism's new communities in East Asia*, 1943-1953, pp.38-54.

BICKERS, Robert, et HENRIOT, Christian, ed., New *frontiers. Imperialism'snew communities in East Asia*, 1943-1953, Manchester et New York, Manchester University Press, 2000.

BOYLE, John H., *China and Japan at War, 1937-1945. The Poli tics of Collaboration*, Stanford, Stanford University Press, 1972.

BROSSOLET, Guy, *Les Français de Shanghai, 1849-1949*, Paris, Belin, 1999.

BRUNNERT, H. S., et HAGELSTROM, V.V, *Present Day Political Organisation of China*, Pékin, 1910.

CAO GUANLONG, *The Attic, Memoir of a Chinese Landlord's Son*, Berkeley, University of California Press, 1996.

CAREY, Arch, The War Years at Shanghai 1941-45-48, New York, 1967.

CASTELINO, Noël, *Les intellectuels non engag és et l'opinion publique en Chine*, thèse de 3e cycle, Paris, EHESS, 1983.

— 《Zhang Dongsun. L'évolution d'un social-démocrate de 1919 à 1945》, *Cahier d'études chinoises*, n° 5, pp.127-136.

CHABOT, François,《La fin de la présence politique française à Shanghai, 1937-1945》, in WEBER, Jacques, éd., *La France en Chine, 1843-1943*, Nantes, 1997, pp.233-245.

CHAMBERLAIN, Heath B.,《Transition and Consolidation in Urban China: a Study of Leaders and Organization in Three Cities, 1949-1953》, in SCALAPINO, Robert A., ed., *Elites in the People's Republic of China*, Seattle et Londres, University of Washington Press, 1972, pp.245-301.

CHAN, Wellington K.K., *Merchants, Mandarins and Modern Enterprise in late Ch'ing China*.

—《Personal Styles, Cultural Values and Management. The Sincere and Wing On Companies in Shanghai and Hong Kong, 1900-1941》, in Kerrie L. MacPheron ed.: *Asian Department Stores*, Honolulu, pp.66-89, University of Hawaii Press, 1998.

CHANG Kuo-T'ao (Zhang Guotao), *The Rise of the Chinese Communist Party, 1928-1938*, 2 vols., Lawrence, University Press of Kansas, 1972.

CHANG, Maria Hsia, *The Chinese Blue Shirt Society: Fascism and Develop mental Nationalism*, Berkeley, Institute of East Asian Studies, University of California, 1985.

CHEN, Joseph, *The May Fourth Movement in Shanghai*, Leyde, R.J. Brill, 1971.

CHENG Nien, *Life and Death in Shanghai*, Londres, Grafton Books, 1986.

CHESNEAUX, Jean, *Le Mouvement ouvrier chinois*, 1919-1927, Paris-La Haye, Mouton, 1962.

China Year Book (The), 1912-1939, éd. par H.W.G.W Woodhead, Londres, G. Routledge; 1912-1919, New York, E.P. Dutton; 1921-1939, Pékin et Tientsin, Tientsin Press; annuel.

Chine. Guides Bleus, Paris, Hachette, 1998.

CHOW Tse-Tsung, *The May Fourth Movement. Intellectual Revolution in Modern China*, Cambridge, Mass., 1960.

CLIFFORD, Nicholas R., *Spoilt Children of Empire. Westerners in Shanghai and the Chinese Revolution of the 1920*, Hanovre et Londres, University Press of New England, 1991.

COBLE, Parks M., *The Shanghai Capitalists and the National Government, 1927-1937*, Cambridge, Mass., Council on East Asian Studies, Harvard University, 1980.

— 《The National Salvation Association as a Political Party》, in Jeans, Roger B., ed., *Roads not Taken. The Struggle of Opposition Parties in Twentieth Century China*, Westview Press, Boulder, San Francisco et Oxford, 1992.

COCHRAN, Sherman, ed., *Inventing Nanjing Road. Commercial Culture in Shanghai, 1900-1945*, Ithaca, New York, Cornell University, East Asia Program, 1999.

— *Encountering Chinese Networks. Western, Japanese and Chinese Corporations in China, 1880-1937*, Berkeley, University of California Press, 2000.

COLLAR, Hugh, *Captive in Shanghai. A Story of Internment in World War II*, Hong Kong, Oxford University Press, 1990.

CORDIER, Henri, *Les Origines de deux établissements français dans l'Extrême-Orient, Chang-hai et Ning-po. Documents inédits publiés avec une introduction et des notes*, Paris, 1896.

— *Catalogue of the Library of the North China Branch of the Royal Asiatic Society*, Shanghai, Chin-foong General Printing Office, 1972.

CORNET, Christine, *Etat et entreprises en Chine. Le chantier naval de Jiangnan (1865-1937)*, Paris, Arguments, 1997.

DARWENT, C.E., *Shanghai. A Handbook for Travellers and Residents*, Kelly and Walsh, Shanghai, 1920.

DAVID-HOUSTON, J.V., *Yellow Creek: The Story of Shanghai*, Londres,

Putnam, 1962.

DAVIS, Deborah S., ed., *The Consumer Revolution in Urban China*, Berkeley, University of California Press, 2000.

DELANDE, Natalie,《Une culture d'ingénieur. Origine de l'architecture moderne de Shanghai》, Mémoire de DEA, Université de Paris 1, 1994, 2 vol., 138 et 49 ff.

——《Décor-déco: Shanghai 1920–1930》, *Perspectives chinoises*, (n° 3, juillet — août 1995), pp.46-52.

——《Une entreprise d'exception: l'architecture jésuite de Shanghai pendant la période moderne》, ms, 1997, 28 ff.

DENG Ming, Survey of Shanghai 1840's–1940's, Shanghai, Shanghai People's Fine Arts Publishing House, 1994.

DIRLIK, Harif,《The Ideological Foundations of the New Life Movement: A Study in Counterrevolution》, The Journal of Asian Studies, vol.34, n°4 (août 1975), pp.945-980.

DRÈGE, Jean-Pierre, *La Commercial Presse de Shanghai, 1897–1949*, Paris, Collège de France, IHEC, 1978.

DYCE, Charles M., *Personal Reminiscences of Thirty Years' Residence in the Model Settlement, Shanghai 1870–1900*, Shanghai, Chapman & Hall, 1906.

EASTMAN, Lloyd E., *The Abortive Revolution, China and Nationalist Rule 1927–1937*, Cambridge, Mass., Harvard University Press, 1974.

—— *Seeds of Destruction. Nationalist China in War and Revolution, 1937–1949*, Stanford, Stanford University Press, 1984.

ELVIN, Mark,《The Gentry Democracy in Shanghai, 1905–1914》, Doctoral Dissertation, University of Cambridge, 1967, 276-XIII p.

——《The Gentry Democracy in Chinese Shanghai, 1905–1914》, in Jack Gray, ed., *Modern China's Search for a Political Form*, Londres-New York-Toronto, Oxford University Press, 1969, pp.41-65.

——《The Revolution of 1911 in Shanghai》, *Papers on Far Eastern History*, n° 29, mars 1984, The Australian National University, Department of Far Eastern History, pp.119-161.

FABRE, Guilhem,《Le réveil de Shanghai. Stratégies économiques, 1949–

2000》, *Courrier des Pays de l'Est*, n°325 (janvier 1988), pp.3-40.

FAIRBANK, John K., *Trade and Diplomacy on the China Coast. The Opening of the Treaty Ports*, 1842-1854, Cambridge, Mass., Harvard University Press, 1953.

—《The creation of the treaty system》, *The Cambridge History of China*, volume 10, *Late Ch'ing China 1800-1911*, Part 1, Cambridge, Cambridge University Press, 1978, pp.213-263.

— COLLIDGE, Martha Henderson, et SMITH, Richard J., *H.B. Morse. Customs Commissioner and Historian of China*, Lexington, The University Press of Kentucky, 1995.

FALIGOT, Roger et KAUFFER, Rémi, *Kang Sheng et les services secrets chinois*, Paris, Robert Laffont, 1987.

FARMER, Rhodes, *Shanghai Harvest: A Diary of Three Years in the China War*; Londres, Museum Press, 1945.

FEETHAM, Richard, *Report of the Hon. Richard Feetham to the Shanghai Municipal Council*, Shanghai, North-China Daily News and Herald, 1931, 2 vol.

FEUERWEKER, Albert, *China s Early lndustrialization. Sheng Hsuan-huai (1844—1916) and Mandarin Enterprise*, Cambridge, Mass., Harvard University Press, 1958.

— *The Chinese Economy ca. 1870-1911*, Ann Arbor, the University of Michigan, 1969, Michigan Papers in Chinese Studies, n°5.

— *The Foreign Establishment in China in the Early Twentieth Century*, Ann Arbor, the University of California Press, Michigan, 1976, Michigan Papers in Chinese Studies, n°29.

FEWSMITH, Joseph, Party, *State and Local Elites in Republican China: Merchant Organizations and Politics in Shanghai, 1890-1930*, Honolulu, University of HawaïPress, 1985.

FREDET, Jean, *Quand la Chine s'ouvrait ... Charles de Montigny, consul de France*, Paris, Stéde l'histoire des colonies françaises, 1953.

FROLIC, Michael B., *Mao's People. Sixteen Portraits of Life in Revolutionary China*, Cambridge, Mass., Harvard University Press, 1980. FU Poshek, *Passivity, Resistance, and Collaboration. Intellectual Choices in Occupied Shanghai*, Stanford, Stanford University Press, 1993.

GARDNER, John, 《The *Wu-fan* Campaign in Shanghai. A Study in Consolidation of Urban Control》, in BARNETT, Doak, ed., *Chinese Politics in Action, Seattle et Londres*, University of Washington Press, 1969, pp.477-539.

GED, Françoise, *Shanghai. Habitat et structure urbaine 1842-1995*, thèse EHESS, Paris, 1997, 3 volumes.

— *Shanghai*, Paris, Institut français d'architecture, collection: 《Portrait de ville》, 2000.

—《Shanghai: du patrimoine identitaire au décor touristique》, *Les Annales de la recherche urbaine*, n°72, 1996, pp.79-88.

— et PÈCHENART, Emmanuelle, 《Shanghai: Images d'architecture. Unité-Diversité》, rapport de recherche, Paris, Institut parisien de recherche: architecture, urbanistique, société, 1991, 96ff.

GIPOULON, Catherine, *Qiu Jin. Femme et révolutionnaire en Chine au XJX^e siècle*, Paris, des femmes, 1976.

GIPOULOUX, François, *Les Cent Fleursàl'usine. Agitation ouvrière et crise du modèle sovi tiqueè en Chine, 1956-1957*, Paris, Editions de l'EHESS, 1986.

GOLDMAN, Merle, *Literary Dissent in Communist China*, Cambridge, Ma., Harvard University Press, 1967, réédition New York, Atheneum, 1971.

GOODMAN, Bryna, *Native Place, City, and Nation. Regional Networks and Identities in Shanghai, 1853-1937*, Berkeley, University of California Press, 1995.

—《Creating Civic Ground. Public Manoeuverings and the State in the Nanjing Decade》, in HERSHATTER, Gail, HONIG, Emily, LIPMAN, Jonathan N., STROSS, Randall, ed., *Remapping China. Fissures in Historical Terrain*, Stanford, Ca., Stanford University Press, 1996.

GUILLAIN, Robert, *Orient Extrême*, Paris, Le Seuil, 1986.

GUILLERMAZ, Jacques, *Le Parti communiste au pouvoir*, Paris, Payot, 1972.

— *Une vie pour la Chine. Mémoires1937-1989*, Paris, 1989.

HAMASHITA Takeshi, 《Intra-regional System in East Asia in Modern Times》, in Peter J. Katzenstein et Takashi Shiraishi, ed., *Network Powe1: Japan and Asia*, Ithaca et Londres, Cornell University Press, pp.113-135.

HAO Yen-p'ing, *The Comprador in Nineteenth Century China: Bridge Between East and West*, Cambridge, Mass., Harvard University Press, 1970.

―― *The Commercial Revolution in Nineteenth Century China. The Rise of Sino-Western Mercantile Capitalism*, Berkeley, Los Angeles, Londres, University of California Press, 1986.

HAUSER, Ernest O., *Shanghai: A City for Sale*, New York, Harcourt, Brace, 1940, (traduction française: *Blancs et Jaunes à Shanghai*, Paris, 1945).

HENRIOT, Christian, *Shanghai 1927-1937, lites locales et modernisation dans la Chine nationaliste*, Paris, Èditions de l'EHESS, 1991.

―― *Belles de Shanghai. Prostitution et sexualité en Chine aux XIX-XX" siècles*, Paris, CNRSÈditions, 1997.

―― et ROUX, Alain, *Shanghai, Années 30. Plaisirs et violences*, Paris, Èditions Autrement, 1998, p.67.

――《La Fermeture: The Abolition of Prostitution in Shanghai, 1949-1958》, *The China Quarterly*, n° 112, juin 1995, pp.467-486.

――《Rice, Power and People: The Politics of Food Supply in Wartime Shanghai (1937-1945)》, *Twentieth Century China*, volume 26, n° 1 (novembre 2000), pp.41-84.

HERSHATTER, Gail, *Dangerous Pleasures: Prostitution and Modernity in Twentieth Century Shanghai*, Berkeley, University of California Press, 1997.

HÖNIG, Emily, *Sisters and Strangers. Women in the Shanghai Cotton Mills*, 1919-1949, Stanford, Ca., Stanford University Press, 1986, pp.182-184.

―― *Creating Chinese Ethnicity: Subei People in Shanghai, 1850-1980*, New Haven, Yale University Press, 1992.

HOU Chi-ming, *Foreign Investment and Economic Development in China, 1840-1937*, Cambridge, Mass., Harvard University Press, 1965.

―― *The Jubilee of Shanghai 1843-1893. Shanghai: Past and Present, and a Full Account of the Proceedings on the 17th and 18th November; 1893*, Shanghai, *North-China Daily News* Office, 1893.

HOWE, Christopher, *Employment and Economic Growth in Urban China, 1949-1957*, Cambridge, Cambridge University Press, 1971.

《Industrialization under Condition of Long-Run Population Stability: Shanghai's Achievement and Prospect》, in HOWE：*Shanghai*, pp.153-187.

―― *Shanghai. Revolution and Development in an Asian Metropolis*, Cambridge,

Cambridge University Press, 1981.

— 《The Supply and Administration of Urban Housing in Mainland China. The Case of Shanghai》, *The China Quarteriy*, n°33 (janvier-mars 1968), pp.73-97.

HSIAO Liang-lin, *China's Foreign Trade Statistics, 1864-1949*, Cambridge, Mass., Harvard University Press, 1974.

HUNT, Michael H., *The Making of a Special Relationship. The United States and China to 1914*, New York, Columbia University Press, 1983.

HUNTER, Neale, *Shanghai Journal. An EyeWitness Account of the Cultural Revolution*, New York, Frederick Praeger, 1969.

ISAACS, Harold, *La Tragédie de la R volution chinoise, 1925-1927* (traduit de l'américain, 1^{re}éd. 1938), Paris, Gallimard, 1967.

ISRAËL, John, *Student Nationalism, 1927-1937*, Stanford, Ca., Stanford University Press, 1966.

JACOBS, Bruce et HONG Lijiang, 《Shanghai and the Lower Yangzi Valley》, in David S. Goodman et Gerald Segal, ed., *China Deconstructs*, Londres et New York, Routledge, 1994, pp.224-252.

JEANS, Roger B., ed., *Roads not Taken. The Struggle of Opposition Parties in Twentieth Century China*, Boulder, San Francisco, Oxford, Westview Press, 1992.

JOHNSON, Linda C., *Shanghai. From Market Town to Treaty Port, 1074-1858*, Stanford, Ca., Stanford University Press, 1995.

— 《Shanghai: An Emerging Jiangnan Port, 1683-1840》in Linda C. Johnson, ed., *Cities of Jiangnan in Late Imperial China*, New York, State University of New York Press, 1993, pp.151-181.

JOHNSTON, Tess, *A Last look: Western Architecture in Old Shanghai*, Hong Kong, Old China Hand Press, 1993.

JURIEN DE LA GRAVIÈRE (vice-amiral), Jean-Pierre Edouard. *Voyage en Chine et dans les mers et archipels de cet empire pendant les années 1847-1848-1849-1850*, par J. de la Graviére, commandant de la corvette *La Bayonnaise* expédiée par le Gouvernement français dans ces parages, Paris, Charpentier, 1854.

KAU, Michael and John Leung eds.: *The Writings of Mao Zedong, 1946-1976, Armonk*, New York, M.E. Sharpe, 1968.

KIRBY, William, 《Continuity and Change in Modern Economic Planning on the Mainland and on Taïwan, 1934-1958》, *The Australian Journal of Chinese Affairs*, n°24 (juillet 1990), pp.121-141.

KRANZLER, David H., *Japanese, Nazis and Jews: The Jewish Refugee Community of Shanghai, 1938-1945*, New York, Yeshiva University Press, 1976.

Kuo Ting-yee,《Self-strengthening. The pursuit of Western Technology》, in Twitchett, Denis, et Fairbank J. K., ed., *Cambridge History of China*, vol.X, Part 1, pp.496-497.

LANNING, G., et COULING, S., *The History of Shanghai, Shanghai*, Kelly et Walsh, 1921.

LAURANS, Valérie,《L'exemple de Wanli, ensemble résidentiel moderne》, *Perspectives chinoises* n° 68 (novembre-décembre 2001), pp.37-48.

LEE, Leo Ou-fan, *The Romantic Generation of Modern Chinese Writers*, Cambridge, Mass., Harvard University Press, 1973.

—— *Shanghai Modern. The Flowering of a New Urban Culture in China 1930-1945*, Cambridge, Mass., HUP, 1999.

LEFEUVRE, Jean, *Shanghai. Les enfants dans la ville*, Paris, Casterman, 1956.

LEUNG Yuen Sang, *The Shanghai Taotai Linkage man in a Changing Society, 1843-1890*, Honolulu, University of Hawaï Press, 1990.

——《The Shanghai-Tientsin Corridor. A Case Study of Intraprovincial Relations in Late Nineteenth-Century China》, *in Proceedings of the First International Symposium on Asian Studies*, vol.1, pp.209-218, Hong Kong, 1979.

——《Regional Rivalries in Mid-Nineteenth Century Shanghai: Cantonese versus Ningpomen》, *Ch'ing-shih wen-t'i* (Questions d' histoire des Qing), 4, (1982, n°8), pp.29-50.

LEYDA, Jay, *Dianying/Electric Shadows: An Account of Films and the Film Audience in China*, Cambridge, Mass., MIT Press, 1972.

LIU Ta-chün, *Growth and Indutrialization in Shanghai*, Shanghai, China Institute of Pacific Relations, 1936.

LINK, Perry, *Mandarin Ducks and Butterflies Popular Fiction in Early Twentieth Century China*, Berkeley, University of California Press, 1981.

LOH, Robert, *Escape from Red China*, New York, Coward McCoan, 1962.

LU Hanchao, *Beyond the Neon Light: Everyday Shanghai in the Early*

Twentieth Century, Berkeley, University of California Press, 1999.

—《Creating Urban Outcasts: Shantytowns in Shanghai, 1920-1950》, *Journal of Urban History*, 21.5 (July 1995): 563-596.

LUST, John,《The Su-pao Case》, *Bulletin of the School of Oriental and African Studies*, vol.XXVII, part 2, pp.408-429, University of London, 1964.

LUTZ, Jessie,《The Chinese Student Movement of 1945-1949》, *The Journal of Asian Studies*, vol.31, n°1 (1971), pp.89-110.

MACFARQUHAR, Roderick, *The Origins of the Cultural Revolution*, vol.2. *The Great Leap Forward 1958-1960*, Oxford University Press, 1983.

MCPHERSON, Kerrie L., *A Wilderness of Marshes. The Origin of Public Health in Shanghai*, Hong Kong, Oxford University Press, 1987.

—《La nouvelle zone de Pudong et le développement urbain de Shanghai: une mise en perspective historique》, in Christian Henriot et Alain Delissen, ed., *Les Métropoles chinoises au XX" siècle*, Paris, Èditions Arguments, 1995, pp.191-208.

MANN, Susan, *Local Merchants and the Chinese Bureaucracy, 1750-1950*, Stanford, Stanford University Press, 1987.

MARKOVITS, Claude,《Indian communities in China ca 1842-1949》, in Bickers, Robert, et Henriot, Christian, ed., *New frontiers. Imperialism's new communities in East Asia, 1943-1953*, pp.55-74.

MAROLLES (commandant de),《Souvenir de la révolte des T'ai P'ing》, *T'oung Pao*, série II, vol.3, pp.201-221, vol.4, pp.1-19, Leyde, E. J. Brill.

MARSH, Susan H.,《Chou Fo-hai: The Making of a Collaborator》, in *The Chinese and the Japanese: Essays in Political and Cultural Interactions*, ed. by Iriye Akira, Princeton, Princeton University Press, 1980, pp.304-327.

MARSHALL, Jonathan,《Opium and the Politics of Gangsterism in Nationalist China, 1927-1945》, *Bulletin of the Committee of Concerned Asian Scholars*, vol.8 n°3 (juillet-septembre 1977), pp.19-48.

MARTIN, Brian G., *The Shanghai Green Gang. Politics and Organized Crime, 1917-1937*, Berkeley-Los Angeles-Londres, University of California Press, 1996, X-314 p.

MAYBON, Charles B., et FREDET, Jean, *Histoire de la concession françaiseçde Shanghai*, Paris, Plon, 1929.

MOGES (marquis de), *Souvenirs d'une ambassade en Chine et au Japon en 1857 et 1858*, Paris, Hachette, 1860.

MONTALTO DE JESUS, C.A., *Historic Shanghai*, Shanghai, The Mercury Press, 1909.

MOTONO Eiichi, *Conflict and Cooperation in Sino-British Business, 1860-1911. The Impact of the Pro-British Commercial Network in Shanghai*, New York, St. Martin's Press, 2000.

Murphey, Rhoads. The Outsiders. The Western Expericence in India and China. Ann Arbor: University of Michigan Press, 1977.

NAGY, Leon,《Pudong ou Shanghai-Rive droite: nouvelle vitrine de la Chine》, *Perspectives chinoises*, n°68 (novembre-décembre 2001), pp.28-37.

Nien Cheng, *Life and Death in Shanghai*, Londres, Collins, 1986.

PAN Ling, *Old Shanghai. Gangsters in Paradise*, Hong Kong, Heineman Asia, 1984.

PAN Lynn, XUE Liyong, QIAN zonghao: *Shanghai, A Century of Change in Photographs, 1843-1949*, Hong Kong, Haifeng Publishing, 1993.

Le Paris de l'Orient, Présence française à Shanghai, 1849-1946, catalogue réalisépar le musée Albert-Kahn, printemps 2002.

PEATTIE, Mark R.,《Japanese Treaty Port Settlements in China, 1895-1937》in Duus, Peter, MYERS, Ramon et PEATTIE, Mark R.éd., *The Japanese Informal Empire in China, 1895-1937*, Princeton, Princeton University Press, 1989, pp.166-209.

PEPPER, Suzanne, *Civil War in China. The Political Struggle 1945-1949*, Berkeley, Los Angeles, Londres, University of California Press, 1978.

PERRY, Elizabeth J., *Shanghai on Strike. The Politics of Chinese Labor*, Stanford (Ca), Stanford University Press, 1993.

— et LI Xun, *Proletarian Power: Shanghai in the Cultural Revolution*, Boulder, Colorado, Westview Press, 1997.

—《Shanghai's Strike Wave of 1957》, *The China Quarterly*, n°137 (mars 1994), pp.1-27.

PONCIN, Marie-Christine,《Une grande entreprise shanghaienne face à la guerre: La famille Rong et ses filatures de coton》, thèse de doctorat de 3e cycle, Paris, Inalco, 1985.

POTT, F. L. Hawks, *A Short History of Shanghai, Being an Account of the Growth and Development of the International Settlement*, Shanghai, Kelly and Walsh, 1928.

POWELL, John B., *My Twenty Five Years in China*, New York, The McMillan Co, 1945.

QUIQUEMELLE, Marie-Claire, et PASSEK, Jean-Loup éd., *Le Cinéma chinois*, Paris, Centre national d'art et de culture Georges Pompidou, 1985.

RABUT, Isabelle, et PINO, Angel, trad. et présent, *Le Fox-trot de Shanghai et autres nouvelles chinoises*, Paris, Albin Michel, 1996.

— *Pékin-Shanghai. Tradition et modernité dans la littérature chinoise des années trente*, Paris, Bleu de Chine, 2000.

RANKIN, Mary B., *Early Chinese Revolutionaries in Shanghai and Chekiang, 1902-1911*, Cambridge, Mass., Harvard University Press, 1971.

— *Éducation et politique en Chine. Le rôle des élites du Jiangsu, 1905-1914*, Paris, Èditions de l'EHESS, 2001.

RAWSKI, Thomas G., *Economic Growth in Prewar China*, Berkeley, University of California Press, 1989.

REMER, Charles F.: *A Study of Chinese Boycotts: With Special Reference to Their Economic Effectiveness*, Taipei, Ch'eng-wen Publishing, 1966. First published by Reed in 1933.

RICHMAN, Barry M., *Industrial Society in Communist China*, New York, Random House, 1969.

ROCHE, Daniel, *La France des Lumières*, Paris, Fayard, 1993.

ROUX, Alain, *Le Shanghai ouvrier des années trente. Coolies, gangsters et syndicalistes*, Paris, L'Harmattan, 1993.

— *Grèves et politique à Shanghai. Les désillusions* (1927-1932), Paris, Èditions de l'EHESS, 1995.

— 《Chine 1945-1949: la classe ouvrière dans une révolution à l'envers》, Cahiers d'histoire de l'Institut de recherches marxistes, n°28, 1987, p.8-44.

— 《Les ouvriers et ouvrières de Shanghai, 1927-1949》, thèse de doctorat d'Ètat, Paris, université de Paris 1 Panthéon-Sorbonne, 3 volumes, 1991.

— 《Le Guomindang et les ouvriers de Shanghai (1938-1948): la déchirure》,

Le Mouvement social, n°173, octobre-décembre 1995, pp.69–95.

——《La tragédie du 2 février à la filature Shenxin n°9: une grève de femmes?》, in Marie – Claire Bergère, éd., *Aux origines de la Chine contemporaine. En hommage à Lucien Bianco*, pp.47–81, Paris, L'Harmattan, 2002.

——《The Guomindang and the Workers of Shanghai (1938–1948): The Rent in the Fabric》, Communication présentée à la Conférence《China's Mid-Century Transitions》, Harvard University, 8–11 septembre 1994.

ROWE, William,《The Qing Bang and Collaboration under the Japanese, 1939–1945》, *Modern China*, vol.8, n°4 (octobre 1982), pp.491–499.

SANFORD, James C.,《Chinese Commercial Organization and Behavior in Shanghai of the late Nineteenth and Early Twentieth Century》, Ph. D. Dissertation, Harvard University, Cambridge, Mass., 1976.

SARGEANT, Harriet, *Shanghai: Collision Point of Cultures*, 1918–1939, New York, Crown Publishers, 1990.

SEARS, Katrin E., *Shanghai's Textile Capitalists and the State. The Nationalization Process in China*, Ph. D. Dissertation, The University of Michigan, 1985.

SERVIÈRE, Joseph de la, *Histoire de la mission du Kiang-nan. Jésuites de la province de France (1840–1899)*, Zi-ka-wei, Imprimerie de l'orphelinat de Tsou-sè-wè, 2 vol., 1914.

Shanghai Municipal Tourism Association, *Tour of Shanghais Historical Architecture*, Shanghai, Henan Fine Art Publishing House, 1994 (édition bilingue, chinois-anglais).

SHIEH, Joseph (avec Marie Holzman), *Dans le jardin des aventuriers*, Paris, Seuil/mémoire, 1995.

SHIH Shu-mei, *The Lure of the Modern: Writing Modernism in Semicolonial China*, Berkeley, University of California Press, 2001.

STRANAHAN, Patricia, *Underground: The Shanghai Communist Party and the Politics of Survival, 1927–1937*, Lanham et Oxford, Rowman et Littlefield, 1998.

SULLIVAN, Lawrence, R.,《Reconstruction and Rectification of the Communist Party in the Shanghai Underground: 1931–1934》, *The China Quarterly*, 101 (mars 1985), pp.78–97.

TRUMBULL, Randolph, *The Shanghai Modernists*, Ph. D. Dissertation,

Stanford University, 1989.

VAN DE VEN, Hans, *From Friend to Comrade. The Founding of the Chinese Communist Party, 1920–1927*, Berkeley, University of California Press, 1991.

VOGEL, Josha, 《Shanghai-Japan. The Japanese Residents Association of Shanghai》, in *The Journal of Asian Studies*, volume 59, n°4 (novembre 2000), pp.927–50.

WAKEMAN, Frederic Jr., *Policing Shanghai 1927–1937*, Berkeley, University of California Press, 1995.

— *The Shanghai Badlands: Wartime Terrorism and Urban Crime*, 1937–1941, New York, Cambridge University Press, 1996.

— et YEH Wen-hsin, *Shanghai Sojourners*, Berkeley, Institute of East Asian Studies, University of California, 1992.

— 《A Revisionist View of the Nanjing Decade: Confucian Fascism》, *The China Quaterly* n° 150 (juin 1997), pp.394–432.

WALDER, Andrew, *Chang Ch'un-ch'iao and the January Revolution in Shanghai*, Ann Arbor, the University of Michigan, 1978.

— *Communist Neo-Traditionalism: Work and Authority in Chinese Industry*, Berkeley, University of California Press, 1986.

WANG Ju, *Prospérité et déclin de l'industrie cotonnière de Shanghai, 1945–1949*, thèse de doctorat de l'EHESS, Paris, 1997.

WANG Shaoyang, 《The Construction of State Extractive Capacity. Wuhan 1949–1953》, *Modern China*, vol.27 n°2, avril 2001, pp.129–261.

WANG Y.C., 《Tu Yue-sheng (1881-1951): A Tentative Political Biography》, *The Journal of Asian* Studies, vol.26, n°3 (mai 1967), pp.433–455.

WASSERSTEIN, Bernard, *Secret War in Shanghai, Treachery Subversion and Collaboration in the Second World War*; Londres, Profile Book, 1998.

WASSERSTROM, Jeffrey, *Student Protest in Twentieth Century China: A View from Shanghai*, Stanford, Stanford University Press, 1991.

WHITE, Lynn T. III, *Careers in Shanghai. The Social Guidance of Individual Energies in a Developing Chinese City*, Berkeley, University of California Press, 1978.

— *Policies of Chaos. The Organisational Causes of Violence in China's Cultural Revolution*, Princeton, Princeton University Press, 1989.

— *Shanghai Shanghaied? Uneven Taxes in Reform China*, Center of Asian Studies, University of Hong Kong, 1989.

—《Shanghai's Policy in Cultural Revolution》, in LEWIS, John W, *The City in Communist China*, Stanford, Stanford University Press, 1971, pp.325-372.

—《Leadership in Shanghai 1951-1969》, in. SCALAPINO, Robert A, ed., *Elites in the People's Republic of China*, Seattle, University of Washington Press, 1972, pp.302-380.

—《The Road to Urumqi ... Pre-Rustification from Shanghai》, *The China Quarterly*, n° 79(octobre 1979), pp.481-510.

WIDMER, Ellen et WANG, David Der-wei, ed., *From May Fourth to June Fourth: Fiction and Film in Twentieth Century China*, Cambridge, Mass., Harvard University Press, 1993.

WONG Bin, HUTERS, Theodore, YU, Pauline,《Introduction: Shifting Paradigms of Political and Social Order》, in WONG, Bin, HUTERS, Theodore, YU, Pauline, ed., *Culture and State in Chinese History: Conventions, Accommodations and Critiques*, Stanford, Ca., Stanford University Press, 1997.

WONG Wang-chi, Politics and Literature in Shanghai. *The Chinese League of Left-Wing Writers, 1930-1936*, Manchester et New York, Manchester University Press, 1991.

WONG Young-tsu,《The Fate of Liberalism in Revolutionary China》, *Modern China*, vol.19, n°4(octobre 1993).

WU Tian-wei,《Chiang Kai-shek's April 12th Coup of 1927》, in Gilbert Chan and Thomas H. Etzold, ed., *China in the 1920s*, New York, New Viewpoints, 1976, pp.147-159.

XIAO-PLANES, Xiaohong, *La Société générale d'éducation du Kiangsu et son rôle dans l' volution socio-politique chinoise de 1905 à 1914*, thèse de doctorat, Paris, INALCO, mars 1997, 2 vol.

— *Éducation et politique en Chine — Le rôle des élites du Jiangsu, 1905-1914*, Paris, Editions de l'EHESS, 2001.

Xu Xiaoqun, *Chinese Professionals and the Republican State. The Rise of Professional Associations in Shanghai, 1927-1937*, Cambridge University Press, 2001.

— 《National Salvation an Cultural Reconstruction. Shanghai Professors' Response to the Nation Crisis in the 1930's》, in George C.X. Wei and Xiaoyuan Liu eds., *Chinese Nationalism in Perspective: Historical and Recent Cases*, pp.53-74, Westport, Conn, Greenwood Press, 2001.

YATSKO, Pamela, *New Shanghai. The Rocky Rebirth of China's Legendary City*, Hong Kong, New York, John Wily, 2001.

YEH Wen-shin, ed., *Wartime Shanghai*, Londres et New York, Routledge, 1998.

— 《Corporate Space and Communal Time: Everyday Life in Shanghai's Bank of China》, American Historical Review, février 1995, pp.97-122.

YEN Ching-hwang, 《Wing On and the Kwok Brothers. A Case study of Pre-War Overseas Chinese Entrepreneurs》, in Kerrie L. MacPherson, ed., *Asian Department Stores, Honolulu*, University of Hawaï Press, 1998, pp.66-89.

YEUNG Y. M. et SUNG Yun-Wing, ed., *Shanghai. Transformation and Modernization Under China's Open Door Policy*, Hong Kong, The Chinese University Press, 1996.

YOUNG, Ernest, 《Ch'en Tien-hua (1875-1905): A Chinese Nationalist》, *Papers on China*, vol.XIII, Center for East Asian Studies, Harvard University, Cambridge, Mass., décembre 1959, pp.113-163.

ZAFANOLLI, W., 《Zhang Chunqiao》, in Lucien Bianco *et al.*, ed., *Dictionnaire biographique du mouvement ouvrier international. La Chine*, Paris, ditions ouvrières, Presses de la FNSP, 1985, pp.712-717.

ZHANG Yingjin, *The City in Modern Literature and Film: Configurations of Space, Time and Gender*, Stanford, Stanford University Press, 1996.

— ed., *Cinema and Urban Culture in Shanghai, 1922-1943*, Stanford, Stanford University Press, 1999.

ZHOU Weihui, *Shanghai Baby (traduit du chinois)*, Paris, Philippe Picquier, 2001.

二、中文资料

丁日初主编:《上海近代经济史》,2卷,(第一卷:1843~1894,第二卷:

1895~1927），上海人民出版社，1994年，1997年。

胡道静：《上海新闻史的变迁》，载《上海研究资料》，上海通社，1936年。

——《上海电影院的发展1907~1936》，载《上海研究资料续集》，上海通社，1939年，第532~556页。

姜铎：《洋务运动与改革开放》，上海社会科学院出版社，1992年。

李天纲：《"海派"，近代市民文化之滥觞》，载张仲礼主编：《近代上海城市研究》，上海人民出版社，1990年，第1130~1159页。

荣毅仁：《一个自我改造的运动》，上海工商，第3卷，第2期。

许玉芬，卞杏英：《上海工人三次武装起义研究》，知识出版社，1987年。

上海社会科学院经济研究所：《上海资本主义工商业的社会主义改造》，上海人民出版社，1980年。

《上海钱庄史料》，中国人民银行上海分行，上海人民出版社，1960年。

唐振常等：《上海史》，上海人民出版社，1989年。

汪敬虞：《十九世纪外国侵华企业中的华商附股活动》，《历史研究》，1965年，第4期。

熊月之主编：《上海史》第8卷，《民国经济》，上海人民出版社，1999年。

严中平等：《中国近代经济史统计资料选辑》，科学出版社，1955年。

杨东平：《城市季风》，东方出版社，1994年。

张仲礼主编：《近代上海城市研究》，上海人民出版社，1990年。

薄一波：《若干重大决策与事件的回忆》，中共中央党校出版社，2卷，1990年。

中流：《荣尔仁先生谈生产》，上海工商，第1卷，第5期。

邹依仁：《旧上海人口变迁的研究》，上海人民出版社，1980年。

译 后 记

好几年前就听说白吉尔夫人在写上海史,我非常敬佩她的勇气。编写通史是项不敢领教的工作,既艰难又苦涩。当时只盼着一睹为快,从没想过居然有一天会翻译这本书。日后,在哈佛大学做研究的日子里,时而抽空协助同学李天纲先生一起整理外国汉学家的著作目录。由于工作需要,常常参照外文原版核对一些中译本的有关部分。渐渐地,我发现法国汉学家作品的翻译存在着很多问题,经常读不通,更别提内容是否属实了。有一天,对着一篇不知所云的译文大发感慨后,李天纲诚心诚意地劝我,你抽空翻译些法国汉学家的专著吧。事实上,现在国内英语天才层出不穷,英语国家汉学家的著作的中译本出得又多又好;相比之下,法语专著的中译本确实不多,而且质量反差极大。傅雷的时代已经不复存在了。

命运使我再次返回巴黎。数月后,白吉尔夫人的《上海史》出版了。手捧新书匆匆一阅,耳边突然响起了李天纲的声音,遂萌生了翻译此书的念头。从来没有翻译过通史的我,竟然敢信誓旦旦:译文要做到"信达雅",要对得起作者对得起读者。现在想来,真有些不知天高地厚。

工作开始了,我才发现自己的汉语词汇是如此的贫乏,历史知识是如此的浅薄。由于长期的侨居生活,从幼时就学习古汉语的我,居然常常因找不到合适的修辞而苦恼。再者,翻译通史的艰巨程度并不亚于编写,我面对的是一个半世纪的上海历史。无论我对上海史的研究有多深有多广,研究范围都不可能覆盖150年的时空。况且,白吉尔夫人的法语写作偏向于古典风格,她和所有从法国高等师范学院这所精英大学毕业的学生一样,文风独具一格,遣词造句精雕细琢。

无疑,翻译的首要是忠实于原著,而作为历史专著,还要忠实于史实。且不谈准确翻译法语这个基本问题,而为了使时间、人物、地点、事件等翻译得尽可能没有误差,我把白吉尔夫人使用的主要参考资料翻阅了一遍,以便核实书中所涉及的上海从开埠到2000年的历史事件。白吉尔夫人基本上用的是外文资料,所以书中引用到的中文著作部分，还得尽力寻找中文原文。鉴于工作量之大，上海社会科学院外事处的赵念国先生也应邀参加了翻译工作。

忠实于原著，还牵涉到要忠实于作者的观点。我必须要在充分理解白吉尔夫人观点的前提下，才能精确地表达原意。不料，一开头就在前言中遇到了"现代性"这个中国人几乎不用的词汇。什么是现代性？为什么要用现代性而不用现代化？为此，我除了与法国同事商量讨论外，还同中国朋友一起进行研究，并查阅了大量相关资料，直到把现代性的词义、词源和使用该词的起因、过程完全消化为止。简而言之，从现代化到现代性是从量变到质变的过程，现代性是指本质上的现代化。在法国，1969年上任的蓬皮杜总统被称为现代性的积极提倡者。在他的任期内，法国人的精神状况大振，以致工业生产以平均每年增长6%的速度发展，生活水平追上了德国，并超过了英国。由此可见现代性的重要性及其作用。这个问题，将成为我下一篇论文的主题。

白吉尔夫人认为，上海之所以比中国别的开放城市先进发达，就是因为上海很早就从现代化进入了现代性。也就是说，现代性在现代化的过程中植入了上海和她的居民的本质中。她最初给这本书题的书名是：上海与中国的现代化。由于出版法文原著的法雅出版社把这本书编入一套世界各大城市历史的丛书中，因而改名为《上海史》。她的精辟论点帮助我解读了长期以来使我迷惑的一系列现象，尤其是为什么上海位于南北文化冲突的焦点，却能够协调两者的关系？为什么上海在一百多年前就能够超越比她早开埠的南方，一百多年后再次超过比她早开放的南方？

翻译的过程是学习的过程，而且是异常艰苦的学习，因为我无权选择学习的内容。促使白吉尔夫人撰写这本书的主要原因是：其一，近五十年来，她锲而不舍地对辛亥革命、五四运动、中国资产阶级的产生发展等问题作了许多研究，她想汇集这些研究结果并刻画出上海历史的全貌；其二，上海成了世界性的话题。西方人说到中国时，必定讲到上海。为了向广大的专家、读者介绍一个更加真实的上海，最可取的方式就是写本专著。白吉尔夫人在书中集中了她长年累月的研究结晶，也概括总结了外国汉学家和中国学者历年来的研究结果。极其丰富的内容，极为广阔的视野，我跟随着她从《南京条约》一直走到"改革开放"，累得精疲力尽。我从来没有在两年半的时间内看过这么多的中外著作，而且全是在业余时间完成的。当我看着这堆成"小山"的资料时，很难设想白吉尔夫人前面的"大山"有多高。功夫不负有心人，她终于完成了夙愿，而我也精通了书中的内容，甚至能够背下一些最精彩的片断，其中有法文的绝妙之笔，也有闪光的精彩论点。

译后记

在整个翻译过程中,白吉尔夫人始终是最忠实的合作者。她在研究过程中,曾经花费大量的时间沉浸在法国外交部档案馆的卷宗中,熟知不少法国历史事件的起源和背景。她给我详细解释书中涉及到的法国人物和事件,并协助我核实资料,真可谓不厌其烦。每次和她一起工作,都要持续很长时间,不完成预定的工作计划,她绝不收工。当我终于把全书核实完毕时,她和我一样兴奋。谢谢您,白吉尔夫人。

本书的正文共有十四章,分成四部分,还包括前言和尾声。赵念国先生承担了第二和第四部分共六章以及尾声的翻译,其余的部分(包括各章注释、参考资料、大事记等)均由我翻译。全书的法文校对和史实核查工作也由我承担。我曾竭尽全力地工作,期望译文能够完美无缺。但众所周知,世界上几乎不存在十全十美的译文。因此,我真心诚意地等待着广大读者的批评和帮助,使本书更臻完美。

本书的翻译还得到了许多朋友的帮助。首先,我要衷心地感谢慕然先生。近两年来,他不辞辛苦地帮助我翻译、校对、核实,还一起研究法文内容,推敲译文措辞。感谢莫尼克女士(Monique Abud),每当我遇到法文语法问题时,她总是耐心地为我解释。感谢傅兰思女士(Florence Padovani),经常抽空帮助赵念国先生分析和理解原著中的片断。感谢我所服务的近现代中国研究中心主任伊莎白女士(Isabelle Thireau)和蓝克利先生(Christian Lamouroux),千方百计地帮助我摆脱繁忙的日常事务,前往上海协助出版工作。还有那些时时惦记着我的法国社会科学高等研究院的同仁们,尤其是倪娃儿夫人(Jacqueline Nivard)和阮桂雅女士(Christine Nguyen Tri),她们真情地关注着本书的翻译进程。

我还想感谢法国驻华大使馆和法国人文科学院对本书的支持和资助,以及协助本书出版的诸位。感谢上海社会科学院出版社总编辑承载先生,两年多前他断然决定出版这本中译本。他拨冗仔细阅读了译文,并且精心选择与之相配的照片和插图;感谢钱宗灏先生,在本书的出版过程中积极配合,尽力相助。最后,向责任编辑方小芬女士致以崇高的敬意。犹如白吉尔夫人在本书的法文版前言中充满感激地写道,没有责任编辑方丹夫人的坚持和编辑能力,她几乎不敢相信她的专著得以最终完成。今天,我亦深有同感:如果没有方小芬女士的坚持和编辑能力,我很难相信中译本能够顺利出版。

谢谢大家。

王 菊
2005年5月于巴黎

图书在版编目(CIP)数据

上海史：走向现代之路 /（法）白吉尔著；王菊，赵念国译. ——上海：上海社会科学院出版社，2014
ISBN 978 - 7 - 5520 - 0528 - 8

Ⅰ.①上… Ⅱ.①白… ②王… ③赵… Ⅲ.①上海市—地方史 Ⅳ.①K295.1

中国版本图书馆CIP数据核字（2014）第038876号

《Histoire de Shanghai》by Marie-Claire Bergère
World Copyright © Librairie Arthème Fayard, 2002.
上海市版权局著作权合同登记号：图字09-2013-906号

上海史：走向现代之路

著　　者：[法]白吉尔
译　　者：王　菊　赵念国
特邀编辑：方小芬
责任编辑：李　慧　唐云松
封面设计：黄婧昉
出版发行：上海社会科学院出版社
　　　　　上海顺昌路622号　邮编200025
　　　　　电话总机021-63315947　销售热线021-53063735
　　　　　http://www.sassp.cn　E-mail: sassp@sassp.cn
排　　版：南京展望文化发展有限公司
印　　刷：上海景条印刷有限公司
开　　本：710毫米×1010毫米　1/16
印　　张：25
字　　数：440千
版　　次：2014年8月第1版　2022年7月第4次印刷

ISBN 978-7-5520-0528-8 / K・235　　　　　定价：59.80元

版权所有　翻印必究